David Urquhart

Der Geist des Orients

Erläutert in einem Tagebuche über Reisen durch Numili
1. Band

David Urquhart

Der Geist des Orients

Erläutert in einem Tagebuche über Reisen durch Numili - 1. Band

ISBN/EAN: 9783959138567

Auflage: 1

Erscheinungsjahr: 2018

Erscheinungsort: Treuchtlingen, Deutschland

Literaricon Verlag UG (haftungsbeschränkt), Uhlbergstr. 18, 91757 Treuchtlingen. Geschäftsführer: Günther Reiter-Werdin, www.literaricon.de. Dieser Titel ist ein Nachdruck eines historischen Buches. Es musste auf alte Vorlagen zurückgegriffen werden; hieraus zwangsläufig resultierende Qualitätsverluste bitten wir zu entschuldigen.

Printed in Germany

Cover: Jean-Léon Gérôme, Schach spielende Alma, 1870, Abb. gemeinfrei

Der Geist des Orients

erläutert in einem Tagebuche

über

Reisen durch Rumili

während einer ereignißreichen Zeit.

Von

D. Urquhart, Esq.

Verfasser der Schriften: „die Türkei und ihre Hülfsquellen" — „England, Frankreich, Rußland und die Türkei" u. s. w.

Aus dem Englischen übersetzt

von

F. Georg Buck,

b. R. Dr. Hamburg.

Nicht durch Thatsachen, sondern durch Ansichten über Thatsachen lassen sich die Menschen leiten.   Epiktet.

Erster Band.

—

Stuttgart und Tübingen,
Verlag der J. G. Cotta'schen Buchhandlung.
1839.

Dem Andenken

Wilhelms IV

gewidmet.

Inhalt.

Erstes Capitel.

Reisezwecke. — Abreise von Argos. — Beschwerden und Freuden einer Reise im Orient. 3

Zweites Capitel.

Zustand des griechischen Landvolkes im Jahre 1830. — Militärische und politische Wichtigkeit der Bucht von Korinth. — Vorfall im Befreiungskriege. — Seegefecht in der Bay von Salona. . . 12

Drittes Capitel.

Patras. — Türkische und griechische Flaggen. 21

Viertes Capitel.

Das westliche Griechenland. — Griechische Meinungen vom Herzog von Wellington. — Missolunghi. — Das Füllhorn. — Schlacht von Lepanto. 29

Fünftes Capitel.

Anatoliko. — Trigardon. — Moor von Lezini. — Schwimmen nach einem Kloster. — Senkung der Küste von Akarnanien und Epirus. 44

Sechstes Capitel.

Europäische Politik und türkisches Verfahren. — Vergleichung der türkischen und römischen Eroberung. — Von den Türken eingeführte Verwaltung. 55

Siebentes Capitel.

Flüchtlinge im See von Brachori. — Alterthümliche Forschungen und Unfälle. — Einfluß des Schießpulvers auf Regierungen und Völker. — Cultur und Trümmer von Alpzea. — Eine malerische Scene. 67

Achtes Capitel.

Veränderungen unter den Palikaren. — Die Vlachi, Hirten, Soldaten. — Poucqueville's Irrthümer. — Festlichkeiten auf dem Makronoros. — Eberjagd. — Ankunft in Albanien. . . . 83

Neuntes Capitel.

Das Protokoll. 99

Zehntes Capitel.

Die drei Commissarien. — Abreise von Prevesa. — Aussicht auf Zerrüttung in Albanien. — Die Ebene von Arta. . . . 103

Eilftes Capitel.

Politische, gesellschaftliche und diplomatische Erörterungen mit einem Gouverneur, einem Edelmann und einem Kadi. . . . 110

Zwölftes Capitel.

Stand der Parteien, Einleitungen zur Eröffnung des Feldzugs. 121

Dreizehntes Capitel.

Stadt Arta. — Abreise nach und Ankunft in Janina. — Zustand des Landes. — Weibliche Tracht und Schönheit. — Häuslicher Gewerbfleiß. — Vertheilung der Truppen. — Plötzlicher Schrecken und Zurüstungen zu einem Feldzuge. 132

Vierzehntes Capitel.

Stipetaren. — Zug nach dem Pindus. 151

Fünfzehntes Capitel.

Zusammentreffen der Lager. — Conferenz zwischen den Anführern. — Neue Besorgnisse. 165

Sechzehntes Capitel.

Eindrücke, die das Stipetarenlager auf uns machte. — Frühere Lage und zukünftige Aussichten Albaniens. — Vergleichende Charakterzüge des Aufstandes in der Türkei und in Europa. . . . 180

Siebenzehntes Capitel.

Abreise aus dem Lager. — Abenteuer auf dem Pindus. — Aufwinden in ein Kloster. — Meteora. — Entdeckung seltsamer Intriguen. — Der radicale Gouverneur von Trikkala. — Ankunft in Larissa. 188

Achtzehntes Capitel.

Thessalien. 202

Neunzehntes Capitel.

Aufnahme der albanesischen Beys in Monastir. . . . 208

Zwanzigstes Capitel.

Ausflüge in Thessalien. — Politische Stellung Englands. — Abenteuer in Thermopylä. — Feld von Pharsalia. — Verfassung und Wohlstand der Städte in Magnesia. — Turnovo. — Einführung der Künste aus Kleinasien. — Geschichte Turkhan Bey's. . 212

Einundzwanzigstes Capitel.

Ein Rückblick. — Mohammed IV und seine Zeiten. — Diplomatischer Verkehr. — Gegenseitiges National-Unrecht. — Dragomans im Orient. — Handelsbeschränkungen im Abendlande. . 230

Zweiundzwanzigstes Capitel.

Geselliger Verkehr mit den Türken. 245

Dreiundzwanzigstes Capitel.

Eigenthümlichkeiten eines orientalischen und eines antiken Zimmers. — Erscheinen eines Europäers in morgenländischer Gesellschaft. 250

Vierundzwanzigstes Capitel.

Streifereien auf dem Olymp und Ersteigen des Gipfels. 268

Fünfundzwanzigstes Capitel.

Gerichtsverwaltung und auswärtige Angelegenheiten eines Bergräuber-Königs. — Organische Ueberreste des trojanischen Krieges. 296

Einleitung.

Jeder Reisende, der dem Publicum ein Werk vorlegt, setzt voraus, daß er neue Thatsachen oder Ideen mitzutheilen, oder irrige Angaben oder Meinungen in den Werken seiner Vorgänger zu berichtigen habe. Ist das richtig in Beziehung auf uns nahe liegende Länder, mit deren Sprache, Einrichtungen und Gebräuchen wir völlig vertraut sind, so muß es noch viel anwendbarer auf ferne Länder seyn, deren Sitten und Einrichtungen den unsrigen unähnlich, mit deren Sprache wir nun einmal nicht bekannt sind, von deren Literatur wir nichts wissen, mit deren Gesellschaft wir nie zusammenkommen, zwischen deren Bewohnern und unsern Landsleuten selten oder nie Freundschaft besteht. Wer zufällig in solch einem Lande reiset, muß, da es ihm unmöglich ist, genau zu beobachten, eine Menge oberflächlicher Eindrücke in sich aufnehmen, die er dann bei seiner Heimkehr eben so leicht und bunt verbreitet, wie er eben sie empfangen. Nicht sowohl in dem Glauben daher, daß Vieles zu berichtigen sey in den Meinungen, die aus solchen Nachrichten in Bezug auf die Länder entstanden sind, von denen diese Bände handeln, sondern in der Ueberzeugung, daß man gar nichts davon weiß, übergebe ich diese

Bände meinen Landsleuten. Mit den Sitten eines Volkes geht es, wie mit seiner Sprache: keines von beiden kann genau beschrieben, keine Stelle kann richtig angewendet werden, wenn nicht der Geist der Volkssitten, wie die Grammatik der Volkssprache fleißig studirt und vollkommen begriffen ist.

Die Ansprüche, die ich aufweisen kann, um mein Selbstvertrauen oder das Vertrauen Anderer zu begründen, sind — zehn Jahre, die ich unablässig anwendete, die nöthige Belehrung zu erlangen, um über die Länder zu urtheilen, die ich hier zum Theil beschreibe. Während dieses Zeitraumes, wo kein anderer Zweck mich beschäftigte, habe ich meine Zeit gänzlich dazu gewidmet, im Einzelnen oder im Ganzen zu erforschen und zu studiren, was sich in gegenseitiger Verbindung auf die Gesetze, die Geschichte, den Handel, die politische und diplomatische Lage des Orients und besonders der Türkei bezog. Obgleich sich diese Untersuchungen über weite und mannichfache Felder verbreiteten, wurden sie doch systematisch auf die Aufklärung einer einzigen Frage geleitet, der Frage nämlich, welche die Interessen und vielleicht das politische Daseyn Großbritanniens zunächst berührt.

Während meiner früheren Reisen, verflochten, wie ich ursprünglich war, in den Krieg zwischen Griechenland und der Türkei, kam ich zu den ungünstigsten Schlüssen über den Charakter der orientalischen Länder und besonders der türkischen Regierung und des türkischen Volkes. Erst nach dreijährigen fleißigen Forschungen in der Statistik begann ich einzusehen, daß es doch wirklich Institutionen gebe, die mit dem Oriente verknüpft sind. Von dem Augenblicke an, wo ich das Vorhandenseyn besonderer, obgleich noch unklarer Grundsätze bemerkte, erwachte in meiner Seele ein hohes Interesse, und ich machte mich an eine Sammlung financieller Details, in der Absicht, die Regeln kennen zu lernen, auf welche diese gegründet waren. Ich darf wohl sagen, daß ich abermalige drei Jahre in dieser Ungewißheit zubrachte, und ich sammelte und notirte die Verwaltung von zweihundert fünfzig Städten und Dörfern, bevor mir die gemeinsamen Grundsätze auffielen, welche diese Verwaltung leiteten.

Erst nachdem also die Hälfte der Zeit verflossen war, die ich überhaupt im Morgenlande zubrachte, begann ich zu merken, daß dort bestimmte Regeln und Grundsätze der geselligen Sitten und Gebräuche vorhanden waren, die man an ihnen selbst studiren müsse, und deren Erlernung eine Bedingung zum nützlichen und geselligen Verkehre sey.

Nachdem ich diesen mühsamen Proceß durchgemacht, muß ich natürlich annehmen, daß eine Kenntniß des Orients lange und emsige Arbeit erfordert, die nur von Jemand unternommen werden kann, der keine andere Beschäftigung oder Zwecke hat, der mit Thatkraft und Beharrlichkeit ausgerüstet und bereit ist, alle Bequemlichkeiten, Annehmlichkeiten und Lebensgenüsse, an die er gewöhnt gewesen, gänzlich aufzuopfern.

Ein Werk über den Orient ist eine Aufgabe, die kein Mann von richtigem Tact leicht oder bereitwillig übernehmen kann. Je weiter man vorschreitet, gerade um so deutlicher werden die Schwierigkeiten solch eines Studiums, desto größer das Mißtrauen des Forschers.

Wenn ein Botaniker, an eine Gegend gewöhnt, die nur eine beschränkte Zahl von Arten enthält, seine Theorie der Botanik auf solche allgemeine Regeln gegründet hat, wie er nach dieser beschränkten Anzahl von Daten aufstellen durfte oder anwenden konnte, und nun plötzlich in eine andere Gegend geräth, wo er seine Grundsätze unanwendbar oder unzureichend findet, so muß er augenblicklich die ganze Wissenschaft, zu der er sich bekennt, revidiren. Ebenso wenn man Nationen beobachtet und auf Ideen stößt, die, wenn richtig verstanden, nicht genau durch die Worte der bekannten Sprache übersetzt werden können, muß man augenblicklich zu den ersten Anfängen zurückkehren, zurück zu der Wiederbeobachtung der menschlichen Natur.

Darin liegt die Schwierigkeit des Orientes, der eigentliche Grund der Verlegenheit, die sich zu vergrößern scheint, je nachdem die Materialien sich anhäufen. Wer das Morgenland einen Tag lang ansieht, kann äußere Gegenstände mit den Worten skizziren, die in der europäischen Sprache vorhanden sind. Um aber im Stande zu seyn, Gedanken vorzuführen, muß er fühlen, wie die Morgenländer, und dennoch diese Gefühle in einer Sprache beschreiben, die nicht die ihrige ist, und das gerade ist eine überwältigende Aufgabe. Die Sprache ist die herkömmliche Vertreterin der Eindrücke; aber wenn die Eindrücke nicht dieselben sind, können sie nicht durch gemeinsame Töne ausgedrückt werden, und deßhalb ist da, wo eine Verschiedenheit der Eindrücke stattfindet, keine Möglichkeit einer gemeinsamen Sprache.

Bei dieser Schwierigkeit der gegenseitigen Mittheilung darf man natürlich nur annehmen, daß jeder Theil in den Augen des andern gelitten hat: wir sind der Mittel beraubt gewesen, das Gute zu würdigen; wir haben das Schlechte übertrieben und das Gleichgültige ungünstig gedeutet. Die ursprüngliche Unzulänglichkeit der Sprache ist später die Veranlassung zu einer entschuldbaren Feindseligkeit geworden, und aus dieser Wechselwirkung von Ursache und Wirkung ist endlich gegenseitige Verachtung entstanden. Dieses bei den im Morgenlande ansässigen Europäern eingewurzelte Mißverständniß schließt durch die bestehende Feindseligkeit Reisende aus von dem Verkehr mit den Landeseingebornen. Sie haben nicht den Schlüssel zum Verkehre und sind in den ersten Eindrücken, durch welche ihre ganze spätere Laufbahn nothwendig geleitet wird, von den im Oriente ansässigen Europäern abhängig, welche mit ihnen dieselbe Sprache reden.

Man sollte annehmen, daß Leute, die ihr Antlitz der aufgehenden Sonne zuwenden, von einem edlen Eifer der Forschung beseelt wären; daß ihre Einbildungskraft erwärmt wäre von der Poesie des orientalischen Lebens und dem Glanze morgenländischer Staffage; daß Männer, deren früheste Erziehung nach der Bibel gebildet worden, und deren kindische Sehnsucht angefeuert ward durch den orientalischen Hauch der „arabischen Nächte", mitfühlend und theilnehmend auf jene Einrichtungen, Gewohnheiten und Wirkungen blicken würden, die allein in des Morgenlandes Klima leben. Nichtsdestoweniger ist es unglücklicherweise nur zu wahr, daß während europäische Reisende die politischen und moralischen Interessen und Charakter-Züge vernachlässigten, die das Land darbietet, sie auch selbst die äußeren und physischen Züge vernachlässigten, die in den Bereich der Wissenschaften gehören, welche die der Gegenwart zu Gebot stehenden Fähigkeiten der Beobachtung und Vergleichung für sich in Anspruch nehmen. Die Botanik, die Geologie, die Mineralogie der europäischen und asiatischen Türkei sind kaum weiter gekommen seit Tourneforts Zeiten. Unsere gegenwärtige geographische Kunde der Länder von Hochasien verdanken wir einer in Paris angefertigten Uebersetzung eines chinesischen Erdbeschreibers, dessen Werk vor anderthalb tausend Jahren erschien! Bis zum Berichte des Lieutenants Burnes war die einzige Belehrung, die wir über den Lauf des Indus besaßen — des Canales des indischen Handels und der Gränze der brittischen Besitzungen — aus den Geschichtschreibern Alexanders genommen! Wir dürfen uns also nicht wundern, daß wir unwissend sind, in Bezug auf das Wesen des orientalischen Geistes, die Gränzen orientalischer Kenntniß, die Ebbe und Fluth orientalischer Meinung.

Gibt man es bloß als allgemeinen Satz zu, daß das Studium des Orientes schwierig sey, daß wir von Thatsachen nichts wissen, daß wir irrige Schlüsse ziehen, so mag das ein fruchtloses, unnützes Wahrheitsbekenntniß seyn, und es bleibt also noch übrig und nöthig zu zeigen, wie der Gebrauch gewisser Ausdrücke, die auf unsern Zustand anwendbar sind, zur Quelle des Irrthums wird, während es dem Beobachter auf keine Weise einfallen kann, der Irrthum liege nur im Gebrauche der Sprache, mit der allein er vertraut ist. Ich will deßhalb einige Beispiele geben, die vielleicht dazu dienen, die Steine des Anstoßes zu bezeichnen, welche vorurtheilsvolle und europäische Begriffe auf den Pfad werfen, auf welchem man den Orient erforschte.

Blicken wir eben nicht gar viele Jahre zurück in der Geschichte von Großbritannien, so finden wir eine erniedrigte, jämmerliche, vereinzelte Bevölkerung. Wir sehen, daß der Fortschritt der Künste, der Landwirthschaft und vor allen Dingen des Wegebaues eine gleichzeitige Verbesserung in der Lage der Menschen hervorbrachte, und wir folgern natürlich, daß gute Wege, mechanische Fertigkeit u. s. w. Bedingungen des Wohlseyns sind, und daß, wo sie fehlen, Alles schlecht und erbärmlich seyn muß. Hören wir also von Ländern, wo die Wege in so schlechtem Zustande sind, wie sie vor fünfzig Jahren in England waren, so schließen wir, das gesellschaftliche Verhältniß dieser Länder sey, wie es in England zu einer früheren Zeit war, oder wie wir glauben, daß es war, denn der dogmatische Charakter des Heute ist stets geneigt, die Vergangenheit herabzusetzen. In England aber und in den unter derselben Breite liegenden Ländern kommen die Lebensgenüsse des Volkes aus ferner Zone her, müssen weit hergebracht werden, und um diese Luxusgegenstände zu erhalten, muß erst der Ueberfluß an heimischen Erzeugnissen ausgeführt werden, um ihn gegen jene zu vertauschen. Fehlt es einer so gelegenen Bevölkerung an leichten Transportmitteln, so muß sie aller der Lebensgenüsse entbehren, die aus dem Tauschhandel entstehen und den Gewerbfleiß erzeugen. Für sie werden also Landstraßen zur Lebensfrage; keinesweges aber sind Landstraßen von gleicher Wichtigkeit für Länder, wo jedes Dorf in seinem Bereiche die Bequemlichkeiten und Genüsse hat, welche nördliche Völkerschaften aus der Ferne holen müssen.

Auf gleiche Weise war die Bevölkerung Großbritanniens, vor der Einführung des Gemüsebaues, während der langen, rauhen Wintermonate auf Nahrungsmittel der schlechtesten Art beschränkt. Gesalzener Speck, und in früheren Zeiten Aale, war die einzige Zugabe, die der Bauer während sechs Monaten im Jahre zu seinem Roggen= oder Gerstenbrod erwarten konnte, und wir halten daher natürlich die Verbesserungen der neueren Landwirthschaft für nöthig, zu einer guten und vollständigen Kost und zum Wohlseyn jeder ackerbauenden Bevölkerung. In Ländern aber, wo der Winter nicht so lange anhält, und wo die Erzeugnisse des Bodens mannichfacher sind, ist der Fortschritt der Wissenschaft des Landbaues nicht in demselben Grade nöthig zum Wohlseyn der Gemeinde. Der „zurückstehende Ackerbau" ist daher eine Redensart, welche nicht denselben Begriff ausdrückt, wenn man sie auf Länder in verschiedenen Breiten anwendet.

Ferner ist in unserer constitutionellen Gedankenreihe der Ausgangspunkt, auf den wir zurückblicken, das Lehnswesen. Die Masse der Bevölkerung war damals wirkliches Eigenthum, und da jeder Schritt, der geschehen ist in der Erlangung gesellschaftlicher Rechte, in der Festsetzung der Gleichheit, in der Erhebung der Macht und des Charakters eines allgemeinen Gerichtsstandes, eine Verbesserung der ursprünglichen Staatsverfassung war, so betrachten wir das Vorwärtsschreiten als gleichbedeutend mit Ver=

beſſerung. Im Morgenland iſt der Ausgangspunkt: freies Eigenthumsrecht Jedermanns und Gleichheit Aller vor dem Geſetze. Jede Abweichung von dieſer urſprünglichen Verfaſſung iſt als Verletzung ihrer Grundſätze und als Verletzung der Volksrechte vorgegangen. Morgenländiſche Bevölkerungen wünſchen daher das Beſtehenbleiben als die Sanction der Volksrechte; der Europäer hingegen, der einſieht, das Vorrücken der Volksrechte liege in dem Worte Fortſchritt, begreift den Orientalen nicht, der auf das Feſtſtehende als auf etwas Vortreffliches hinſieht. Während alſo den Europäer ſeine vorgefaßte Meinung der Fähigkeit beraubt, eine ſo wichtige und werthvolle Gedankenfolge zu begreifen, ſtellt er irrthümliche Angaben als die Grundlage aller ſeiner Folgerungen auf.

Sodann veranlaßt das Wort „Lehnsweſen" eine ähnliche Verwirrung. Das Lehnsweſen, in ſeiner wahren und weſentlichen Bedeutung hat im ganzen Morgenlande ſeit allen Zeiten beſtanden, und beſteht noch. Dennoch habe ich mich, als ich den zwiſchen dem Oſten und Weſten beſtehenden Unterſchied in dem einfachſten Ausdrucke zuſammenfaßte, genöthigt geſehen, zur Erläuterung des Gegenſatzes eine Gränzlinie zwiſchen den Nationen zu ziehen, die das Lehnsweſen durchgemacht, und den andern, welche das nicht gethan haben. Unter den erſteren verſtand ich die Bewohner des weſtlichen Europa's, mit Ausnahme einiger Bruchſtücke von Racen, z. B. der baskiſchen Provinzen, der Inſeln Guernſey, Jerſey u. ſ. w.

Obgleich das Lehnsweſen vom Oſten nach dem Weſten gebracht worden, gingen damit in unſeren weſtlichen Gegenden Abänderungen und Modificationen vor, die das Weſen deſſelben völlig umänderten. Der urſprüngliche Charakter des Lehnsweſens war eine örtliche militäriſche Organiſation zur Vertheidigung des Grundes und Bodens, wofür eine regelmäßige Abgabe gezahlt wurde, die ſich auf den Zehnten des Ertrags von dem ſo beſchützten Boden belief. Das Innhaben dieſer Belehnungen hing von dem Willen des Souveräns ab, und in den früheren Zeiten waren es allgemein jährliche Uebertragungen. Im Weſten wurden die Lehnsträger, die Vaſallen, Eigenthümer des Bodens, mit deſſen Schutze ſie beauftragt waren, und ſtürzten ſo die Grundſätze des Syſtems gänzlich um und verfälschten den Zweck. Das Lehnswesen im Morgenlande läßt dem Bebauer das Eigenthumsrecht; das Lehnswesen im Abendlande hat ihn dieses Rechtes beraubt, hat das Land auf den Lehnsträger übertragen und den Bebauer in einen Leibeigenen verwandelt. Das System ist völlig verschieden, aber das Wort ist dasselbe. Der Europäer stößt auf ein Verhältniß, das er als Lehnswesen bezeichnet, und augenblicklich wendet er nun seine Ansichten vom abendländischen Lehnswesen auf den Zustand einer bürgerlichen Gesellschaft an, wo nichts dergleichen jemals bekannt war. Daher entstehen unsere Mißbegriffe von den Eigenthumsrechten unserer Hindu=Unterthanen und eine Grundquelle von Mißbegriffen jedes Grundsatzes orientalischer Regierung, Gesetze, Eigenthumsverhältnisse und Gesetzgebung.

Man ist es gewohnt, die Regierung der Türkei, wie die der übrigen morgenländischen Nationen, als Despotismus zu bezeichnen, und diese Bezeichnung hat sich nicht nur auf Reisebücher beschränkt, sondern wird von Schriftstellern eines wissenschaftlichen Charakters und in der Classificirung der Länder gebraucht. Nun aber ist es ein sonderbar Ding, daß unsere Idee von Despotismus dem Geiste des Orientes ganz unbekannt ist; daß, um einem Orientalen das Wort zu erklären, man ihm einen gesellschaftlichen Zustand beschreiben muß, wo die Leute über die Grundsätze von Recht und Gesetz uneinig sind. Die Idee des Despotismus, oder die Verfälschung des Rechtes durch die Gewaltthat der Macht, kann nur da existiren, wo zwei Meinungen über Recht und Unrecht vorhanden sind, so daß eine schwankende und zufällige Mehrheit ihren Willen als die Richtschnur von Gerechtigkeit und Gesetz durchsetzt. Solch ein Zustand der Dinge hat Gefühle tiefer Erbitterung unter den Menschen erzeugt und entwickelt, und daraus entsteht folgerichtig eine Erbitterung des Ausdrucks in allen mit der Politik verknüpften Ideen. In Ländern aber, wo die Grundsätze der Regierung niemals im Widerspruche standen mit den Meinungen irgend einer Volksclasse, ist der Mißbrauch der Gewalt Tyrannei, aber nicht Despotismus. Die Menschen mögen dulden unter der Gewaltthat der Macht, aber sie werden nicht erbittert dadurch, daß Ansichten, die sie verwerfen, in Gesetze verwandelt werden.

Zu den allen Europäern gemeinsamen Quellen der Täuschung kommen noch die, welche aus den Secten= und Partei=Ansichten der Reisenden entspringen. Jeder Engländer gehört zu der einen oder der andern der politischen Parteien, die sein Vaterland zerspalten. Unfähig, eine unparteiische Ansicht von seinem Vaterlande zu fassen, wie kann er der Beurtheiler eines andern Landes seyn? Selbst seine Sprache ist unanwendbar auf den Gegenstand, und die Worte rufen die Antipathie seiner Parteilichkeit hervor. Der Liberale nennt die Türkei eine despotische Regierung, verwirft sie schon durch dieß Wort und forscht nicht weiter; der Tory erblickt in der Türkei volksthümliche Grundsätze und sieht nicht weiter hin; der Radicale sieht dort Grundsätze, die er für aristokratische hält, und der Begünstiger der Aristokratie verachtet die Türkei, weil es dort keine erbliche Aristokratie gibt; der Constitutionelle hält ein Land ohne Parlament nicht der Mühe werth, weiter daran zu denken; den Legitimisten verdrießen die dort der königlichen Gewalt gesteckten Gränzen; der Staatsökonom stößt auf ein Steuersystem, das er inquisitorisch nennt, und der Vertheidiger des „Schutzes der Industrie" kann ohne Zollhaus keinen Wohlstand, keine Civilisation sehen. So findet das Mitglied jeder Partei, der Bekenner jeder Classe von Meinungen in den Worten, die er zu gebrauchen gezwungen ist, dasjenige, was seine Grundsätze verletzt und seine Theorie umstürzt.

Die zunächst sich darbietenden Hindernisse sind von gesellschaftlicher Art. Täuschungen metaphysischer, logischer und politischer Beschaffenheit mißleiten unsere Vernunft; Irrthümer über Sitten empören unser Gefühl. Wir werden im Oriente als Verstoßene, als Verworfene behandelt. Wir forschen nicht nach der Ursache; wir erwerben uns nicht die Kenntniß, wodurch unsere Stellung verändert werden kann; wir sind folglich geneigt, wo möglich ungünstig zu schließen, und sind entweder von ihrer Gesellschaft ausgeschlossen, oder, wenn wir darin zugelassen werden, leiden wir unter unaufhörlicher Geistes=Verstimmung.

Die nächste und letzte Quelle des Irrthumes, deren ich gedenken will, ist die Religion. Im Widerspruche mit der Liturgie der englischen Kirche sehen wir die Muselmänner als Ungläubige an, und im Geiste unsers Zeitalters und Vaterlandes, der nicht weni=

ger fanatisch in der Religion als im Unglauben ist, nicht weniger unduldsam im Glauben als in der Politik, behandeln wir als Feinde unserer Religion diejenigen, welche die Evangelien als ihr Glaubensbekenntniß annehmen und setzen bei ihnen dieselbe Unduldsamkeit gegen uns voraus, deren wir uns gegen sie schuldig machen.

Als ich dieses Werk unternahm, war einer meiner Hauptzwecke, das Wesen des Jslam darzulegen, sowohl in der Glaubenslehre, als der Ausübung. Umstände aber, die zu erörtern unnütz seyn würde, haben mir die nöthige Muße genommen, die Frage gehörigermaßen zu behandeln. Ich muß sie daher für den Augenblick fallen lassen, und will nur bemerken, daß ich als Presbyterianer und Calvinist den Jslam in seiner Glaubenslehre der wahren Kirche näher halte,*) als manche Secten sich so nennender Christen. Der Muselmann gibt nämlich die Rechtfertigung durch den Glauben zu und nicht durch gute Werke; er erkennt die Evangelien als geoffenbarte Schriften und als Glaubensregel; er betrachtet Christus als den Geist Gottes, als ohne Erbsünde, und bestimmt, wenn die Zeit erfüllt ist, zu schaffen, daß Ein Hirte sey und Eine Heerde.

Der gesellschaftliche und politische Einfluß des Jslamismus ist völlig mißverstanden worden, und ich erlaube mir nur einige Bemerkungen über das ausschließlich weltliche und zeitliche Wesen des Jslamismus, um eine andere Quelle des Jrrthums in unserer Beurtheilung des Orientes zu erörtern.

Im Oriente hat das Wort Religion nicht dieselbe Bedeutung, wie in Europa. Bei uns ist Religion — Glaube und Lehre — ganz geschieden von polizeilichen Maaßregeln und Regierungsformen. Zur Zeit der Erhebung des Jslamismus stellte der Kampf der Religionen den Meinungskampf des Westens in jetziger Zeit dar, wenn gleich mit edleren und nützlicheren Charakterzügen. Unser Meinungskampf bezieht sich auf Regierungs=Formen; ihr Religionskampf bezog sich auf Regierungs=Maaßregeln. Der Grieche (seinem Glauben und System gemäß) hielt schwere Steuern, Mo=

---

*) So war auch die Meinung der Gottesgelehrten zur Zeit der Reformation.

nopole und Privilegien aufrecht. Der Muselmann (Araber und Anhänger Mohammeds) verwarf Monopole und Privilegien und erkannte nur eine einzige Vermögens=Steuer. Tulleihah, ein Nebenbuhler des Propheten, gewann verschiedene Stämme, indem er das Gesetz gegen die Zinsen wegstrich und verschiedene civilrechtliche Vorschriften abänderte. Mosseylemah, der größte Nebenbuhler Mohammeds, hatte ein Gesetzbuch aufgestellt, das so wenig von dem seines siegreichen Mitbewerbers abwich, daß nur örtliche und persönliche Zufälle Einfluß hatten auf den „Kampf, der entschei„den sollte, ob die Lehrsätze Mohammeds oder das Gesetzbuch Mos=„seylemahs der morgenländischen Welt Gesetze geben sollten." Er hatte nur die Grundsätze abgeschrieben von wohlfeiler Regierung, gleichem Gesetze und freiem Handel, deren Mohammed sich als der Hebel bemächtigte, die bestehende Ordnung der Dinge umzustürzen und eine neue einzuführen, die er, den Ideen seines Zeitalters und seines Vaterlandes nachgebend, mit religiösen Glaubenslehren verband, das Bestehende verbessernd und das Ganze bildend, das als Religion ausdauerte, ohne seine politischen Züge zu verlieren, und das als politisches System triumphirte, ohne seinen Charakter der Gottesverehrung abzulegen.

Nach langer und sorgfältiger Erwägung, während deren ich mich mehr auf lebendige Eindrücke als auf kalte Erzählungen der Vergangenheit verließ, und wobei ich den Vortheil hatte, die Ursachen und Wirkungen neuerlicher Annahme des Jslams durch christliche und heidnische Bevölkerungen ansehen zu können, bin ich zu der folgenden Beurtheilung des politischen Charakters des Js‌lams gelangt.

Als Religion lehrt er keine neuen Dogmen, stellt keine neue Offenbarung, keine neuen Vorschriften auf, hat keine Priesterschaft und keine Kirchen=Regierung. Er gibt dem Volke ein Gesetzbuch, dem Staate eine Verfassung, beide durch die Heiligung der Religion verstärkt.

In seinem religiösen Charakter ist er andächtig, nicht dogmatisch.

In seinem civilrechtlichen Charakter ist er so einfach, umfassend und gedrängt, daß das Gesetz durch die moralische Verpflichtung unterstützt wird.

In seinem politischen Charakter beschränkt er die Besteuerung, stellt die Menschen vor dem Gesetze gleich, heiligt die Grundsätze der Selbstregierung (wie in Amerika) und die örtliche Controle der Rechnungen. Er setzt eine Controle über die souveräne Gewalt fest, indem er die ausübende Macht der Macht des Gesetzes unterordnet,*) die auf die religiöse Sanction und auf moralische Verpflichtungen gegründet ist.

Die Vortrefflichkeit und Wirksamkeit jedes dieser Grundsätze, von denen jeder einzelne schon im Stande wäre, seinen Begründer unsterblich zu machen, gibt dem Uebrigen Werth, und alle drei zusammen begabten das von ihnen gebildete System mit einer Kraft, welche die jedes andern politischen Systemes übertraf. Während eines Menschenlebens verbreitete sich dieses System, obgleich in den Händen einer wilden, unwissenden und unbedeutenden Völkerschaft, über einen größeren Raum als das römische Weltreich. So lange es seinen ursprünglichen Charakter behielt, war es unwiderstehlich, und seine ausdehnende Kraft wurde erst gehemmt, als (um das Jahr 30 der Hedschra) eine Lüge in seine Jahrbücher aufgenommen wurde.

So wurden ein Glaube, ein Gesetzbuch und eine Verfassung in einen umfassenden Plan vereinigt, in welchem der Altardienst, die Dorfverwaltung, die Steuererhebung Ehrendienste waren, nicht besoldete Stellen, und wo keine Classe oder Corporation eine Stelle mit Interessen einnahm, die im Widerspruche ständen mit denen der Gemeinde. Die Erhabenheit der Gottesverehrung, die Einfachheit des Gesetzbuches, die Trefflichkeit des Finanzsystemes, die Freisinnigkeit der politischen Lehren, schienen den Islamismus mit den Mitteln zu begaben, zugleich die Einbildungskraft anzufeuern, die Vernunft für sich zu gewinnen, allen Bedürfnissen zu genügen, jeden Zweck, für den die Gesellschaft errichtet ist, zu erfüllen und von jeder denkbaren Seite her dem Menschen beizukommen.

---

*) So wurde die Armenversorgung, obgleich eine feste Summe, 2½ Procent vom Einkommen jedes Mannes von hinreichenden Mitteln, der eigenen Vertheilung eines Jeden überlassen. Daher der Grundstein des muselmännischen Charakters; daher die Gastfreundschaft und das Wohlwollen zwischen Nachbarn und Nebenmenschen.

Nachdem ich so lange bei den Schwierigkeiten verweilt, welche im Wege stehen, um eine genaue Würdigung des Orientes vorzunehmen, muß ich bemerken, daß diese Schwierigkeiten einzig und allein in eines Europäers vorgefaßten Meinungen liegen. Laßt einen Europäer von mächtigem aber einfachem Geiste nach dem Morgenlande gehen, und der Schlüssel zur Einsicht steht ihm sofort zu Gebot. Als Beweis dieser Behauptung darf ich nur auf Lady Mary Wortley Montagne verweisen, die sich nicht länger als vierzehn Monat an der Türkei aufhielt und doch fast jeden Zug der Gesellschaft in jenem Lande genau beobachtete und getreu malte. Während sie die Einzige von allen Europäern war, welche richtig urtheilte, ist sie auch die Einzige gewesen, die oder der jemals dort Einfluß und Achtung erwarb. Die Ursache dieser außerordentlichen Erscheinung finde ich darin, daß sie von der ersten Stunde an, wo sie das Land betrat, in einem türkischen Hause ihre Wohnung nahm, wodurch sie mit einem Male dem schädlichen Einflusse fränkischer Einwohner und Dolmetscher entzogen wurde, während sie zugleich als Frau in die Fallstricke des politischen Lebens sich nicht verwickelte und nicht in die Irrthümer der Staatsgelehrten verfiel.

Ich kann es nicht unterlassen, hier Herrn Lane's Werk über Aegypten zu erwähnen, der einzigen Beschreibung orientalischer Sitten in europäischer Sprache. Ich finde dieses Werk ganz vorzüglich geeignet, unsere Stellung im Oriente zu verbessern, weil es jetzt einem Reisenden unmöglich ist, dahin zu gehen, ohne zugleich zu wissen, daß dort ein anderes Gesetzbuch der Sitten und der Höflichkeit gilt, das er studiren muß, wenn er es unternimmt, das Volk zu kennen oder zu beurtheilen.

In Bezug auf vorliegende Bände habe ich nur noch zu sagen, daß ich denke, sie werden wenigstens die Untersuchung und Besprechung des Gegenstandes fördern. Die Grundlage ist ein fünfmonatlicher Ausflug in die europäische Türkei. Die damals aufgenommenen spärlichen Noten habe ich ausgearbeitet, während ich unter Türken und an den Ufern des Bosporus lebte. Die Arbeit diente indessen mehr zur Zerstreuung als zur Beschäftigung, während ich körperlich und geistig ernsthaft litt, und den peinlichsten Eindrücken preisgegeben war, denen nämlich, daß ich die besten Interessen meines Vaterlandes aufgeopfert und die erhaltenden Grundsätze der türkischen Regierung und Gesellschaft untergraben sehen mußte, weniger durch fremden und feindlichen Einfluß, als durch eine unselige Nachahmung abendländischer Sitten, Vorurtheile und Grundsätze.

Urquhart's
Reisen im Orient.

Reisen und Länderbeschreibungen. XVII.
(Urquharts Tagebuch 2c.)

Erstes Capitel.

Reisezwecke. — Abreise von Argos. — Beschwerden und Freuden einer Reise im Orient.

Im Anfange des Jahres 1830 war ich in Argos, auf der Rückreise von Constantinopel nach England, nachdem ich fast drei Jahre in Griechenland und der Türkei zugebracht hatte. Ich war gerade im Begriffe mich einzuschiffen und einem Lande Lebewohl zu sagen, in dessen Geschick ich tief verflochten gewesen, das aber jetzt sein gewissermaßen dramatisches Ansehen und Interesse verloren hatte und in Frieden und Ehren unter die schützenden Fittige der drei größten Mächte auf Erden gestellt war. Gerade in diesem Augenblicke berührte ein Fahrzeug, ein königliches Schiff, die Landesküsten und brachte ein Protokoll mit, das mit wahrhafter Zaubermacht augenblicklich Alle in Zwietracht versetzte. Es wäre wahrlich eine hübsche Aufgabe, zu schildern wie die Leute kamen und gingen und redeten und rathschlagten, wie die Fustanellen *) flatterten und rauschten, wie die Schnurbärte gedreht wurden. So war es in Argos, aber überall war die Wirkung dieser Neuigkeit nicht weniger merkwürdig. Von Tage zu Tage trafen Nachrichten ein aus einer Provinz, aus einer Stadt nach der andern; überall, wie in Argos, waren alle anderen Gedanken und Beschäftigungen bei Seite gelegt; überall verließ das Volk seine Läden und Häuser, und in Ermangelung einer Agora (Marktplatz) zum Rathschlagen versammelte man

---

*) Der albanesische Schurz, weiß, länger als der schottische und sehr reich von Falten.

sich in den verschiedenen Kaffenes *) oder Kaffeehäusern, und dort entstanden Kampfplätze heißen Streites und Schulen der kräftigsten Beredsamkeit.

Man kann sich leicht denken, wie unterhaltend dieß Alles für Reisende war; aber es war auch wirklich sinnverwirrend, wie ein Stück Papier mit drei Unterschriften ein ganzes Land in einen solchen Zustand der Aufregung versetzen konnte. Die Schwierigkeit, uns die vor unseren Augen vorgehenden sonderbaren Auftritte zu erklären, wurde dadurch noch größer, daß eben jenes Actenstück mit gegenseitigen Glückwünschen schloß, welche die Unterzeichnenden sich selbst darbrachten. Hatten sie doch gemeinsam das vorliegende Protokoll abgefaßt, das für Griechenland eine neue und herrliche Ordnung der Dinge einführen sollte; verstummen sollte nun alsbald das Geräusch der Waffen und die Stimme der Parteiung, und fortan und für immer sollten die Griechen ihre Herzen und Harfen nur zu Preis und Ehren der Tripel-Allianz stimmen.

Es war aber klar, mit Worten ließ sich das nicht abmachen; wir konnten zu keinem befriedigenden Ende gelangen, weil Männer von gleichen Fähigkeiten und gleicher Sachkenntniß Ansichten hegten, die einander schnurstracks entgegen liefen. Jedenfalls waren alle Parteien darüber einig, daß die Selbstglückwünsche des Protokolls voreilig waren, und auf diesen Punkt berief man sich beständig, um den Grad der Unkunde in der Londoner Conferenz zu beweisen, eine Unkunde, von der man behauptete, sie könne nur aus absichtlich falschen Vorstellungen entstehen, die von Griechenland ausgingen.

Während diese Gegenstände in Argos besprochen wurden, trafen Nachrichten ein, die Sulioten in Albanien ständen wieder unter den Waffen; dann, die Albanesen wären aufgestanden. Einige sagten, sie hätten obendrein beschlossen, sich dem unheilbringenden Protokolle zu widersetzen; Andere, sie rüsteten sich zu

---

*) Das vornehmste Kaffeehaus in Napoli di Romania war, in Folge der günstigen Wirkung eines früheren Protokolls „les trois puissances" genannt worden. So wie das Protokoll vom 3 Februar 1830 eintraf, erhielt es augenblicklich den Spottnamen: Café des trois potences.

einem allgemeinen Einfalle in Griechenland; die allgemein überwiegende Meinung aber ging dahin, ein großer Bund der christlichen und muselmännischen Albanesen, unter Anführung des fürchterlichen Pascha von Skodra *), rüste sich, den Krieg nach Macedonien und Thracien zu versetzen und, Mustapha Bairactar nachahmend, das illyrische Banner auf die Höhen zu pflanzen, welche die Kaiserstadt beherrschen.

So traf denn das Protokoll, das Griechenland abermals auf ein stürmisches Meer schleuderte, mit den Bewegungen in Albanien zusammen, welche das Daseyn der Pforte selbst gefährdeten und so möglicherweise das bestehende Gebäude europäischer Macht zu zerschmettern drohten. Dieses Zusammentreffen aber bewog mich, meine Rückkehr nach England zu verschieben, um mich, soweit es die Kenntniß von den streitigen Punkten vermochte, zum Meister der Angelegenheiten zu machen. Ich beschloß, das Festland von Griechenland und das streitige Gränzland zu besuchen. Ich fühlte, daß meine Theilnahme an Griechenland, so wie die Bekanntschaft mit diesem Lande, daraus entsprang, daß ich Theil genommen hatte an seinem Kampfe, und deßhalb beschloß ich den Versuch, gleicherweise Albanien kennen zu lernen, und mich dem ersten Lager, dem ersten Anführer anzuschließen, die der Zufall mir in den Weg führen würde.

Am 7 Mai 1830 reisete ich von Argos ab, in Gesellschaft des Herrn Roß aus Bladensburg, doch waren wir, in Folge des allgemeinen Gerüchtes, genöthigt, unser eigentliches Ziel zu verschweigen. Hätten unsere Freunde ahnen können, daß wir beabsichtigten, die wilden Arnauten zu besuchen, so würden sie uns für Wahnsinnige gehalten haben. Das hätte nun freilich wenig ausgemacht, aber wir hätten gewiß keine Diener gefunden, die uns hätten begleiten wollen.

Ich denke mir, die Sachen haben sich jetzt geändert, natürlich zu viel Besserem; allein zu der Zeit, von der ich schreibe, als Griechenland noch leichtherzig und jung war, damals wurde es einem Menschen schwer, seine Absicht zu verbergen. Bei jeder Biegung des Weges, an jeder Gassenecke, wegelangs der Landstraße wurde man alle Augenblicke aufgehalten, um eine ganze

---

*) Oder Skutari.   D. Ueb.

Reihe von Fragen zu erdulden. „Woher kommen Sie?" „Wohin gehen Sie?" „Was ist Ihr Geschäft?" „Wie befinden Sie sich?" „Wo ist Ihr verehrungswürdiges Vaterhaus?" „Welcher von den großen Verbündeten hat die Ehre, Sie zu den Seinen zu zählen?" „Was gibt's Neues?" *) — und das Alles wohlverstanden, zwischen völlig Fremden. Begegneten sich aber Freunde oder Bekannte, traf es sich gar, daß Einer oder der Andere zum Frauengeschlechte gehörte, dann begann mit den verdoppelten S = lauten der griechischen Fragen ein Gezisch, das man für eine Zwiesprach zwischen Riesenschlangen hätte halten sollen. Nach dem Stande, der Gesundheit, der Stimmung, nach Allem wurde einzeln gefragt, und dann folgten ähnliche Fragen in Betreff all und jedes bekannten Angehörigen, jedes Pferdes und Hundes. Zur schuldigen Danksagung mußte man dann auch in den herkömmlichen Complimenten für Jeden antworten, der auf diese Weise beehrt wurde, zum Beispiel: „Wie befindet sich Ihr Herr Vater, der verehrungswürdige Archon?" „Er läßt Sie schönstens grüßen." — „Wie befindet sich Ihr Herr Bruder, der achtungswerthe Bürger?" „Er küßt Ihre Augen." — „Wie befindet sich der hoffnungsvolle Sprößling, Ihr Sohn?" „Er küßt Ihre Hand." Und von einem Duzend Personen wird Jeder sein Recht ausüben, einzeln den Reisenden zum Antworten zu bringen und Jeder wird durchaus dieselben Fragen stellen, die er schon oben hat thun und beantworten gehört.

Während meiner früheren Wanderungen in Griechenland war ich wirklich nervös angegriffen von dieser Plage, die um so widerlicher wird, wenn man gerade aus der Türkei kommt, wo jede persönliche Frage, die nur irgend nach Neugierde schmeckt, dem National = Gefühle und Gebrauche völlig zuwider ist. Am Ende kam ich auf einen Einfall, der die Neugierde erstickte; ich erzählte nämlich den Leuten: ich käme von Konstantinopel und ginge nach Janina — eine so seltsame Erklärung machte allen ferneren Redensarten ein Ende. Jetzt aber, wo ich wirklich von Konstantinopel nach Janina ging, mußte ich auf die Vortheile

---

*) Diese Frage wird zur größeren Deutlichkeit oft dreifach wiederholt, mit Ausdrücken, die aus dem Italiänischen, Türkischen und Griechischen abgeleitet sind, nämlich: Ti mandata — ti chaberi — ti nea?

des Eingeständnisses verzichten und unterwarf mich dem Hin- und Herfragen mit der Geduld, die sich mit den Jahren einstellt und noch früher auf Reisen.

Wir waren also genöthigt zu einer Pilgerfahrt nach den, seit langer Zeit von den Fußstapfen hyperboreischer Wanderer unberührten Thürmen und Gräbern der Helden, die sich von nah und fern an Aulis Küste versammelten und dem „Könige der Männer" Treue schworen. Nicht besser konnten wir daher unsere Pilgerfahrt antreten, als indem wir unsere Andacht verrichteten bei dem Grabe des großen Agamemnon und mit ehrfürchtigen Schritten die altergrauen Trümmer von Mycenä durchwanderten, dieser Nebenbuhlerin Troja's. Diese Ruinen liegen nur wenige Meilen *) von Argos, und dort beschlossen wir, die erste Nacht zu bleiben. Unser Zelt — ich sage mit einer Art von Stolz, daß es ganz von eigener Hausarbeit war — hatten wir schon am Morgen mit Dienern und Packpferden vorausgeschickt. Erst nachdem die abendlichen Schatten begannen, in der Ebene länger zu werden, verließen wir die zerstreuten Gäßchen von Argos und schieden von seinen gastfreien Einwohnern. Wir kamen dem schroffen und seltsam gestalteten Felsen vorbei, auf dessen Gipfel die alte feste Larissa steht. Dann durchwateten wir das seichte Flüßchen des „Vater Inachus" und traten nun in die herrliche Ebene, die noch den Namen nach der Stadt des Agamemnon führt.

Noch jetzt, nachdem über sieben Jahre verlaufen sind, ist es mir eine wahre Freude, die Gefühle zurückzurufen, womit ich diese Reise antrat, und wenn es auch nicht leicht seyn mag zu beschreiben, was nur verstehen kann, wer es mitfühlt, so halte ich es doch für Pflicht, bevor wir aufbrechen, den Versuch zu machen, dem Leser, der mich begleiten will, die Art und Weise unsers bevorstehenden Marsches gewissermaßen anschaulich zu machen.

Durch die ganze europäische und einen großen Theil der asiatischen Türkei, wie auch in Persien und Mittelasien, reis't

---

*) Wenn im Texte von Meilen die Rede ist, so sind damit immer englische gemeint, 69 auf einen Grad.   D. Uebers.

man zu Pferde. Mit eigenen Pferden macht man etwa 20 bis 25 Meilen täglich im Durchschnitt. Mit Postpferden, die man auf Stationen wechseln kann, die von 10 bis 48 Meilen entfernt sind, kann man täglich 60 Meilen bequem machen; 100 heißt schnell reisen, 150 am schnellsten; 600 Meilen in vier und einem halben Tage, 1200 in zehn, sind freilich schon Forcetouren, aber durchaus nicht ungewöhnlich.

Diese Art zu reisen, wenn auch nicht gerade in solcher Eile, wie eben erwähnt, ist beschwerlich, angreifend und ermüdend. Es ist keine Erholung, die für Jedermann paßt, und sogar ein Probestück für den, der kräftig ist und gleichgültig gegen Weich= lichkeit und Bequemlichkeit; aber doch erzeugt sie nicht die Er= mattung und den fieberhaften Zustand, der so gewöhnlich vom Fahren entsteht. Die Beschwerden selbst bringen ihre Freuden mit sich: die Gesundheit wird kräftiger, die Nerven gestählter, die Lebensgeister frischer. Man ist in unmittelbarer Berührung mit der Natur; jede Veränderung in der Umgebung und in der Witterung bekommt ihren Werth und ihre Wichtigkeit, und nicht die kleinste Merkwürdigkeit der Gegend oder der Ortsgebräuche kann der Beobachtung entgehen. Die brennende Sonne kann uns zuweilen ermatten, ein Gewitterregen uns durchnässen, aber was kann erheiternder seyn als die Ansicht, wenn der lange Trupp in bunten und lebhaften Trachten im vollen Galopp vorwärts sprengt, die Courierpeitsche knallt und der wilde Zuruf des Surridschi (Füh= rers der Karawanen) ertönt? Was kann malerischer seyn, als das kühne Jagen zu betrachten über Thal und Hügel, oder längs der Wellenlinie der Landschaft, wenn sie vorwärts eilen im thauigen Morgen oder heimwärts jagen am rosigen Abend?

Man ist beständig im vollen Genusse der freien Luft eines himmlischen Klima's — die Leichtigkeit der Atmosphäre dringt in unsern Geist — der heitere Himmel erhebt das Gemüth; man ist vorbereitet, sich über alle Dinge und alle Lagen zu freuen; man ist bereit zur Arbeit und freuet sich der Ruhe; man ist vor allen Dingen bereit zum Essen, das immer gut schmeckt, wenn man es haben kann und nie zur Unzeit aufgetragen wird. Ich muß ehrlich gestehen, daß ein nicht geringer Theil der Freuden einer Reise im Orient aus den wirklichen Beschwerden und Entbeh= rungen entsteht, die den wenigen unglücklichen Wesen, welche

nicht um ihr täglich Brod arbeiten müssen, einen vorübergehen=
den Blick auf das wirkliche Glück verschaffen, welches die ganze
Menge Menschen dreimal des Tages genießt, die um das Brod
arbeitet und auf die Schüssel hungert.

Um mit Bequemlichkeit oder Nutzen im Orient zu reisen,
muß man es so machen, wie die Regel und die Sitte des Landes
es mit sich bringt. Das ist freilich sehr leicht als Vorschrift
aufzustellen, aber verzweifelt schwer auszuführen, weil es eine
lange Erfahrung und genaue Bekanntschaft mit einem Gegen=
stande voraussetzt, wo man erst eben über die Schwelle getreten
ist. Vorausgesetzt aber, das läßt sich ins Werk richten, so wird
man auf seinen Wanderungen vorwärts schreiten, begleitet von
Dienern, welche die verschiedenen Geschäfte unserer Einrichtung
so verrichten, wie sie es daheim in einem festen Hausstande thun
würden. Jedes Bedürfniß und jede Bequemlichkeit führt man
bei sich und fühlt sich selbst gänzlich unabhängig von Umständen
und Beiständen. In der Wüste, wie in der bevölkerten Stadt,
begleiten uns die heimischen Verbindungen und lehren uns prak=
tisch die Gefühle der beweglichen Unabhängigkeit kennen, und den
Zusammenhang zwischen Familienbanden und nomadischem Da=
seyn, den Grundzug des orientalischen Charakters. Wie heimisch
und einfach werden selbst jene Fragen, die von Ferne betrachtet
so abstoßend erscheinen; man umgebe sich nur mit der Atmosphäre
der Sitte! Ohne Weiteres liegen die Gründe zur Hand; ohne
Weiteres gelangt man zu Schlüssen, ohne die Mühe des Nach=
denkens, oder die Gefahren, welche den Geburtswehen der Logik
so Trauriges drohen. Steht man unter einem fremden Volke,
muß der Fragende eine Sprache reden, die zu den fremden Ideen
nicht paßt, so wird jede Schlußfolge sich auf eigene Eindrücke,
nicht auf die ihrigen stützen; versetzt man sich aber in eine der
ihrigen ähnliche Lage, so fühlt man gleich ihnen und das ist der
Endzweck nutzbarer Nachforschung. Burke erwähnt in seinem Ver=
suche über das Schöne und Erhabene eines alten Philosophen,
der, wenn er wünschte, den Charakter eines Menschen zu erfor=
schen, ihm in Allem nachahmte, den Ton seiner Stimme nach=
zumachen versuchte, und sogar sich bemühte, so auszusehen wie
Jener: die beste Regel für einen Reisenden, die jemals erfunden
worden.

Betrachtet man von diesem Gesichtspunkte aus die Verhältnisse im Orient, welche interessante Gedankenreihen, welche Contraste entstehen bei jedem Schritte, und welche Wichtigkeit, welchen Werth gewinnen unbedeutende Umstände, nicht nur die im Morgenlande, sondern auch in Europa! Wie zusammenhängend erscheinen dann bisher unbeachtete Beziehungen zwischen täglichen Gewohnheiten und dem Nationalcharakter von Jahrhunderten, zwischen häuslichen Gebräuchen und geschichtlichen Ereignissen! Erst seit zehn Minuten ist das Zelt aufgeschlagen, vom Herde steigt der Rauch auf, und wir fühlen, wir begreifen den Unterschied zwischen gothischer und orientalischer Colonisirung und Vaterlandsliebe. Wir lagern vielleicht zwischen den Trümmern eines Tempels der althellenischen Götterwelt; ein Diener bringt zum Abendessen Kräuter, die er auf einem Schlachtfelde suchte, bei dessen Namen das Schulknabenherz hoch aufschlug; er nennt sie mit denselben Namen, die Hippokrates oder Galenus gebraucht hätten, und während der Zeit pfählt der Reitknecht das Pferd an, wie es Brauch im Altai=Gebirge.

Aber der Durst des europäischen Reisenden nach Neuem wird nicht gestillt werden, wendet er nicht seinen Geist auf das, was ich das Neue vom Alterthum nennen möchte. Die feineren und kleineren Theile des Wesens der früheren Zeiten, die man nicht mit Worten fassen konnte, sind für unsere Zeiten und in unserem Erdtheile verloren. Im Morgenlande aber leben und athmen noch diese Sitten des Alterthums. Dort kann man essen, wie die Leute in Athen aßen; dort kann man im größten, im verlornen Genusse der Vorzeit schwelgen und baden, wie einst in Rom, und während man dort noch frisch und lebendig, mit Fleisch und Blut angethan die Homerischen Gebilde von dreitausend Jahren erblicken kann, mag man sich das leibhafte Gegenstück in unseren angelsächsischen Urahnen denken, wie Beda sie beschreibt, und den von Alfred angeordneten Gauthingen beiwohnen.

Sollte ich die köstlichste Stunde auswählen aus diesem einfachen und nomadischen Leben, so wäre es die der Abend=Biwacht. Man wählt sein Lager und schlägt sein Zelt, wo Phantasie oder Laune es eingeben, am Bergesabhange, im abgeschlossenen Thale, am murmelnden Bache oder in einem düstern Walde. Vertraut geworden mit der Mutter Erde streckt man sich nieder und legt sein Haupt an ihre nackte Brust. Schnell knüpft man Gemeinschaft an mit ihren anderen Kindern, mit dem Forstmann, dem Pflüger im Blachfeld oder dem Schäfer auf den Bergen. Man ruft zur Theilnahme am Abendbrod einen müden Wanderer, dessen Namen uns eben so unbekannt ist, wie sein Stamm und sein Geburtsland. So angenehm diese Ungewißheit ist, so sicher ist doch die Belohnung aus einem solchen Zusammentreffen, mag nun der Gast die Abendstunde mit Mährchen aus der Wüste ausfüllen oder mit Geschichten aus der Hauptstadt, und mag er in diesem Pilgerlande die Ströme Kaschmirs oder die brennende Sahara besucht haben.

Obgleich man aber die Gesellschaft eines Menschen nirgends besser genießen kann, so kann man sie doch auch nirgends leichter entbehren, als in seinem Zelte, nach den Beschwerden eines langen Tages. Es ist ein mit Worten nicht auszusprechendes Vergnügen, diese, überall sich gleiche, bewegliche Heimath zu hüten, die ihren Zauberkreis aufschlägt und ihre vergoldete Kugel in die Lüfte erhebt. So wie ein Strick nach dem andern eingepfählt wird, nimmt sie ihre gewohnten Formen an und dann breitet sie weithin ihr zierlich ausgezacktes Dach, drinnen mit ihren bunten Teppichen und Polstern und Kissen prunkend. Nach den Beschwerden des Tages und den Mühen der Reise verrichtet der Reisende zuvörderst seine Abwaschungen am fließenden Bache, sagt sein Namaz her und dann ruht er in seinem Zelte, den letzten Strahl der Abenddämmerung belauschend, in der abgeschlossenen Ruhe, die nicht Nachdenken ist, nicht Gedankenleere, sondern die Stille in der ganzen Natur, die stumme Betrachtung der Menschen und Dinge. So fördert man die nachdenkliche Weise, so erlangt man die Nüchternheit des Sinnes, die, wenn auch nicht tief, doch nimmer oberflächlich wird. So sollte man den Moslem sehen, daheim in der Wildniß, malerisch in seinem Aufzuge, ein trefflicher Gegenstand des Bildhauers in seinem Anstande, Würde auf der Stirn, Willkommen auf seinen Lippen und Poesie rund um ihn her. Ein solches Gemälde vor Augen habend, mag der immer geschäftige Abendländer das innere Wesen, die Gemüthsbildung derer belauschen, die an ein solches Leben gewöhnt sind und die eben deßhalb zu ihrem Lebensbetrieb die Ruhe mitbringen, die wir nur in der Einsamkeit finden können, wenn wir unserer selbst geschaffenen Welt von Umständen entronnen, einen Augenblick lang das Weltall besuchen und bewohnen dürfen, und mit ihm uns unterhalten in einer Sprache ohne Worte.

Diese Vergnügungen aber, von denen ich nur die Schatten zu skizziren versucht habe, sind keineswegs die einzigen auf einer Reise im Morgenlande. Die große Quelle der Lust für einen Fremden ist — der Mensch, der Charakter des Volkes und seine politischen Verhältnisse; die neue und verschiedenartige Handlung; die dramatische, einfache und eigenthümliche Darstellung. Bei uns sind die National-Verhältnisse, die des Forschers Aufmerksamkeit in Anspruch nehmen, so analytisch und wissenschaftlich, daß nur diejenigen sich ihnen nahen dürfen, welche jedem einzelnen Zweige eine Lebensdauer voll Arbeit gewidmet haben. Wer aber das vermocht hat, ist vertieft in ein ausschließliches Studium; wer es nicht gekonnt, hat kein Stimmrecht und scheut zurück vor der Prüfung. Im Osten aber, wo das System der politischen Verhältnisse einfach ist, wo man das sittliche Recht und Unrecht im persönlichen Charakter klar auffaßt, sind alle unserer Aufmerksamkeit würdigen Gegenstände im Bereiche unwissenschaftlicher Beobachtung und selbst der gewöhnlichen Auffassung zugänglich. Freilich muß der Fremde damit beginnen, daß er vorgefaßte Meinungen bei Seite lege; das ist der erste Schritt, um sich bekannt zu machen mit Begriffen, die ganz verschieden sind von denen, welche die Erziehung in volksthümlichen Gewohnheiten und die Erfahrungen des Geburtslandes ihm einpflanzten.

Zweites Capitel.

Zustand des griechischen Landvolkes im Jahre 1850. — Militärische und politische Wichtigkeit der Bucht von Korinth. — Vorfall im Befreiungskriege. — Seegefecht in der Bay von Salona.

Nachdem wir, wie schon erwähnt, die erste Nacht unserer Reise in den Trümmern von Mycenä zugebracht hatten, gingen wir am folgenden Morgen nach Korinth. Wir kamen durch das Dervenaki, welches durch die Niederlage berühmt geworden, die der Pascha von Drama hier erlitt. Nicht ohne Interesse bemerkten wir die damals aufgeworfenen Cambouris (Brustwehren, Feldschanzen) und vernahmen verschiedene Erzählungen von der Vereinigung und dem Siege der Griechen. Einige Meilen weiter ergözte es mich, die durch ihre malerischen Trümmer geweihte kleine Ebene von Nemáa wieder zu erblicken; allein ich mußte bedauern, daß ein ganzes Jahr weder den Anbau vermehrt, noch die Lage der wandernden Blachi (Schäfer) verbessert hatte. Derselbe Monat fand sie wieder, ihre Butter unter demselben Baume bereitend und ihre einfachen Geräthe an dieselbe Säule hängend; keine Last war erleichtert — ich möchte, daß ich hinzufügen könnte: keine Aussicht war zerstört.

Der gegenwärtige Zustand des Landes ist weit entfernt, die Hoffnungen zu erfüllen, die ich nach den Fortschritten hegen zu dürfen glaubte, welche ich beobachtete, als ich denselben Landstrich ein Jahr zuvor bereisete. Alle Vorschläge zum Anbau der Staatsländereien, zur Errichtung von landwirthschaftlichen und sonstigen Instituten, zum Straßenbau, sind entmuthigt oder verworfen von der Regierung, die jedes Unternehmen selbst durch Einschüchterung und Drohungen hemmt und aus ihren Endabsichten und Maaßregeln ein Geheimniß macht. Schon die bloße Thatsache, daß überhaupt eine Regierung vorhanden war, hatte während des Jahres vorher Leben und Thätigkeit über das ganze Land verbreitet, und die Wirkung war wirklich wundergleich. Aber diese Kraft wurde gelähmt, als das von der Regierung gewählte System in Vollzug gesetzt wurde, und jetzt ist keine einzige Hütte neu entstanden, nicht ein Baum gepflanzt, nicht ein Feld eingehägt, nicht eine Brücke wieder gebaut, nicht ein Weg ausgebessert. Aber das ist noch nicht Alles.

Von den öffentlichen Ländereien, wozu die ergiebigsten und ebensten Striche gehören, erhebt die Regierung drei Zehntel vom Ertrage. Die Bauern wirthschaften größtentheils mit Geld, das sie gegen 2½ Procent monatlicher Zinsen borgen oder sie erhalten das Saatkorn, wofür sie sich verpflichten, die Hälfte des reinen Ertrages wieder zu geben. Zur Saatzeit war wegen der Blokade der Dardanellen der Kornpreis sehr hoch, während Saatkorn noch höher stand, wegen des allgemein herrschenden Vorurtheils, nur das im Lande gewachsene Saatkorn könne eine gute Ernte geben, und davon gab es nur einen sehr geringen Vorrath. Zur Erntezeit, als die Blokade aufgehoben war, fiel der

Preis um die Hälfte, ein merkwürdiger Beweis des Einflusses der Dardanellen auf die umliegenden Länder.

Die Kosten des Landbaues sind größer in Griechenland als in England. Das Verfahren und die Geräthe sind roh und kümmerlich; jeder Transport geschieht auf dem Rücken der Maulesel; das Land muß vor der Saat dreimal gepflügt werden; der Pflug wirft die Erde von der Stelle, ohne die Schollen umzukehren und zu zerschlagen; das Land wird nicht gedüngt und bringt in der Regel nur zwei Ernten in drei Jahren, und dann wird ein großer Theil Saatkorn mehr gebraucht, als nöthig wäre. Nach allen diesen Kosten und Nachtheilen fällt ein Drittheil der Ernte an die Regierung (außer 12 pCt. Abgabe von allen verschifften oder nicht verschifften Producten und Gütern); die Hälfte des Restes fällt an den, der Vieh und Saatkorn hergegeben hat, so daß der Bauer drei und ein halb Zehntheile vom reinen Ertrage erhält, und damit soll er die Zinsen von den Vorschüssen abtragen, die Kosten des Landbaues bestreiten, seine Familie erhalten und somit die Erwartungen erfüllt sehen, die er faßte, in eine neue und glücklichere Lage zu kommen.

Dennoch sind die eigentlichen Bauern noch viel besser daran als die Landbesitzer. Manche von diesen hatten durch alle Wechselfälle der Revolution noch etwas als einen letzten Nothpfennig gerettet und ergriffen eifrig den Augenblick, wo sie in den friedlichen Besitz ihres Eigenthumes gesetzt wurden, um alles noch vorhandene Werthvolle zu Geld zu machen. Sie verwendeten diesen Erlös, mit etwanigen Vorschüssen, die sie erhalten konnten, auf die Wiederherstellung ihrer Ländereien. Gewöhnlich waren aber ihre Mittel unzulänglich und immer waren ihre Erwartungen übertrieben. Nachdem sie Häuser und Scheunen gebaut, Vieh gekauft, Land aufgebrochen und bearbeitet hatten, fehlten ihnen die Mittel, Saatkorn zu kaufen.

Die Oelbäume und besonders die Maulbeerbäume, die ihre Ernte ohne Auslage und Mühe tragen, und die sichersten Hülfsquellen eines noch nicht geordneten Landes sind, wurden während des Krieges in großen Massen zum Feuerholz niedergehauen; die Weinberge und Korinthen-Anpflanzungen konnten nur mit bedeutenden Kosten und dem Verluste mehrerer Ernten hergestellt werden.

So war also binnen einem kurzen Jahre ein panischer Schrecken an die Stelle des Speculirens getreten. Die Blokade der Dardanellen und später deren Aufhören brachten ein verderbliches Schwanken im Preise hervor, welches, in Verbindung mit dem Mangel an Capitalien (Dank sey es Kapodistria's Verfahren) jetzt die Landbesitzer in einen Zustand des Bankerottes und der Erbitterung versetzt hat, der für die künftige Ruhe des Landes eben kein günstiges Vorzeichen ist. Auch muß man ihre Aufregung der Einführung von Gesetzen zuschreiben, deren Nutzen noch sehr in Frage steht, die aber ohne alle Frage wegen ihrer Unpopularität tadelnswerth sind, dessen zu geschweigen, was das Volk als den Verlust von Rechten und Vortheilen betrachtet, mit deren Hülfe sie unter der alten Verwaltung die vorhandene Ruhe hätten benutzen oder die augenblicklichen Uebel überwinden können, welche aus Zufällen der Witterung oder Schwankungen im Handel entstehen.

Argos ist nur acht Stunden entfernt von Korinth. So erblickten wir am Vormittage des zweiten Reisetages unser am Tage vorher vorausgeschicktes Zelt, wie es in Korinth im Sonnenschein glänzte, mitten zwischen den Trümmern des Serails des Kiamil Bey.

Der Felsen und die Trümmer haben die Federn und Pinsel der Dichter, Ortbeschreiber und Maler schon hinlänglich beschäftigt; ich brauche also meine Leser nicht mitzuführen, um mit uns den Untergang und Wiederaufgang der Sonne vom unsterblichen Gipfel herab zu bewundern. Was ich in Betreff der Landenge und des durch dieselbe begonnenen Canals zu sagen habe, soll in einem besondern Anhange der Benutzung des wißbegierigen Geologen und Antiquars vorgelegt werden, wie nicht minder Bemerkungen übe das intermittirende Fieber, welches die Küstenbewohner des Meerbusens plagt.

Von Korinth wendeten wir unsern Weg nach Patras, längs der schönen Küste der Bucht von Korinth. Der Weg läuft fast immer dicht am Gestade mit der seegleichen Bucht zur Rechten. Ein schmaler Korinthenbüschetragender Küstenstrich, vom allerergiebigsten Lande auf Erden, liegt zwischen dem Ufer und niedrigen Hügeln von fleischfarbenem Thon, die sich in langen parallelen Zügen hinziehen und mit dunkelgrünen Gesträuchen besetzt sind.

Dahinter erheben sich Berge, größtentheils Felsen, mit rechtwink=
ligen Umrissen, senkrechten Seiten und gleichlaufenden Gipfeln,
mit Fichten gesäumt; ihre dunkeln Farben und mächtigen Gestalten
erscheinen noch um so düsterer und ernster bei den lebhaften Farben
und den phantastischen Wellenlinien des Vordergrundes. Zuerst
gewahrte ich diese Berggruppen vom Mittelpunkte des Meerbusens
aus, im dunkeln Morgennebel. Sie sahen aus wie höchst fleißig
und künstlich gearbeitete Riesenfestungen; die Hand der Natur
hatte sie gebildet, um die Kinder ihres Bodens zu beschirmen. Noch
ein Jahr vorher lagen die Gebeine feindlicher Tataren auf dem
Rasen und bleichten am Gestade von Acrata; jetzt konnte ich keine
Spur mehr davon entdecken.

Der Meerbusen wird an seinem schmalen Eingange durch die
Festungen gedeckt, die man die kleinen Dardanellen nennt. Seit
der Erfindung des Schießpulvers ist er für die militärische Behaup=
tung Griechenlands wesentlich wichtig gewesen und wird es immer
bleiben. Seine Wichtigkeit war den Osmanen selbst im Frieden
nicht weniger fühlbar, als sie es für andere Nationen im Kriege
gewesen wäre, wenn man Rücksicht nimmt auf die diplomatische
Beschaffenheit der Bande, welche ihre Herrschaft zusammenhalten
und auf die abgesonderte und oft feindliche Bewegung, welche die=
ses Reich durch sein eigenthümliches Gleichgewicht ohne Zersplit=
terung aushalten kann. Oertlich starke oder schwache Punkte, Ge=
birgspässe, Moräste, geben oft den Maaßstab ab für Bedingungen,
die eine Partei vorschreiben kann, oder bestimmen die Privilegien,
auf welche eine Gemeinde Anspruch machen darf. Solche Umstände
werden also täglich in Betrachtung gezogen, und in Dorf=Zusam=
menkünften werden oft alles Ernstes Staatsgründe und strategische
Combinationen erwogen und berathen, die in Europa nur in ein
Staatscabinet oder vor einen Generalstab gehören würden. Die
Türkei hat in ihren europäischen Provinzen lange Zeit die Herren
der Gebirge, die Arnauten (Albanesen) benutzt, bedrohet und be=
straft. Der Golf von Lepanto versperrt ihnen den Weg zu den
fruchtbaren Thälern Griechenlands; zu drei Malen sind sie hin=
gezogen, um den Aufstand zu unterdrücken, und jedesmal haben
sie sich der wildesten Ausschweifungen schuldig gemacht; ihr ein=
ziger Zaum war die Gewißheit, ein Rückzug sey ohne Einwilli=
gung der Pforte unthunlich, da die Türken die Schlösser besetzt

hielten und eine griechische Miliz die Landenge von Korinth. *)
Deßhalb ist jedes Kind vertraut mit der politischen Wichtigkeit,
den Golf besetzt zu halten.

Man braucht nur einen Blick auf die Karte von Griechen=
land zu werfen, um den Werth dieses Seearmes zu würdigen.
Die Gegend im Norden, von Lepanto bis an die Gränze von
Attika, ist so durchschnitten von Bergen und eingezähnt von
Meerbuchten, daß sie für einen Reisenden schwer zugänglich und
für ein Heer ganz unzugänglich ist. Wer die Schlösser der klei=
nen Dardanellen im Besitze hat, beherrscht alle Verbindung zu
Lande und zur See zwischen dem westlichen Griechenland, Arta,
Albanien und Morea.

Es war also kein Wunder, daß die Osmanen diesen Gränzpaß
als die Fassung ansehen, womit sie den kostbarsten Edelstein des
europäischen Turbans festhielten. **) Die drohenden Batterien der
Doppelschlösser verschlossen den Ungläubigen den Zugang. Ein lan=
ges Jahrhundert hindurch hatten ihre Zinnen nicht im Grimme ge=
lodert ***), hatten die Gewässer des Golfs nie einen fremden Kiel
getragen, hatte sich in seiner ruhigen Fluth kein anderes Wimpel
gespiegelt als die blutrothe Türkenflagge.

Während der ersten sechs Jahre des Befreiungskrieges unter=
hielt die Ueberlegenheit der Griechen zur See die Verbindung zwi=
schen dem griechischen Festlande und der morcotischen Halbinsel.
Während dieser langen Zeit blieb der Golf im Besitze der Türken.
Dadurch wurden die Theile eines und desselben Landes, die ge=
genseitiger Unterstützung bedurften, von einander getrennt, und
eine Folge davon war, daß der westliche Theil des griechischen
Festlandes, wenn auch nicht völlig unterjocht, doch der Macht
eines ferneren Widerstandes beraubt wurde.

Im Herbste 1827, als die letzten Sandkörner in Hellas' Stun=
denglase dem Verrinnen nahe schienen, erfüllte die Nachricht vom

---

*) Der berühmte Hassan Pascha vertilgte ein Corps Albanesen nach dem
  Aufstande von 1780, indem er ihnen den Rückzug bei der Landenge
  und bei den kleinen Dardanellen abschnitt.
**) Früher wurden dem Sultan zwei Turbane vorgetragen; einer bedeu=
  tete Asien, der andere Europa.
***) Selbst in den beiden früheren griechischen Revolutionen waren die
  Kanonen dieser Festungen niemals gebraucht worden.

Julius=Tractate mit frischen Hoffnungen, und rief die Söhne Grie=
chenlands zu erneuerter Kraftanstrengung. Die Kunde verbreitete
sich im Norden und erweckte Akarnanien aus seinem Todesschlafe;
die Armatolis von Valtos und Xeromeros forderten die Rückkehr
ihrer in Morea dienenden Brüder und riefen die Peloponnesier
zum Beistande, um die Albanesen wieder zu verjagen und die
frühere, nothwendige Gränze des Makronoros wieder zu ge=
winnen.

Doch der Versuch schien hoffnungslos. Alle Verbindungs=
linien mit dem griechischen Festlande waren in Feindes Händen.
Albanesen hielten Makronoros und die Districte und Festungen
in Akarnanien, Türken hatten Lepanto und die Schlösser am
Golf besetzt; Aegyptier hatten Patras inne und ganz Elis und
Achaja; die Flotten der Aegyptier und Türken beherrschten das
jonische Meer und Missolunghi war in ihrer Gewalt. Die Grie=
chen waren in einiger Stärke in Argolis und im Osten des Pe=
loponnes versammelt, aber, hätten auch die Türken sich ihnen
nicht widersetzen können, sobald sie einmal im westlichen Griechen=
land angelangt wären, wie sollten sie dahin kommen? Hätten sie
auch durch die Hochgebirge auf dem Festlande dringen können, so
würden die Türken sie bei Rachova und bei Thermopylä festge=
halten haben. Hätten sie versucht durch Morea zu gehen, so wä=
ren sie auf die Aegyptier gestoßen; die vereinigten muselmänni=
schen Flotten, die an den Küsten bei Navarino, Patras und Mis=
solunghi ankerten, setzten jede Idee eines Transportes zur See
außer alle Frage, und zwischen den Hörnern dieses unauflöslichen
Dilemma's fluthete die Bucht von Lepanto, im Besitze eines tür=
kischen Geschwaders.

Was nützte aber der Julius=Tractat, wenn nicht das Festland
von Griechenland wieder erobert wurde?

Aus den Dispositionen der beiden englischen Befehlshaber der
griechischen Land= und Seemacht wurde es bald klar, daß es auf
ein Unternehmen abgesehen war, zu welchem alle Hülfsmittel
Beider zusammenwirken sollten, und obgleich Alle die dringende
Nothwendigkeit fühlten, das Festland von Griechenland in Auf=
stand zu bringen, so fühlten sie doch auch nicht weniger empfind=
lich die Schwierigkeit, wenn nicht die Unmöglichkeit, Truppen
aus Argos nach Akarnanien zu schicken. Die griechische Flotte

konnte wohl von einem Platze zum andern kommen, aber weder
dem Heere Zufuhr bringen, noch von demselben unterſtützt werden.
Dennoch war es klar, daß eine Landung im weſtlichen Griechen=
lande beabſichtigt wurde.

General Church hatte Korinth als Sammelplatz bezeichnet,
aber dieſe unerklärbare Verſammlung erregte wenig Hoffnung, und
die Capitäne der Palikaren bezeigten keinen großen Eifer, ſich zur
Fahne zu ſchaaren. Die, welche dem General folgten, waren
daran gewöhnt, das Recht freier Berathung und freien Willens
unbeſchränkt zu üben; ſie hatten alſo kein Herz für eine Unterneh=
mung, in der weder das Eine, noch das Andere ihnen frei ſtand,
und fragten, ob der Oberbefehlshaber etwa beabſichtige, ſie in
Wallnußſchalen nach Akarnanien zu bringen. Endlich war indeß
eine beträchtliche Truppenmacht beiſammen, die am 22 September
1827 auf dem großen Amphitheater zerſtreut war, welches vom
Gipfel der Akropolis in Korinth bis an die Meeresküſte den Golf
beherrſcht — als man ein vollbeſegeltes Schiff gerade vor dem Winde
gewahrte, das auf die Landenge losſegelte. Türkiſche Kriegsſchiffe
näherten ſich niemals der Küſte, und welches andere Schiff konnte
ſich durch die Meerenge gewagt haben? Tauſend Hoffnungen und
Beſorgniſſe entſtanden und verbreiteten ſich in den ängſtlichen Hau=
fen; die wenigen Ferngläſer, deren man im Lager und auf der
Citadelle habhaft werden konnte, wurden umſonſt in Anſpruch
genommen; die ſchwellenden Topſegel zeigten keine Flagge. Nun
aber wendete ſich das Schiff nach Lutraki, einem Hafen in der
nördlichſten Ecke des Iſthmus, die große Flagge wurde aufgezogen
und da entfaltete ſich das Silberkreuz im himmelblauen Felde!
Ein Jubelſchrei des Willkommens erſcholl von der harrenden Menge
und jubelnd verkündete der Donner alles Geſchützes von der Citadelle, daß nach zweitauſendjähriger Knechtſchaft Griechenlands
Sinnbild wieder erſchienen ſey in den Gewäſſern von Lepanto.

Man erfuhr jetzt, daß Lord Cochrane ein Geſchwader zuſam-
mengebracht und das Landheer außerhalb der Meerenge erwartet
hatte, um es nach Weſtgriechenland zu bringen. Aengſtlich aber
und doch vergebens blickte er aus nach den verabredeten Signal-
feuern im Gebirge. Da beſchloß er, die Durchfahrt zu erzwingen
und die Truppen innerhalb des Meerbuſens einzuſchiffen. Als er
aber dieſe ſeine Abſicht den Capitänen mittheilte, erklärten dieſe,

einer solchen Gefahr würden sie ihre Schiffe nicht aussetzen und der Admiral wurde also genöthigt, seinen Plan aufzugeben. Das Geschwader ankerte bei Missolunghi, als der Admiral zwei mit Griechen bemannten, aber von Engländern befehligten Schiffen ein Zeichen gab. Augenblicklich lichteten sie die Anker und fuhren nach dem Meerbusen. Diese Schiffe waren das Dampfschiff Perseverance (Beharrlichkeit) und die Brigg Sauveur (der Erlöser). Nur das letztere kam den Batterien vorbei und segelte in den Meerbusen ein. Dieß ist ein romantischer Vorfall im Lauf der Dinge, welche zu der Feststellung von Griechenlands Unabhängigkeit führten, und das mag mich entschuldigen, wenn ich in der Erzählung eines Ereignisses fortfahre, welches unmittelbar die Seeschlacht von Navarino veranlaßte.

Unbedeutend beschädigt bei der Durchfahrt segelte die Brigg vorwärts und gelangte in eine tiefe Bucht bei Galaxidi, an der nördlichen Küste des Meerbusens, Vostizza gegenüber. Die Windungen des Golfs zeigten den Augen der Griechen ein türkisches Geschwader, das dicht zusammen gedrängt eben so sorglos als unordentlich festlag; die Segel trockneten, die Mannschaft war am Lande, und, wie sich erwies, nicht einmal Munition an Bord. Aber bald schwanden die Träume eines unblutigen Sieges; am Abend desselben Tages gelang es noch so eben dem Erlöser davon zu kommen, und so segelte er nach Korinth. Seine Flagge war die Veranlassung, daß Korinthos' Felsen vom Geschütze und vom Jubelrufe erdröhnten.

Die Wirkung, welche das Erscheinen dieses Schiffes im Meerbusen hervorbrachte, war einem Wunder gleich; der Talisman türkischer Oberherrschaft war gebrochen und die Fahrt nach Westgriechenland eröffnet. Nun umschwärmten die Palikaren den General Church und drängten ihn, sie vorwärts zu führen. Das Lager brach auf von Korinth, und der Erlöser, dem sich jetzt auch das Dampfschiff zugesellt hatte, segelte westlich.

Es war beschlossen, beide Schiffe, das Dampfschiff und die Brigg, sollten das Geschwader bei Salona angreifen, vor dessen Bucht sie am Morgen des 28sten anlangten. Die Türken waren mit Vertheidigungs-Maaßregeln emsig beschäftigt, sie landeten Kanonen, errichteten Küstenbatterien und zogen 1500 bis 2000 Mann von den umliegenden Posten zusammen.

Während der Nacht schallten die Töne der Zurüstung am Bord des Dampfschiffes über die stille Fluth des Meerbusens und von Zeit zu Zeit belebten die Wachen beider Schiffe ihre Arbeiten durch gegenseitigen Zuruf. Der Morgen sollte einen thatenschwangern Tag für Griechenland bringen; von seinem Ausgange hing die Herrschaft über den Meerbusen ab, und alle mit seinem Besitze verknüpften Vortheile; vor allen Dingen aber mußte er die hochländischen Häuptlinge bestimmen, die jetzt zwischen Türken und Griechen schwankten. Doch noch wichtigere und noch unerwartetere Folgen ruheten in der Zukunft.

Der beabsichtigte Angriff war schwer, wenn nicht verzweifelt. Das Andenken an das letzte Mißlingen diente eben nicht dazu, die Befürchtungen zu vermindern, welche das Mißverhältniß der Zahl und die nachtheilige Stellung einflößen mochten, und da die Türken nun einmal vorbereitet waren, so war es klar, daß nur zwischen Untergang oder Sieg die Wahl blieb.

Lieblich brach der Morgen an über dem schönen, classischen Schauplatze; glänzend ging die Sonne auf, am Himmel dunkelte keine Wolke, auf dem Wasser spielte kein Luftzug; endlich schoß aus dem Schornsteine des Dampfschiffes eine Masse dichten Rauches in die Höhe, gleich dem Ausbruche eines Vulcans. Den Türken war dieß Dampfschiff, das erste, welches sie jemals erblickten, ein Gegenstand der Verwunderung und des Grauens. Sie hielten es kaum für ein Werk von Menschenhänden, so seltsam erschienen ihnen Gestalt und Bewegung, und die Wesen darauf, die direct aus den höllischen Regionen zu kommen schienen, und so gräßlich die Wirkung der Wurfgeschütze, die glühend von unten herauf, aus des Teufels Küche, zu kommen schienen. *)

---

*) Granaten, acht Zoll im Durchmesser, die aus wagerechten Kanonen geschossen wurden und zuweilen glühend; es waren eigentlich Hohlkugeln, die wegen ihrer verhältnißmäßigen Leichtigkeit von der Oberfläche des Wassers in unzählbaren Prellschüssen abwippten. Auf diese Weise war es bei ruhiger See unmöglich zu fehlen, und diese Masse glühenden Eisens, diese Granate oder Hohlkugel mit einer Mischung von Holz, Leinwand, Pech und Pulver, welche ein unauslöschliches Feuer ausspruhete, war ein Gast, der auch geschicktere Seeleute als die Türken erschreckt haben würde. Diese neue Erfindung in der Artilleriewissenschaft wird ohne Zweifel den Seekrieg und die Schiffs-

Obgleich ich selbst bei dem nun folgenden Auftritte an dessen Gefahren und am Erfolge Antheil nahm, will ich ihn doch lieber erzählen, wie er mir von einem der bei dem General Church angestellten Officiere beschrieben wurde. Das griechische Heer marschirte längs der Südküste, die Bewegungen der Schiffe beobachtend. Es machte Halt in Vostizza, der Bucht von Salona gerade gegenüber, und bereitete sich, dem Angriffe mit der Aufregung zuzusehen, die ein ruhendes Heer fühlen muß, wenn es die Entscheidung seines Geschickes von dem glücklichen oder unglücklichen Ausgange eines Zweikampfes erwartet.

Die beiden Schiffe mußten in eine enge, landumschlossene Bucht hinein, in die man nur mit Hülfe eines günstigen Windes gelangen konnte, der dann aber die Umkehr verhinderte; dort mußten sie Schiffe angreifen, die viermal so viel Kanonen hatten, dicht am Ufer lagen und ihre Flanken gleich festen Batterien darboten, mit Batterien am Ufer und ein paar tausend Soldaten am Lande, und das Alles in einem Kriege, wo von beiden Seiten nicht auf Pardon gerechnet wurde.

Es war ein merkwürdiger Anblick, wie ein frischer Wind die schwarze Rauchwolke eines Dampfschiffes von Achaia gegen die Höhen von Delphos und den Parnaß trieb. Es war seltsam anzuhören, wie das Geräusch der Dampfräder weit hin tönte über die korinthische Fluth. So wie die griechischen Schiffe die Spitze umsegelten, erblickten sie plötzlich die türkische Flotte, die in der Tiefe der Bucht aufgestellt war, und wie zur Parade mit breiten, blutrothen Flaggen prangte, und weithin flatternden Wimpeln. Auch an der Küste weheten drohende Flaggen, überall wo frische Erdbatterien aufgeworfen waren; eine tüchtige Anzahl grüner Zelte, und das Blitzen der Waffen belebte die Hügel in der Runde und gewährte einen weniger anlockenden als malerischen Anblick. „Erst dann," sagte mein Berichterstatter, „als wir sie um die Spitze fahren sahen, fühlten wir wirklich, mit dem Angriffe sey es ernstlich gemeint; jetzt erst fühlten wir die ganze Gefahr des Unternehmens und die Folgen eines Fehlschlages.

baukunst in Zukunft bedeutend verändern, und dieser erste Versuch mit der Kraft der Erfindung, einem Feinde gegenüber, gibt dem von mir zu erzählenden Ereignisse noch ein Interesse mehr.

Mit welcher Angst blickten wir nach den weißen Segeln und dem schwarzen Rauche, als sie hinter der niedrigen Landspitze verschwanden! Unter welcher besorglichen Ungewißheit verlief die halbe Stunde zwischen diesem Augenblicke und dem ersten fernen Kanonenschusse, der über das Wasser dröhnte und der grauen Dampfwolke, die langsam aufstieg aus der Bucht längs der Seite des Parnasses. Nach einem viertelstündigen ununterbrochenen Kanonenfeuer schwellte plötzlich eine schwarze Rauchmasse gen Himmel! War es Freund oder Feind, der gen Himmel oder zur Hölle gefahren? Unsere Ungewißheit dauerte nicht lange; eine zweite Masse folgte, schwärzer, höher als die erste. „Sie sind verloren, sie sind verloren!" quoll es aus den zusammengepreßten Lippen der bestürzten Griechen, als eine dritte Explosion bewies, daß des Feindes Schiffe brannten. Da erschollen die wilden Töne dieses übermenschlichen Kriegsrufes; Phantasie und Lungen erschöpften sich in Uebertreibungen und Jubelgeschrei."

Ungeachtet dieses Erfolges, der für den Tag entscheidend schien, hörte man doch noch bis Sonnen=Untergang ein unregelmäßiges Kanonenfeuer mit geringen Unterbrechungen. Der Wind hatte sich gelegt und ein Vorhang von Rauch verhüllte den Schauplatz, auf den alle Aufmerksamkeit gewendet war. Aber als die Sonne sank, als die Nacht ihren dunkeln Mantel ausbreitete, da glänzte hell die Flamme von eilf brennenden Schiffen durch das Leichentuch der Wolken und spiegelte sich in den Wellen, „die Lepanto's Seeschlacht sahen." Das war ein denkwürdiger Tag für Griechenland, ja für Europa. Ibrahim Pascha hatte sein Wort verpfändet, den Hafen von Navarino nicht zu verlassen, nun aber steuerte er nach der Bucht von Lepanto, um die Schmach zu rächen. Admiral Codrington zwang ihn zur Rückkehr. Die für den Winter zerstreuten Geschwader der Verbündeten wurden nach Navarin zurückgerufen und was nun folgte, brauche ich nicht zu wiederholen.

Drittes Capitel.

Patras. — Türkische und griechische Flaggen.

Wir reis'ten gemächlich. Es gibt keine Post in Griechenland. Ich habe es zweckmäßiger gefunden in diesem Lande mit eigenen Pferden zu reisen; Lebensmittel sind überall zu bekommen, ein Zelt ist überall aufzuschlagen und man ist gänzlich unabhängig von den Launen der Maulthiertreiber, dem Mangel an Vieh und wahrlich fast von allen Zufälligkeiten, die in diesen Gegenden dem Reisenden zu Theil werden. Drei Tage reis'ten wir längs des Meerbusens und würden gerne noch längere Zeit auf diesen Theil unserer Reise verwendet haben, die überall das Bild eines neuerdings geordneten Landes darbot, aber unsere ferneren Reisezwecke verboten jeden Aufschub. Es fehlte uns nicht an Gelegenheiten, die uns mit Entrüstung über die Einführung eines Polizeisystems erfüllten, mit all seinen verderblichen Folgen. Ich kann die Unruhe nicht beschreiben, womit ich begann, jetzt auf das künftige Geschick dieses Landes hinzublicken. Wir erfuhren später, daß all unsere Schritte beobachtet, all unsere Worte und Werke hinterbracht wurden, wofür die bettelarme Regierung ein paar hundert Pfund verausgabte.

Den dritten Abend schliefen wir in einem Khan (Herberge), dicht an dem alten Hafen von Panormo, jetzt einem Moor, wo die einzige athenensische Galeere zum Andenken an die Niederlage der Lacedämonier geweiht wurde, mehr als zum Andenken an den Sieg.

Denselben Morgen hatten den Khan eine Bande von eilf Räubern verlassen, die Tags vorher alle Reisenden angehalten, geplündert und an Bäume gebunden hatten. Was sie nicht verzehren oder mitnehmen konnten, hatten sie vernichtet, so daß wir nur sehr wenig Vorrath fanden. Einen Mann hatten sie in heißer Asche gebraten, um von ihm die Nachweisung eines vermutheten Schatzes zu erpressen. Die Bauern waren in größter Unruhe und höchster Erbitterung. „So etwas," sagten sie, „ist während der Anarchie der Revolution nie vorgekommen. Die Kosten für das Militär wurden immer von Rechtswegen beigetrieben, aber den Leibgurt eines Griechen zu berühren, einer Frau

Gürtel gewaltsam zu lösen, waren unerhörte Verbrechen, und jetzt, da wir eine regelrechte Regierung haben, da wir jede Steuer bezahlen und jedem Befehle gehorchen, jetzt, wo man uns unsere Waffen genommen hat, müssen wir erdulden, was selbst in unsern unruhigen Zeiten unerhört war?"

Am folgenden Morgen kleideten wir uns sehr elegant, um anständig vor der schönen Welt in Patras zu erscheinen. Vom Khan aus bis nach dem Schlosse von Morea ist blauer Thon, über welchen das Wasser von den Hügeln hinströmt und so einen tiefen Morast bildet. Um den zu vermeiden, ritten wir längs der Küste, aber eine Charybdis erwartete uns. Obgleich wir, um dem Moraste aus dem Wege zu gehen, im Wellenschlage des Golfs ritten, so begannen doch plötzlich unsere Pferde zu versinken und ehe wir uns heraushelfen konnten, wälzten wir uns in Schlamm und Sumpf und entkamen nur, indem wir in die See gingen und unsere Pferde ins tiefe Wasser lenkten. In Patras machten wir im hellen Sonnenschein einen wunderhübschen Aufzug, vom Kopf bis zu den Füßen mit Schlamm bedeckt.

Patras ist merkwürdig als der Punkt, von dem man zuerst weiß, daß Mohammeds Anhänger und die slavonischen Stämme auf einander stießen. Die letzteren hatten im achten Jahrhundert Morea überfallen; die Saracenen durchstreiften die See, beide vereinigten sich zur Belagerung und Plünderung von Patras.

Das stürmische Wetter und der Mangel eines Bootes im Schlosse, das geräumig genug war, unsere Pferde aufzunehmen, hielten uns sechs Tage auf, die wir sehr angenehm zwischen dem Schlosse und Patras mit dem Obristen Rayko zubrachten, dem einzigen Russen, der Philhellene gewesen. Er gab sich alle mögliche Mühe, uns von der Ausführung unsers tollkühnen Vorhabens abzubringen, Akarnanien und die Gränzscheide zu besuchen. Ich bin überzeugt, hätte er nur eine Ahnung davon gehabt, daß wir auch nach Albanien wollten, so hätte er uns aus lauter Freundschaft in Arrest gesetzt. Wir mußten also unsern Plan unseren Freunden sorgsam verbergen, wollten wir nicht ausgelacht oder gewaltsam festgehalten werden, so wie vor unsern Dienern, sonst hätten sie uns verlassen.

Als wir über die schmale Meerenge zwischen den beiden Castellen fuhren, trat mir unwillkürlich die Scene wieder vor das

Gedächtniß, die ich bei einer frühern Gelegenheit ebendaselbst erlebte, als ich diesen Batterien in einer feindlichen Barke vorbeikam, unter dem Feuer des Geschützes jeder Batterie. Es war ein schöner Anblick an der Küste: die reichen und gedrängten Trachten, die blitzenden Waffen und die Rauchwolken. Die stolze Aufregung, das trotzige Benehmen, der beleidigende Spott, diese Eigenthümlichkeiten eines Krieges, in welchem ein festes System, unabweichliche Mannszucht und unergründliche Rathschläge den Menschen noch nicht zur Maschine gemacht haben, verliehen damals dem Kampfe alles Spiel der Leidenschaften und jedem einzelnen Charakter die Entwicklung, wodurch die Kriege des Alterthums so poetisch wurden und wonach das Zeitalter, dessen Kriege mit der größten Wahrheit geschildert sind, das heroische heißt. Wie verändert war nun der Anblick dieser Batterien — kalt, bleich, augenlos, tonlos gaben sie kein Lebenszeichen, das man hätte beobachten müssen, kein Zeichen der Bosheit, das man hätte fürchten dürfen, keines von Haß, den sie hätten erregen können, keines von Gefahr, der man hätte trotzen sollen! Ein Windeshauch streifte und schäumte den glatten Spiegel und unwillkürlich suchte mein Auge den Flaggenstock, um die jetzt triumphirende Standarte Griechenlands zu betrachten, die in den Lüften wallte an der stolzen Stätte, wo so lange Arabiens Sinnbild herrschte! Dort sieht jetzt der Grieche eine andere Flagge, *seine Flagge*, die Flagge des befreiten und selbstständigen Griechenlands!. Aber an der neuen Standarte deuten die abstechenden Farben der neun abwechselnden Streifen*) auf eine andere Harmonie als die der Musen. Man vergleiche diese blasse und gestreifte Standarte mit den prahlenden Farben des Osmanen, die so stark, reich und einfach sind: der Tagesstern des Glückes und der zunehmende Mond der Macht, beide strahlend auf purpurner Wolke. Die dichterischste aller Fahnen! Das herzerhebendste aller Nationalzeichen! Und wie viel des geisterregenden, nervenstählenden Enthusiasmus hängt vielleicht

---

*) Griechenlands Flagge sind neun wagerechte Streifen blau, und weiß, mit einem weißen Kreuze auf blauem Felde in der Ecke, zum Andenken des silbernen Kreuzes, das Constantin während der Schlacht gegen Marentius am Himmel erblickte, woher das Labarum der Griechen stammt.

ab von der Poesie eines Sinnbildes? Kann ein Volk, kann selbst eine Partei ohne die Redekunst der Farben bestehen? Wie groß muß also nicht die Wirkung seyn, wenn man die Personificirung der Volksthümlichkeit mit Schönheit bekleidet, wenn man ihren kriegerischen Geist belebt, indem man ihrem Ruhme die erhabensten Werke der Schöpfung zugesellt? Das Alles findet sich vereinigt in der Fahne der Osmanen und in keiner, wie in ihr. Das ist obendrein die historisch gewordene Standarte, die mit der Schnelligkeit einer Gewitterwolke über Asien, Europa und Afrika hinflog, von Delhi's Pallästen bis an den Fuß des Atlas; von den Einöden Abyssiniens bis an die Moorgründe des Don; die Standarte, die ihre Macht bewiesen in den Ebenen von Tours und bei Roncesvalles, vor den Wällen Wiens und am Indus und Orus. Dreißig Jahre nach ihrem Entstehen hatte sie die beiden größten Reiche damaliger Zeit gedemüthigt und in achtzig Jahren rühmte sie sich der Herrschaft in mehr Ländern, als Rom in acht Jahrhunderten unterworfen hatte. Diese Flagge ist jetzt von den Castellen verschwunden, wo ich sie noch vor kurzem erblickte, erröthend vor Aerger und Scham; und wie die alten Scythen, bevor sie starben, die Geschichte ihres Lebens erzählten, so untersuchte ich jetzt die Züge und die Geschichte dieser Personificirung muselmännischer Größe, die vor meinen Augen gesunken war, zugleich mich über die Mittel verwundernd, wodurch sie gestürzt wurde.

Als ich zuerst an Griechenlands Küsten landete, mehr Antheil nehmend an der Beschaffenheit seiner Felsen, als an dem dort verhandelten blutigen Streite, wurde ich bald mit Haß und Abscheu vor dem Namen der Türken erfüllt und, mit dem Enthusiasmus des Jugendgefühles, wurde ich Parteigänger. Der Osmane aber, der durch die Gewaltthätigkeit im Siege diese Erbitterung erregt hatte, verscheuchte sie wieder, als er besiegt und gefangen erschien, ein Lebensbild stoischer Festigkeit und würdiger Entsagung. Das Mitgefühl, das man dem Mißgeschicke zollt, übertrug ich nun auf den Besiegten; aber dieses Mitgefühl mischte sich mit Bewunderung eines Heldenmuthes und Achtung vor einem Charaker, von dessen Kraft und Ausdauer ich nie einen Begriff gehabt hatte, vor dem Kampfe, dem ich jene Eigenschaften jetzt ausgesetzt sah. So wie ich also früher die rothe Flagge nur als das Symbol des Blutvergießens und der Verwüstung betrachtet hatte, so erinnerte ich mich jetzt mit Theilnahme und mit Furcht der Jahrbücher ihres Ruhmes, der Zeiten und Gränzen ihrer Siegesbahn.

Ich will keineswegs behaupten, daß die gegenwärtige muselmännische Flagge, der Silberstern und der Halbmond im rothen Felde, dieselbe Flagge ist, die in Bagdad wehte oder nach Spanien getragen wurde; nicht einmal die zuerst in Konstantinopel aufgepflanzte und dann im Siegeslaufe nach der Ukraine, nach Wien und den Alpen fortschreitende. Der Moslemin Farbe ist nicht roth, sondern grün, obgleich zu verschiedenen Zeiten und in verschiedenen Ländern auch andere Farben angenommen wurden. Mohammeds Fahne war gelb; die Saracenen kämpften zuerst unter einem schwarzen Adler; diesem folgten die Parteifarben: weiß und schwarz, die Farben der Familien, die sich einander das Khalifat streitig machten. Das heilige Grün*) war die erste Farbe, welche die Osmanen in Europa entfalteten, aber an ihr hängen so mannichfache nationale und religiöse Gefühle, daß, so gut sie auch dienen mochte, um bei einem Angriffe oder einem Sturme Enthusiasmus zu erregen, man doch bedachte, der Verlust eines so hoch verehrten Zeichens würde den Muth eines Heeres niederschlagen. Im Jahre 1595 eroberte Sigismund, Fürst von Siebenbürgen, die erste türkische Fahne und schickte sie an Papst Clemens VII. Da wurde die Farbe von grün in roth verändert; der Stern und der Halbmond waren byzantinische Zeichen, welche, gleich vielen andern, die Türken von den Griechen erborgten. Daß die Türken auf diese Weise ihre Nationalfarben änderten, deutet auf große

---

*) Tököli entfaltete (1680) seine grüne Fahne des unabhängigen Ungarns vor dem türkischen Heere, um der Moslemin Enthusiasmus zu seinen Gunsten zu erregen. Die jetzige ungarische Fahne ist grün, weiß und roth. †) Noch ganz neuerdings haben die Tscherkessen Grün zur Nationalflagge gewählt, nicht nur um sich durch ein Nationalzeichen von ihren Feinden zu unterscheiden, als vielmehr um ihren Glaubensbrüdern im Süden anzudeuten, das Behalten alles dessen, was ihnen theuer sey, hänge ab von der Erhaltung der auf dem Kaukasus entfalteten Fahne.

†) Das zweite, christliche Wappen Ungarns, seit König Stephan dem Heiligen, tausend Jahre nach Christi Geburt, ist im **rothen Felde** ein **silbernes** Patriarchenkreuz aus goldner Krone auf **grünem Hügel**.

Anmerk. d. Uebers.

Empfänglichkeit für Nationalehre. Die Römer verschwiegen den eigentlichen Namen ihrer Stadt, damit kein fremdes Heer die Penaten aus den Mauern fortbeschwören solle. Venedig hat mit so gutem Erfolge die entführten Gebeine des heiligen Marcus verhehlt, daß keine Spur von ihrem Daseyn aufgefunden ist. Beide Nationen fürchteten, das Band ihres politischen Daseyns möchte sich auflösen, wenn die Symbole der Verehrung und Nationalität in fremde Hände geriethen.

Ich sagte, ich hätte nach der griechischen Flagge gesehen, die statt des osmanischen Banners auf den Wehren flattern sollte, welche den Golf von Lepanto beschützen — aber es war keine da. Ich blickte nach einem Flaggenstocke und ich sah deren drei, dicht bei einander, gleich den drei Kreuzen auf einer katholischen Schädelstätte. Der eine trug ein weißes Tuch ohne Flecken, aber auch ohne Zeichen und Andeutung. Der zweite trug bunte Winkel von Roth, Weiß und Blau, mehr Geometrie in den Falten zeigend als eben Poesie, so begeisternd auch die zehn Jahrhunderte der Mannhaftigkeit dieser Flagge sind, oder die weitgedehnten Zonen, die von ihren Zügen Kunde geben. Der dritte zeigte Kreuzbalken von Blau, im weißen Felde, gleich einem aufgerichteten Stundenglase und auf Eisberge und Schnee deutend. England, Frankreich und Rußland, Mächte, unter deren vereinter Herrschaft etwa 290 Millionen Menschen stehen, hatten sich verbündet, die türkische Flagge fortzuschaffen; sie besetzten der Türken Gebiet als Freunde, sie verbrannten deren Schiffe als Verbündete, sie versperrten deren Häfen als Neutrale; sie protokollirten Griechenland als Wohlwollende — sonderbare Räthsel für ein Zeitalter, das keinen Oedipus hat!

Viertes Capitel.

Das westliche Griechenland. — Griechische Meinungen vom Herzog von Wellington. — Missolunghi. — Das Füllhorn. — Schlacht von Lepanto.

Wir wurden in Lepanto vom Commandanten, Obrist Pieri, empfangen, einem Corfioten, der Artillerie-Chef war und uns, wie nebenbei sich selbst, mit der Erzählung seiner verschiedenen

Heldenthaten unterhielt. Hier hatten wir die erste Unterredung mit einigen Sulioten über das Protokoll. Sie drückten ihren Schmerz und ihre Besorgnisse kräftig aus, sagten aber, die Nation werde von jeder öffentlichen Aeußerung ihrer Gefühle durch die Furcht abgehalten, als widersetzlich gegen den Willen der Höfe zu erscheinen und von diesen für unruhig und wankelmüthig gehalten zu werden. Ohne das, sagten sie, würde Kapodistrias' Regierung nicht einen Tag geduldet werden.

In Lepanto sind von tausend Familien noch fünfhundert griechische nachgeblieben; 6000 Stremmata*) gehören den Griechen, 25,000 früher den Türken, die jetzt Nationaleigenthum geworden sind. Die griechischen Ländereien sind aber so viel schlechter, als die ehemals türkischen, daß, obgleich diese um zwei Drittheile höher besteuert sind, die Griechen doch ihre eigenen Felder verlassen, um die türkischen zu bebauen.

Am 20. Mai. Wir verließen Lepanto mit Tagesanbruch und kamen durch eine kleine fruchtbare Ebene, die sich in einem Halbkreise erstreckt, mit der Basis von Rizina, an deren Ende Lepanto liegt, bis zu den niedern Vorhügeln des Gebirges Korax, das sich bis zum Castelle von Rumili hinzieht. Die Ebene ist dicht mit Oelbaumwurzeln bestreut; gegen die See hin ist sie sumpfig, aber das könnte leicht ausgetrocknet werden. Die niedrigen Hügel, über die wir jenseits des Castelles kamen, sind aus einer alaunartigen und erbigen Masse gebildet, die leicht vom Wasser weggeschwemmt wird. Demgemäß ist die Ebene in kleine vereinzelte Massen geschieden, mit abschüssigen Seiten, flachen Zwischenräumen und Gipfeln, zu jedem Anbau geeignet, während die steilen Seiten jede Baumart tragen und das Gemälde mit Reiz erfüllen können. Wir sahen nichts von den warmen Schwefelquellen in der Nähe von Kakaskala, die diesem Theile der Lokrier den Beinamen des stinkenden verschafften. Der Paß ist von Natur sehr befestigt, indem sich der Fußpfad über den Rücken des Berges windet, der fast lothrecht aus der See entsteigt. Nachdem wir über einen niedrigeren Höhenzug gekommen waren,

---

*) Ein Stremma ist beinahe ein Drittheil eines Morgen Landes. †)
†) Ein Morgen Landes (acre) enthält 4840 Quadrat-Yards; ein Yard 3 Fuß.
Anmerk. d. Uebers.

erreichten wir das schöne kleine Thal Kavuro Limne, wohin Miletius das alte Molykria versetzt. Hier wurde im Schatten einer prächtigen Platane bald Feuer angemacht, wir hingen unsere Waffen an die Aeste und ließen unsere Pferde grasen im gelben, weißen und rothen Klee und im wilden Hafer und Korn. Unsere Teppiche wurden ausgebreitet und bald erschien die Kaffeekanne und die erquickliche Pfeife.

Dieses kleine, aber zauberische Thal gewährt eine Ansicht, wie man sie in Morea selten antrifft. Es ist von unregelmäßigen, aber nicht bedeutenden Hügeln eines weichen Sandsteines umgeben, die in Gestalt und Wesen abwechselnd, mitunter nackt, mitunter bewaldet sind. Durch das Thal fließen zwei Bäche mit tiefen Betten, an denen Reihen schattiger und schöner morgenländischer Platanen wachsen. Wenn man eine Zeitlang die Ansicht von Bäumen entbehrt hat, freut man sich ordentlich über die Schönheit des Laubwerkes und der Gestalt, an der Kühle ihres Schattens und fühlt die Lieblichkeit oder lernt ihren Werth kennen. Nicht weniger Erholung gewährte mir die Aussicht auf die jetzt uns umgebenden Hügel, denn meine Augen waren ermüdet von der Eintönigkeit der Kalkgebirgsketten in Morea, denen es eben so sehr an malerischem, als an geologischem Interesse mangelt, und die um so ermüdender werden, als die Gebirgspfade abscheulich sind und es ihnen an Quellen und an Schatten fehlt.

Es freute mich auch, daß ich mich wieder in West-Griechenland befand, einem Lande, das mit ausgedehnten Trümmern des entferntesten Alterthums angefüllt ist, die, obgleich jetzt darniederliegend und selbst zu den Zeiten des Glanzes von Griechenland schon darnieder lagen, schon damals als Muster griechischer Kriegsbaukunst dienten. *) Das Land wurde von Leuten bewohnt, welche die Verfeinerung und Wissenschaft Griechenlands mitbrachten und die Thätigkeit ihres Stammes, und auf einem reicheren Boden eine Zuflucht suchten und fanden vor den Verfolgungen,

---

*) Νυν μεν τεταπεινωμενα το δε παλαιον προσχημα της Ἑλλαδος ην ταυτα τα κτισματα. (Jetzt zwar liegen sie darnieder, doch einst waren diese Bauwerke das Vorbild von Hellas.) Strabo I., Cap. 2, p. 3.

und Ruhe vor den endlosen und blutbefleckten Zwistigkeiten, die den Peloponnes verheerten.

Diese Gegend ist ganz besonders der Schauplatz mythologischer und dichterischer Gebilde gewesen. Ihre militärische Bedeutsamkeit, die der Erhaltung des neuen Staates so wichtig ist, wurde durch die Ereignisse verherrlicht in den Kriegen Philipps, der Römer, der Gothen, der Gallier und der letzten Revolution. War es der glücklichste und einzig friedliche Theil Griechenlands während der Tage seines alten Glanzes, so ist seit jener Zeit bis zur gegenwärtigen das Gegentheil das Schicksal des Landes gewesen, seit der Entvölkerung unter Augustus, die den Zweck hatte, Nikopolis zu bevölkern, bis zur Entvölkerung durch das letzte Protokoll, die gar keinen Zweck hatte.

Anderthalb Stunden *) vom Flusse Kavuro Limne erblickten wir den Evenus durch einen Gürtel von majestätischen Platanen und schlanken Weiden, die eine Art von Vorcoulisse zu einem kleinen Waldtheater abgaben. Der Fluß glitt im reißenden aber klaren Strome durch sein breites und steiniges Bett und glänzte durch den Vorhang von tiefgrünem Laubwerke. An der andern Seite erhob sich ein steiles und durchbrochenes, mit Gesträuchen bewachsenes Ufer. Es gehörte kein großer Aufwand von Phantasie dazu, in diese thespische Scene die fabelhaften Gruppen Meleagers mit dem Eber, Dejanirens und des Centaurs zu versetzen.

Wir ließen den Fluß rechts und wanden uns rund um den Fuß des Berges Chalcis. Vergebens aber suchten wir nach Spuren, denen wir den Namen Makynia und Chalcis hätten geben können und an der andern Seite des Flusses nach Tophiasson und Kalydon. In der Regel besteht die Schwierigkeit darin, für die große Menge von Ueberresten Namen zu finden; wir aber waren in Verlegenheit mit einem Ueberflusse von Namen, ohne daß wir auch nur einen Säulenknauf oder Säulenschaft gefunden hätten, um die Namen anzubringen. Nachdem wir aber über den Fluß gegangen und rechts vom Wege eine kleine

---

*) Es ist kaum nöthig zu bemerken, daß die Entfernungen nach Stunden gerechnet werden; eine Stunde im Osten, so gut wie in Deutschland, kann man eine französische Lieue rechnen.

Anhöhe erstiegen, die unmittelbar auf Hypochorion hinblickte, befanden wir uns unerwarteter Weise mitten unter sehr ausgedehnten hellenischen Ruinen, die wir mit dem Strabo in der Hand uns sehr wohlgefällig einbilden durften, für das alte Pleurona halten zu können. Es ist sehr zu bedauern, daß Strabo diese Gegenden nicht selbst besucht hat, und daß der einzige auf uns gekommene, zusammenhängende Bericht über Westgriechenland in der allgemeinen Beschreibung so dürftig ist und, sobald er ins Einzelne geht, oft so verwirrt. Miletius ist hier schlechter als nichts, aber doch auf alle Fälle noch besser als Poucqueville. Polybius ist wirklich der einzige Führer in Akarnanien und Aetolien, und aus dem Thucydides muß man das einzige glimmende Lichtchen borgen, das sich über die streitigen Lagen verbreitet, die mit dem Amphilochischen Argos zusammenhängen.

Doch kehren wir nach Pleurona zurück. „Der Evenus," sagt Strabo, „wendet, nachdem er bei Kalydon und Chalcis vorbeigekommen, seinen Lauf westwärts, nach der Ebene von Alt-Pleurona, und dann wendet er sich südlich zum Ausmünden." Gerade nun bei der beschriebenen Flußbiegung erhebt sich der mit diesen Trümmern besetzte Hügel, die in Hinsicht der Ausdehnung und des Styles zu den vorzüglichsten gehören. Einige der Steine waren neun Fuß lang; die Mauer ist gewöhnlich neun Fuß dick, an einer Stelle aber, die wie es schien, an die beiden Akropolis gränzte, war sie nur fünf Fuß mit Verstärkungen von fünfthalb Fuß im Gevierte, welche die Binnenseite verdickten und auf welche wahrscheinlich Planken gelegt wurden, um die Bank (banquette, Brustwehr) zu bilden. Die Mauern umschlossen zwei Anhöhen, auf deren jeder eine Akropolis gestanden zu haben schien; die nordwärts gelegene war zum Theil cyclopisch. Das von der Mauer eingeschlossene Hoch=Plateau mag etwa dreitausend Schritte im Umkreise halten, der niedrigere Theil ist wenigstens eben so groß. Einige Ziegel und Mauersteine, härter als Feldsteine, waren die einzigen Ueberbleibsel, die ich sehen konnte. Eine griechische Faction hat sich ein Denkmal gesetzt durch den völligen Umsturz solcher Mauern und solcher Stadt.

Während wir das $εὔκαρπος κᾶπος$ (fruchtbare Gefilde) von Pleurona durchzogen, holten wir einige Leute mit Mauleseln ein, die mit allen ihren irdischen Habseligkeiten beladen waren. Sie erzählten uns, sie wären aus der Gegend von Janina entflohen, mit der Absicht, sich in Griechenland niederzulassen, aber bei dem Castelle von Rumili angehalten, wo man ihnen zwölf Procent vom Werthe ihrer Maulesel und ihres Gepäckes abgefordert hätte. Nicht im Stande, das verlangte Geld zu zahlen und erbittert darüber, daß man sie der aufgeregten Rache wieder entgegen jage, kehrten sie dahin zurück, woher sie gekommen waren. „Tausende,‟ sagten sie, „rüsten sich, aus Albanien zu flüchten; aber wir wollen ihnen schon sagen, was es mit der ἐλευθερία auf sich hat‟ (mit der Freiheit).

Ich weiß nicht, ob man diese Maaßregel mehr als unpolitisch, oder als unmenschlich tadeln soll. Nach unserer Ankunft in Missolunghi erzählten wir diese Geschichte dem Districts-Gouverneur, welcher erklärte, die Forderung sey ganz ohne Wissen der Regierung gemacht, und er werde augenblicklich dem Ding ein Ende machen. Es ist aber überflüssig hinzuzusetzen, daß den Erpressungen, über die man sich beklagte, kein Ende gemacht wurde.

Drei Stunden nach Sonnenuntergang trafen wir vor dem Thore von Missolunghi ein. Wir klopften an und schickten um Erlaubniß zum Einlaß, das wurde aber abgeschlagen; wir forderten Lebensmittel und konnten keine erhalten; — bemerkenswerthe Anfänge zur Civilisation! Und solche Einrichtungen hält man wirklich für glückliche Nachahmungen Europa's. Unsere Diener und unser Zelt waren voraufgegangen, während wir die Trümmer von Pleurona untersuchten, die wir erst nach völlig eingetretenem Dunkelwerden verließen. Die Diener hatten Befehl, wenn sie fänden, daß wir nach Sonnenuntergang nicht eingelassen würden, außerhalb der Mauern das Zelt aufzuschlagen. Wir sahen und hörten nichts von ihnen; eines unserer Pferde brach spürend los und als wir ihm nacheilten, stolperten wir über die Zeltstricke, wohin es uns geführt hatte.

In Missolunghi blieben wir drei Tage, fast immer den Verhandlungen zuhörend, oder auch sie veranlassend, die sich über das Protokoll und die Gränzen entspannen, über die Verhältnisse, Hülfsmittel und Aussichten von Akarnanien, über die von dem neuen Staate ausgeschlossenen Theile Aetoliens. Hier war eine große Zahl der griechischen Anführer und alter Armatolis versammelt: Vernachiotes, die Grivas und Andere, die sich als halbe

Taktikoi ansahen, das heißt, die auf der Liste der irregulären Regulären eingeschrieben waren, während Andere ganz ungezähmt waren und sich selbst Rebellen, ὂεμπελλοι, nannten, zum Unterschiede von den regulären Truppen. *)

Die vom militärischen Gesichtspunkt aus genommene Unzulänglichkeit der neuen Gränzen war so offenbar, daß sich der Spott darüber mit der Entrüstung vermischte. Ich muß gestehen, daß mich die Verschlagenheit einzelner Bemerkungen nicht weniger überraschte, als verwirrte. „Der Herzog von Wellington," sagten sie, „ist der erste Kriegsmann in Europa; wir freuten uns deßhalb, daß solch ein Mann über unsere Gränzfrage entscheiden sollte.. Er hatte in Spanien commandirt, wo die Art der Kriegführung der unsrigen ähnlich ist, und wo Berge, Wälder und Felsen Mannszucht und Kriegskunst herausfordern. Was sollen wir aber nun von diesem Protokolle denken, das den Frieden dadurch zu schließen vermeint, daß es uns eben die Positionen abnimmt, um die der Krieg geführt wurde und die einzigen Vertheidigungsposten, durch welche der Frieden gegenwärtig erhalten wird?" Ich bemerkte, der Herzog von Wellington sey durch fehlerhafte Landkarten getäuscht worden. „Dann," entgegneten sie, „hätte er auf die Ereignisse blicken sollen. Nicht dieser Krieg allein hat es bewiesen, daß Griechenland zwei Thore hat und daß ihr das eine nicht schließen mußtet, während ihr das andere offen lasset, und überdieß mußten die Positionen unsere militärischen Gränzen werden, die wir im Stande waren zu halten und durch deren Festhalten wir ohne die Hülfe eines Protokolles den Frieden während der letzten zwölf Monate erhalten haben, und wäre es möglich gewesen, noch bessere zu finden, so hätte man die nehmen müssen."

Wenn der Besitz der ausgeschlossenen Districte den Türken irgend einen Vortheil bringen sollte, so könnte es nur dadurch geschehen, daß sie starke Colonien anlegten, um alle Verbindung zwischen Albanien und Griechenland abzuschneiden. Das liegt aber natürlich ganz außer aller Frage. Sobald Griechenland unab-

---

*) Diese regulären Irregulären stehen auf der Stufe des Ueberganges von den früheren Horden zu disciplinirten Truppen; sie sind nämlich dem regelmäßigen Aufrücken einander untergeordneter Grade unterworfen, aber keineswegs disciplinirt.

hängig ist, kann die Pforte nicht länger wie bisher das System der griechischen Armatolis beibehalten. Keine türkische Bevölkerung könnte bewogen werden, sich zwischen den Albanesen und den Griechen anzusiedeln, sobald diese nicht länger von der Hülfe der Türken und ihrem Schutze gegen die Albanesen abhängig sind. Auf diese Weise ist dieser von Griechenland abgerissene District den Verheerungen der Arnauten preisgegeben und wird, statt der Türkei von Nutzen zu seyn, nur dazu dienen, durch den Reiz des Plünderns den unruhigen Geist der Albanesen immer wach zu erhalten, unaufhörliche Zwistigkeiten zwischen der Pforte und Griechenland zu nähren und ein feindseliges Gefühl durch gegenseitige Anschuldigung und Gewaltthaten zu verewigen. Hätten die Verbündeten in der öffentlich eingestandenen Absicht gehandelt, den Orient zu zerfleischen, so würden sie Preis und Bewunderung für ihre Einsicht und Erfindungsgabe geerntet haben. Das waren die Bemerkungen Makri's und Grivas'.

Auf die Engländer fällt alles Gehässige der Maaßregel. Die Ueberlieferung der Griechen in Parga an ihren albanischen Feind hat den Namen Englands in Schmach gebracht, auf den man sonst mit Scheu und Ehrfurcht blickte. Später diente die Politik, welche aus den jonischen Inseln die Familien derer vertrieb, die Ali Pascha Klephti (Räuber) nannte (man vergleiche Hobhouse), mit dazu, diese Provinz in Ali Pascha's Hände zu bringen. Das Volk sieht jetzt in der gegenwärtigen Maaßregel nur eine Fortsetzung derselben Politik. Es leidet keinen Zweifel, jene früheren Ereignisse würden nimmer so zum Volke gedrungen seyn, der Eindruck derselben würde nie so tief und so allgemein geworden seyn, ohne die Thätigkeit, womit die Regierungsbehörden selbst und ihre Agenten diese Nachrichten verbreiteten.

Wir waren ausnehmend zufrieden mit dem Benehmen, den Reden und dem äußern Ansehen der meisten rumeliotischen Anführer. Es ist wahrlich ein trefflicher Schlag Menschen; ihre Fehler entspringen unmittelbar aus den schwierigen Verhältnissen, in denen sie lebten, aber, woher kommt ihre Artigkeit, ihre Weltkenntniß, die Leichtigkeit im Ausdruck, die Schärfe ihrer Beobachtung, die glühende Wißbegierde und die Gabe, das Gelernte anzuwenden?

Missolunghi ist ein Platz, von dem man höchst schwer Jemanden einen Begriff beibringen kann, der nicht türkische und griechische Kriegführung gesehen hat. An beiden Seiten des Thors ist eine zwerghafte Nachahmung einer Bastion und einer Courtine, aber die Umgebung des Platzes ist nichts weiter als ein Weidengeflecht mit Erde darüber; rund herum fließt ein schmaler Graben mit drei Fuß tief Wasser. Diese Umzäunung erstreckt sich gegen Norden in einem Halbcirkel vom Ufer bis wieder zum Ufer. Indeß findet sich noch eine Kraftanstrengung der Ingenieurkunst, die ich nicht vergessen darf: eine Lunette, in die man von der Höhe des Weidenzaunes hinabspringen kann, mit einer leisen Andeutung einer Contrescarpe und eines Glacis. Außer an den Thoren kann die ganze Höhe der Umwallung vom Boden des Grabens aufwärts nirgends über zwölf Fuß seyn. Ich spreche nach dem Augenmaaße und dem Gedächtnisse, aber ich denke, ich habe eher zuviel angegeben als zu wenig.

Die Türken zogen drei Parallelen rund um die Stadt, die nächste etwa vier oder fünf Yards vom Graben, mit zahllosen Zickzacks. Diese, nebst den Breschebatterien und den entfernteren Linien, zum Schutze der verschiedenen Lager, haben die ganze Ebene auf eine höchst merkwürdige Weise durchfurcht. Die Thatsache, daß Missolunghi endlich nur durch Hunger bezwungen wurde, ungeachtet der so regelrecht geführten Belagerung, die Unbedeutenheit der Vertheidigungsmittel und die Menge der Angreifer rechtfertigt oder entschuldigt wenigstens die Eitelkeit der tapfern Vertheidiger.

Das Erdreich ist zu lauter Höhlungen geworden und aufgeworfen durch das Zerspringen der Granaten und das Einschlagen der Kugeln. Der Boden ist ein Gemisch von Erde und Eisen, Splittern von Granaten und Kugeln, die gleich Steinen drinnstecken, und innerhalb und außerhalb der Stadt liegen die bleichenden Gebeine und Schädel von Menschen und Pferden zerstreut.

Man hatte gerade die Schädel der Griechen gesammelt, die sich von denen der Türken durch die Stellung unterschieden, in der sie lagen. Besondere Verehrung wurde denen erzeigt, welche auf dem Wege lagen, den der Ueberrest der Besatzung bei dem letzten und verzweifelten Ausfalle genommen hatte, wobei es nur Wenigen gelang, sich durchzuschlagen. Ich nahm aus dem Haufen einen schön geformten Schädel, der die Spuren von vier Wunden

an sich trug. Er war an der Stirne von einer Pistolenkugel ge=
streift, hinten, rechts, waren zwei Säbelhiebe eingedrungen, aber
nicht durchgedrungen; über dem linken Auge klaffte eine tiefe
Spalte, Wunden die wohl bei dem versuchten Durchschlagen ge=
fallen waren. Dieser Schädel war lange mein trauriger Gefährte.

Die Besatzung wohnte in Erdhöhlen dicht unter den Wällen,
wurde aber durch das von allen Punkten kreuzende türkische Feuer
arg mitgenommen. Jede Spur eines Gebäudes, von dem, was
sonst die Stadt ausmachte, war verschwunden, bis auf die Trüm=
mer einiger steinernen Häuser nahe der Bucht. Im Verhältnisse
zu der Ausdehnung des Umkreises fielen die meisten Granaten in
den Mittelpunkt und wurden von den Türken so hoch geworfen,
daß sie sehr tief in die Erde drangen und so, unter der Oberfläche
zerspringend, wenig Schaden thaten. Zweihundert Häuser waren
jetzt schnell wieder aufgebaut oder hergestellt; ein kleiner Bazar
sah schon ganz hübsch aus und die Kaffeehäuser füllten sich mit
Müßiggängern, die Billard spielten und Eis aßen. Wir waren
bei dem Rasiren des Bräutigams und der Toilette der Braut,
des ersten Brautpaares seit der Zerstörung und Wiederherstellung
der Stadt.

Wir plauderten lange mit dem Vater der Braut, der sie
allein von einer zahlreichen Familie gerettet hatte. Ihre vergan=
genen Leiden schienen vergessen in der glücklichen Gegenwart. Ganz
unmöglich kann ich das alle Stände durchdringende Jubelgefühl
beschreiben; es war eine Wiederholung dessen, was ich ein Jahr
vorher in Morea erlebt hatte: kein Verschmachten mehr; keine
Schrecken, keine eilige Flucht oder ängstliche Erwartung, keine
abgezehrten Gestalten und gräßlichen Blicke, keine gebrochenen Herzen
und zerrissenen Kleider mehr; sondern statt dessen Kraft und Ge=
sundheit, Friede, Hülle und Freude, festliche Kleider und lustige
Töne. Freilich gehörten zu diesen fröhlichen Leuten nicht die An=
gehörigen der vom Protokolle betroffenen Ortschaften.

Wir verließen Missolunghi mit Bedauern und wurden bis an
das Thor von einem Theile der Familie des Makri geleitet, eines
alten Anführers, der vor Jahren eine Art von Unabhängigkeit auf
den Echinaden behauptete, als legitimer Nachfolger des Königs,
der bei der Belagerung Troja's dreißig Schiffe befehligte. Er war
einer der Hauptvertheidiger von Missolunghi; seine Frau und

Töchter hatten die Weiberhaufen angeführt, die so wacker während der Nächte an den Festungswerken arbeiteten; bei Tage zu arbeiten verbot ihnen die morgenländische Sitte. Als wir in die Ebene kamen, wurden wir unaufhörlich durch die mit Wasser und Schlamm angefüllten Gräben, Zickzacke und Einschnitte gehemmt. Nicht ohne Verlust und Schaden, und nach einer mehrstündigen Mühseligkeit erreichten wir den Fuß des Hügels, auf dem die Ruinen stehen, die man Kyria=Irene nennt, zwischen zwei und drei Meilen von Missolunghi. Wir hielten diese Trümmer nach ihrem Style, ihrer Ausdehnung und Lage für Neu=Pleurona; der Hügel, auf dem sie liegen, ein Theil von Zygos, ist eine Fortsetzung des Kallidromos. Von seinem Gipfel hatten wir eine schöne und weite Aussicht auf die unmittelbar unter uns liegende Ebene von Missolunghi und auf die Küste von dem herrlichen Berge Chalcis bis an die Echinaden, die Lagunen und die Vivaria (Fischteiche), die von der See abgeschnitten und durch lange gerade Linien von einander getrennt waren. Rechts seitwärts liegt das venezianische Anatoliko, gleich einer Lotusblume auf seinem kleinen Golfe schwimmend. Meerabwärts entrollt die Ebene ihre reiche Anschwemmung vom Achelous und Evenus, bietet jetzt aber wenig mehr dar, um Amalthea's Wahl Ehre zu machen, obgleich jetzt ein fetterer Segen als das Centauren Blut die Kalydonischen Gefilde befruchtet und der Achelous mit seinen „fetten Wellen" neue Inseln angesammelt hat. Schon Strabo erzählt uns, Römer in Patras hätten die Fischteiche gepachtet, aber sie müssen jetzt viel größer und reicher seyn, als früher, und sind so erstaunlich voll, daß sie ganz lebendig scheinen. Ich hörte einen Ausdruck auf sie anwenden, von dem ich mich erinnere, daß die Ungarn ihn gebrauchen, wenn sie von ihrer Theiß reden: „sie riechen nach Fischen." So ist also die Fruchtbarkeit der Erde durch die Ergiebigkeit der See ersetzt; Neptun ist auf das Land gelockt, um Behälter für die Flossenträger zu bilden, statt wie sonst überall ausgeschlossen zu werden, um Ceres' Aehren Platz zu machen, und Amalthea's Horn muß, will man den Reichthum ihrer Lieblings=Ebene andeuten, jetzt ihre goldenen Garben und purpurnen Früchte mit Tonnen gesalzener Fische und Fäßchen geräucherten Rogens vertauschen.

Der Schauplatz vor uns aber, der sich von den Curzolero=

Felsen oder Echinaden bis an die gegenüberliegende Küste von
Morea erstreckt, hat noch ein anderweitiges Interesse: hier wurde
nämlich eine der größten Seeschlachten gefochten, die von größerem
und dauernderem Einflusse auf Europa's Verhältnisse gewesen, als
irgend ein anderes Seegefecht, von der Schlacht bei Actium an
bis zu der von Trafalgar. Am 7 October 1571, dicht an der
Küste, die nun schweigend zu unseren Füßen ruht und auf den
Gewässern, die jetzt so ruhig sind wie ein Landsee und nur von
einem Segel befahren werden, waren fünfhundert Galeeren im
tödtlichen Kampfe begriffen; zehn Meilen weit war das Wasser
mit einer Masse menschlicher Wesen dick bedeckt, die Wuth athmeten und Tod verbreiteten, die wilde Furie des alten Kriegs und
der alten Waffen mit den erhabenen Schrecken des neuen Geschützes verbindend. Als die Sonne niedersank über diesem grau-
sen Gemetzel, lagen zweihundert und fünfzig Schiffswracke regungs-
los auf den Wellen, geröthet vom Herzblute von fünf und dreißigtausend Menschen. Das war das Bild, welches die denkwürdige
Schlacht von Lepanto darbot, von der Cervantes im hohen Alter
sagte, die Erinnerung daran sey ihm lieber als der rechte Arm,
den er dabei verloren.

Die Streitkräfte der Türken und der Verbündeten (des Pap-
stes, Spaniens und Venedigs) waren beinahe ganz gleich; beide
Theile waren gleich kampfbegierig, gleich siegvertrauend; auf
beiden Seiten flößten ausgezeichnete Heerführer Vertrauen ein,
erregten Nacheiferung, sicherten die kriegserfahrne Führung und
verhießen einen verzweifelten Kampf. Die Türken östlich von
Missolunghi, die venezianische Flotte segelte die Küste von Akarnanien herab, und als sie zwischen den Curzolero-Inseln durchfuhr,
kam sie unerwartet dem Feinde zu Gesicht. Die erste Abtheilung
der Verbündeten unter Doria ging soweit seewärts, daß das
Centrum und das Hintertreffen aufsegeln und eine gerade Schlacht-
linie bilden konnten; diese erstreckte sich vier Meilen weit, zwischen
je zwei Schiffen war immer eine Schiffslänge freigeblieben.

„Sobald man die Ungläubigen bemerkte," sagt Contarini's
lebhafte Erzählung, „erscholl die frohe Nachricht von Schiff zu
Schiff. Dann begannen die Christen in der Freude ihrer Herzen
die Verdecke zu räumen, Waffen überall zu vertheilen, wo es
noth that und sich selbst zu rüsten, je nach ihrer Art und Weise,

Einige mit Hakenbüchsen und Hellebarden, Andere mit eisernen Kolben, Piken, Schwertern und Dolchen. Kein Schiff hatte weniger denn zweihundert Soldaten an Bord; auf den Flaggschiffen waren drei oder vierhundert. Mittlerweile luden die Büchsenmeister ihr Geschütz mit vierecten, runden und Kettenkugeln und rüsteten ihr Ernstfeuerwerk mit den Töpfen, Granaten, Kugelnetzen und andern zum Abfeuern nöthigen Dingen. Jedes Schiff war wie zu einem Fest= und Freudentage mit Flaggen, Wimpeln, Fähnchen, Panieren und Fahnen geschmückt; die Trommeln, Trompeten, Pfeifen und Hörner ertönten; ein allgemeiner Freudenruf erscholl durch die Armada und jeder Einzelne betete für sich zur heiligen Dreieinigkeit und zur gebenedeiten Mutter Gottes, während die Priester und manche Hauptleute von einem Schiffsende zum andern eilten, Crucifixe in den Händen tragend und die Mannschaft ermahnend zu dem aufzuschauen, der sichtbar vom Himmel herniedergestiegen sey, um die Feinde seines Namens zu bekämpfen. Bewegt und entflammt vom heiligen Eifer erhob sich die große Gemeinschaft zu einem Leibe, einem Geiste und einem Willen, den Tod verachtend und keinen andern Gedanken hegend, als den, für unsern Herrn und Heiland zu fechten. Wer dem Andern Unrecht gethan oder von ihm gelitten hatte, umarmte ihn als Bruder, und Brust an Brust vergossen die Versöhnten Thränen der Rührung. O du gesegnete und gnadenreiche Allmacht Gottes, wie wunderbarlich sind deine Werke an denen, die da glauben!" (Contarini, 48. b.)

Zuerst naheten sich die Flotten langsam und majestätisch; die Sonne war schon über Mittag hinaus und schien daher blendend den Türken ins Gesicht, und da ein Westwind sich gerade erhob, bevor die Flotten an einander kamen, so bekamen die Verbündeten auch den Vortheil des Windes, so daß, als das Kanonenfeuer begann, der Rauch den Türken gerade entgegen getrieben wurde. Ein Corsar, der zum Recognosciren vorausgeschickt war, hatte das Hintertreffen nicht gesehen, berichtete also falsch über die Anzahl der Christen und sagte überdieß, die großen Galeassen im Vordertreffen hätten nur auf den Vordertheilen Kanonen. Die Türken segelten also furchtlos vorwärts, in der Voraussetzung, daß wenn sie der Vorderbucht vorbei wären, alle Gefahr vorüber seyn würde. Groß war also ihre Bestürzung, als von jeder

Schiffsseite ein dichtes, gut gezieltes und ununterbrochenes Feuer losdonnerte, wovon jeder Schuß traf, indem die Kanonen viel niedriger gestellt waren als die von den mächtigen türkischen Schiffen, Zerstörung überall hin verbreitend, wohin das Feuer reichte. Lange blieben die Moslemin diesen tödtlichen Salven ausgesetzt, da ihnen der Wind in die Zähne blies, und so oft in Zwischenräumen der Rauch sich verzog, sahen sie eine gräuliche Verwirrung von zersplitterten Focken, Raaen, Masten und Segeln; hier spalteten Galeeren auseinander, dort standen andere in Flammen, einige versanken, andere trieben mit der Fluth hinab, nicht mehr gelenkt, denn ihre Ruderbänke waren zerschossen und überall war die Oberfläche der See bedeckt mit verwundeten, todten oder ertrinkenden Menschen. (Contarini, S. 51.)

Ali Pascha und Don Juan, Jeder ausgezeichnet durch die Flagge des Oberbefehlshabers, segelten aus dem Gedränge. Dreimal wurde Ali's Galeere geentert und seine Mannschaft bis an den Hauptmast gedrängt und dreimal wurden die Spanier zurückgeworfen, bis in einem verhängnißvollen Augenblicke Don Juan, gedrängt von einer unverhältnißmäßigen Uebermacht, die dem Pascha zu Hülfe geeilt war, ohne die Möglichkeit eines Entsatzes rettungslos verloren schien. Dennoch kam noch zeitig Hülfe und Don Juan konnte den Kampf mit seinem ausgezeichneten Gegner erneuern, und als seine Enterer wieder Haken anschlugen an des Pascha's Galeere und noch einmal aufs Verdeck sprangen, da fiel Ali von einem Flintenschusse, und seine Mannschaft streckte die Waffen. Des Pascha's Haupt wurde vom Rumpfe getrennt und auf einen Speer gesteckt, den Don Juan selbst auf der Spitze seines Mastes befestigte. Die bald erkannte grausige Trophäe verbreitete Schrecken auf der ganzen muselmännischen Flotte und entschied das bis dahin schwankende Loos des Tages.

Das Siegesgeschrei der Verbündeten im Hauptcorps fand erfreulichen Widerhall am linken Flügel, doch am rechten ging das Gefecht noch fort mit weniger gesichertem Erfolge. Doria hatte sich in einem weiten und fernen Kreise geschwenkt, als wollte er den Feind überflügeln, und war deßwegen nicht ins Gefecht gekommen. Das geübte Auge Uludschi Ali's bemerkte plötzlich den großen Vortheil, den diese Lücke in der christlichen Linie ihm darbot; er stürzte sich auf fünfzehn so von ihren Genossen getrennte Schiffe, nahm eine malteser und verbrannte eine venezianische Galeere.

Die überlegene Taktik des algierischen Befehlshabers hielt den Doria noch länger in Athem, bis jener durch die schon durchbrochene Linie der Christen muthig drang, auf die Curzolari lossteuerte und mit zwanzig oder dreißig Schiffen seines Geschwaders den Rückzug bewerkstelligte. Dieser kleine Ueberrest, nebst einer etwa eben so großen Reserve, war alles, was nach fünfstündiger Schlacht von der großen türkischen Armada übrig war. Furchtbar war es wirklich, sagt Contarini, die See anzusehen, die von Blut gefärbt und mit Leichen bedeckt war, und traurig, die zahllosen Verwundeten zu schauen, die von den Wellen fortgeschleudert wurden und sich an zerbrochene Schiffstrümmer klammerten! Da konnte man Türken und Christen durcheinander erblicken, die, während sie sanken oder schwammen, um Hülfe flehten, oder vielleicht auf demselben Brette um den Besitz rangen. Ueberall hörte man schreien, stöhnen oder weherufen, und als der Abend niedersank und Finsterniß die Fluth bedeckte, wurde das Schauspiel nur noch um so grausenhafter.

Die Türken verloren in dieser Seeschlacht die kaum glaubliche Zahl von 40,000 Mann an Getödteten, Gefangenen oder Befreiten und über zweihundert Kriegsschiffe. Dennoch war binnen sechszehn Monden nach dieser mörderischen Niederlage das siegreiche Bündniß aufgelöst und ein Tractat unterzeichnet, der Venedig zum Tribute an die Pforte verpflichtete, „so daß es schien," sagt Voltaire, „als hätten nicht die Christen, sondern die Türken die Schlacht bei Lepanto gewonnen." Die Ursache ist aber einfach genug: in sechs Monaten hatten die Türken, eine Anstrengung machend, wie nur die Römer im ersten punischen Kriege, eine Flotte ausgerüstet gleich der verlornen, und überlegen derjenigen, welche die Verbündeten besaßen, die der Schlacht ausweichend nicht die See halten konnten. Nichtsdestoweniger rettete der Sieg von Lepanto Venedig und verhinderte die Türken, in Italien oder Spanien einzufallen. Sollte der Besitzer von Konstantinopel einmal wieder das Mittelmeer bedrohen, so ist zu fürchten, daß Venedig, Barcelona und Ancona keine Flotten wieder ausrüsten, um die Unabhängigkeit ihres gemeinschaftlichen Besitzthums zu schützen. Die ehemalige Königin des adriatischen Meeres hat keinen Doria

mehr, Spanien keinen Don Juan d'Austria, für deren Schläfe die
Lorbeeren von Lepanto grünen könnten.

Fünftes Capitel.

Anatoliko. — Trigardon. — Moor von Lezini. — Schwimmen nach einem
Kloster. — Senkung der Küste von Akarnanien und Epirus.

In Anatoliko schliefen wir im Hause des Erzbischofs, wo
wir wieder den ganzen Abend und den folgenden Morgen mit
der Gränzlinie gepeinigt wurden, dem einzigen Gegenstande, über
den zu sprechen das Volk Lust hat. Einigermaßen bekam die
Angelegenheit immer eine neue Gestalt, und die Darstellung und
Ansicht des kriegerischen Prälaten Porphyrius gewährte uns Un=
terhaltung. Er war früher Erzbischof von Arta gewesen, aber
während der Revolution hatte er sich gegürtet, trug Pistolen im
Gürtel und hatte bei mancher Gelegenheit einen Reiterzug an=
geführt, das Kreuz in der einen Hand, das Schwert in der an=
dern. Wir besahen in der Kirche die Stelle, wo glücklicherweise
eine Granate einen Brunnen öffnete, während der Pascha von
Skodra die Stadt belagerte und nahe daran war, sie zu erobern,
weil es ihr an Wasser fehlte.

Gegen regelmäßige militärische Operationen muß Anatoliko
viel leichter zu vertheidigen seyn als Missolunghi, das in der
That durchaus nicht leicht zu vertheidigen ist, obgleich es, wie
der Erfolg bewiesen hat, für eine griechische Vertheidigung und
einen türkischen Angriff viel besser paßt. Die Griechen fürchten
sich nämlich wenig vor Breschen und Sturmlaufen, aber sie
haben Angst vor dem gewaltigen und unaufhörlichen Granaten=
regen, den die große Ausdehnung und der weiche Boden von
Missolunghi weniger zerstörend machte, als er es in dem beeng=
ten Raume und auf dem Felsenboden von Anatoliko gewesen
seyn würde.

Am 25. — Von Anatoliko nach Niochori ist eine Stunde;
von da nach Katochi, wo man über den Aspropotamos kommt,
wieder eine Stunde. Wir wandten uns links, gingen den Fluß
hinab und kamen in einer halben Stunde nach den Ruinen von

Trigardon, die in einem weiten Kreise von cyclopischen und hellenischen Mauern drei Hügel einschließen, die in früheren Zeiten eine der Inseln von der Gruppe der Echinaden gewesen seyn müssen. Fast die Hälfte des Umkreises stößt an das große Moor von Lezini. An der Nordseite, im Moor, scheinen Ueberbleibsel eines Hafens zu liegen. Ein tiefer Canal führt durch das Moor von der See bis zu diesem Punkte, und auf seinem Laufe sieht man nichts von dem Schilfe, womit der übrige Theil des Moors, vom nördlichen Hügel zehn oder zwölf Meilen weit gleich einer Ebene mit grünen Gesträuchen bedeckt ist.

Wir waren sehr erstaunt über die Ausdehnung und Pracht der Trümmer von Alt=Pleurona, im Vergleich mit dem beschränkten Umfange der Gegend. Neu=Pleurona setzte uns noch mehr in Erstaunen; aber Trigardon und die Menge der hellenischen Ueberreste, die wir jetzt nach allen Seiten hin erblickten, erfüllten uns mit Bewunderung. In dem Raume einer Tagereise waren in diesem fast unbekannten Winkel Denkmäler des Reichthumes und der Macht zusammengedrängt, die alles übertrafen, was von der Glorie des Peloponnesus nachgeblieben ist. Wir müssen aber nicht vergessen, daß dieß die Gefilde waren, denen des Augias Ställe den Dünger lieferten, wo Herakles' Arm die Mistgabel führte, wo die in dieser mythologischen Sprache aufbewahrte Kunst des Ackerbaues und der Gewerbfleiß mit der Güte der Erde und dem Tribute der See gesegnet wurden. Kein Wunder daher, daß es hier gewesen seyn soll, wo „der Ueberfluß mit seinem Füllhorn in das lachende Leben sprang." Deßhalb waren solche Bauwerke errichtet, um die Güter zu schützen, welche die Götter verliehen, und nach dritthalbtausend Jahren Zeugniß zu geben von der Verfeinerung, die mit solcher Thatkraft verbunden war, von der Wissenschaft, die sich mit solchem Wohlstande vereinte.

Ein hübscher junger Mensch, den wir in Katochi um den Weg nach Trigardon fragten, erbot sich, uns zu begleiten. Er bestieg sein Pferd und zeigte uns die interessantesten Punkte, die allein aufzufinden uns vielleicht Tage weggenommen hätten. Wir bedauerten, daß wir unser Zelt vorausgeschickt hatten und so also nur wenige Stunden zum Umherwandern hatten. Die Dichtheit des Unterholzes und besonders des Schwarzdorns, der über=

all unser Erzfeind gewesen war, machte den Besuch jedes einzelnen Theiles schwierig und verhinderte uns geradezu, die Stelle zu untersuchen, wo der alte Hafen gelegen haben mußte. Ein großer Thurm hellenischer Bauart, noch jetzt fast fünfzig Fuß hoch, vertheidigt den Hafen, wie er früher war, gegen die Stadt, und vieleckige Mauern, die sich von der Stadt her strecken und den Hafen umkreisen, sind mit den Stadtmauern durch Erdaufwürfe verbunden, die ersichtlich aus anderer Zeit sich herschreiben. Unter diesen Ruinen herrschte die vieleckige Bauart vor, entbehrte aber gänzlich des charakteristischen Alterthums, das man in den cyclopischen Ueberresten von Tiryns oder selbst von Mycenä findet. Die Steine sind fast von gleichen Größen, schön verbunden und an den Ecken ciselirt. Während wir über die den Hafen umgebende Mauer kletterten, kamen wir zu unserm größten Erstaunen zu einem Thorwege in der vieleckigen Mauer, mit einem Bogen darüber. Der Bogen war sehr flach, fast halbcirkelförmig; die ihn bildenden Steine bewahrten den Charakter des Vielecks.

Obgleich dieser Bogen in einer Mauer sich befindet, von dem Baustyle, der dem entferntesten Alterthume angehört, so möchte ich ihn nicht gleichstellen mit den Ruinen von Pleurona und Chalcis, nicht einmal mit denen aus dem Zeitalter des Perikles. Doch möchte ich ihn in eine Zeit vor der Ankunft der Römer in Griechenland setzen, und wäre das richtig, so würde es beweisen, daß, obgleich die Bogen gewöhnlich nicht angewendet wurden, sie doch wenigstens in Griechenland bekannt waren vor der römischen Eroberung. Die Ruinen von Kyria=Irene bestätigen diese Vermuthung. Die Ausfallthore in den Mauern sind gewölbt, wenn auch der Bogen zuweilen nur aus zwei Steinen besteht, die von jeder Mauerseite zusammenstoßen und in einen Halbcirkel ausgehöhlt sind; zuweilen ist der Bogen aber auch aus drei Steinen gebildet, wovon der mittlere dann einen regelmäßigen Schlußstein abgibt. In demselben Orte befindet sich eine geräumige Cisterne im Felsen, die von drei Mauern durchschnitten wird und in jedem derselben sind verschiedene Bogen; aber obgleich ihre Form gothisch ist, sind sie doch nach indischem Grundsatze gebaut. Das Gewölbe im Gebäude zu Mycenä, das man gewöhnlich Agamemnons Grab nennt, ist aus einer Reihefolge von Kreisen gebildet, die je höher je enger werden, so daß jeder Kreis ein wagerechter Bogen ist.

Trigardon (ein verdorbenes slavisches Wort, das so viel bedeutet als: Dreistadt) muß das alte Oeniadä seyn. Jeder Zweifel daran müßte schwinden, wenn man meine Beschreibung des Hafens mit der folgenden Stelle im Polybius vergleicht, aus den Kriegen Philipps des Zweiten mit den Aetoliern. Nach dem siegreichen Einfalle in Aetolien und der Bestürmung von Thermus ging Philipp zurück nach Oeniadä, wohin er seine Flotte geschickt hatte, um die Rückkehr des Heeres nach der Küste zu erwarten. Die Aetolier rüsteten sich, diesen starkbefestigten Platz zu vertheidigen, aber Philipps Nahen erfüllte sie mit panischem Schrecken und sie räumten die Stadt. Philipp nahm sie in Besitz, verheerte von dort aus das kalydonische Gebiet und brachte die gesammelte Beute in die Stadtmauern. Der Geschichtschreiber sagt: „Er bemerkte die bewundernswerthe Lage der Stadt, die an den Gränzen Akarnaniens und Aetoliens liegt, an der Mündung des Achelous, an dem Eingange des korinthischen Meerbusens, nur hundert Stadien von der peloponnesischen Küste, und da die Stadt durch ihre Festungswerke und das sie umgebende Moor stark ist, so beschloß er, sie noch mehr zu befestigen. Er umgab daher den Hafen und die Schiffsstation mit einer Mauer und verband sie mit der Citadelle. *)

Unser Führer erzählte uns, daß an einigen Stellen sich unterirdische Klüfte oder Altäre (βῶμοι) befinden, zu denen man ihn als Kind mitgenommen habe; die Seiten seyen mit Gemälden (ζωγράφια) bedeckt, aber das seyen keine Heiligenbilder. Er konnte sich aber auf den Platz nicht wieder besinnen. In den Felsen ist ein Theater eingehauen, dessen rechtes und nördliches Ende durch einen Aufwurf gestützt wird, und mit vieleckigem Mauerwerke versehen ist, so wie das südliche Ende mit hellenischem und einer Treppenflucht neben den Sitzen. Die Area hält etwa fünf und dreißig Schritte; zwanzig Reihen Sitze, dritthalb Fuß tief, laufen rund umher, und vielleicht doppelt so viele erheben sich hinter diesen. Die Stadt ist eben so vollständig untergegangen wie ihre Zeitgenossen, aber sie ist so mit Wald an-

---

*) Και τω λιμενι και τοις νεωροεις ὁμοις τειχος περιβαλλων ενεχειρει συναψαι προς την ἀκραν. Polyb. IV. 65.

gefüllt und so weitläuftig, daß sie nur mit Schwierigkeiten untersucht werden kann, und noch manche unerforschte archäologische Schätze enthalten mag.

Die Sonne war nicht mehr weit vom Horizonte, als wir mit Widerstreben die Trümmer verließen. Wir mußten nach Katuna zurückkehren; von da waren noch zwei Stunden nach dem Kloster Lezini und eben so weit nach Guria, dem Dorfe, wohin wir unser Zelt zum Aufschlagen geschickt hatten. Wir beschlossen, den Weg nach dem Kloster einzuschlagen. Gleich jedem Fußwege in Griechenland war der Weg nach Lezini kaum von den Schafwegen zu unterscheiden; überdieß führte er über einen dichtbewachsenen Hügel, und nicht ohne uns von Herzen Glück zu wünschen (obgleich uns Niemand erwartete), befanden wir uns eine halbe Stunde nach Dunkelwerden am Rande des Moors, aber — das Kloster lag mitten drinne! Wir waren nun wirklich in Verlegenheit; eine halbe Stunde riefen und schrien wir, aber nur Schakals antworteten uns. Was sollten wir thun? Wir waren über die Maßen müde, eben so hungrig und besonders unlustig, eine der Alternativen zu wählen, umzukehren oder ohne Abendbrod uns niederzulegen auf die kalten Felsen zwischen dem Gequake von Myriaden Fröschen, deren unzählbare Stimmen aus dem zwanzig bis dreißig Quadratmeilen weiten Moore erschollen und zwar so tactmäßig, daß man sie mit Pulsschlägen der Erde hätte vergleichen können. Ich entkleidete mich also, band mein Hemd rund um meinen breitrandigen Strohhut und vertraute mich den Najaden des Moors. Ich hatte mich aber in meiner Schätzung der Entfernung arg verrechnet. Die Nacht war rabenschwarz; durch das Moor führte ein Canal nach dem Kloster; die Seiten schienen fest, aber wenn ich versuchte, mich daran zu hängen, oder hinauf zu klettern, so versank ich in den Schlamm oder verstrickte und ritzte mich in die Dornen und das gebrochene Schilf. So wurde ich gezwungen, mich im offenen Canal zu halten, und das Wasser, das mein Hemd und Hut erreicht hatte, drückte mir nun den Kopf nieder und drang mir in die Ohren. In dieser wahrhaftig nicht beneidenswerthen Lage schwamm ich langsam fort, als ich plötzlich sah, denn hören konnte ich gar nichts, daß ein Boot dicht bei mir im Begriffe war, mich überzufahren. Ich schrie auf mit all dem Ausdruck, den ein plötz=

licher Schrecken und ein Mundvoll Waſſer verleihen. Der Schiffer
war nicht um ein Haar weniger erſchreckt von dem unmenſchlichen
Schrei aus dem Waſſer und dem Anblicke einer weißen, ſchwim=
menden Subſtanz, gleich einer ungeheuren Waſſerlilie, unter welcher Geſtalt die Leute ſich den Nix oder Moorgeiſt denken. Er
ſchrie und brüllte, fuhr mit aller Macht davon, ſtieß gegen das
Ufer, taumelte Hals über Kopf und verlor ſeine Stange. Dann
plätſcherte er zurück zum Kloſter mit der Bank aus dem Boote.
Ich konnte nichts thun, als ihm nachſchwimmen, als ich glück-
licherweiſe auf ein Schilfbündel ſtieß, mich daran hing, um aus=
zuruhen und ſo einen Augenblick lang mein Haupt mit der naſſen
Laſt aus dem Waſſer heben konnte. Da traf mein Ohr der. nicht
weit entfernte Ruf: „Wer da? Zurück! Sprich oder ich ſchieße!"
und erſt nach viertelſtundenlangen Verſicherungen und Erklärungen
wurde es mir geſtattet, dem Ufer mich zu nähern, wobei ich die
oft wiederholte tröſtliche Verſicherung bekam, daß zwanzig Mus=
keten und ein Neunpfünder voll Kartätſchen auf mich gerichtet
wären, wovon als Beweis die brennende Lunte diente, die mir
gezeigt und geſchwungen wurde. So zähneklappernd und zerfetzt
ich auch war, konnte ich mich doch nicht enthalten, über dieſe
kriegeriſchen Zurüſtungen mich luſtig zu machen. Endlich hatte
ich die Leute überzeugt, daß ich kein Moorgeiſt wäre, denn ſonſt
hätte ich nicht um ihre Erlaubniß gebeten; daß ich kein Räuber
wäre, weil ich ſonſt nicht ſo laut geſchrieen hätte; und daß ich
nur ein nacktes Menſchenkind wäre. Da erlaubten ſie mir ans
Land zu kommen, und nun wurde ich ſo herzlich aufgenommen,
wie niemals ſonſt in meinem ganzen Leben. Der eine zog ſeine
Schuhe von den Füßen ab und mir an; der zweite ſeinen Schurz,
um mich damit zu gürten; der dritte hüllte mich in ſeine warme
Jacke, und meine Toilette wurde zum unendlichen Vergnügen der
ganzen Geſellſchaft von den Domherren des ehrwürdigen Abtes
beſorgt. In dieſem Zuſtande kam ich oder wurde vielmehr getragen nach dem nahen Kloſter, während ein Boot abgeſchickt wurde,
meinen Reiſegefährten zu holen. Er und ich haben uns nie über
die Entfernung vereinigen können; er machte nur eine halbe Meile
daraus, ich wenigſtens anderthalb, und nach meiner Schwimm=
partie ſollte ich es doch am beſten wiſſen. Die Griechen waren
über dieſe Heldenthat ſehr erſtaunt, die erſt einmal vorgekommen

war, obgleich Hunderte bei dem Versuche, auf diese Weise den Türken zu entfliehen, umgekommen waren.

Des Abtes bester Anzug wurde mir gebracht. Eine alte Kalogria oder Nonne, die in schwesterlicher Liebe bei dem Abte lebte, badete mich in warmem Wasser und rieb mich mit Oel, da nicht ein Geviertzoll meiner Haut ungeschunden war. Sie krönte ihre sorgsame Aufmerksamkeit durch eine erquickende Schale griechischen Athol Aroge — heißen Arrak und Honig.

Lezini ist ein kleines, niedriges Felseneiland, im Moor gleiches Namens, das sich von Petala bis nach Trigardon erstreckt. An einigen Stellen ist es nur durch eine schmale Bucht von der See getrennt und bei Katuna tritt es an die Ufer des Aspropotamos. Es hat das Ansehen einer fruchtbaren Ebene und ist mit schlankem und grünem Schilfe bedeckt, dessen Wurzeln sich verbreiten und eine beständig zunehmende Kruste verfaulter Pflanzen zusammenhalten. Diese bilden einen zweiten Boden, der keinen Menschen trägt, aber bei einer Dicke von zwei oder drei Fuß für Boote völlig unfahrbar ist. Er hängt wenigstens vier oder fünf Fuß über dem eigentlichen Boden, ohne jedoch zu schwimmen, denn die Winterfluthen steigen über seine Oberfläche. Canäle durchschneiden das Moor von der Küste nach Lezini und von dort nach Trigardon, von Trigardon nach der Mündung im Nordwesten. Von da windet sich ein anderer Canal längs dem nördlichen Ufer und biegt sich nach Lezini zurück. Die Mündung ist unweit Petala und das Gefälle des Stromes reicht hin, eine Mühle in Bewegung zu setzen, so daß es nach der Bauart der dortigen Mühlen nicht geringer seyn kann, als acht oder zehn Fuß. Das läßt mich vermuthen, ein Durchstich vom Moor nach der See würde wahrscheinlich den größten Theil dieses ungeheuern und schädlichen Morastes in fruchtbare Felder verwandeln. Nebenbei möchte die Senkung des Wassers in diesem Bassin es möglich machen, das Wasser des Achelous hindurch zu führen, wo dieser, wie in einem Teiche, die große Erdladung absetzen könnte, die er jetzt in die See hineinschwemmt. *)

---

*) Sein neuerer Name: Aspropotamos oder weiße Fluß, ist von der Farbe des trüben Wassers entlehnt, das die See rund um die Curzolere-Inseln weiß färbt und sie täglich seichter macht.

Man hat angenommen, das Moor von Lezini sey einer, oder sey die beiden Seen, denen Strabo eine Länge von zwölf Meilen gibt. Zur Bestätigung dieser Annahme wird die Aehnlichkeit des Wortlautes zwischen Cynia und Lezini angeführt und den Unterschied der Weite schiebt man auf den allmählichen Anwuchs der Küste von der See. Ich bin indeß geneigt zu glauben, daß diese Seen weiter gegen Süden lagen und jetzt ein Theil des Festlandes von den Paracheloitis geworden sind. Strabo zählt nach Süden rechnend so: hinter Oeniadä kommt Cynia, dann Mylete und Uria und dann die Fischmoore, so daß sie gelegen haben müssen zwischen der nördlichen Mündung bei Oeniadä und der ehemaligen südlichen oder Anatolikon Stoma, jetzt Anatoliko. Ich bin deßhalb der Meinung, daß Lezini ein neuentstandenes Moor ist.

So weit ich von der Beschaffenheit des Bodens habe urtheilen können, ist er Thon. Die angeschwemmten Niederschläge haben natürlich mehr oder weniger zugenommen, aber ich habe an diesen Küsten unveränderlich bemerkt, daß Thonboden, der an und für sich weder dem Zunehmen noch dem Abnehmen unterworfen ist, jedesmal auf eine Senkung der Küste hindeutet. Nach der klaren Wortfügung Strabo's lagen die Moore von Cynia u. s. w. im Süden des Achelous. Dort liegen jetzt keine erheblichen Moore; der Boden ist angeschwemmt und durch natürliches Wachsthum höher geworden. Im Norden des Achelous waren keine Moore, *) jetzt aber liegt dort ein sehr großes, dessen Boden Thon ist. Leukadia hing früher mit dem Festlande zusammen, mittelst einer Landenge trockener Erde, über welche die lakedämonischen Galeeren geschleppt wurden. Diese Halbinsel besteht aus Thon und ist jetzt mit Wasser bedeckt. Die römische Pflasterstraße längs der nördlichen Küste des Golfs von Arta läuft über Thon; der Weg wurde damals ganz gewiß nicht unter Wasser erbaut, jetzt steht vier Fuß hoch Wasser darüber. Das alte Aby, dessen Ruinen Phido Kastro genannt werden, ist ganz gewiß nicht im Wasser gebaut, jetzt kann man nur zu Schiffe dorthin kommen. Der Eingang in den

---

*) Polybius erwähnt eines Moors rund um Oeniadä, das bezog sich aber lediglich auf die Vertheidigung der Stadt; hätte damals dort ein Moor existirt, nur einigermaßen dem jetzigen ähnlich, so wäre der Ort unbewohnbar gewesen.

Meerbusen von Korinth wird bei Strabo auf sieben Stadien angegeben, er ist jetzt zweimal so breit; das Land an beiden Seiten ist niedrig und der Boden ist Thon. Natürlich kann solche Senkung überall nicht sichtbar seyn, wo die Küste angeschwemmt ist, und im Gegentheil sind solche Stellen, im Vergleiche zur Meeresfläche, höher geworden.

Ich bedauerte sehr, daß ich keine Zeit hatte, durch gründlichere Beobachtung diesen Punkt genügend festzuhalten, doch möchte ich, zur Unterstützung der Annahme einer Küstensenkung, noch anführen, wie verhältnißmäßig wenig die Deltas des Evenus und Achelous in neuerer Zeit zugenommen haben gegen die entfernteren Perioden; ein Umstand, der schon zu Pansanias' Zeiten bemerkt wurde, da er versuchte, ihn zu erklären.

In der höchsten Gegend von Lezini stehen die Trümmer einer venezianischen Festung von ansehnlicher Ausdehnung, mit sehr dicken Mauern. Die Insel ist während der Revolution immer ein Zufluchtsort gewesen und ist der einzige jungfräuliche, uneroberte Platz Griechenlands. Als der Pascha von Skodra Akarnanien verheerte, war die Insel mit neunhundert flüchtigen Familien angefüllt. Der junge Pascha und seine Ghegs (Nordalbanesen) brannten vor Rachedurst wegen des Einfalles in ihr Lager und der Niederlage, die Markos Bozzari*) und seine Handvoll Helden ihnen beigebracht hatten. Sie kamen an den Rand des Moors und jubelten schon im voraus, wie sie ihren gefallenen Cameraden die auf der Insel befindlichen Flüchtlinge zum Opfer schlachten wollten. Sie versuchten, über die trügerische Kruste des Sees einen Weg zu bahnen; ihre Fußsoldaten verstrickten sich, die Reiter sanken ein „und Roß und Reiter sah man niemals wieder." Zurückgewiesen und verdrießlich zerstreute sich nun die Horde über die Hügel, hieb die Zweige von den Bäumen und begann Faschinen zu binden, um einen Weg zu errichten. Ihre ungeregelten Bemühungen nützten aber nichts; sobald sie etwas weiter gekommen waren, durchbrach ihr dem unsichern Fußpfade unangemessenes Gewicht die schwankende Kruste; ganze Massen versanken, noch mehrere blieben im Schilfrohr stecken oder wur-

---

*) Obgleich die Geschichte, er sey in des Pascha Zelt gedrungen, eine bloße Erfindung ist.

den im Schlamme halb begraben. Die schlauen Albanesen, welche die Türken aufgemuntert hatten, hohnlachten nun über den jämmerlichen Ausgang, und die Griechen vom Eiland riefen Hohn und Spott, und sicher hinter ihren Felsen ruheten sie auf ihrem Neunpfünder und ihren Flinten. Nun beschlossen die Türken, Bäume zu fällen und Flöße zu bauen, aber woher sollte man Beile nehmen? Das kostete Zeit. Die Gegend umher war gänzlich verwüstet und der Mundvorrath knapp. Die wenigen herbeigeschafften Geräthe wurden bald unbrauchbar und man kam nicht weiter. Der Zorn des Pascha's hatte inzwischen Zeit gehabt, sich abzukühlen; er begriff, daß „le jeu ne valait pas la chandelle" (das Spiel nicht des Lichtes werth sey) und zog endlich ab. Durch die Intriguen des Südalbanesen Omer Brionis wurde dieses Heer, an Muskelkraft, Wuchs, thierischem Muthe und Ergebenheit für seinen Führer eines der schönsten, das in den letzten Jahren einer türkischen Fahne gefolgt war, dem Schicksal ausgesetzt, einzeln niedergehauen zu werden und seine Kraft an Moor und Felsen zu verschwenden. Ein jämmerlicher Ueberrest nur kam im Winter 1823 nach Skodra zurück. Die aufkeimende Neigung der Ghegs, sich in die Angelegenheiten ihrer Nachbarn zu mischen, war zurückgewiesen und der Krieg in Griechenland blieb wie zuvor eine Quelle der Plünderung, der Bezahlung und des Einflusses für die kriegerischen muselmännischen *) Völkerschaften von Mittelalbanien.

Am nächsten Morgen sagten wir den Ausdünstungen von Lezini Lebewohl und gingen bei Guria über den Aspropotamos zurück, wo wir unser Zelt wieder sahen. Ein bei der Ueberfahrt des Flusses stationirter suliotischer Kapitano hatte, als er hörte, daß wir erwartet würden, eine Mahlzeit bereitet, wobei natürlich das geröstete Lamm nicht fehlte und eben so wenig ein offenes und herzliches suliotisches Willkommen!

Wir gingen am Nachmittage längs dem linken Ufer des Achelous, durch eine zauberisch schöne, parkähnliche Gegend und schlugen unser Zelt auf dicht bei dem zerstörten kleinen Dorfe Angelo Kastro, das an einem spitzen Hügel klebte, auf dem noch ein Theil eines

---

*) In Mustapha Pascha's Heere war nur der sechste Theil muselmännisch, die Uebrigen waren Christen.

mächtigen venezianischen Thurmes stand und eine kleine zerstörte Capelle. Von hier aus hatten wir eine weite Ansicht über den See Ozero, über den Fluß und die streitige Ebene bis zu den Enden der Seen von Vrachori und Angelo Kastro an der äußersten Rechten. Unmittelbar unter uns floß ein klarer und schneller Strom, über den eine Brücke führt und rund um welchen eine der schönsten Ansichten ist, die nur Wald und Wasser bieten können.

Die vom Protokolle vorgeschriebene Gränzlinie trifft gerade auf die fruchtbare Ebene, welche die Bewohner aller umgebenden Berge ernährt, wendet sich dann gegen Osten und läßt die Ebene außerhalb des griechischen Staates. Sie ist gut mit Holz versehen, hauptsächlich mit Eichen, aber vermischt mit riesigen, doch gekrümmten italienischen Pappeln und Ulmen. Man übersieht überall die beinahe verwischten Spuren von Tausenden von Bewässerungsgräben, die sich rechtwinkelig durchschneiden; ein System, das zu einer Zeit hier auf die höchste Vollkommenheit gebracht war. Der üppige Wuchs der Bäume, des Unterholzes, des wilden Hafers, der Gerste und des Grases, womit das Land bedeckt ist, während es zugleich den schönsten und malerischsten Anblick darbietet, erregt bei jedem Schritte Bedauern, daß solch ein Land, nach den Kämpfen, um Unabhängigkeit zu erringen, wiederum den Verheerungen albanesischer Einfälle überlassen werden soll. Wir begegneten verschiedenen Maulthiertreibern, die aus der Nähe von Janina entkommen waren, und ihre Besitzungen nicht ohne unendliche Gefahr und Schwierigkeiten verlassen hatten. Sie rechneten freilich auf einen ganz andern Empfang, als der ihrer im „freien" Griechenland wartet!

Sechstes Capitel.*)

Europäische Politik und türkisches Verfahren — Vergleichung der türkischen und römischen Eroberung. — Von den Türken eingeführte Verwaltung.

Abgesehen von den Gränzen gibt es manche Bestimmungen im Protokolle, deren Ausführbarkeit und Gerechtigkeit vielleicht in London leicht erklärt werden kann, die man aber sehr schwer in Griechenland begreift. So sollen zum Beispiel Griechen und Türken das Recht haben, über ihre Besitzungen zu verfügen. Was wird der Werth eines griechischen Besitzthums in diesen so verwüsteten Gegenden seyn, wenn der Besitzer selbst sucht, davon loszukommen? Das türkische Eigenthum in Griechenland hat aber disponibeln Werth. Ueberdieß wird nun über Land verfügt werden, das auf unrechtmäßige Weise erlangt ist, ohne Zuziehung des wirklichen Eigenthümers, der vielleicht noch lebt oder seine eigenen Felder in Pacht genommen hat. **) Ali Pascha war genöthigt, sein Vorhaben aufzugeben, einen Pilger nach Mekka zu senden, weil das Gesetz verlangt, daß die dazu erforderlichen Kosten durch Landverkauf aufgebracht werden müssen, und der Besitzer von Millionen Stremmata, nach Ausweis der Entscheidung des türkischen Kadi, nicht so viel **auf rechtmäßige Weise erworbenes Eigenthum** hatte, als zu dem Vorhaben erforderlich war.

Das ist eine fürchterliche und riesenmäßige Erscheinung des Unrechts. Man kann sie nicht damit rechtfertigen, daß man sagt: Ali Pascha war ein großer Tyrann, man kann sie nicht damit erklären, daß man sagt: türkische Paschas thun dergleichen. Unsere Blicke haben mit Aufmerksamkeit nur auf Griechenland verwellt vor allen Gebietstheilen der osmanischen Pforte, und dort

---
*) Durch ein Versehen im englischen Originale ist dieses Capitel abermals das fünfte, das folgende erst das sechste genannt. Uebersetzer hat aber geglaubt, fortzählen zu dürfen. D. Ueber.
**) Das bezieht sich bloß auf die in Folge der Conferenz-Entscheidung gegenseitig überlassenen Districte. Im übrigen Griechenland hat man, mittelst einer Arglist, über die ich mich jetzt nicht weiter auslassen kann, angenommen, das türkische Eigenthum gehöre dem Sultan und es deßhalb für den griechischen Staat confiscirt.

haben zwei frühere Revolutionen, auf welche Kriege und Unterjochung folgten, zu der Confiscation des Eigenthumes geführt. Auch in Aegypten hat die Herrschaft der Mameluken, selbst noch vor der General=Räuberei Mehemed Ali Pascha's, uns mit der Verletzung des Privateigenthums vertraut gemacht und uns zu dem Gedanken gebracht, dasselbe sey in der Türkei unsicher. Ohne in die Grundsätze der türkischen Regierung einzugehen oder auf frühere Begebenheiten zurückzukommen, wird doch, sollte ich denken, eine einzige Betrachtung hinreichen zu beweisen, daß die Pforte gewöhnlich das Eigenthum und die Ortsgebräuche geachtet haben muß, und diese Betrachtung ist die Ausdehnung ihrer Herrschaft und die frühere Geschichte des kleinen Stammes, den wir Osmanen nennen, die gegenwärtig herrschen über Griechen, Türken, Albanesen, Illyrier, Bulgarier, Serben, Wallachen, Juden, Armenier, Turkomanen, Lesghier, Kurden, Maroniten, Drusen, Beduinen, Berbern, Kopten, Mauren u. s. w., welche die Osmanen zwanzigmal an Zahl übertreffen.

Die von mir erwähnte Thatsache, in Betreff der unrechtmäßigen Besitzungen eines albanischen Pascha's, stellt zugleich eine Hindeutung an das Licht auf die Grundsätze türkischer Rechtswissenschaft. In einer Angelegenheit, wo Gesetz und Religion verknüpft waren, stand es in der Macht des türkischen Richters, eine brandmarkende Entscheidung gegen den „albanischen Leoparden" zu fällen, zur Zeit von dessen anscheinender Allgewalt.

Die Pforte hatte das Verfahren beobachtet, die Albanesen dadurch im Zaume zu halten, daß sie die griechische Landwehr, die Armatolis, begünstigte; allein die Aufstände von 1770 und ganz besonders von 1790, die durch eine christliche Macht erregt wurden und als deren belebendes Princip man die Religion hinstellte, verfeindeten die Pforte mit dieser christlichen Miliz, gegen welche sie sich jetzt mit den muselmännischen Albanesen vereinigte. Und wenn ich die genaue Kenntniß Rußlands vom innern Zustande der Türkei bedenke, so sollte es mich nicht Wunder nehmen, wenn die Vernichtung der griechischen Landwehr der eigentliche Zweck gewesen wäre, den es bei der Revolutionirung Morea's im Auge hatte, eine Maaßregel, die ohne diese Auflösung eine schlechtberathene scheinen müßte.

Das von den Albanesen jetzt erlangte Uebergewicht führte

zu der Verleihung der Roßschweife an einen Albanesen, das heißt, die Pforte übertrug nun ihre Macht diesen kriegerischen Corps, die sie bisher im Zaume gehalten hatte; die Umstände hatten sich also erneuert, die zuerst die Griechen bewogen, die Türken ins Land zu rufen. Die Quellen des Rechts waren verändert und in dieser innern Umwälzung der Macht, wobei man den leitenden Finger fremder Diplomatik bei jedem Schritte verfolgen kann, kam Ali Pascha damals, wie jetzt Mehemed Ali Pascha, in den Besitz einer disciplinirten Truppenmacht, welche solche Verletzungen der Privatrechte thunlich machte, während nicht nur die Schwäche, sondern auch die allgemeine daraus entstehende Mißachtung auf die türkische Regierung fiel, um ihre leitende Macht noch weiter zu verringern. Sonderbar genug haben sich die Verbündeten selbst in diese Rechtsverletzungen eingelassen und sie bestätigt. Das ist freilich ein unbedeutender Gegenstand, aber die ganze Frage, welche die tiefe Erwägung der großen Verbündeten erschöpft hat, trifft Grundeigenthum, welches, selbst wenn man nur die Ausdehnung betrachtet, kaum dem Landbesitze des Herzogs von Sutherland gleich kommt.

Ferner: Griechen und Türken wird Jahresfrist zugestanden, um sich in ihr gegenseitiges Vaterland zurückzuziehen. Konnte die türkische Regierung, so lange sie noch eine Festung oder ein Kriegsschiff besaß, in eine Maaßregel willigen, die den ganzen Landbesitz des Reiches in Gefahr bringen würde? War das etwa der Zweck der Verbündeten, als sie eine solche Bestimmung niederschrieben? Um sie in Vollzug zu setzen, mußten Agenten angestellt werden, die darauf sähen, daß diese Freizügigkeit geachtet würde, und so mußten die europäischen, vielleicht die griechischen Consuln, zu unumschränkten Gebietern der Türkei gemacht werden. Die Folge dieser Freizügigkeit ist noch ernster, und hätte von der Conferenz noch weniger zugegeben werden können, hätte sie die Wirkung ihrer eigenen Maaßregeln begriffen. Die Gemeinden sind mehr oder weniger verschuldet; für diese Schulden haften die einzelnen Bauern gemeinsam; verläßt Einer oder verlassen Mehrere das Dorf, so fällt die Last auf die übrigen. Nimmt man also an, das Recht auszuwandern sey unter Bürgschaft der drei großen europäischen Mächte verkündet, so wird die unmittelbare Folge ein panischer Schrecken seyn. Die nothwendige Aufregung einer solchen Maaßregel muß alle Verhältnisse des Privatinteresse's stören und die bürgerliche Ordnung und Verwaltung verwirren. Beabsichtigten aber die Bestimmungen des Protokolles nicht so weit zu gehen, so waren sie völlig unwirksam und albern, wie sie denn auch in der That sich so erwiesen haben, ausgenommen in soweit, als sie Griechenland wieder in Ungewißheit, die Türkei in Aufregung versetzt, Kapodistrias in den Stand gesetzt haben, den Prinzen Leopold abzuschrecken, die angebotene Krone anzunehmen, und das Gegentheil von dem hervorbrachten, was England wünschte und die Verbündeten öffentlich erklärten.

Nachdem wir die Ebene durchschritten hatten, kamen wir in einer Entfernung von wenig mehr als zwei Stunden von Angelo Kastro nach dem türkischen Flecken Zapandi. Malerisch aber traurig standen noch die Minarets zweier zerstörten Moscheen. Als wir durch die öden Straßen zogen, krächzten Hunderte von Raben von den Höhen der Mauern, in deren ungestörtem Besitze sie seit langer Zeit zu seyn schienen. Das ist eine Scene in einer kleinen Provinz, in der den Frieden herzustellen die Großmächte Europa's seit drei Jahren arbeiteten.

Eine halbe Stunde weiter erreichten wir Vrachori, die Hauptstadt des Districtes. Einige Zeit wanderten wir durch die Ruinen, bevor wir durch den ungewöhnlichen Anblick eines Giebelhauses erfreut wurden. An der Ecke des ehemaligen Marktes stand eine ehrwürdige Platane, deren Stamm fast zwölf Yards in der Runde maß, und ein wenig weiter entfaltete eine schlanke Stange dem Winde eine zerlumpte griechische Flagge, als ob sie eifersüchtig sey auf jeden Augenblick, den sie noch in Akarnanien flattern durfte.

Ein Ungewitter hielt uns im Hause des Gouverneurs fest. Wir sahen dort die Primaten des Ortes, welche das Unglück prophezeyten, das aus dem Abtreten des Landes und insbesondere der Ebene entstehen müsse, die den Bewohnern der umliegenden Berge im Winter Arbeit und im Sommer Nahrung verschafft. Sie sprachen vom Makronoros als ihrem Retter und Freund, und schienen sehr ungläubig an jedem Schutz, den die europäischen Mächte ihnen gewähren könnten, wenn der Paß des Makronoros geöffnet würde. Von den allerunabhängigsten Unterthanen der Pforte, wo die türkischen Landeseinwohner höchstens

auf gleichem Fuße mit den Griechen standen, wo keine türkischen
Truppen zugelassen wurden und keine türkische Behörde vorhan=
den war, mit Ausnahme des Kadi's oder Richters, waren sie durch
Ali Pascha zu einer Unterwürfigkeit gebracht, noch härter als die
in seinem übrigen Gebiete, weil er ihren kriegerischen Geist zu
vertilgen wünschte, der, seit dem Anbeginn der osmanischen Herr=
schaft, in dieser Gegend den Einfällen der Albanesen ein Ziel
gesteckt hatte. Der Kapitano war ihr Militärchef, der Kodja
Baschi ihr bürgerliches Oberhaupt. Der Erste wurde zu seiner
Stelle von der griechischen Municipalität ernannt, der Letztere
war ein jährlich gewählter Municipalbeamter, oder auch mehrere,
da die Zahl nicht überall gleich war. Der Kadi oder Mussellim
war da, um dem Ansehen des Kapitano die Bestätigung türki=
scher Form zu verleihen, aber sein Einfluß war nur gering, aus=
genommen, wenn die Griechen unter sich uneinig waren. Der
Bischof war der Inhaber der höheren gerichtlichen Autorität; be=
durfte er des weltlichen Armes, so wendete er sich an den Kadi,
der dem Kapitano befahl, die Befehle des Bischofs zu vollziehen.
Die Abgaben, die sehr unbedeutend waren, wurden wie überall
durch die Municipalität repartirt und eingehoben, und bestanden
aus dem Kharatsch (Kopfgelde), über den sie sich verglichen,
dem Zehnten und der Haussteuer. Außerdem besteuerten sie sich
zur Besoldung des Kapitano und zu örtlichen Ausgaben.

Dieses Verfahren der Türken, der Macht der Albanesen durch
die Griechen die Wage zu halten, schreibt sich von ihrer Festsetzung
in Adrianopel her. In der That erscheinen die Türken zuerst in
Griechenland als Freunde und Verbündete. Diese Behauptung
wird im Widerspruche mit der angenommenen Meinung erscheinen,
und das mag mich entschuldigen, wenn ich, um meine Ansicht zu
begründen, in einige Einzelnheiten eingehe.

Nach dem Falle Konstantinopels behielten Demetrius und
Thomas, die Brüder des letzten Paläologen, den Peloponnes.
Die Halbinsel hätte einen Zufluchtsort und eine Freistätte für ge=
demüthigten Stolz und gefallene Größe gewähren können, wenn
Unfälle und Mißgeschick jemals die eiteln Bestrebungen aus der
Brust der Griechen verdrängen könnten, von denen sie unaufhör=
lich angetrieben wurden, aufzuopfern, was sie besaßen, um das
zu erlangen, was sie nicht erreichen konnten. Demetrius und

Thomas hatten aber nicht sobald jeder ein Stückchen von ihrem geschmälerten Erbtheil in Sicherheit gebracht, als sie mit einander zu zanken begannen. Als die Albanesen, die allmählich durch die ihnen dargebotenen Dienste unter den verschiedenen Despoten herangezogen waren, sahen, wie das zusammengeschrumpfte byzantinische Haus in sich selbst zerfiel, so entzogen sie sich dem Dienste beider Fürsten und rüsteten sich, den entarteten und unkriegerischen, wenn gleich noch immer kriegführenden Griechen ein Joch aufzuhalsen, das mehr zu fürchten war, als selbst das der lateinischen Eroberer, die Morea so spät und doch nicht ganz freigegeben hatten.

Demetrius und Thomas, durch die gemeinschaftliche Gefahr vereinigt, boten dem Eroberer Konstantinopels Tribut an und flehten um seinen Beistand. Kaum hatten sie sich gegen ihre albanischen Feinde vereinigt, als sich ein Kantakuzenos fand, der sich an die Spitze eines griechischen Aufstandes gegen die Fürsten stellte. Auch die Albanesen, die den größten Theil des flachen Landes besetzt oder verwüstet hatten, beschickten die Pforte, ihre Unterwerfung und einen Tribut für Morea anbietend, wenn sie die Halbinsel als Lehn von der Pforte erhielten. „Es wäre um die Herrschaft der Griechen im Peloponnes geschehen gewesen, wenn nicht Hasan, der griechische Befehlshaber von Korinth, an der Pforte des Sultans türkische Hülfe begehrt, und dieselbe erhalten hätte. Turachan, der vor dreißig Jahren zuerst Hexamilon erobert, bis Lacedämon, Leontopolis, Gardika vorgedrungen, und die Albaneser zu Tawia geschlagen hatte, erschien nun abermal mit seinen Söhnen und einem türkischen Heere im Peloponnes wider die Albanesen zum Schutze der Griechen." (v. Hammer Gesch. d. osman. Reichs. 2te Ausg. Bd. I. S. 430.)

Chalkondylas legt bei Erzählung dieser Ereignisse dem türkischen Befehlshaber folgende Worte in den Mund, als an seine, des Erzählers, Landsleute gerichtet: „Ihr wäret vernichtet worden, hätte sich nicht der Sultan vom Mitleid gegen euch bewegen „lassen, und wäre er nicht euch zu Hülfe gekommen. Es ist klar, „ihr habt euren Staat nicht so regiert, wie ihr es hättet thun „sollen; jetzt aber fordert die unumgängliche Nothwendigkeit euch „auf, in Zukunft eure Unterthanen auf bessere Weise zu regieren." Der türkische Veteran stellt ihnen ferner zur Nachahmung auf, was er für das Geheimniß der Siege seiner Landsleute erklärt, nämlich, sich die Liebe der Unterthanen im Frieden zu sichern und im Kriege die Feinde mit Schrecken zu erfüllen.

Die Albanesen wurden aus dem Peloponnes vertrieben und von den vereinigten Griechen und Türken bis in ihre eigenen Gebirge verfolgt. Kaum aber war Turachan mit seinen Türken abgezogen, als ein Aufstand gegen beide Fürsten ausbrach und nach vier Jahren Aufruhrs, Verrätherei, Gemetzel und Anarchie, in welchen bald als Verbündete, bald als Feinde die beiden griechischen Nebenbuhler, die Beiden entgegenstehende griechische Partei, die Albanesen und die Türken auftraten, setzte ein blutiger Feldzug die Türken in Besitz rauchender Städte und eines verwüsteten Landes. So wurde wieder und aus denselben Ursachen Roms Dazwischentreten zu Gunsten Griechenlands beschlossen, das vor 1500 Jahren stattfand und in einem gleichen Zeitraume, durch denselben Nationalcharakter der Eitelkeit und des Parteigeistes, täuschte Griechenland die Hoffnungen und erregte die Rache seiner Befreier. So hatte es Rom zugejubelt als seinem Erretter, um es als Tyrannen zu verfluchen, hatte einen Flaminius zu den Sternen erhoben und mit der schnell schwatzenden und tadelnden Zunge einen Glabrio verklagt. In vier Jahren sah Griechenland seine Verbündeten aus Latium mit seinem alten macedonischen Unterdrücker vereinigt, und nach der Vernichtung dieses Königreiches übertraf die von Mummius angeordnete wilde Verheerung bei weitem die Zerstörung, die später im Rücken Alarichs erfolgte.

Ein sehr sonderbares Zusammentreffen: Römer und Türken erscheinen als Beschützer Griechenlands und beide Völker werden in demselben Zeitraume von vier Jahren Griechenlands Unterdrücker.*) Es würde indeß ungerecht seyn, wollte man Mummius' Handlungen mit dem Rathe Turachans vergleichen und den letzten Theil der römischen Intervention mit dem ersteren der türkischen. Das thut indeß Herr v. Hammer, der das Gemälde

---

*) Ungefähr dieselbe Zeit hat den Verbündeten genügt, die Gebräuche, Gesetze und die Unabhängigkeit der Griechen zu vertilgen, aber die kluge Allianz hat in ihren uneigennützigen Bemühungen nur gearbeitet für die „Pacification des Ostens."

umkehrt und den ersten Theil der römischen Intervention mit dem letzten der türkischen zusammenstellt. Die tragische Scene der Eroberung des Peloponnes schließt er mit folgenden Worten: — „Welch ein vulcanisches Nachtgemälde als Gegenstück der leuchtenden Glorie des römischen Eroberers, des Consuls Quintus Flaminius, der am Tage der isthmischen Spiele dem dort versammelten und sein Schicksal mit gespannter Angst erwartenden Griechenlande, ebenso politisch als menschlich, den Traum der Freiheit unter lautem Jubel wiedergab." (v. Hammer a. a. O., S. 457.) *)

Nachdem ich aber, um einen ehrlichen Urtheilsfehler bei einem Manne von hohem und verdientem gelehrten Rufe anzudeuten, mich auf ein über den Orient geschriebenes Buch bezogen habe, erinnere ich mich an einen schriftstellerischen Erguß eines Abkömmlings und Repräsentanten der Classe von Griechen, die, nachdem sie den Thron Konstantins geopfert und den Peloponnes zu Grunde gerichtet hatten, sich um das Herz des osmanischen Reiches drängten, die Einfachheit des türkischen Systems durch ihre politischen Doctrinen verderbten, so wie die ursprünglichen Hirtengewohnheiten der Türken durch den Sklavensinn in Sitte und Benehmen, und die, nachdem sie durch ihre Intriguen das Reich zersplittert haben, sich jetzt kühnlich ihrer Verrätherei gegen diejenigen rühmen, denen sie dienten. Ich meine Herrn Jakovaki Rizo's Werk, betitelt: „l'histoire moderne de la Grèce." Gibbon zählt vier griechische Schriftsteller auf aus dem römisch-griechischen Reiche in seinem Verfalle (the lower empire — le Bas-Empire), von denen zwei Staatsmänner waren und zwei Mönche, und bemerkt dabei: „so „war der Charakter des griechischen Reiches, daß man keinen „Unterschied merkt zwischen Geistlichen und Staatsmännern." So würde auch Herrn Rizo's Werk ohne seinen Namen und seine Titel, als „erster Minister der Fürsten der Moldau und Wallachey," als Minister der auswärtigen Angelegenheiten und Commissär unter Kapodistrias und Mitglied verschiedener der späteren Verwaltungen Griechenlands, gewiß für das Erzeugniß eines Mönches

---

*) Herrn v. Hammers Werk ist seitdem französisch erschienen und es ist sehr sonderbar, daß diese Stelle ausgelassen ist.

genommen seyn, in einem Kloster geboren und auf einem Lutrin *) niedergeschrieben, in den Zwischenstunden der Buße und des Kirchendienstes. Religion, das heißt das Formelwesen der orientalischen Kirche, ist bei ihm die allerklärende Ursache, der Alles leitende Antrieb, und wenn er von dem Zustande der Griechen unter den Türken redet, und von den Ursachen ihrer Revolution, so führt er all diese Fragen auf theologische Punkte und Kirchenregierung zurück.

Der einzig interessante Theil seines Buches sind die Anekdoten, die er über die Muselmänner erzählt, Alles ohne Ausnahme lauter Beweise der Gutmüthigkeit und Duldung, und dadurch bewährt sich das alte Sprüchwort, das Gegengift wachse gleich neben dem Gifte; die Türken zeigen sich dadurch in einem seltsamen Contraste mit den Ansichten, deren eigentliche Beweisführung das Buch beabsichtigt, und mit den Beiwörtern, die es ihnen so keck hinschleudert.

Hr. Rizo ist, einerlei wie und warum, unbekannt mit der Thatsache, daß die türkische Politik immer darauf gerichtet war, die Griechen gegen die Albanesen zu unterstützen. Aber das ist noch nicht genug; er findet in der Stärke eben dieser Albanesen, der Unterdrücker der Griechen, den Beweis, daß die griechische Religion der Erretter von Griechenlands Ueberresten gegen die Feindseligkeit des Islamismus gewesen. Er legt Phranza und Chalkondylas bei Seite und spricht, wie folgt: „Während die „reißenden Fortschritte der türkischen Waffen die Christen der „orientalischen Kirche mit Schrecken erfüllten, während Mahomed II „ohne Widerstand die Insel Mitylene, Attica, den Peloponnes „und Eubba einnahm, gab ein Grieche seinen Glaubensgenossen „das Beispiel des Heldenmuths, indem er allein **) mit seinem „kleinen Heere allen Streitkräften des Eroberers trotzte. Dieser „christliche Held war Georg Castriota, Fürst von Epirus!! „dem die Türken den Beinamen Skanderbeg gaben. Allein und

---

*) Ein Gebetpult, wonach Boileau ein komisches Heldengedicht betitelt hat. D. Uebers.

**) Waren die karamanischen Fürsten und die Ueberreste der Seldschuken nicht Verbündete Skanderbegs? Waren Hunyades, der König von Serbien und „der Pfähler" der Walachei nicht Mahomeds Feinde?

„dreißig Jahre lang kämpfte er gegen die Macht Murads und
„Mahomeds, vernichtete ihre Heere, beunruhigte ihre Provinzen
„und hörte erst auf zu siegen, als er aufhörte zu athmen. Seine
„Herrschaft überlebte ihn nicht, aber Epirus und Albanien lern=
„ten von dem Augenblick an, die Türken zu verachten. Von
„dieser Zeit an schreibt sich die Errichtung der christ=
„lichen Armatolis her."

Ist es möglich Thatsachen und Menschenverstand ärger zu
verwirren, als in diesem Absatze geschieht? Ein Albanese, ein
Katholik und überdieß ein muselmännischer Renegat *) wird ganz
geradezu ein Grieche genannt, in der politischen und religiösen
Bedeutung des Worts, und das von einem fanariotischen Ge=
schichtschreiber Griechenlands, von einem Professor der griechischen
Geschichte, von einem Minister des freien Griechenlands und von
dem philosophischsten und ausgezeichnetsten griechischen Schrift=
steller gegenwärtiger Zeit! Die Siege der historischen Feinde der
Griechen werden als die Zeit und der Ursprung der Errichtung
der griechischen Armatolis angegeben, deren Errichtung den Siegen
Skanderbegs vorherging! Aber Skanderbegs Anhänger wurden
endlich bezwungen, wie könnten denn, angenommen, sie wären
Griechen gewesen, ihre Siege zu dieser Organisation geführt
haben?

„Albanien," sagt er unmittelbar darauf, war der osmani=
„schen Regierung furchtbar durch seine unzugänglichen Gebirge,
„den kriegerischen Geist seiner Bewohner, die Ausdehnung seiner
„Küsten, seine Nähe bei den venezianischen Besitzungen" (und
warum fügt er nicht hinzu: durch seine Anhänglichkeit an den
römisch=katholischen Glauben?) „Der Berg Agrapha, das natür=
„liche Bollwerk von Epirus" (das heißt die Gränze der Griechen
und Albanesen und das heutige Bollwerk der ersteren gegen die
letzteren) „war das erste Land, das durch Vertrag das Vorrecht

---

*) Georg Castriota, Sohn von Johann, wurde von seinem Vater nebst
vier Brüdern dem Sultan Amurath II ausgeliefert, der die übrigen
Söhne vergiftete, Georg aber mit Gewalt zum Mahomedaner machen
ließ, bis dieser, 39 Jahre alt, im Jahre 1445 sein angestammtes Land
eroberte und zum römisch=katholischen Glauben zurückkehrte. Er starb
1467 am 27 Januar. D. Uebers.

„erhielt, einen Capitän mit einer hinreichenden Anzahl Soldaten „zu halten, um die Ordnung zu bewahren und die Sicherheit der „Städte und Dörfer zu schützen. Die Einwohner erhielten von „Murad II" (das heißt vor dem Kriege gegen Skanderbeg) „das „Recht, zwei berathende Stimmen von dreien bei der Verwaltung „ihrer bürgerlichen Angelegenheiten zu haben. Der türkische Rich=
„ter hatte die erste, der griechische Bischof*) die zweite und der „griechische Kapitano die dritte. Dieß Recht bestand zur „Zeit Ali Pascha's. Diese Organisation wurde später „auf alle Provinzen des griechischen Festlandes ausgedehnt." — Seite 49.

Später redet er von den albanesischen Häuptlingen, die er mit gewohnter Genauigkeit „Lehnsträger" nennt und sagt: „Es herrschte deßhalb zwischen diesen muselmännischen Anführern" (sie waren damals keine Muselmänner) „und der ottomanischen Pforte ein „gegenseitiges Mißtrauen und ein Haß, der den Griechen dieser „Provinzen zum Vortheil gereichte" (er meint Christen, denn es gibt dort keine griechische Bevölkerung), „indem sie die Einrichtung „der Armatolis mehr und mehr befestigte, diese Gebirgsbewohner „in ihren Zufluchtsörtern stärkte, und den Handel und das Ge=
„werbe der christlichen Städtebewohner erleichterte." — Seite 53.

War es nicht der Muße eines Mannes werth, der mit dem Charakter eines Staatsmannes bekleidet ist und den eines Philo=
sophen und eines Geschichtschreibers zu erreichen strebt, wenigstens einen Augenblick bei der hier erwähnten außerordentlichen That=
sache zu verweilen?

Die Nachkommen Skanderbegs, damals Christen, sind jetzt Muselmänner und stehen noch genau in demselben Verhältniß zur Pforte, während die Griechen, die damals und jetzt von der Pforte gegen die Albanesen geschützt wurden, damals und jetzt Christen sind. Der folgende Auszug wird zugleich die Gewalt zeigen, die wohlerwogen den Griechen überlassen wurde, und die Verbindung ihrer Interessen mit denen der Türken.

„Die Türken errichteten schon bei dem Anfang ihrer Erobe=
„rungen in Thessalien, in den weiten Ebenen, die der Peneus

---

*) Der Kodja Baschi, die Municipalbehörde, hatte die zweite Stimme; das hätte aber nicht zu des Verfassers religiöser Theorie gepaßt.

„bespült, eine von Ikonium hergezogene mohammedanische Colonie,
„die bis zum heutigen Tage noch den Namen Koniar führt. Diese
„Colonisten, friedliche Ackerbauer, wurden bald ein Gegenstand
„der Verachtung bei den Albanesen, die sie ungestraft plünderten.*)
„Die benachbarten Paschas, welche nicht im Stande waren, diese
„zahlreichen Banden mohammedanischer **) (?) und christlicher
„Räuber zu bezwingen, bedienten sich gegen sie der Wachsamkeit
„und des Muthes der Armatolis oder der griechischen Kapitani.
„So wurde dieses griechische Corps immerwährend von der Regie=
„rung anerkannt und war so weit entfernt, ein Gegenstand des
„Mißtrauens zu seyn, daß die Hospodare der Wallachei und
„Moldau ermächtigt wurden, aus ihnen die Wachen für ihre
„Person und ihre Fürstenthümer zu nehmen." — Seite 54.

So erhellt also aus dem Zeugnisse dreier den Türken feind=
lichen Schriftsteller, von denen der Letzte ausdrücklich während
des Krieges schrieb, um seine Sache gegen sie zu führen und
Mitgefühl für die Griechen zu erregen, — daß die Türken in
Griechenland auf Anfordern der Griechen erschienen und ihnen
zweimal ihr Land wiedergaben, nachdem sie die Albanesen über=
wunden hatten; daß, als sie Griechenland einnahmen, sie die
Vertheilung der Steuern den Einwohnern überließen, einen selbst
gewählten Rath in jedem Districte errichteten, eine griechische
Landwehr mit selbstgewählten Officieren organisirten, und ich darf
noch hinzusetzen, daß sie dem Handel durchaus keinen Zwang auf=
legten und keine Abgabe oder Steuer irgend einer Art für ihre
eigene Geistlichkeit oder Kirche verlangten. Eine Vergleichung

---

*) Diese Plünderer waren keine Albanesen, sondern Slavonier. Es wäre
nicht übel, könnte man die Ursache dieser Verwechselung entdecken.
Aber, abgesehen von allen anderen Verhältnissen, ist die Wahrheit der
entstellten Thatsache der vollständige Gegenbeweis gegen seine Theorie,
weil diese türkische Bevölkerung den Verheerungen einer Völkerschaft
als Damm entgegengestellt wurde, die sich zum griechischen Glauben
bekannte, nämlich der Bulgarier.

**) Das Wort „mohammedanisch" ist sicher nur deßhalb hier angeführt,
um das Wort „christlich" bei Ehren zu halten. Zu der Zeit waren
keine Albanesen muselmännisch. Die Verwechselungen der Worte
„griechisch" und „christlich" sind sehr lustig.

dieser Grundsätze mit denen, wonach sich die Colonial-Politik einiger anderer Nationen gerichtet hat, möchte manche Aufklärung verschaffen.

Siebentes Capitel.

Flüchtlinge im See von Vrachori. — Alterthümliche Forschungen und Unfälle. — Einfluß des Schießpulvers auf Regierungen und Völker. — Cultur und Trümmer von Alyzea. — Eine malerische Scene.

Die Ebene von Vrachori wird zu 35,000 Acres angenommen, von denen 25,000 den Türken gehören, 10,000 den Griechen. Von den umgebenden Bergen Karpenizi, Agrapha, Kravari und Patradschick kommen während des Winters, der hier die Arbeitszeit ist, 10,000 Menschen herunter und nehmen als Austausch für ihre Arbeit Mais und Korn auf ein halbes Jahr mit, und die wenigen fremden Luxusartikel, deren sie bedürfen. Bauern anderer Districte, die etwas Landbesitz haben, und Vlachi, ein besonderer Schlag Hirten, der aus der Wallachei stammt, sind gewohnt, Land von den Türken zu pachten; 4000 Ackerbauer von den jonischen Inseln sind in beständiger Beschäftigung. Von den ansässigen Eigenthümern sind 1300 Feuerstellen in der Ebene, 200 in Vrachori. Nicht über ein Drittheil von diesen ist jetzt davon zu sehen.

Die Lage von Akarnanien und der Charakter seiner Bewohner verwickelte sie vorzüglich in die Aufregung der Revolution, und obgleich sie Ypsilanti's Niederlage vernommen hatten, wurden sie doch zugleich erregt und bestürzt durch den Zustand Albaniens und die ersichtlich werdende Nothwendigkeit, Ali Pascha gegen die Pforte beizustehen. Am 21 Mai 1821 griff plötzlich das ganze Land zu den Waffen; 1600 Albanesen und Türken wurden niedergemacht oder in ihre Schlösser eingesperrt, und Isko besetzte mit einer Handvoll hastig zusammengeraffter Leute die wichtigen Pässe des Makronoros gerade noch zur rechten Zeit, um Ismael Pascha's Fortschreiten zu hemmen, der bei der ersten Anzeige von aufrührerischen Bewegungen im Süden sich beeilte, sie zu unterdrücken, bevor sie um sich greifen möchten. Die Griechen, bestürzt über die neue Lage, worein sie sich versetzt hatten, sich einer türkischen Be-

horde zu widersetzen, wurden von ihrem Anführer mit äußerster
Schwierigkeit an ihren Posten festgehalten und dazu gebracht, auf
die Türken zu feuern, die kräftig und kühn vorrückten, die Idee
eines offenen Krieges als lächerlich verwerfend. Nach wenig
Minuten unentschlossener Angst traf aber eine dichte und tödtliche
Salve die Türken mit Schreck und Furcht, und erfüllte die Grie=
chen mit Vertrauen und Jubel: aller Versöhnung war der Weg
abgeschnitten und die Revolution besiegelt. — Doch kehren wir
zurück zu unserer Reise.

Als das Wetter aufklärte, galoppirten wir nach der Brücke
über den See Vrachori, oder eigentlich über das Moor, das es
von dem See Angelo Kastro trennt. Es war vorher sehr schwül
gewesen, aber nun boten die Frische der Wälder und Felder, die
Kühle der Luft nach dem Gewitter, die Stille der beiden Seen,
die im klaren Spiegel die umgebenden Berge malten, eine der
friedlichsten und schönsten Landschaften. Die Brücke von dreißig
Jochen scheint gleich einem niedrigen und schmalen Fußpfade
durch ein Moor; aber das Wasser ist klar und strömt rasch zwi=
schen Baumstämmen; der Grund ist fest und mit Riedgras ge=
füllt; Erlen, Eschen, Feigenbäume und Ulmen, mit Schlingge=
wächsen bekränzt, wachsen im Strome. Die ganze Gegend gewährt
das Bild einer schwelgerischen Ernte. Wir ritten durch Felder
von Farrenkraut, das so hoch war wie unsere Pferde, und durch
wilden Hafer, von dem einzelne Aehren über Roß und Mann
emporragten. Der Rand der Seen ist äußerst sumpfig und die
Seen selbst sind sehr seicht, besonders der von Angelo Kastro; sie
sind reich an Fischen und Aalen und mit schwanken Binsen ge=
füllt. Bei den verschiedenen Durchmärschen türkischer Truppen
flüchteten sich die Einwohner in diese Moore. Einmal hatten
fünfhundert Familien hier ihre Wohnungen aufgeschlagen, indem
sie Pfähle und Aeste einschlugen und das Schilfrohr zusammen=
banden. Die Türken machten verzweifelte Anstrengungen, um
sie zu vernichten: manche Reiter kamen bei den Versuchen um,
sie zu erreichen; man setzte Flöße und zu Kähnen ausgehöhlte
Balken (monoxyla) in Bewegung, aber die Türken konnten nicht
in hinreichender Zahl hinkommen und waren einzeln dem Feuer
der Griechen ausgesetzt. Die Türken versuchten, das Schilf in
Brand zu stecken, aber es wollte nicht brennen. Zuletzt wollten

sie die Griechen aushungern, aber die Küsten ihres kleinen Sees standen ihnen offen und gleich den Fischessern des Herodot wurden sie von den Fischen unter ihren Wohnungen versorgt.

Am folgenden Tage sendeten wir unsern Diener ab, die Zelte unter den Trümmern von Stratus aufzuschlagen; wir selbst eilten nach der Richtung der Trümmer von Thermus, wie Pouqueville sie angibt. Wir kamen über einen Bergstrom, stiegen dichtbewachsene und steile Hügel hinauf und wieder hinab und erklimmten zuletzt, nachdem wir verschiedene Male unsern Weg verloren hatten, einen abschüssigen Hügel von fester, rechtwinkelichter Gestalt, der von der Ebene darunter wie eine Festung aussah. Dieser Felsen war mit den Trümmern des alten Thermus gekrönt, die freilich mit Pouquevilles Beschreibung sehr wenig übereinstimmten. *) Das alte Thor gewährte noch den Zutritt zur Festung; die Ueberbleibsel der mit kleinen Steinen und Erde zu Tambours gebildeten massiven Mauern, die mit Flechtwerk gestützt sind, haben während der letzten Kämpfe oft als Zufluchtsort für die Bewohner der Umgegend gedient. **)

Wir brachten einen ziemlichen Theil des Tages damit hin, die Gegend von diesem hochgelegenen Platze zu untersuchen. Erst als wir den rauhesten Theil hinabgestiegen waren und unsere Pferde losbanden, die unten an einem schönen Platze im reichsten Klee gegrast hatten, fiel es uns ein, daß wir noch vier und eine halbe Stunde Weges bis zur Furt des Aspropotamos hatten. Man hatte uns gesagt, die Furt selbst bei Tage ohne Führer zu passiren sey unthunlich, und schon senkte sich die Sonne an den Horizont. Rasch eilten wir durch Brachori und Zapandi, aber weder das letzte Zwielicht, noch der helle Mondschein zeigten uns irgend eine Spur des Weges. Nachdem wir über die Ebene

---

*) Diese festungähnlichen Felsen sind Massen conglomerirten aufliegenden Sandsteins, und überall, wo sie auf Anhöhen erscheinen, sind sie zur Errichtung von festen Plätzen benutzt worden.

**) Die Lage von Thermus ist der Gegenstand beträchtlicher antiquarischer Streitigkeiten gewesen, in Folge einer mißverstandenen Stelle im Polybius und der von Pouqueville gegebenen Beschreibung. Ich verweise daher in einem Anhang auf einen Bericht über Philipps Zug gegen Thermus, der, denke ich, genügend Polybius' Meinung aufklären und seine Erzählung mit der Ortsbeschreibung des Platzes vereinigen soll.

gesprengt waren, stieg ich auf einen der mächtigsten Bäume und gewahrte zu meinem Erstaunen das weite und weiße Bett des Achelous oder Aspropotamos nur eine Viertelmeile entfernt. Der Strom war reißend, breit, trübe und anscheinend tief; dessenungeachtet sprengten wir unerschrocken hinein und waren bald auf trokenem Grunde jenseits, über die vernommenen Berichte lachend. Bald aber entdeckten wir, daß wir erst am Anfang unsers Unternehmens standen, indem wir nun erst die schlimmsten Strömungen und Brandungen überwinden mußten, mit Triebsand dazwischen, in dem wir mehr als einmal stecken blieben. Unsere Pferde waren bald abgetrieben und das Abenteuer verlor allmählich alles Angenehme. Nach stundenlangem ängstlichem und mühseligem Waten und Lootsen hatten wir endlich die Freude, uns auf festem Boden zu finden. Aber was sollten wir nun anfangen? Um zu biwachten sub Jove frigido (unter kaltem Himmel) waren wir in schlimmerer Lage als vor dem Durchritte, und groß war unsere Freude, als wir nach halbstündigem Ritte auf dem Flußufer ein Licht erblickten, das wir bald für ein Feuer erkannten, umgeben von den Fährleuten, die mit ihren Pferden, statt der Boote, an der Furt lagen. Als sie unsere Geschichte hörten, bekreuzten sie sich, glaubten uns aber nicht eher, bis sie unsere Pferde und Kleider befühlt hatten. Sie führten uns nach Lepenn, einem einst reichen und glücklichen Orte von zweitausend Seelen, wo wir unser Zelt aufgeschlagen fanden neben der stillfließenden, klaren Quelle, dem einzigen beweglichen Wesen mitten in dem öden Dorfe. Wir bemerkten auf einer Anhöhe unweit der Furt die Umrisse der Ueberbleibsel von Stratus, die im bleichen Mondenschimmer uns einen großen Begriff ihrer Pracht und Größe gaben.

Die Landeseinwohner mögen mit der Zeit und à force de voyageurs gute Führer werden, inzwischen sind sie jetzt dem Reisenden von geringem Nutzen. Manche sind in der That neue Anbauer und ihre Unkunde, selbst der Namen und Oerter, führte uns häufig irre. Ein Compaß und Lapies Karte (welcher Pouqueville nur zu oft gefolgt ist) waren unsere einzigen Führer, aber der Mangel an Uebereinstimmung derselben brachte uns auf die empfehlenswerthe Gewohnheit, die Hügel zu ersteigen, um die Vogelperspective zu nehmen. Schwierigkeiten und Abenteuer blieben folglich unsere unzertrennlichen Gefährten bei der Reise durch ein

Land, wo die Wege spurlos verschwanden, Häuser und Dörfer verlassen standen und der Anblick eines Menschen ein seltenes Begegniß war. Diese Umstände aber zwangen uns gleichsam eine genauere Kenntniß der Localitäten auf, als wir bei größeren Erleichterungen im Reisen und längerem Aufenthalte erlangt hätten. Zugleich gaben sie dem Ausfluge ein romantisches Interesse, das völlig unverträglich ist mit geradegeschnittenen und eingedämmten Wegen, rechtwinkeligen Feldern, Gränzsäulen, Zollstätten und Schlagbäumen und andern Zeichen der Civilisation.

Am nächsten Morgen waren wir mit Tagesanbruch zwischen den Ruinen von Stratus. Strabo verlegt es zehn Stadien vom Achelous, der, wie er sagt, bis hieher schiffbar ist. Gegenwärtig fließt ein Arm des Flusses unter den Mauern. Ihr Umkreis beträgt zwischen drei bis viertausend Schritten. Da die Blöcke von Sandstein sind, so haben sie nicht die Frische und Schärfe im Winkel, welche die andern Ruinen von conglomerirten und Kalksteinen haben. Die Ueberbleibsel der soliden Mauer haben Alles überlebt, zu dessen Schutze sie bestimmt war. Ein Thor am Wasser führt noch in den leeren Platz; hier hat die Mauer noch beinahe ihre ursprüngliche Höhe von zwanzig Fuß behalten. Auf einer gegen Westen blickenden Anhöhe lagen Haufen Bruchstücke von ebenen Säulen, (alten dorischen) Triglyphen und Capitäler von schönem weißem Kalkstein, den man entweder aus Brachori oder Machala geholt hatte. Auf dem höchsten Punkte nach Norden befanden sich Ueberbleibsel einer ältern cyclopischen Burg. Die übrigen Ruinen bildeten eine unerkennbare, mit undurchdringlichen Disteln überwachsene Masse. Felsenbienen hatten sich zwischen die zerbröckelten Steinlagen eingenistet, und große, braune und röthliche Schlangen lagen sich sonnend auf den Mauern und sprangen und schlüpften, durch unsere Nachforschungen gestört, zwischen die Steinritzen. Von einem bemoosten Felsen, im Schatten eines Feigenbaumes, fiel oder tröpfelte vielmehr in einen alten Sarkophag der dünne Strahl einer eiskalten Quelle und bewässerte ein einzelnes Maisfeld, den einzigen aufgeräumten Platz in dem Umkreise.

Durch Fragen bei einem Bauern, durch das Nachsehen auf unserer Karte und einen noch vorherrschenden Glauben an Pouqueville machten wir uns glauben, das jetzige Aëtos sey das alte Metropolis und gedachten die Nacht in Metropolis zu seyn. Demgemäß wurde früh Morgens das Zelt abgeschickt, mit der Ordre, es in Aëtos aufzuschlagen, und einige Stunden später machten wir uns auf, unsere Nachfragen nach den Ruinen richtend. Aber das war das letzte Mal, daß wir Bett und Abendessen auf die Gleichheit einer alten und neuen Stadt berechneten! Der Morgen war ermüdend hingegangen mit Aufnehmen des Planes von Stratus; wir waren ganz erschöpft von der übermäßigen Hitze und einem stundenlangen Jagen nach unseren Pferden, die, während wir mit alter Baukunst emsig beschäftigt waren, eine botanische Excursion nach frischen Exemplaren eines Maisfeldes machten, so daß die Sonne schon, wie die Albanesen sagen würden, „zwei Klafter über dem östlichen Horizont" war, als wir uns aufmachten, Metropolis zu suchen. Nachdem wir in der Ebene nach Westen fast zwei Stunden geritten waren, kamen wir längs des Fußes der Berge vom kleinen See Ozero nach dem großen, ohne einem lebenden Wesen zu begegnen oder im Stande zu seyn, einen begangenen Weg zu entdecken. Endlich, voll Erschöpfung und Verzweiflung, sattelten wir unsere Pferde ab, pfählten sie an und legten uns unter einen Baum. Der Tag verging, der Abend kam, aber Niemand erschien und wir stiegen wieder auf. Wir mußten über die Berge hinüber; aber ohne allen Weg, ohne allen Zielpunkt die Reise anzutreten, war völlig hoffnungslos, und jemehr wir die Karte studirten, desto mehr verwirrten wir uns. In dieser Verlegenheit hatten wir das große Glück, einem Haufen Pferde und einer Heerde Schweine zu begegnen. Der Vortheil dieses Zusammentreffens ist vielleicht nicht sogleich deutlich und verständlich, aber die Ferkel wurden von einem Zweifüßler begleitet, dessen Erklärungen uns nicht viel geholfen haben möchten, der aber, auf Vorzeigen eines Hundert Para Stückes, ein Thier von dem wandernden Gestüte einfing und uns auf den Weg brachte, der durch eine Schlucht in diesen schroffen und schwerzugänglichen Hügeln nach Machala führte.

Wir ließen das hoch zu unserer Linken schön gelegene Kloster Likovitza liegen, und die Dämmerung zeigte uns ein gegen Süden offenes Amphitheater von Hügeln, deren Abhänge mit Dörfern besetzt waren, mit einem Grade der Cultur, der uns nach dem öden Aussehen der so eben verlassenen Ebene überraschte.

Die Ruinen von Metropolis heißen jetzt Porta. Obgleich wir sie nicht vor völliger Nacht erreichten, so fanden wir doch ihre Lage, die einen kleinen, aber steilen und schroffen Hügel krönt und umschließt, auf welchem jetzt das Kloster Sanct Georg steht, umgeben von einigen Duzend kleiner Hütten, gleich Bienenkörben, Flüchtlingen angehörend, die nach Akarnanien gezogen sind. Die Ruinen von Metropolis haben das Ansehen des Alterthums, weil sie vieleckig sind, weil ihnen die Thürme fehlen oder doch jedenfalls nur in geringer Anzahl vorhanden sind, und weil die Mauern zerstört sind.

Das ist Porta; wir zweifelten nicht, daß es Metropolis gewesen, aber Aëtos ist es gewiß nicht, und deßhalb war kein Zelt zu sehen. Wir mußten also eine nicht sehr erfreuliche Nacht im Hofe des fast verödeten Klosters zubringen. Der einsame Kalogeros spendete uns ein sehr kleines und sehr schwarzes Brod und eine Decke, um uns gegen die Kälte zu schützen. Bald aber waren wir froh, die tückische Hülle wieder los zu werden.

Am folgenden Morgen verließen wir bei Zeiten unsern nackten, kalten und thauigen Rasen, nachdem wir den größten Theil der Nacht im Hofe umhergegangen waren. Wir stiegen von dem unwirthlichen Felsen herab und kamen drei Meilen lang durch die kleine, mit herrlichen Hügeln umgebene und mit Dornbüschen und Eichen besetzte Ebene von Aëtos. Unter einem senkrechten Felsen, der am andern Ende mit einer venezianischen Festung gekrönt war, freueten wir uns, unser Zelt zwischen dem dunklen Unterholze zu erblicken. Wahrlich ein willkommener Anblick war der dabei aufsteigende Rauch, gleich einer schlanken, geraden, am Gipfel buschigen Pappel, und als der kleine Wachthund auf uns zulief und wir unsere gewohnten Lastthiere in ihren Fesseln zwischen den Bäumen umher springen sahen, erschien uns die fremde Wildniß vertraut. Den ganzen Tag ließen wir das Zelt an seiner Stelle und zu der von der Natur gebotenen Ruhe, konnten wir auch keinen entzückendern Platz wünschen. Am entgegengesetzten Hügel stand ein Weiler, aus dem Rauch aufstieg, der also bewohnt war. Da wir in unserer Nachbarschaft weder Schaf-, noch Schweineheerden belästigt hatten, und alle zusammen sehr zahme und friedliche Geschöpfe schienen, so machten die Frauen des Weilers gegen Abend einen Versuch der Neugierde und des

Handels; sie brachten uns ihre Wasserkrüge (wir hatten aus dem
Brunnen geschöpft) und zum Verkaufe Eier und Dickmilch (yavorti).
Wir waren bald auf dem besten Fuße mit unseren schönen Besuche=
rinnen. Eine alte, lustige und spirituelle Dame war die Anfüh=
rerin der Gesellschaft, und wohin sie sich bewegte, liefen und dräng=
ten sich die Jüngeren hinter ihr her, so daß sie uns überall den
Apex, die Spitze eines macedonischen Phalanx darstellten, dessen
Anführerin in die Rüstung von sechzig Wintern gehüllt war, wäh=
rend die Mannschaft im Rückhalte Blicke statt der Lanzen schwenkte.
Wir verehrten der alten Dame eine Tasse Kaffee, aber weiter ging
es nicht mit unserer Freigebigkeit; es waren ihrer zu viele für unsere
Tassen und unsern Kaffee, und wir wünschten nicht, durch den Vor=
zug Einzelner den Apfel der Zwietracht unter sie zu werfen. Nach=
her bekamen wir Besuch von den Männern, die über das alte Grie=
chenland, die Türkei, Europa und natürlich auch über das Pro=
tokoll schwatzten, und uns belustigte der Gedanke, wiewohl die
Bauern irgend eines andern Landes eine Unterhaltung über solche
Gegenstände geführt haben würden.

Von Aëtos stiegen wir eine Stunde nordwärts nach Zeuki,
einst einem bedeutenden Dorfe. Eine Stunde darauf kamen wir
an eine Schlucht, durch die ein von Zeuki herabkommender Strom
sich den Weg in die Ebene von Mitika durchbricht. Auf der Höhe
dieser Schlucht, über dem Wege, stand fast noch unverletzt ein
kleiner und schöner hellenischer Thurm, fünfzehn Fuß im Geviert
und zwanzig hoch; die Mauer war nur anderthalb Fuß dick und
die Schießlöcher an der Außenseite hielten drei Fuß zu fünf Zoll.

Als wir herabkamen, bemerkten wir Ruinen auf einem der
Berge zur Linken, durch deren Kette wir kamen. Es hätte uns
Leid gethan, sie unbesucht zu lassen, allein die Anzahl der Ruinen
wuchs so mächtig an und sie waren oft so schwer zugänglich, daß
die Aufgabe, jede zu untersuchen, unsere Kräfte überstieg. Wir
entschlossen uns jetzt, unsere Arbeiten zu theilen. Mein Gefährte
erstieg den Hügel und ich nahm meinen Weg durch die Ebene von
Mitika, nach den Ruinen des alten Alyzea, an deren nördlichem
Ende.

Die Ruine auf dem Hügel ist cyclopisch, ohne Thürme; sie
hat zwei Thore, die durch eine Querdecke auf zwei Trägern ge=
bildet werden; in den Felsen ist eine Cisterne gebrochen. Es be=

finden sich dort zwei äußerst rohe und sehr verwischte, in den Kalkstein gehauene Basreliefs. Das eine stellt zwei sitzende Gestalten dar, mit einer Schlange zwischen ihnen; das andere einen nackten Krieger, der einen Speer hält und eine neben ihm stehende bekleidete Frau.

Auf welchen seltsamen Zustand der Gesellschaft deuten diese Ueberbleibsel! Völkerschaften, die sich wegen ihrer Dichtigkeit auf einander drängen und sich zugleich aus Furcht vor einander zurückziehen, ihre Arbeit auf die Erbauung von Schutzwehren verwendend und ihre Zeit, Berge und Abgründe mühsam zu bearbeiten, um starke Plätze zu erbauen. Die Wurfgeschütze der neueren Kriegskunst würden entweder den Ursachen des Mißtrauens ein Ende gemacht, oder vielleicht auch die Quellen dieser übervollen Bevölkerung vernichtet haben. Feindliche Städte konnten sich damals fast von einer Mauer zur andern beschimpfen, und einige mächtige Staaten des Alterthums könnten jetzt Kugeln und Granaten von einer Hauptstadt in die andere werfen, zum Beispiel Olynthus und Potidea.

Wir sind es so gewohnt worden, die Wirkungen des Schießpulvers, als von einem Staate gegen den andern angewendet, zu betrachten, daß wir es vernachlässigt haben, die Wirkung dieser Erfindung auf die Staaten selbst zu beachten. Ich glaube, es läßt sich nachweisen, daß sie in Europa auf den Charakter der Gesellschaft, der Einrichtungen und der Regierungen wesentlich eingewirkt hat. Durch Artillerie ist der Vortheil und der Widerstand der Oertlichkeit verloren, der Geist der kriegerischen Stämme gebrochen, und mitten in den stärksten Positionen wird der einst keckste Bergbewohner, wenn er unbewaffnet ist, von seinen bewaffneten Unterdrückern verfolgt, oder, wenn er selbst diese Zerstörungsmittel besitzt, geräth er in Versuchung, ein Räuber und auch seinerseits ein Unterdrücker zu werden.

Im Abendlande hat das Schießpulver, mit seinen damit vergesellschafteten stehenden Heeren, den Erfolg gehabt, eine friedliche Herrschaft auszudehnen, welche den militärischen Charakter der Quellen europäischer Macht entstellt und verändert. Die politischen Institute im Westen erzeugen, mehr oder weniger erdrückend in ihrem gleichförmigen und geregelten Verfahren, keinen örtlichen Widerstand, sondern erwecken allgemeines Mißvergnügen. Oertlicher Widerstand wird unwirksam durch die vermehrten militärischen Mittel der vollziehenden Gewalt; örtlicher Widerstand ist aufgehoben durch den moralischen Charakter des Widerstandes, der hervorgerufen wird durch die exceptionellen Grundsätze, die in die sogenannte administrative Praktik und Wissenschaft Europa's ihren Weg gefunden haben. Diese setzt unter den Einwohnern die Achtung vor ihren eigenen Wahrnehmungen herab, indem sie Gesetze an die Stelle der Gerechtigkeit, Regierungsmaaßregeln an die Stelle von Recht und Pflicht setzt.

In der Türkei, wo die Gefühle und Gewohnheiten des Volkes nicht durch eine so eben beschriebene militärische Macht gleich gemacht sind, haben die abstracten Grundsätze der Verwaltung ihre ursprüngliche Einfachheit in hohem Grade beibehalten. Die vermehrte Wirksamkeit, welche das Schießpulver der verhältnißmäßig kleinen Zahl von Leuten gibt, welche durch das Recht der Behörde oder der Rache Waffen tragen, dient daher wohl dazu, einzelnes zufälliges Unrecht zu vermehren, nicht aber eine gleichförmige, indeß gesetzliche Ungerechtigkeit festzustellen. Der Unterschied ist ein unendlicher zwischen dem Soldaten und dem Banditen, der jetzt eine Flinte trägt, und dem Bauer, der nicht mehr seine Sense oder seinen Dreschflegel mit dem Speer oder Säbel messen oder mit einem einzigen Schritte aus dem Bereiche solcher Waffen kommen kann. Allein der Soldat in der Türkei ist bis jetzt nur der Gehülfe des Pascha gewesen. Wird er Diener der Regierung, so wird das Land wirklich glücklich seyn, wenn die Regierung die Mäßigung, die Einfachheit und den Charakter eines obersten und unparteiischen Richters beibehält, der jetzt seiner militärischen Schwäche als die einzige Stütze ihres Ansehens, als der Grundpfeiler ihres Daseyns dient. Der Bebauer des Grund und Bodens, höher stehend auf der verhältnißmäßigen Stufenleiter der bürgerlichen Gesellschaft als der Ackerbauer in Europa, ist schon unter das früher genossene Ansehen hinabgesunken und muß unendlich viel tiefer sinken, wenn sich die Disciplin mit dem Schießpulver vereinigt und entweder ein disciplinirter Aufstand*) der Pforte Bedingungen auferlegt, oder

---

*) Ist nicht diese Wahrheit unwiderstehlich bewiesen durch die Insurrection Mehemed Ali's — wird sie es nicht durch den Zustand der Bauern in Aegypten und Syrien?

ein stehendes Heer alle Unterschiede gleichmacht durch sein gleich=
mäßiges Gewicht und seinen fortwährenden Druck.

Die Ebene von Mitika ist eine dreiseitige Fläche. Die Küste
ist die Grundlinie, zwei Ketten mächtiger und steiler Berge bilden
die Seiten und streifen jenseits in die Hochlande. Vor der Ebene,
in der Entfernung von einer oder zwei Meilen, erhebt sich die Insel
Kalamo aus der See. Die Berge sind Kalkstein. Die Ebene ist
Thon und aus Mangel an Bebauung nach der Küste hin sumpfig.
Der Vernacus hat sich neben dem Winkel der Ebene einen pracht=
vollen Durchweg durch den Kalkstein gebrochen und häuft dort,
durch eine Dämmung an der Schlucht eingeengt, seine Waſſer zur
Befeuchtung der Ebene. Ich spreche nämlich von dem was war,
nicht was ist. Diese Dämmung ist die Spur des Alterthums, die
mir am meisten in Akarnanien gefallen hat. Hier sind cyclopische
Arbeiten und hellenische Baukunst einem nützlichen Zwecke gewid=
met, und bleiben noch zu gegenwärtiger Stunde nützlich und lehr=
reich. Die Entdeckung dieser Ruine gewährte mir ein besonderes
Intereſſe für diese Stadt (Alyzea) und die damit verbundenen
Gegenstände. Ich bildete mir ein, ihr schützender Felsendamm
trenne sie von den Ereignissen in Akarnania, schirme sie vor der
zerstörenden Nachbarschaft der Aetolier, ihr kleiner See verschaffe
dem Boden üppige Fruchtbarkeit, ihr sicherer Hafen bringe Han=
del an ihre Ufer, und genieße der friedliche, intellectuelle und
schöpferische Theil des gebildeten Griechenlands, in nicht un=
rühmlichem Frieden und nicht unmännlicher Verfeinerung den
Reichthum dieses lieblichen Platzes und die Sicherheit dieser
starken Lage.

Alyzea besaß, unter manchen anderen Eingebungen der atti=
schen Bildhauer=Muse, die Arbeiten des Hercules von Lysippus'
Meißel. Ich hörte von den Bauern, daß sich zwischen ihren Hüt=
ten viele Inschriften finden, allein ich konnte nur zwei auffinden.
Die Mauern sind im besten hellenischen Style und wahrscheinlich
würde von all diesen Städten Alyzea eine Ausgrabung und Nach=
forschung am besten lohnen.

Die Aufregung, welche die Ankunft von Europäern überall
verursachte, wurde hier besonders auffällig. Man drängte sich
um mich, ängstlich fragend, wo denn wirklich die Gränze seyn
sollte, und als ich ihnen sagte, sie läge außen vor, standen sie

gleich Leuten, die ihr Todesurtheil angehört hatten. Ein hübscher, verständiger Knabe, gewiß nicht älter als zehn Jahre, der eine Stunde lang mich durch die Ruinen geführt hatte, rief aus: „Wir werden die Türken*) nimmer wieder her lassen!" — „Willst du sie daran hindern, kleiner Mann?" fragte ich. Mit einem Blicke und einer Stellung voll Entrüstung erwiederte er: „Lachen Sie meinetwegen, aber lebendig sollen die Türken nimmer selbst ein kleines Kind bekommen." (Δὲν θὰ πιάσουν ζωντανὸν μήτε μωρὸν παιδί.) Er zeigte dabei auf ein Mädchen, das älter war, als er selbst und sagte: Ich würde meine Schwester lieber erschießen, als daß sie wieder Sklavin werden sollte."

Eine halbe Stunde vor Sonnenuntergang verließen wir Kandile, um nach Vonizza zu kommen. Wir spornten unsere Pferde und erreichten noch bei Tage die Schlucht bei Alyzea, durch die der Vernacus strömt. Auf der steilen Höhe zur Rechten, die sich wenigstens fünfhundert Fuß senkrecht erhebt, steht eine venezianische Festung: Glossa. Wenn die Klippen vorbei sind, wendet sich die Schlucht links, die Berge werden an beiden Seiten höher. Hier wurden wir plötzlich durch eine hellenische Mauer aufgehalten, welche die ganze Höhlung ausfüllte. Wir stiegen ab, und nachdem wir eine Weile umhergetappt, entdeckten wir rechts einen Durchgang. Das war der Deich, dessen ich erst erwähnte; die oberen Lagen traten so weit zurück, daß eine pyramidengleiche Neigung entstand; eilf Lagen waren noch zu sehen. Die Nacht war eingetreten, aber wir hatten den Vortheil eines sehr glänzenden Mondscheins, der auf die durchschrittene Schlucht eine Lichtfluth warf. Wir standen im tiefsten Schatten, um das Heilige des Ortes (religio loci) anzuerkennen und uns zu freuen über den Duft und die Frische eines orientalischen Abends nach einem ermüdend hellen und schwülen Tage. Wir verfolgten unsern Weg durch Myrtengesträuche im tiefen Schatten des lieblichen und prächtigen Tschinar (Platanus), der, das Strombett und den Boden der Höhlung füllend,

---

*) Es ist der Mühe werth zu bemerken, daß das Wort, „Türke" in Griechenland eben so gebraucht wird, wie in Europa. Diese Einwohner haben nur ein einziges Mal ein wirklich türkisches Heer gesehen — nie gegen Türken gefochten. Den Türken verdanken sie, wie schon erwähnt, ihre ursprünglichen Einrichtungen und fortwährenden Schutz gegen ihre Erbfeinde, die Albanesen.

seine ausgebreiteten Zweige gleich Bogen über unsern Häuptern wölbte. Eine Stunde weit von der ersten Schlucht gelangten wir zur zweiten, wo der Mangel an Futter uns abhielt, die Nacht zu bleiben. Eine halbe Stunde brachte uns zu einer Mühle, vor der auf einem grünen Rasen ein Kreis von Maulthiertreibern saß, im Mondlicht rauchend, singend und Guitarre spielend.

Etwa um Mitternacht richteten wir uns ein auf einem offenen Abhange, neben einer klaren Quelle, ließen unsere Pferde und Maulthiere grasen und zündeten ein loderndes Feuer an, das den malerischen Reiz unserer Lage sehr erhöhte, aber den wilden Ebern und Schakals nicht zu gefallen schien, die rund um uns beständig schnauften und schrien. Nach den Pfeifen und dem Kaffee rüstete ich mich, eines der größten Vergnügen des Reisenden zu genießen, nämlich mich in einer mexicanischen Hängematte zwischen zwei Bäumen zu wiegen, nach einem der reizendsten Tage einer höchst entzückenden Reise.

So wie es am nächsten Morgen hell wurde, machten wir uns auf den Weg und kamen in zwei Stunden über den höchsten Theil des Passes auf dem akarnanischen Olymp. Eine Stunde weiter sahen wir nieder auf die fruchtbare kleine Ebene von Livadia. Als wir weiter zogen, kamen einige Schäfersoldaten aus einem kleinen Gehölze zur Rechten und boten uns frisch gemolkene Milch und frische „Mgithra" (Quarkkäse) die italienische Ricotta. Wir besuchten ihre waldige Wohnung; Hütten, Schafhürden, Dächer und Pallisaden, aus grünen Aesten und lebendigen Gebüschen gebildet, formten sich zu schützenden Mauern; es war ein ganzes Labyrinth von Laubwerk, ein Weiler von lebendigem Grün. Ihre Waffen und rohen Geräthe hingen an den Bäumen; die Sonne, die auf die gegenüberstehenden Hügel glänzend schien und auf die halbe Ebene drunten, war noch nicht hieher gedrungen; das Gras war noch naß von Thau. Wir nahmen freudig ihre Gastfreundlichkeit an und genossen ein herzhaftes Frühstück von ihrer einfachen Kost, während sie rund um uns her butterten, ihre Waffen putzten, Ziegen und Schafe molken und sie schoren. Sie waren erstaunt über unsere Fragen und maßen der Bewunderung, die wir über ihr Feldlager äußerten, keinen Glauben bei; sie argwöhnten sogar, daß wir uns auf Kosten ihrer Einfachheit belustigten. Einige von ihnen aber, die etwas von der Welt kannten, begannen den Uebrigen etwas zu erzählen von den Palästen, dem Luxus und dem Wissen in England und wunderten sich, wie Milordi Vergnügen daran finden könnten, ihre Unwissenheit und Armuth zu betrachten, „wir Viehzeug, das wir sind." — (ἡμεῖς ζῶα ὁποῦ εἴμεθα.)

Auf einem kleinen Hügel nördlich liegen die Trümmer von Pyrgi, einem von Ali Pascha erbauten Landhause. Jahre lang ist es vom Pfluge unberührt geblieben und jetzt eine üppige Wiese. Ueber das Recht, sie von seinen Anhängern beweiden zu lassen, sind Vernachiotti und Zonga gegenwärtig in Zwiespalt und wahrscheinlich bald im offenen Kriege.

Wir stiegen allmählich von einer Hochebene zur andern hinab. Das Land ist zum Theil bewaldet; die Gründe sind mit reichem Boden versehen, obgleich die Felsen Kalkstein sind. Der Weg steigt zuweilen durch Klüfte hernieder, die der Strom aufgerissen hat, und die im Kleinen die größeren Scenen des vorigen Abends wiederholen. Diese Klüfte sind mit verschiedenen Arten von Eichen überhangen — der gewöhnlichen Eiche, der glatt= und stachlicht=belaubten, der Steineiche — und mit Eschen, Ulmen und anderen Waldbäumen. Das in diesem Klima sonst ungewöhnliche Moos hing verschwendrisch herab von den feuchten Felsen und den Stämmen und Aesten der Bäume, die von unzähligen Schlinggewächsen bezogen waren, hauptsächlich von Waldreben (clematis), die ihre schwanken Zweige von den obersten Gipfeln der Bäume bis zu den Stromufern unter dem Felsen rankten, wo sie sich rund legten, wie lose Taue, die vom Mastbaum herabhängen.

Etwa eine Stunde von Livadia erblickten wir nach und nach die ausgezackten Küsten und Buchten des ambrakischen Meerbusens, das leukadische Vorgebirge und die Ἀκτὴ Ἠπείρου (das Ufer von Epirus). Vor uns erhob sich das Land des Pyrrhus, des Skanderbeg und des Ali Pascha, und rechts die Altarberge der alten Mythologie, die schneebedeckten Gipfel des Pindus. Eine Stunde weiter brachte uns nach Paradisi, als wir uns zur Linken wendend eine kleine Ebene erblickten, die sich nach dem Meerbusen hinstreckte, an dessen Küste sich ein kleiner runder Hügel erhob, auf dem die venezianischen Thürme und Festungswerke von Vonizza standen.

Es war fast Mittag, als wir den Fuß der Hügel erreichten; die Hitze wurde durch reichlichen Schatten und den gerade aufgekommenen Seewind gemäßigt. Die Gegend rund umher lachte uns an in ihrem friedlichen Reichthume. Wir befanden uns auf einem hellen grünen Rasen, halb umkreist von einer Biegung des felsigen Stromes und beschattet von einer dichten Masse freundlicher Platanen, der beständigen Zierde fließender Gewässer. Der Vorgrund bot ein Meisterstück von der Hand der Natur, das eigentlich nur ein Salvator Rosa oder ein Byron zu schauen würdig gewesen wäre. Obgleich kein Dorf, nicht einmal ein Haus in der Nachbarschaft war, hatte doch ein Trupp Palikaren diese Stelle zum Feldlager gewählt, und seine Wohnungen unter den Bäumen aufgeschlagen. Nur die Anmuth des Platzes, der Ueberfluß an Wasser und Schatten und ihr angeborner Geschmack hatte sie gelockt. Jeder Palikar hatte sich ein Feldbett geflochten von grünen, mit Farrenkraut bedeckten Zweigen, das er nach seiner Laune entweder durch Pfähle stützte, die in das Bett oder die Ufer des Stromes getrieben waren, oder in die Gabeläste der stämmigen Bäume geknüpft hatte, oder, um den kühlen Luftzug zu genießen, an die Aeste hing, die sich über dem Strom hinüber kreuzten. Ihre Ziegen, deren jeder Krieger eine oder mehrere hatte, ruhten unter diesen Feldbetten oder standen im Wasser. Einige Palikaren badeten sich; andere saßen in ihren reichen malerischen und kriegerischen Trachten mit übergekreuzten Beinen und rauchten; noch andere hatten sich um Feuer gruppirt und kochten, während der Rauch durch das dicke Laubwerk aufstieg, über die Stämme zog oder rund um die lichtgrünen, glatten Zweige wirbelte und die in das Laubgitter gedrungenen Sonnenstrahlen auffangend und zurückwerfend, tausend schöne Effecte hervorbrachte. Das schrillende Rasseln einer einzelnen Schellentrommel (tamburiki), gemildert durch das Murmeln des rieselnden Baches, machte eine köstliche Begleitung zu dem Traume, denn ein solcher schien das Ganze.

Der Platanus, der Tschinar der persischen Dichter, ist ein in seiner Gestaltung so zierlicher, in seinem Wuchse so schmiegsamer Baum, daß er allen seinen Umgebungen Schönheit verleiht. Wenn eingeschränkt, schießt er in die Höhe, wie eine Pappel; wenn freistehend, breitet er sich aus, wie eine Eiche, und herabhängend an Strömen gleich der Trauerweide eignet er sich für jede Lage des Bodens und schmiegt sich jedem Landschaftsstyle an. Das Laubwerk ist durch die Breite der Blätter und das Ausbreiten derselben am Ende der Zweige stark und massiv, ohne dicht oder schwer zu werden. In der Belaubung selbst bilden sich große und luftige

Wölbungen, die das starke Licht und die Sonnenstrahlen abhalten, und durch diese grünen Dome winden sich gleich Riesenschlangen die runden, langen, nackten Aeste von lichtgrüner Farbe, weich wie Sammet.

Wir schwelgten in diesem Thale, das seinen Namen (Paradisi) verdient, wenn irgend etwas auf Erden ihn verdienen kann, um unseren Leuten Zeit zu lassen, das Zelt in Vonizza aufzuschlagen und ein Mittagsmahl zu bereiten, das uns für die lange Entbehrung entschädige. Aber ach! bei unserer Ankunft fanden wir uns wieder in irdische Sorgen der Wirklichkeit versetzt, denn weder Zelt noch Mittagsmahl war vorhanden — unsere Diener hatten sich unterwegs gezankt und waren im vollsten Sinne des Wortes bei dem Messerziehen.

Achtes Kapitel.

Veränderungen unter den Palikaren. — Die Blachi, Hirten, Soldaten. — Poucqueville's Irrthümer. — Festlichkeiten auf dem Makronoros. — Eberjagd. — Ankunft in Albanien.

Schritt vor Schritt, so wie wir nach Norden kamen, verschwand vor uns das Gerücht von Aufregung und Anarchie. So wie das Gerücht, und der Regenbogen den Verfolger flieht und den Fliehenden verfolgt, so ertönte jetzt der Lärmen in unserm Rücken, und wir hörten von nichts als von Unruhen in Morea. Wir waren an dem Orte angekommen (Vonizza), der den Ruf in Morea hatte, der wahre Brennherd der Unzufriedenheit und Unordnungen zu seyn; aber hier, wie überall fanden wir die höchste Ruhe; auch brauchten wir nicht die mindeste Vorsicht zur Erhaltung unserer selbst oder unserer sehr unbedeutenden Habseligkeiten zu haben; während unserer ganzen Wanderung in Akarnanien war uns auch nicht ein Gedanke an Vorsicht eingefallen.

General Pisa war Militär-Befehlshaber im westlichen Griechenland, und wir erfuhren bald alle Einzelnheiten des Zustandes und der Organisation in diesem Lande. Einige Monate früher hatten ernsthafte Unruhen unter den Soldaten stattgefunden, die aber, ich will eben nicht sagen durch die Unfähigkeit, sondern durch das bloße Erscheinen des Augustin Kapodistrias erregt waren. Die griechischen Armatolis würden sich dem Ansehen eines europäischen Officiers unterordnen, der durch seine Fähigkeiten Achtung gebietet und Gefahren und Beschwerden mit ihnen theilt; das anmaßende Benehmen aber eines fränkischen, besonders eines corfiotischen Neulings, der überdieß ein eitler und einfältiger Mensch war, konnte anfangs nur Erstaunen und dann Verachtung erregen.

Seit der Ernennung des Generals Pisa hat die vollkommenste Ruhe geherrscht, ich glaube aus keinem andern Grunde, als weil er nicht Augustin Kapodistrias ist; er hat auch bis jetzt durch keine Einmischung in fremde Angelegenheiten zeigin wollen, daß er General Pisa ist.

Vonizza ist das Hauptquartier der Truppen, die auf dem Makronoros und an verschiedenen Punkten des Meerbusens (von Arta) vertheilt sind, zwischen denen die Verbindung durch Mystiks (Segelboote) unterhalten wird. Das regelmäßige Abwechseln der Land- und See-Winde macht diese Binnenfahrt sehr sicher und schnell. Als wir uns vornahmen, nach Karavanserai zu Lande zu reisen, um die südlichen Küsten zu besuchen, empfahl man uns zu Waſſer zu gehen, weil die Ueberfahrt gewöhnlich zu Waſſer geſchehe, da der Landweg umführe und ſchlecht ſey, die Winde aber günſtig und ſicher. Ich wiederhole diese Bemerkung, weil ſie zur Erläuterung dienen mag zu den Uebergängen Philipps und der Lakedämonier von Leukas nach Limnäa, bei deren letzterem, wie ich mir denke, das Auslaſſen des Wortes: „zur See" Anlaß zu Streitigkeiten zwiſchen ſtubengelehrten Commentatoren gegeben hat, welche eine Ansicht an Ort und Stelle leicht überflüſſig gemacht hätte.

Wir waren sehr zufrieden, nicht nur mit dem guten Geiſte, der unter dem Militär zu herrſchen ſchien, ſondern auch mit ihrem pünktlichen und fröhlichen Gehorſam, den wir nach dem Beiſpiele der Peloponneſier ſchwerlich hätten erwarten sollen. Seitdem die Organiſation ins Werk geſetzt war, hatte ſich erſt ein einziger Fall ereignet, der Beſtrafung erforderte. Ein Officier außer Dienſt ($ἀπόμαχος$) hatte in einem Zanke einen alten Mann in Vonizza geſchlagen. Er wurde vor ein Gericht ſeines Gleichen geſtellt und verurtheilt, drei Monate ſeines Halbſoldes zu verlieren und auf sechs Monate in das Schloß von Lepanto consignirt zu werden. Dieses Urtheil war der eigene Einfall der Officiere selbst und so war es auch die Art der Vollziehung; sie übergaben nämlich dem verurtheilten Officier selbst die Ordre zu seiner Consignirung, um sie dem Gouverneur zu überbringen und sich selbst zum Gefängnisse zu stellen. Das ist ein ganz neues Beispiel von point d'honneur,*) der natürlich im Oriente ganz unbekannt ist. Die Officiere sprachen mit Entzücken von ihrem ersten Kriegsprocesse.

Obgleich Vonizza das Hauptquartier war, lag doch keine Truppen-Abtheilung dort, und nur einer der Kapitani war dort: Zongas, der Anführer der Vlachi, einer Bevölkerung, die zu verschiedenen Zeiten der Revolution so viel geholfen hat, als zehntausend Mann. Zongas hatte zweitausend seiner Zeit commandirt. Obgleich die Vlachi keine Armatolis waren, wurden sie doch schneller Soldaten als die griechischen Rajahs. Ihre nomadischen Sitten und die geringe Berührung, in der sie zu den Türken standen, machten sie weniger unterwürfig und dagegen vertrauter mit der Gefahr und dem Waffengebrauche. Zugleich bestand ihr Eigenthum in leicht fortzuschaffenden Heerden und Vieh, und in Butter, Käse und Mänteln, die man überall mit gleicher Leichtigkeit zu Gelde machen konnte; das beschränkte nicht ihr umherschwärmendes Leben und überhob sie doch der Nothwendigkeit und der Lust zu Räubereien. Ich denke, ich brauche nicht zu bemerken, daß die Vlachi aus der Wallachei stammen, und daß sie zum Belaufe etwa einer halben Million Seelen wandernde Hirten sind durch die ganze europäische Türkei, die ihren Aufenthalt mit den Jahreszeiten wechseln, einen großen Theil der Schafe im Lande besitzen und öfter noch andere Heerden hüten, die ihrer Sorgfalt von den angesessenen Einwohnern anvertraut werden. **)

---

*) Es ist sonderbar genug, daß das Wort honour, honneur, Ehre, das, wie die Reisenden uns erzählen, kein gleichbedeutendes in der türkischen Sprache hat, selbst ein türkisches Wort ist: „huner," was in der eigentlichen Bedeutung Ordnung heißt. Im Griechischen bedeutet das Wort für „Ehre" τιμή, auch Preis.

**) Die folgende Beschreibung der Vlachi im dreizehnten Jahrhundert ist ein auffallender Beweis von der Unveränderlichkeit morgenländischer Sitten und Interessen: „Die Vlachi sind ein wandernder Stamm, der

Ihr gefeierter Anführer, Kach Antoni, einer der Klephti=
Helden unter Ali Pascha's Regierung, war ein reicher Besitzer
gewesen von Schafen und Ziegen, Pferden und Mauleseln. Ein
Haufen Albanesen fiel einst in sein Lager: Schafe wurden getöd=
tet und Weinschläuche gelöset. Nach dieser Mahlzeit schritten sie
zu den schamlosesten Freveln und während ihres Schlafes fielen sie
als Opfer für die verletzte Keuschheit der Blachi=Niederlassung.

Kach Antoni, erbittert über die Schmach seiner Familie und
nun unwiederruflich von aller Hoffnung auf Verzeihung ausgeschlos=
sen, steckte seine Zelte und größeren Habseligkeiten in Brand, mischte
das Blut von zweitausend geschlachteten Schafen zu dem der ge=
mordeten Albanesen, und, wie sie es emphatisch ausdrücken, zog
in die Berge (ἐπηρε τὸ βουνό). Ein Mann von kühnem, um
nicht zu sagen erhabenem Geiste und eiserner Gestalt, wurde er
nun der Held des Blachi=Namens, ergänzte seinen Haufen aus
diesen kecken Gebirgsleuten, die nirgends festen Wohnsitz hatten,
aber überall zu finden waren, wo ein Wolf bauete und ein Adler
horstete. Mehrere Jahre trotzte er der Macht Ali Pascha's, wurde
aber endlich gefangen, am kalten Fieber leidend und in einer Höhle
verborgen, wo einer seiner Söhne, der ihn fortbrachte, ihn hatte
verbergen müssen. In diesem Zustande wurde er nach Janina ge=
bracht und litt einen grausamen und qualvollen Tod, indem ihm
nach und nach jeder Knochen am Körper zerschlagen wurde, wäh=
rend er kein Stöhnen, keine Klage hören ließ und einen seiner
Söhne, der bei gleicher Marter Schwäche zeigte, tadelte, daß er
seinem Hause Schande mache.

Zongas war sein Proto=Palikar und unterwarf sich bald nach
seinem Tode dem Ali Pascha. Er ererbte seines frühern Chefs
Ansehen bei den Blachi, die damals zuerst als Armatolis auftra=
ten. Obgleich unterschieden von den Griechen in Sprache und Ab=
stammung, wurden sie ihnen doch in jeder andern Hinsicht gleich,

„durch seine Heerden beträchtlichen Reichthum erlangt hat; ihr Hir=
„tenleben hat sie an Beschwerden gewöhnt und sie mit großen Leibes=
„kräften begabt, während die gewohnte Jagdübung sie in den ersten
„Anfangsgründen des Krieges unterrichtete und häufige Scharmützel
„mit den kaiserlichen Truppen ihnen später eine beträchtliche Geschick=
„lichkeit in Handhabung der Waffen beibrachte." Pachymer. Hist.
Andr. l. c. 27.

und daher entstand, als Ali Pascha's Herrschaft aufhörte, derselbe schnelle Uebergang vom Klephten zum Armatoli und vom Armatoli zum Patrioten.

Nachdem wir drei Tage in Bonizza zugebracht hatten, begannen wir die Reise um den Meerbusen zu machen. General Pisa stellte eine der Regierungs-Mystiks zu unserer Verfügung, und als der Seewind sich erhoben hatte, verließen wir Bonizza, und segelten längs des Golfes recht vor dem Winde und wie von Flügeln getragen. Unser erstes Ziel war Karavanserai, wo wir uns fast sicher einbildeten, das amphilochische Argos zu finden. Wir waren aber ausnehmend getäuscht bei der uninteressanten Ansicht der engen Bucht, der Unfruchtbarkeit der Kalksteinhügel und der Unbedeutenheit der Ruinen selber. Sie bestehen aus einer einfachen hellenischen Mauer, dritthalbtausend Schritt im Umfange. Die Mauer erstreckt sich von der Küste rund um den Gipfel eines kleinen felsigen Hügels; nördlich ist die kleine Bucht des Meerbusens, südlich der lange, flußähnliche See Ambracia und östlich und westlich erheben sich schroff zwei unfruchtbare Berge, welche die Aussicht hemmen und in der Nähe der Trümmer kaum so viel ebenen Platz gewähren, als zu einem Garten groß genug wäre.

Dieser Platz ist von d'Anville, Barbié du Bocage, Arrowsmith u. s. w. als Argos Amphilochicum angegeben; d'Anville, nicht zufrieden ein Argos zu finden, erschafft auch einen Inachus zu seinem Argos, indem er eine Schlangenlinie vom Achelous zieht, der auf dieser Stelle in den Golf trete. Die von mir gegebene Ortsbeschreibung wird zeigen, daß bei Karavanserai niemals ein Strom existirt haben kann. Pouqueville, mit seinem gewöhnlichen Ueberreichthum an Irrthümern, macht den Ort zu Olpä. Er bemerkt: „daß d'Anville den Ort Argos Amphilochicum nennt und die Bauern ihn Ambrachia nennen, worin sich der Geograph eben so irrt, als die Bauern, aber," setzt der witzige Consul hinzu: „pour moi qui savais, daß Ambrachia die Akropolis von Rogus ist und Argos die überschwemmte Stadt Philo-Kastro (Phido-Kastro — Schlangenburg) — ich entdeckte in Ambrachia das alte Olpä." Vor allen Dingen wird er in dieser Ueberzeugung bestätigt durch die „précise" Entfernung von Argos — seinem Philo-Kastro. Kurz zuvor hatte er in Combote, etwa zehn oder zwölf Meilen nördlich, Crenä „entdeckt," durch das die von Süden kommenden Lakedämonier kommen mußten, um des Morgens in Olpä anzulangen, und was seine „précise" Entfernung anlangt, so sind, statt der fünf und zwanzig Stadien zwischen Argos und Olpä, wenigstens zweihundert und fünfzig zwischen Phido=Kastro und Karavanserai. Die Stellen, welche er zur Bestätigung anführt, beweisen vollständig gegen seine Annahmen, abgesehen davon, daß sie, wie gewöhnlich, falsch angeführt sind. Die vollkommene Zuversicht, so wie die Irrthümer Poucqueville's sollten zuweilen auf den Gedanken bringen, das Buch wäre zum Spaß geschrieben. In ganz Akarnanien haben sich seine Entdeckungen nicht viel weiter erstreckt, als bis zu der eben erwähnten von Olpä in Karavanserai und von Thermus, wo es wahrscheinlich auch nimmer ein Sterblicher wieder „entdecken" wird, aber er erzählt uns: „j'ai soulevé le voile, qui couvrait des problèmes géographiques jusqu'à présent insolubles; j'ai révivifié l'Acarnanie entière!" (Ich habe den Schleier gelüftet, der bis jetzt unauflösliche geographische Probleme verhüllte; ich habe ganz Akarnanien wieder ins Leben gerufen.) Ferner sagt er: „Je donnai, par une sorte d'inspiration, des noms à tous les lieux qui m'environnaient!" (Ich gab, gleichsam wie durch Eingebung, allen mich umgebenden Orten Namen.) Welch unvergleichlicher Begleiter wäre er für Roß's und Parry's Nordpol=Expedition gewesen! *)

*) Poucqueville setzt Lymnäa nach Lutraki, und um diese Lage zu beweisen, sagt er, daß Enemus „l'abandonna au pillage *en se détournant un peu du chemin* qu'il tenait pour pénétrer dans l'Agraide; en effet, ce général parti de Leucade, *avait dû prendre* sa route au midi du Lac Boulgari pour se porter vers le défilé de Catouni et ne put passer à Lymnée qu'en dérivant à gauche." (— es der Plünderung überließ, ein wenig von dem Wege abweichend, den er nahm, um in die Agrais einzudringen; wirklich hätte auch dieser, von Leukadien abmarschirte General seinen Weg im Süden des Sees Bulgari nehmen müssen, um nach dem Hohlwege von Katuni zu kommen und konnte nicht anders nach Lymnäa kommen, als wenn er links abbog.) Es steht Poucqueville zu, in einem so kurzen Satze so viele Irrthümer und Fehlschlüsse mit so unbegreiflicher Sicherheit zu verbinden. In einer Note citirt er einige Worte aus dem Thucydides, wieder in Klammern beifügend: en se détournant un peu de sa route. *)

*) Nebenbei versorgt dieses Einschiebsel den Thucydides mit einem Grunde zur Plünderung — „pour encourager ses soldats" (um die Soldaten zu ermuthigen.)

Wir kehrten zurück, um an Bord unsers Mystiks zu Abend zu essen und zu schlafen; und segelten um Mitternacht mit dem gelinden Landwinde ab, der sich gegen Morgen wieder legte. Kurz vor Sonnenaufgang wurden wir durch unsern Kiel geweckt, der in der Bucht des Makronoros anstieß. Der Befehlshaber Verri stand am Ufer, uns zu empfangen. Der ganze Styl, der Umriß der Figur, die Waffen, das Gefolge (the tail — der Schweif) führten zu einem Vergleiche mit einem alten schottischen Häuptling; allein das Klima, die feine Sitte, die classische Sprache, und, ich muß früheren Verbindungen zum Trotze sagen, die Zierlichkeit der Tracht sprachen zu Gunsten der Griechen. Die Kämpfe der schottischen Hochländer und der griechischen Bergbewohner hatten wahrscheinlich in sehr vielen Punkten Aehnlichkeit mit einander, aber ihre Ursachen und ihre Erfolge sind sehr verschieden gewesen. Die Schotten haben ihr Blut tapfer vergossen für die sinkende Sache der Frömmelei, die Griechen für die Sache der erstehenden Freiheit, und glücklicherweise hat dasselbe Princip gesiegt in dem Unterliegen der Ersteren und dem glücklichen Erfolge der Letzteren.

Thucydides sagt: Cnemus habe Leukadien in großer Eile verlassen, einige seiner Truppen zurücklassend, um Stratus zu erreichen, weil er geglaubt, wenn er diesen Ort überraschen könne, werde sich das übrige Akarnanien unterwerfen. Er ging deßhalb durch Argis (nicht wie Pouqueville sagt „l'Agraide"), kam zur See an, wie Philipp später that und wie der gewöhnliche Gebrauch zu seyn scheint, gleich wie er es noch ist, und plünderte Lymnäa; aber es wird nicht ein einziges Wort davon gesagt, daß er zu dem Zwecke von seinem Wege abgewichen wäre. Die Worte lauten:

Καὶ διὰ τῆς Ἀργείας ἰόντες Λιμναίαν κώμην ἀτείχιστον ἐπόρθησαν. Ἀφικνοῦνται τε ἐπὶ Στρᾶτον — κ. τ. λ. (Und durch Argis gehend, plünderten sie den offenen Flecken Limnäa. Dann kamen sie nach Stratos u. s. w.)

„Stephanus von Byzanz," sagt Pouqueville, „hat unrecht, wenn er Lymnäa zu einem Flecken in Argolis macht," (wie Thucydides gerade in dieser Stelle thut), weil er nicht den Vortheil von Herrn Pouqueville's Entdeckung von Argos in Psido Kastro hatte und folgeweise „a pris le change relativement à Argos Amphilochicum." Palmerius citirt eben diese Stelle im Stephanus, um eine von irgend einem Commentator vorgeschlagene Verbesserung dieser Stelle im Thucydides zu verwerfen. Auch Gronov sagt in seinen Anmerkungen zum Stephanus, daß er, nach sorgfältiger Untersuchung der Stelle im Thucydides, dem richtigen Urtheile des gelehrten Erdbeschreibers beistimmen müsse.

So grübelten wir dann und wann, und diese Träume von Griechenlands Wiedergeburt verschafften uns manche Stunde wahrer Freude. Der Enthusiasmus gegenseitigen Mitgefühls öffnete uns manches Herz, das jetzt in Bitterkeit verschlossen ist gegen alles, was aus dem unfähigen Europa kommt.

Verri, der Tagmatarch, führte uns zu einem Gemache, frisch geflochten von Zweigen der Eiche, des Hagapfelbaumes (arbutus) und der Myrte, die von Pfählen gestützt wurden, welche in den Sand des Seeufers getrieben waren. Gegen die See hin war es offen und ein rauher Baumstamm war als natürliche Leiter an den Eingang von der Bucht her gelehnt. Ich war ganz bezaubert von dem neuen und schönen Einfalle. Ein ähnliches Gemach wurde überall für uns bereitet, wo wir während unseres Aufenthaltes in Makronoros verweilten, in Geschmack und Gestalt verschieden, aber immer frisch. Da wir die Mühe sahen, die sich die Leute gaben, uns Ehre zu erweisen, so mußten wir nicht weniger von dem Geschmacke, als von der sorgsamen Gastfreiheit unserer Wirthe eingenommen werden. Gerade solch ein kleines Gemach muß der allererste Tempel von Delphi gewesen seyn, von grünen Lorbeerzweigen geflochten.

Es ist natürlich überflüssig zu bemerken, daß der ganze Morgen damit hingebracht wurde, auf das Protokoll zu schelten. Der hauptsächlich wichtigste Punkt waren hier die praktischen Mittel, es zu umgehen. Sie sagten: „Wir sind hier, nicht weil die Eu„ropäer uns hergesetzt haben, sondern weil die Türken außer „Stande gewesen sind, uns zu vertreiben. Befiehlt die Allianz, „die griechischen Truppen sollen sich aus Akarnanien zurückziehen, „so werden sich die griechischen Truppen zurückziehen, das heißt, „unsere griechischen Dienstpatente werden zurückgeschickt werden, „aber wir bleiben in Makronoros. Das Protokoll wird weder „die Säbel der Türken schärfen, noch ihr Pulver stärker machen. „Die Allianz wird nicht im Stande seyn uns anzugreifen, denn „wir werden der Verbindung mit Griechenland 'entsagen; und „werden wieder Schüsse gewechselt längs der Gränze, so wird „das unabhängige Akarnanien hundertmal mehr zu gewinnen, „als zu verlieren haben, und kann dem Norden denselben Dienst „leisten, den es schon dem Süden geleistet hat; das Protokoll „aber, das Frieden statt des Krieges verleihen sollte, wird Krieg

"dahin bringen, wo jetzt Frieden herrscht. Unsere Lage ist jetzt
"sehr verschieden von dem, was sie bei unserm früheren Aufstande
"war. Rings umher von unseren Bergen konnten wir damals nur
"Feinde erblicken; jetzt ist der halbe Gesichtskreis mit siegreichen
"Glaubensgenossen angefüllt. Damals kämpften wir um unser
"Daseyn, jetzt fechten wir für die Unabhängigkeit. Damals klam=
"merten sich unsere Weiber und Kinder an unsere Fustanellen und
"fleheten uns an, an uns zu halten; jetzt ermuthigen uns Weib
"und Kind zum Widerstande und würden unsere Unterwerfung mit
"Schmach belegen."

Dieß unglückliche Protokoll hatte nicht weniger die Achtung,
als das Vertrauen und die Zuneigung des Volkes entfremdet.
Wir konnten damals wahrlich nicht die lange Folgenreihe dieser
fürchterlichen diplomatischen Actenstücke vermuthen, deren schlan=
gengleicher, gewundener Lauf sich selbst verwundete in seinen viel=
fachen und tödtlichen Windungen um Griechenlands Geschick. Nein!
Niemals können wieder diese Augenblicke der Hoffnung und des
Jubels ins Leben treten; keine Revolution kann Griechenland wie=
der in die Lage bringen, in der es zu dem hier beschriebenen Zeit=
raume war. Seine Zukunft hat Schiffbruch gelitten, nachdem die
Gefahr vorüber war, und das Wrack wird ein großes und bekla=
genswerthes Beispiel der Verbrechen bleiben, welche das Wohl=
wollen begehen kann, wenn es der Kenntniß ermangelt.

Zu Mittag erschien das geröstete Schaf in einem Myrten=
korbe. Später wurden wir in unsern Mittagsschlummer gelullt
durch das vom Seewinde verursachte Anspülen, der, als er frischer
wurde, die schwellenden Wellen gegen die Pfähle trieb und uns in
unserer Landwiege schaukelte. Als wir erwachten, fanden wir un=
sere Pferde aufgezäumt und mit Hauern von wilden Ebern geschmückt,
um uns weiter zu bringen. Wir beabsichtigten, am Abend mit
dem Landwinde vom Makronoros abzusegeln, aber wir fanden, daß
schon vor unserer Ankunft auf drei Tage nach der Reihe ausge=
macht und vorbereitet war, wo wir essen und schlafen sollten.
Ein Officier von jedem der anderen tagmata (Regimenter) kam uns
entgegen und natürlich opferten wir alle unsere Plane dem Ver=
gnügen einer so ausgezeichneten und anziehenden Gastfreundlichkeit.

Begleitet von verschiedenen Officieren und einer Wache von
Palikaren kamen wir zum Tagmatarch von Veli, einem alten Freunde

und Waffengefährten. Der Weg führte anfangs durch niedriges Gesträuch, Myrten, Kirschlorbeer, Brombeeren, hohes Haidekraut, Dornen und Palluria. Das letztere ist ein Gesträuch mit einer Menge langer und schwanker Zweige, die mit starken Dornen besetzt sind; es ist an und für sich völlig unzugänglich und verbindet das Unterholz zu einer undurchdringlichen Masse; verwickelt sich ein Schaf darin, so muß es umkommen, wenn nicht der Schäfer es findet. Diese Dornen sind die hauptsächlichste Stärke des Makronoros gewesen. Der Pfad war gleich einem Bogengange durch dieses Unterholz gehauen und wir ritten fast immer zwei bei zwei hindurch. An einigen Stellen ist durch Feuer aufgeräumt, an anderen öffnet sich das Holz zu Eichenwäldern, und unter einem Laubdache scheint man dann aus schmalen Gängen in geräumige Hallen zu treten. Nachdem wir einige Stunden fortgezogen waren, ohne von der Gegend, durch die wir kamen, etwas zu sehen, gelangten wir endlich an einen Platz, wo der Himmel über uns frei war. Vor uns lag ein Waldsaum, dicht dahinter erhob sich ein grüner Abhang, und auf dessen Gipfel kauerten Veli und seine Leute. Bald flatterten ihre Fustanellen, als sie den Hügel herabeilten, und nachdem wir das Holz betreten hatten, fanden wir sie in zwei Gliedern aufgestellt, uns erwartend.

In schicklicher Entfernung stiegen wir ab, begrüßten und umarmten uns, und dann ging Veli mit uns durch die Glieder seiner Soldaten, die uns ein herzliches Willkommen zuriefen, so wie wir vorbei kamen. Unsere Wache von drunten setzte sich an die Spitze; ihr folgten die Uebrigen zwei bei zwei; ihre Fustanellen waren alle schneeweiß, ihre Körper und Kleider bis ins Kleinste sauber und nett, ihre Blicke offen und fröhlich, ihr Betragen ordentlich und bescheiden, und ich fragte mich selbst: „Sind das dieselben Menschen, jene Horde, die ich vor anderthalb Jahren schmutzig und mißvergnügt im Lager vor Lepanto sah?

Rizo hat mit Recht gesagt und Herr Gordon hat der Bemerkung durch seine Wiederholung ein zehnfaches Gewicht gegeben, Jemand, der Griechenland in einem Jahre sähe, würde es im folgenden nicht wieder erkennen. Unwiderstehlich schärfte sich mir diese Bemerkung ein bei dem Zustande, worin ich das Militär auf dem Makronoros fand. Hätte man mich, vor wenig mehr als einem Jahre gefragt, als ich aus Griechenland nach der Türkei abreiste, was der größte Nutzen für Griechenland seyn würde, so hätte ich geantwortet: eine Sündfluth, um die ganze Sippschaft der Liapis wegzuschwemmen.*) Bei meiner Rückkehr fand ich zu meinem Erstaunen fleißige und gelehrige Ackerbauer und Maulthiertreiber, die früher Soldaten gewesen waren. Ich erklärte mir das durch die Annahme, die Befähigtsten hätten ihre gewerbfleißigen Sitten wieder angenommen, war aber weit entfernt von der Voraussetzung, in der Masse habe eine Verbesserung stattgefunden, oder von dem Argwohne, ich hätte bei meiner frühern Beurtheilung ihre Fähigkeiten nicht richtig geschätzt. Mit eben so viel Erstaunen als Vergnügen erlangte ich also nun, als ich sie unter anderen Umständen sah, eine richtigere und höhere Würdigung ihrer Eigenschaften und Anlagen.

Bei unserer Ankunft in Veli's Biwacht fanden wir auf einer kleinen, von einer Eiche beschatteten Anhöhe mit einer Aussicht auf den Meerbusen und die Ebene von Arta, einen breiten Tisch und einen großen Sopha auf jeder Seite, der von eingepfählten Aesten gebildet war und geflochten von Zweigen, dick bedeckt mit Eichenlaub. Dieser Sitz war von ganz anderem Charakter, als das Gemach über dem See, worin wir heute Morgen empfangen wurden, aber eben so geschmackvoll — denn geschmackvoller als jenes konnte es nicht seyn. Während wir Kaffee tranken, bildeten die Palikaren einen weiten Kreis um uns, und zeigten durch ihr selbstbewußtes Lächeln bei unseren Lobsprüchen auf ihren arkadischen Geschmack das Interesse und den thätigen Antheil, die sie an den Zurüstungen zu unserem Empfange genommen hatten. Sie ließen uns durch den Grammatikos ein freundliches Compliment sagen, und nachdem sie zehn Minuten gestanden hatten, sagte ihr Anführer: „die Hellenen können nun abtreten." Früher hätte es geheißen: „die Palikaren," aber ihre Hoffnungen waren jetzt lebhafter, ihr Streben höher geworden und sie verwarfen selbst die Namen, die mit ihrer früheren Geschichte verknüpft waren.

Unser Abendessen war wirklich verschwendrisch; fünf große Feuer waren dazu angezündet. Eine Gemeinde von Hirten hätte

---

*) Liapi ist einer der Stämme in Mittel-Albanien, berüchtigt wegen seiner Raubsucht und seines Schmutzes. Daher ist das Wort ein Spitzname geworden.

nicht mit einer größern Abwechselung und Vortrefflichkeit von Milch=
speisen prunken können, und hier in der Wildniß hatten wir weißeres
und süßeres Brod, als ich jemals in Paris oder London gekostet
habe. Junge Zarkadia (wilde Rehe) und kleine scheckige Eber
suchten die Krumen auf und stritten sich darum mit jungen make=
donischen Windhunden. Als der Abend angebrochen war und der
Mond aufgegangen, wurde die lange Romaika (griechischer Natio=
naltanz) auf des Berges Abhang aufgeführt.

 Der Führer sang und leitete allein
 Mit lauter Stimm' und Schritt der Krieger Reihn.

Zwei ganzer Stunden lang knixten und drehten sich die Führer,
während der lange Zug gleich einer folgenden Welle durch die bal=
samische Luft wogte und fluthete.

 Πῶς τὸ τρίβουν τὸ πιπέρι
 Οἱ διαβόλοι καλογέροι.

Am nächsten Morgen wünschten wir eine Eberjagd zu haben,
aber wir gaben den Einfall auf, als wir erfuhren, daß der junge
Bozzari uns einen Empfang für den Mittag bereitet hatte, und ein
gewandter Bote versprach uns, daß wir dort am Nachmittage
Alles vorbereitet finden würden zu einer regelmäßigen „Chevy
Chase." Man nahm uns mit, ein Grabmal zu besehen, das bei
Errichtung eines Backofens entdeckt war. Es enthielt einige Ge=
beine, einige Stücke eines Schwertes und zwei römische Münzen;
es war ein trefflicher Backofen geworden. In der Nähe schienen
noch mehr dergleichen zu seyn.

Wie früher von den „Hellenen" begleitet, stiegen wir bis zum
höchsten Punkte des Derveni gegen Süden, wo man niederblickt
auf die Ebene von Vlicha und wo, wenn meine Rechnung richtig
ist, noch die Lage des amphilochischen Argos aufgefunden werden
kann. Hier fanden wir die Ueberbleibsel einer hellenischen Stadt,
von bedeutendem Umfange und anscheinend edlem Style der Bau=
kunst. Bei der Ungewißheit über die Lage des streitigen Argos
hätte ich diese Trümmer dafür nehmen mögen, wäre es nicht so
entfernt gewesen von jeder Art Fluß, und wäre nicht die hohe, be=
herrschende Lage gewesen, die, wenn die Stadt sie besessen hätte,
sicher angeführt worden wäre. Steht man auf diesem Punkte, so
trifft Thucydides' Beschreibung vom Marsche des Eurylochus voll=
ständig zu. Ueber Lymnäa (Karavanserai) stieg er den Thyamus

(Spartonoros) hinauf, dann hinunter in die Ebene von Argos (die Ebene von Blicha) und ging zwischen Argos und Crenä durch), wo die feindlichen Truppen, wahrscheinlich in beherrschenden Positionen, standen und erreicht wurden nach dem Marsche über die Ebene drunten; daher standen sie auf dem Hügel, worauf ich stand und eben dieser Platz ist Crenä. Olpä, eine Ruine in einer beherrschenden Lage, drei oder vier Meilen nördlich, oder, wenn dieß Olpä wäre, Argos, mußte drei Meilen niedriger hinunter gelegen haben. In beiden Fällen kann man die Ruinen von Argos noch in der Ebene von Blicha auffinden, oder zwischen derselben und dem Makronoros. Da es einmal gewiß zwischen diesen beiden Punkten seyn muß, dürfen wir an der Auffindung nicht darum verzweifeln, weil dort kein Fluß ist, der des Namens von Vater Inachus würdig wäre, und weil an der Küste keine Ruine ist.' Thucydides nennt es ἐπιθαλάσσιος (πολις) eine Seestadt, nicht ἐπὶ θαλάσσης (am Meere). Das Wort „See= oder Meerstadt" kann fast für jede Stadt in der Nähe des Meerbusens gebraucht werden, und hätte er bestimmter die Lage als an der See beschrieben, so wären die Schwierigkeiten statt geringer noch größer geworden. Die Lage von Stratos wird nicht bestritten, weil Livius sie eine Stadt nennt super Ambracicum sinum.

Der Strom, den Poucqueville's Karte Crickeli nennt, kann sehr gut dem Inachus entsprechen. Strabo sagt nur, im siebenten Buche, daß er von Argos gegen Süden fließt; der Crickeli fließt anfangs gegen Süden und dann gegen Westen; die einfache Erwähnung des Stromes, wo so viel Wichtigkeit auf Wasser jeder Art gelegt wurde, beweiset, wie unbedeutend er gewesen seyn muß.*)

---

*) Purus in occasus, parvi sed gurgitis, Aeas
Jonio fluit inde mari, nec fortior undis
Labitur avectae pater Isidis.
Lucan. VI. 362.
(Rein, aber mit nur kleinem Strome fließt Aeas gen Westen dem jonischen Meere zu und mit nicht mächtigeren Wellen strömt auch der Vater der entführten Isis.)

Inachus oder Ino, Vater der ägyptischen Isis. Man vergleiche Palmerii Graec. ant. dem. II. c. 7.

Der ursprüngliche Inachus mag indeß sich mit einem sehr schmalen Bache als Repräsentanten begnügt haben.

Wir wendeten uns nun nördlich längs der Höhe, und anderthalb Stunden später, durch Felsen und Eichenwälder hinabsteigend, erblickten wir das niedliche kleine Feldlager Bozzari's, auf einer kleinen und geschützten Fläche, wo Fels und Wald es jeder Beobachtung, nur nicht von oben, entzogen. Einem Flintenschusse unserer Wache antwortete ein Hornruf von unten. Hier gab es kein förmliches Begrüßen, sondern die Sulioten sprangen die Felsen hinan, ihr junger Anführer voran bei der Jagd. Hier fanden wir einen vollständigen Tempel von grünen Aesten, der hoch aus Pfählen gebaut und rund umher offen war. Die Seiten, das Dach und der Fußboden bestanden aus grünen Eichenzweigen; der Fußboden war mit Farrenkraut belegt und die Fenster von Guirlanden wilder Blumen gewunden, das Ganze war so frisch, daß die Blumen kaum seit einer Stunde gepflückt schienen.

Bozzari war Hypo=Tagmatarch (Unter=Regimentschef, etwa Oberstlieutenant) und führte das Commando während der Abwesenheit seines Vorgesetzten. Er ist ein schöner, männlicher Jüngling, nicht über zwanzig Jahr, wenn ja so viel, und der jüngste Bruder des suliotischen Helden. Ich kann nicht sagen, daß seine Haltung ausgezeichnet war, sein Benehmen war vielmehr schüchtern und verschämt, aber selten hat mich Jemand bei so kurzer Bekanntschaft so angezogen. Auch hier erstaunten wir über die Trefflichkeit und Verschiedenartigkeit der Milchspeisen. Unser junger Wirth bemerkte, das sey ganz natürlich, denn: „es ist Mai, die Heerden fressen nur Blumen und unsere Milch wird von Händen gemolken, die bis jetzt nur an die Muskete und den Yatagan (Dolchmesser) gewöhnt gewesen."

Nachher hatten wir eine herrliche Eberjagd, obgleich die Jagd nicht sehr reichlich eintrug. Es waren etwa dreihundert Leute dabei. Sie stiegen auf einem Umwege bis auf den oberen Theil einer Schlucht und begannen dann die Klopfjagd hinunter mit Strom und Wind, zu beiden Seiten des Abhanges. Der Haupttheil der Treiber war bei der Oeffnung der Schlucht aufgestellt und große albanische Windhunde wurden hinein gejagt, trieben aber eben nicht viele Thiere auf. Es fehlte uns an passenden Hunden und wir waren zu nahe bei dem Lager; unsere Jagd beschränkte sich daher auf ein paar unwirksame Schüsse auf einige wilde Ziegen, die hervorbrachen. Während der Klopfjagd hatten wir eine herrliche Aus=

ſicht auf die Ebene und den Meerbuſen. Das Land und Waſſer unter uns ſpielte in den wunderlichſten Farbenmiſchungen und die untergehende Sonne brannte auf die ruhigen Vivaria (Fiſchteiche). Zwiſchen den unteren Bergen im Norden und Oſten wälzten ſich dicke, bleifarbene Gewitterwolken; längs der Hügel hallten ſchwere Donnerſchläge wider, während die Ebene links auch nicht von einem leiſen Hauche bewegt ſchien, und die mächtigen Klippen des Djumerka, die ſich aus dem dickſten Gewitter erhoben, von der Abendſonne geröthet, heiter und lachend herniederſchauten.

Am Abend freuten wir uns über die Luſtigkeit der Leute, die unermüdlich im Mondſchein tanzten. Ich konnte mich nicht enthalten, ihrem jungen Anführer den lebhaften Eindruck wiederholt zu äußern, den die Glückſeligkeit ihrer Lage auf mich machte. Seine Antwort enthielt in einem einzigen Gedanken den Wiſſensdurſt des griechiſchen Charakters und beſonders der jungen Leute. Er ſagte: „Die Burſchen ſind glücklich, weil ſie nichts Beſſeres kennen, „aber glauben Sie, daß ich glücklich ſeyn kann, während ich Fremde „ſehe, die gleich Ihnen von meinem Vaterlande Alles kennen, indeß „ich nichts von dem Ihrigen weiß?"

Ich war hier ſehr betroffen von der ſtreng militäriſchen Subordination, die ohne begleitende Disciplin oder Unterricht an die Stelle der frühern Turbulenz getreten war. Es wird gewöhnlich angenommen, die Griechen hätten große Abneigung dagegen, reguläre Truppen zu werden und dieſe Abneigung wäre die ſchwierigſte Frage unter Kapodiſtrias' Verwaltung geweſen. Mit allen Mitteln zu ſeiner Verfügung, mit franzöſiſchen Officieren und einem franzöſiſchen Commiſſariate zählte der Präſident achthundert Mann, und das waren meiſtens Abenteurer aus der Türkei und den joniſchen Inſeln. Fabvier gelang es, durch eigene, faſt ganz ununterſtützte Anſtrengung und mit einem Theile der ärmlichen Beiträge aus Europa dreitauſend reguläre Soldaten auf einmal zuſammenzubringen. Der Präſident erklärte allerdings, es ſey ihm Ernſt damit, Truppen zu bilden, aber ſeine Handlungen erfüllten keinen Wunſch der Art. Um die Griechen zu organiſiren, bedarf es bloß der regelmäßigen Soldzahlung, wie der gegenwärtige Zuſtand des Makronoros beweiſt. Die Leute waren nicht in Uniformen gekleidet, aber ſie waren beinahe ganz, wenn nicht völlig, gleich angezogen; einige mit weißen, blaugeſtickten Jacken, andere mit rothen und alle zusammen mit sauberen Fustanellen. Obgleich undisciplinirt, waren sie in Lochi und Tagmata eingetheilt, mit aufsteigenden Chargen, deren Titel wie bei den spartanischen Haufen waren. Die höchste Subordination und Förmlichkeit unterscheidet diese Grade, eine Folge orientalischer Gewohnheit und Begriffe, aber das Ansehen des Kapitano ist ganz verschwunden. Sie stehen gerade auf dem Punkte, wo die gleichförmige Bewegung einer Maschine beginnt, ohne bis jetzt den Werth und die Intelligenz des Einzelnen verringert zu haben. Der größere Theil dieser Truppen besteht aus jungen Burschen, deren Dienstzeit schon mit ihrer ersten Erinnerung begann, die gleich Ziegen zwischen Felsen und Höhlen lebten und denen Vieles erspart worden ist, was in der schweren Erfahrung ihrer Väter erniedrigend war. Sie sind stolz darauf, sich die Kinder der Revolution zu nennen und unterscheiden sich als solche von den alten Leuten, die sie Türken nennen. Die gewöhnlichen Namen: Klephti oder Palikar, sind jetzt Schimpfwörter geworden. Ihre alleinige Bezeichnung ist: Hellene, und so nennen sie sich gegenseitig im vertrauten Gespräche.

Am folgenden Morgen sagten wir den Sulioten Lebewohl und stiegen nach Palaio=Kulia hinab, dem zweiten Höhenzuge. Hier sind die Ueberbleibsel einer kleinen hellenischen Festung, sechshundert Schritt im Umkreise. Von dort ging es hinunter nach der kleinen Ebene Menidi, wo wir uns ausgeschifft hatten.

Ich habe verschiedene Male Gelegenheit gehabt, der Stärke der Position des Makronoros zu erwähnen; ich habe erzählt, daß Iskos hier mit vierzig Mann einen Haufen Türken aufhielt, die, wenn sie durchgekommen wären, die Revolution in Akarnanien, vielleicht in Morea bei dem ersten Aufdämmern vernichtet hätten. Die Eroberung Westgriechenlands und dessen gegenwärtige Hinzufügung zu dem neuen Staate verdankt man einer kräftigen Bewegung des General Church, der mit fünfhundert Mann die starken Posten im Makronoros überraschte. Dadurch wurde eine Zufuhr von Lebensmitteln aufgehalten und die Festungen Lepanto, Missolunghi, das Castell von Rumili und viertausend Gefangene fielen demgemäß in die Hände der Griechen.*)

---

*) General Church wurde in Ungnaden vom Präsidenten zurückberufen nach diesem glänzenden Erfolge, der Griechenland diesen Gebietstheil

(Urquharts Tagebuch 2c.)

Bevor ich selbst an Ort und Stelle untersucht hatte, konnte ich nicht begreifen, wie ein Paß von so offenbarer Wichtigkeit nicht mit größerer Genauigkeit vom Thucydides angedeutet war, wo er die Doppelschlacht zwischen den Ambrakiern und dem akarnanischen Bunde in seiner Nähe beschreibt; allein eine Besichtigung der Localitäten vereinigte den anscheinenden Widerspruch, denn die Position ist jetzt bei weitem stärker, als sie es in alten Zeiten war.

Makronoros ist ein Sandsteinberg in drei Abschnitten, einer über dem andern. Der Vordertheil ist abschüssig, aber selten steil, die Rückseite senkt sich beträchtlich, aber gleichmäßig; sie bieten ihre Angränzungen dem Golf und der Westseite, und folglich sind die Höhen und die Thäler in rechten Winkeln mit der Gränzlinie; das ist natürlich keine starke militärische Gränze und ist es nur jetzt geworden, weil das Gebirge mit undurchdringlichen Massen von Dornen, Unterholz und Waldungen bedeckt ist.

In der Nacht segelten wir ab und erwachten am Morgen bei Karakonisi, einer mit den Fischbehältern und Untiefen im Norden des Golfes zusammenhängenden Insel; sie ist von Griechen besetzt. Wir stiegen in einen Kahn und fuhren nach Phido=Castro, das Pouqueville so pomphaft als sein „wiedergefundenes" Argos Amphilochicum ankündigt, und wurden natürlich getäuscht. Diese Ruine steht mitten zwischen den Fischteichen und besteht aus einem kleinen Umkreise hellenischer Mauern, deren Grund vier bis fünf Fuß hoch unter Wasser steht. Wir hörten von Inschriften und Säulen, die von den Türken ausgebrannt und zu Gebäuden weggeschleppt wären. Der Boden der Fischbehälter ist mit dickem, saftigem Grase bedeckt, das die Meeräsche (mullet — latein. mugil cephalus) fressen soll. Die Teiche waren für dieß Jahr um vierzigtausend Piaster an Nikolas Zerva verpachtet, den suliotischen Tagmatarch in Vonizza.

Bei unserer Rückkehr nach Karakonisi fanden wir ein vollständiges englisches Frühstück — Kaffee, Eier, geröstetes Brod, Butter u. s. w. — das uns im Quartiere des Malamo erwartete, eines suliotischen Tagmatarchen, der im englischen Dienste gestanden

---

sicherte, den die Conferenz erst dann abriß, als der Präsident ihn für Griechenlands Daseyn für nothwendig erklärte, und daraus den Hauptgegenstand seiner Klagelieder an den Prinzen Leopold machte.

hatte. Wir verlebten einen sehr angenehmen Tag bei ihm, obgleich er am kalten Fieber litt.

Wie gewöhnlich segelten wir zur Nacht mit dem Landwinde ab, und als wir am Morgen erwachten, befanden wir uns zwischen den Landspitzen von Actium und Anactorium, Prevesa gegenüber. Der Mystik wollte nicht unter dem Fort anlaufen, aber wir riefen ein Fischerboot an und freuten uns bald, endlich die Küste von Albanien zu betreten. Unsere Reise sollte nun beginnen.

Neuntes Capitel.
Das Protokoll.

Indem ich Griechenland verlasse, muß ich in wenigen Worten die Beschaffenheit des Protokolls vom 3 Februar 1830 erörtern, das so viele Verwirrung anrichtete. Das frühere Protokoll vom 22 März 1829 war nach den Eingaben der Botschafter der drei Mächte geformt, die, in Poros versammelt, Nachforschungen angestellt hatten über die frühere Regierung Griechenlands und über die Statistik, die Topographie und die Finanzen der verschiedenen Völkerschaften auf dem Festlande von Griechenland, die an dem Kriege Theil genommen hatten. Dieses Protokoll setzte als die Gränze des griechischen Staates die natürliche Scheidelinie fest zwischen den streitenden Völkern, die zugleich die wirklich militärische Gränze sowohl der Türkei als Griechenlands war, bestimmt durch natürliche Gränzabschnitte und unterstützt durch Positionen militärischer Stärke. Das war der große und praktische Gegenstand einer auf Herstellung der Friedens abzweckenden Intervention, und die Botschafter, indem sie eine sich selbst so empfehlende Gränzlinie zogen, thaten nicht viel mehr, als zulassen, was vorhanden war, und Rechte bestätigen, die thatsächlich erworben waren.

Diese Gränze erstreckte sich von den Pässen bei Thermopylä, am Meerbusen von Volo, bis zu den Pässen des Makronoros, am Golf von Arta.

Das Protokoll vom 22 März bestimmte ferner eine unabhängige Verwaltung Griechenlands, der Pforte die Oberherrlichkeit (suzeraineté) und einen Tribut vorbehaltend.

7 *

Dieser Act erhielt den Beifall der Griechen. Die Pforte verwarf ihn officiell, weil er neben den Unterschriften der Bevollmächtigten Englands und Frankreichs auch die des Bevollmächtigten Rußlands trug, mit welcher Macht die Türkei, bei Empfang des Protokolles, im Kriege begriffen war, und als die Verbündeten darauf beharrten, ihr diese Unterschrift aufzuzwingen, erklärte sie die Vereinbarung als *factisch* bestehend, und ließ die Intervention als „sous entendue" (von selbst verstanden) zu.

Wenige Tage indeß vor der Unterschrift des Tractates von Adrianopel trat die Pforte dem Protokolle förmlich bei. In diesem Tractate wurde das Protokoll zur ausdrücklichen Verabredung zwischen den contrahirenden Parteien und als bindend angesehen, gleich als ob es wörtlich in den Tractat aufgenommen wäre.

So wurde also das Protokoll vom 22 März zum Tractate vom 6 Julius vorgelegt und von den Kriegführenden endlich angenommen, es schlichtete demnach auf befriedigende Weise die materiellen Fragen, welche sich auf die Pacification Griechenlands bezogen. Es war der Schluß der Acten, die von der Triple-Allianz ausgegangen waren, und wurde fernerweit durch einen besondern Tractat zwischen Rußland und der Pforte festgestellt. Solchergestalt wurde die Basis definitiv bestimmt, nachdem sie so viele Angst und Mühe gekostet, auf so lange Zeit den Frieden Europa's beständig in Gefahr gesetzt, so ungeheure Geldopfer nöthig gemacht und Anlaß gegeben hatte zur Schlacht von Navarino und zum russischen Kriege. Eben diese Basis wurde nun mit einer Feierlichkeit ratificirt, die nicht weniger imponirend war, als die früheren Verwickelungen beunruhigend gewesen waren, und zum ersten Mal nach zehnjährigem Kriege und Kampfe konnten Europa und der Orient frei athmen und gaben sich der Täuschung hin, die Allianz vom Julius habe endlich ihren Zweck erreicht: die Pacification des Orients.

Vier Monate hatte diese Täuschung gedauert, als sie durch das Protokoll vom 3 Februar 1830 beendet wurde, das aus Griechenland einen unabhängigen souveränen Staat machte und zur Entschädigung der Türkei für diese Abänderung in den ursprünglichen Vereinbarungen an einer Seite das Griechenland früher zugesprochene Gebiet verringerte, Akarnanien der Türkei zurückgebend, im Osten aber Griechenlands Gebiet ausdehnte, um eine bessere Gränzlinie zu bestimmen; das heißt: die natürlichen Gränzen wurden durch dieses neue Document geöffnet, und während Griechenland ein kostspieliges Regierungs-System auferlegt wurde, verringerte man sein Gebiet und seine Hülfsquellen; die früheren Acte der Allianz wurden verworfen und der feierliche Vertrag mit der Türkei verletzt.

So schritt die Allianz ein, ohne Noth, unter dem Verwande, Zwistigkeiten unter den Parteien zu schlichten, von denen keine in dieser Hinsicht um Intervention angesprochen hatte; das so gefällte Urtheil war ein Vertragsbruch, es verwirrte was bestand, und es wurde von beiden Parteien verworfen, denen es geboten wurde. *)

Wenn zwei Mächte mit feindlichen Interessen einander gegenüber stehen, jede mit der halben Welt im Rücken, gegenseitig ihre Macht aufwägend und ihre Uebermacht hemmend; — wenn zwei Mächte, wovon die eine nach Universalherrschaft strebt durch Zerrüttung und Verwirrung der Staaten, die andere nur auf den Frieden blickt und zusammenzuhalten und zu vertheidigen strebt — wenn diese sich durch einen Vertrag vereinigen, gemeinschaftlich zu handeln, dann muß entweder die angreifende oder die erhaltende Politik in der ganzen Welt triumphiren. Durch dieses Bündniß wurde entweder Rußlands Ehrgeiz dem Uebergewichte Englands geopfert, oder Englands Macht wurde für Rußlands Entwürfe benutzt. Kenntniß des Orients würde England die Mitttel verschafft haben, Rußland zu übersehen; unsere Unkunde des Orients hat Rußland die Herrschaft über England gegeben, die Verfügung über Englands Schatz, die Leitung seiner auswärtigen Angelegenheiten und seiner Seemacht, die Macht über Eng-

---

*) Nachdem Rußland durch diesen Tractat (von Adrianopol) der Türkei die Annahme des Protokolls vom 22 März auferlegt hatte, das ihr die Oberherrlichkeit über Griechenland sicherte, und einen jährlichen Tribut dieses Landes, so benutzte es all seinen Einfluß, um die Unabhängigkeit Griechenlands herbeizuführen und die Verletzung, abseiten seiner selbst und seiner Verbündeten, der Vereinbarung, aus dem es einen integrirenden Theil des Tractats von Adrianopol gemacht hatte. — Progress of Russia in the East. Pag. 106.

lands Charakter und Ehre und die Vormundschaft über Englands
diplomatischen Dienst. Daher kommt die Verkehrung des Natio=
nalgeistes, die Duldung des Schimpfes, das Vertrautwerden mit
der Verachtung, und endlich sind wir bis zu dem Grade politi=
scher Herabwürdigung gelangt, daß wir Rußlands Politik ver=
folgen, uns einbildend, das sey Englands Vortheil.

Als Griechenland für sein Daseyn kämpfte, gab es Grund=
gesetze, um den Einfluß Rußlands auszuschließen, seines früheren
Beschützers, des Urhebers der Revolution und des Feindes der
Pforte, und es überlieferte sich England, um seinen Schutz, seine
Leitung und einen Souverän seiner Wahl flehend. Jetzt hat Eng=
land dort weder Ansehen noch Einfluß: Rußland hat die Obmacht!
England hat Griechenland beinahe fünf Millionen Pfund Ster=
ling vorgeschossen und kein Recht auf Rückzahlung, — gewiß
keines auf Dankbarkeit. Rußland hat 666,000 Pfd. Sterl. vor=
geschossen, wovon 500,000 Pfd. Sterl. den Rückweg gefunden
haben und hat das Pfand in Händen für zwei Drittheile des
verbündeten Darlehns von 2,400,000 Pfd. Sterl., während Eng=
land seine Ansprüche aufgegeben und sein gehabtes Pfand für
die früheren Darlehen von 2,800,000 Pfd. Sterl. geopfert hat!
Griechenland hat zu einer bösen Stunde für sich und uns unsern
Schutz angerufen; wir haben es an die Macht verrathen, die es
fürchtete; wir haben Griechenland und unser Geld der Macht
überliefert, die wir einzuschränken suchten. In Griechenland nicht
weniger auffallend als in der Türkei, Persien, Mittelasien u. s. w.,
ist Rußland zur Obmacht und zur Herrschaft vorgeschritten, durch
den Gebrauch, den es in den Stand gesetzt wurde im Orient von
Englands Macht zu machen, während es der morgenländischen
Welt sein Uebergewicht zeigt in Schmach und Schimpf, die es
ungestraft auf Großbritannien häuft.

Die Türkei ist im Untergehen und — eindringliche Lehre! —
im Untergehen durch die Fehler der Diplomatik. Einige der
größten Männer Englands haben aber Englands Macht und Herr=
schaft und also Englands Daseyn für zusammenhängend erklärt
mit der Erhaltung der Türkei. Ist diese Betrachtung nicht auch
andern Cabinetten eingefallen? Erheben sich nicht in England
einige den Umständen gewachsene Geister, so wird sich sehr gewiß
der Wunsch und die Aussicht, England als Beute zu theilen, den

Regierungen darbieten, deren Umsichgreifen wir ungehindert fort=
schreiten lassen, deren Appetit gereizt, deren Macht vermehrt wer=
den wird durch die einverleibten Bruchstücke des osmanischen
Reiches. Die Theilung der Türkei wird ein Band der Vereini=
gung der Seemächte werden, wie die von Polen ein solches der
Landmächte wurde.

Zehntes Capitel.

Die drei Commissarien. — Abreise von Prevesa. — Aussicht auf Zerrüttung
in Albanien. — Die Ebene von Arta.

Die Abgeschiedenheit unsers würdigen Consuls, Hrn. Meyer,
war seit acht Jahren durch keinen Fremden unterbrochen worden.
Wir blieben hier einige Wochen, gingen nach Santa Maura, be=
suchten die gegenüberliegende Spitze von Anactorium und durch=
streiften die Trümmer von Nikopolis; lauter Plätze, von denen
schon genug gesagt ist.

Es war Erlaubniß eingeholt worden für das königliche Schiff
Mastiff, in den Golf zu segeln und ihn zu beobachten, auch hörte
man, daß der Meteor, Capitän Copelands Beobachtungs=Schiff,
im Golf von Volo lag, am andern Ende der beabsichtigten Gränz=
linie. Ihr gleichzeitiges Erscheinen erregte große Unruhe, die noch
durch unsere Gegenwart vermehrt wurde, indem man uns für die
Commissarien hielt, welche die Gränze abstecken sollten. Da
meines Reisegesellschafters Diener damals gleich uns à la française
gekleidet war, so half es uns nichts, es zu läugnen, daß wir die
drei Commissarien wären, der englische, französische und russische,
ausgesendet, um Gränzpfähle einzuschlagen.

Wir wünschten sehnlich, die griechischen Anführer Gogo und
Kontelidas zu besuchen, allein Hr. Meyer bewog uns, diesen Plan
aufzugeben, weil die Türken uns sonst in den Verdacht ziehen
würden, als hätten wir einen politischen Zweck. Uns blieb daher
nur die Wahl, entweder nach Griechenland zurückzukehren, oder
es zu versuchen, Janina zu erreichen, das gegenwärtig im Besitze
von Veli Bey war. Der Weg war sicher bis zum Pente=Pigadia;
von dort mußten wir Veli Bey's Lager suchen und es dann dem

Zufall und den Truppen-Bewegungen überlassen, ob wir weiter kommen könnten. Fanden wir das aber unthunlich, so brauchten wir nur umzukehren, indem, was auch aus den verschiedenen Stellungen oder Umständen der entgegenstehenden Parteien werden mochte, Veli Bey seinen Rückzug auf Arta oder Prevesa gesichert hatte.

Wir entschlossen uns daher zu einem Versuche, Janina zu erreichen, und segelten am 16 Junius mit dem Seewinde um Mittag nach Salaora ab, wo wir nach zwei Stunden eintrafen. Unser Schiffer war ein Araber, den wir gemiethet hatten, nachdem wir Zuschauer eines Streites zwischen ihm und dem Hafenmeister von Prevesa gewesen, einem Griechen und früher Commandeur eines der Mystiks, die so tapfer die Einfahrt in den Meerbusen erzwungen hatten. Der Araber ertrug mit großer Geduld die Schimpfreden und Erpressungen des Griechen und seiner albanesischen Untergeordneten, aber, so wie er an Bord seines Kaik gekommen war, während das Ufer voll von Türken und Albanesen stand, stellte er sich, gleich dem Palinurus, auf das erhöhte Hinterdeck, nahm seine Mütze ab, erhob seine Arme und fluchte des Himmels Zorn auf das ganze Skipetaren-Gesindel.

In Salaora sahen wir verschiedene der acht- und sechzigpfündigen(?) griechischen Kugeln, welche die wenigen dort befindlichen Häuser zerstört hatten. Es war nicht leicht, Pferde zu bekommen. Ein Kephalonier ging zum Aga und schlug ihm vor, uns seinen ati (Renner) zu vermiethen, mit der Bemerkung: „Sie wollen Euch einen Dollar für den Ritt geben." Ueber diesen Vorschlag schien der Aga sehr entrüstet, was von Seiten des Griechen einen Strom der unverschämtesten Schimpfreden hervorrief. Während des Zankes hockten einige Griechen rund umher und gaben ersichtliche Zeichen des Beifalls, indeß die türkischen Soldaten *) sich stellten, als verständen sie nichts vom Vorgange und der Aga ein Lachen erzwang.

„Sind die Dollars so reichlich bei Euch," schrie der Jonier, „daß Ihr so damit herumwerft? Warum kaufst du dir denn

---

*) Das soll natürlich „albanesische Soldaten" heißen. In meinem Tagebuch habe ich große Zusätze gemacht, allein die Erinnerungen von Eindrücken, die ich an Ort und Stelle aufschrieb, sind beibehalten worden.

„nicht einen neuen Fustanel und bezahlst deinen Soldaten den „rückständigen Sold? Und was hast du mit Pferden zu thun? Kauf dir lieber Zaruchia (rohe Pantoffeln der Bergbewohner) denn bald mußt du doch weglaufen und dich zwischen den Felsen verkriechen!"

Dieß fiel uns sehr auf im Vergleiche zu unseren vorgefaßten Meinungen von dem wilden und hochfahrenden Wesen der Albanesen, und indem wir die Verachtung des Arabers und die Zungenfertigkeit des Griechen zusammenrechneten, geriethen wir zu dem Glauben, auch an den Skipetaren habe man sich mehr versündigt, als sie selbst gesündigt haben.

Längs des Wegs in der Nähe von Arta sahen wir zu beiden Seiten mit Arbeitern angefüllte Gärten und wohlbestellte Felder. Wir begegneten zwischen Salaora und Arta 140 Packpferden. Wir trafen bewaffnete Griechen, griechische Priester, die im Chor sangen, neben wildblickenden Albanesen und konnten uns der augenblicklichen Schlußfolgerung nicht enthalten, wir hätten den ganzen Weg umsonst gemacht und Albanien wäre so ruhig wie irgend ein Land in der Welt. Wir fragten unsern Maulthiertreiber, einen Griechen, ob die Türken ihn bedrückten. „Zuweilen," antwortete er, erzählte aber unmittelbar darauf, wie einige Tage vorher zwanzig seiner Landsleute gezwungen worden wären (angaria) *), das Gepäck des Veli Bey nach Janina zu schaffen. Dort hätten sich andere Türken ihrer bemächtigt und nur achtzehn wären nach Arta zurückgekehrt; die beiden andern aber erschossen und ihre Maulthiere weggenommen. Wir fragten ihn, wie er solche Behandlung erdulden könne und warum er nicht nach Griechenland zöge. Er erwiederte, es wäre immer so gewesen; wenn er versuchte wegzulaufen, so könnte er erschossen werden, und wer wüßte überhaupt, daß er in Griechenland besser behandelt würde? Diese Thatsache, die erste, die uns unmittelbar zu Ohren kam, tröstete uns über jede fernere Besorgniß; wir sahen, daß wir noch

---

*) Das heißt: corvée oder Frohndienst, der in der Türkei im Princip nicht übereinkommt mit dem früheren Gebrauche in ganz Europa und wie er in einigen Ländern noch heutzutage ist. Die Frohnden werden in der Türkei durch die Ortsbehörden vertheilt. Das obenerwähnte und ähnliche Beispiele sind natürlich geradezu Verletzungen des Gesetzes.

zu rechter Zeit kämen, um am Dramatischen und Malerischen
Theil zu nehmen.

Von Salaora nach Arta werden vierthalb Stunden gerech=
net; aber eine Rücksicht auf unser Eigenthum nehmend, die wir
unsern Personen versagten, waren wir Gepäck und Wachen vor=
ausgeeilt; daher waren wir nie im Stande, über die Entfernung
nach der Zeit Buch zu führen. Die Nothwendigkeit, mit so wenig
Gepäck wie irgend möglich zu reisen, beraubte uns nicht allein
jeder Art von Bequemlichkeit, wie z. B. Feldflasche, Bett und
Bettzeug, sondern auch der wichtigsten Geräthe für einen Reisen=
den: der Schreibbücher. Gewöhnlich wurden wir durch die Eifer=
sucht unserer eigenen Wachen verhindert, Notizen aufzuschreiben,
und weit entfernt im Stande zu seyn, geologische oder sonstige
Naturalien mitzunehmen, hatte ich es mir sogar zur Regel gemacht,
die Erdarten nicht zu beachten. Dessen ungeachtet waren gerade die
politischen Verhältnisse des Landes, die gegenwärtige Lage und die
zukünftigen Aussichten der Bewohner, die Lockungen, die uns ver=
anlaßten die Gefahren und Beschwerlichkeiten einer solchen Reise
in solchem Augenblicke zu wagen, und ließen uns wenig Zeit, ge=
trocknete Pflanzen zu sammeln oder ein Geburts= und Heiraths=
Register anzulegen.

Wir kamen bald auf den Weg, den Ali Pascha für Wagen
angelegt hat, von Prevesa nach Janina. Er sieht ganz civilisirt
aus: dreißig Fuß breit, Graben und Wall an jeder Seite; aber
alle fünf und zwanzig Schritt wird er von einer Reihe Steine
durchschnitten, wahrscheinlich um die Gestalt des Weges zu er=
halten und seine Erhabenheit zu sichern. Da indeß der Boden
weggetreten ist, so erheben sich die Reihen oder Dämme von
Steinen über die Fläche des Weges und machen ihn für Wagen
durchaus unfahrbar, während Wesen, die entweder auf zwei oder
vier Füßen gehen, zu seltsamen Sprüngen gezwungen werden.
Die Ebene, sowie der jetzt unter Wasser stehende, Fischteiche bil=
dende Theil, besteht aus Thon. Die geringen Theile, die ich
zu untersuchen im Stande war, enthalten weder organische Reste
noch Mineralien, auch ist weder der unter Wasser gelegene Theil,
noch sind die Ufer mit Pflanzenboden bedeckt. Weiter von der
Küste abwärts und im Mittelpunkte der Ebene ist der Boden
mit einer dünnen Decke von Erde belegt, welchem Umstande ich

die sprüchwörtliche Fruchtbarkeit der Ebene von Arta zuzuschreiben geneigt bin. Die Pflüge, die den Boden nur drei oder vier Zoll tief aufkratzen und umrühren, erreichen niemals und werfen nie auf die Oberfläche den tiefer gelegenen Boden, der fruchtbar geworden ist durch das Sinken der besseren Erde und das Eindringen verfaulter vegetabilischer und thierischer Materien. In tieferem Boden ist das Alles unwiederbringlich verloren, aber hier, auf dem Thone, der einmal gesättigt, der Nässe unzugänglich ist, bleibt der natürliche Dünger mit der seichten Oberdecke vermischt und wird mit in den Bereich der oberflächlichen Cultur gezogen. Der Thon ist sehr zähe und bekommt leicht Risse bei der Dürre, so daß in dem niedrigen Theil der Ebene die Bäume selten sind und die weniger vorhandenen sich ausbreitende Wurzeln haben.

Als wir uns der Stadt näherten, bot der Weg, obgleich durchbrochen und durchdämmt, mit seinen Gräben an beiden Seiten und überhängenden Bäumen ein Schauspiel dar, wie ich seit vier Jahren nicht das Vergnügen gehabt hatte zu sehen. Rings lachten Weinberge und Gärten, untermischt mit Fruchtbäumen und durch Hecken abgetheilt, einige anscheinend prächtige Gebäude schimmerten durch die Bäume, die Lage der Stadt bezeichnend. Schon der Staub längs der Straße hatte sein Interesse und ich dachte schon im Voraus daran, einen eben so angenehmen Contrast in Arta mit den zerstörten Städten zu finden, an die ich zuletzt gewöhnt war. Indeß war die mich erwartende Ansicht sehr verschieden davon. In Griechenland ist die Zerstörung der Städte so vollständig, daß sie jetzt fast nur das Interessante geschichtlicher Ereignisse darbieten, aber hier sind die Ursachen der Zerstörung noch fortwirkend, und bei unserer Ankunft in Arta wurden wir durch Trümmerhaufen gehemmt, über die sich noch kein Pfad gebildet hatte, und von denen kaum der Staub weggeweht schien.

Im Anfang der Revolution und bevor sich der Charakter derselben rein ausgebildet hatte, sahen die Albanesen zuerst nur den thatsächlichen Widerstand gegen die Türken und waren geneigt, gemeinsame Sache mit den Griechen zu machen; in demselben Augenblicke aber, wo sie inne wurden, die griechische Bewegung sey eine volksthümliche, verließen sie sofort das übereilte

Bündniß. Andererseits haben aber die Albanesen jeden Plan zur Unterjochung des Peloponneses vereitelt. In Arta standen die Albanesen den aufgestandenen Griechen bei, aber das Haus, welches wir bewohnten, als „Casa Comboti" bezeichnet, wurde fünfzehn Tage von dem türkischen Muselim vertheidigt, der von Ismael Pascha abgeschickt war, welcher damals den Ali Pascha in Janina belagerte. Die Mauern und oberen Fenster tragen noch die Zeichen der Flintenkugeln, die Thür die Spuren des Feuers und der Axt; es sind die Spuren von Markos Bozzaris' erster Heldenthat. Hier wurde sein Name zuerst bekannt im Munde der Leute, und seine kühne Stärke erzählt, wie die eines zweiten Kapaneus, —

πῶς εἴποιμ' ἂν ὡς ἐμαίνετο (wie fassen Worte wie er wüthete).

Da es an Munition fehlte, erboten sich die Griechen, damit auszuhelfen und Taïr Abas wurde von den Albanesen abgeschickt, sie in Missolunghi zu empfangen, zugleich aber auch die Lage der Griechen zu beobachten und ihre Absichten zu erforschen. Er kehrte bald wieder und erzählte seinen Landsleuten, er hätte Flaggen mit Kreuzen gesehen und von nichts gehört als γένος und ἐλευθερία, Geschlecht und Freiheit. Sie nahmen die Munition an, wendeten ihre Waffen gegen die Griechen (die auch von ihren Glaubensgenossen Gogo und Kontelidas verrathen und verlassen wurden) und trieben sie über den Makronoros. Dann wiederum verließen sie Ali Pascha und unterwarfen sich der Pforte. Die Griechen ließen die Stadt unversehrt. Viele Einwohner, die in den Aufstand nicht verwickelt waren, aber sich vor der rücksichtslosen Rache der Türken fürchteten, zogen mit den Griechen ab. Die Türken, wieder im Besitze des Platzes (das heißt die Albanesen, nachdem sie sich auf die andere Seite geworfen), zerstörten die Häuser der Entflohenen, obgleich sie nachher, als es zu spät war, ihre blinde Wuth bereuten. Einige Stunden nach der Flucht der Griechen kamen die Albanesen an, das Land auf ihrem Marsche verwüstend. Die ganze Bevölkerung, vom panischen Schrecken ergriffen, wandte sich zur Flucht. Erbittert verfolgten die Albanesen sie und waren nur noch in kurzer Entfernung, als — „zum Glück war's Zeit zum Abendessen" — eine Heerde von fünftausend Schafen den Weg durchkreuzte und die Spur verwischte. Die Flüchtlinge kamen in der Nacht über den Makronoros. Unter ihnen war die Eigenthümerin des von uns bewohnten Hauses. Sie hatte fünf Jahre auf Corfu zugebracht und kehrte zurück, noch im Besitze eines kleinen Vermögens, das sie verwendete, um ein Haus einzurichten und einen Garten herzustellen. Sogleich wurden zwanzig Albanesen bei ihr einquartiert, und sie nahm ihre Zuflucht im Consulate (das Haus gehört ihr, ist aber an den englischen Consul vermiethet) und wohnt jetzt in einer der Kammern von ihres Vaters Ställen.

Während des laufenden Jahres hat die Stadt in ihrem gegenwärtigen traurigen Zustande 200,000 Piaster an Veli Bey bezahlt. Nur ist es unerklärlich, woher diese Griechen ihr Geld nehmen; freilich, wenn Leute auch noch so wenig verdienen und noch weniger ausgeben, sind sie reich. Außer den Contributionen in baarem Gelde müssen sie die Soldaten logiren, beköstigen, kleiden, bedienen und sogar rasiren, und das Alles umsonst, wenn man nicht die Handbillets rechnet und die Zahlungsversprechen, wenn die Rückstände eingehen. Ich vergaß zu fragen, zu welchem Curse die Dinger stehen. So, unter Umständen, welche die ungeduldigeren und ungenügsameren gothischen Stämme des Abendlandes zur Verzweiflung bringen würden, beharrt diese Bevölkerung in Gewerbfleiß und Hoffnung, jede Stunde verbessernd, jede Hülfsquelle haushälterisch benutzend, ihr Saatkorn verstohlen säend und ihr Eigenthum erntend, als wäre es gestohlen. Wie muß ihre Lage seyn, wenn sie mit Dankbarkeit auf Ali Pascha zurücksehen! Seine Tyrannei, obgleich keinen Unterschied machend, traf doch nur Einzelne; weder Raub noch Druck, weder Schmach noch Gewalt hatte der zu fürchten, der seine Rechnung mit ihm abgeschlossen hatte. Sie sagen: „Wir hielten ihn für einen Tyrannen und freuten „uns über seinen Sturz; aber nicht nur seine Füße würden wir „küssen, sondern den Staub unter seinen Füßen, könnte er uns „wieder gegeben werden!"

Eilftes Capitel.

Politische, gesellschaftliche und diplomatische Erörterungen mit einem Gouverneur, einem Edelmann und einem Kadi.

Am 17 (Juni 1830). Wir brachten den Tag mit Besuchen hin bei dem Gouverneur, zwei Beys und dem Kadi, die uns dann ihre Gegenvisite machten. An unserm Viceconsul, Dr. Lucas, fanden wir einen trefflichen Cicerone. Er ist von albanischer Herkunft, das heißt, aus den albanischen Colonien in Sicilien, hat lange in diesem Lande gelebt und spricht das Griechische so gut wie seine Muttersprache. Sein Stand als Arzt ist ihm ohne Zweifel von großem Nutzen, und wir fanden ihn höchst aufmerksam und mittheilend. Er ist der einzige Diener der brittischen Regierung von allen, die ich im Oriente getroffen habe, der mich in meinen Bemühungen unterstützt hat, mit den Landeseingebornen in Verkehr zu kommen. Musseli Bey, der Gouverneur, Bruder des Veli Bey, der ganz Nieder=Albanien regiert, bewohnt den Palast des Erzbischofs, einst die Residenz des Porphyrius, unsers Wirthes in Anatoliko. Die Kirche ist eine Kornscheune, eine Moskee ist eine Palikarenhöhle. Zerstörung ist jetzt die herrschende Gottheit und „keine feste Mauer" beschränkt ihre Verehrung. Der Palast ist eines der wenigen Gebäude, die noch aufrecht stehen. Die Gemächer sind luftig und geräumig, und die Aussicht aus den Fenstern im Divan, über einen Arm des Flusses bis zu den Hügeln, war so schön, daß sie mich beständig abzog von der langen und verschiedenartigen Unterhaltung, die wir mit dem Bey und seinen, die weiten Gemächer füllenden Albanesen hatten. Wir standen bei ihnen so in Gunst, daß, als er zum Gegenbesuche zu uns kam *),

---

*) Dieser Umstand verdient besondere Erwähnung. Türkische Gouverneurs sind es nicht gewohnt, Reisenden solche Ehre zu erzeigen und es war nicht möglich, daß wir unmittelbar nach unserer Ankunft für unsere eigenen Personen sollten so viel Ansehen erlangt haben. Damals, und ich glaube mit Recht, schoben wir diesen Umstand auf den merkwürdigen Contrast zwischen dem hiesigen Agenten und denen an anderen Orten. So bescheiden auch seine Stellung war, so stand er in dem Rufe der Rechtlichkeit; er mischte sich, wie in anderen Gegenden der Welt, unter das Volk, kannte seine Weise und re=

sie alle Theile des von uns bewohnten Hauses anfüllten, obgleich es eben nicht klein war. Sie traten sogar auf die Sophas und ließen einen Geruch zurück, dessen wir kaum mit der Zeit und durch Luftzug los werden konnten.

Musseli Bey hatte auch davon gehört, wir wären gekommen, um die Gränzen zu reguliren, und war außerordentlich erfreut, als er erfuhr, das sey nicht der Fall. Er erkundigte sich ängstlich, wo die Linie gezogen werden sollte und schrie über die Ungerechtigkeit gegen Albanien, dessen „Brod" so weggegeben werde. Wir antworteten, sie hätten ja schon nicht allein soviel, sondern noch mehr verloren, als das Protokoll den Griechen zuweise; so viele Kriegsjahre hätten sie um nichts weiter gebracht, und die Griechen beklagten sich darüber, nicht wenigstens all das Gebiet zu behalten, was sie erobert hätten. Es traf hier wirklich das alte Sprüchwort ein: die Griechen schrien auf, warum sollten die Albanesen zurückbleiben? Das Protokoll war der tolle Hund, jeder warf seinen Stein darauf. Die Unterhaltung kam jetzt auf die Größe, die Macht und die Erfindungen Englands. Wir wurden mit Fragen überfluthet, die vielleicht noch fortdauern würden, hätten wir ihnen nicht den Mund gestopft mit Dampfwagen und Perkins'schen Kanonen. Von Arta nach Janina in einer Stunde zu kommen und ein Regiment niederzumähen, während ein Barbier ein einziges Kinn rasire, waren Berechnungen, die sie sogleich anstellten. Als ihr Erstaunen sich einigermaßen gelegt hatte, überraschten sie uns dagegen mit einer letzten Frage: „Und was habt ihr seitdem erfunden?"

Ein Bim Baschi, der still zugehört hatte, wandte sich endlich zu seinen Leuten und sagte mit einem nachdenklichen Kopfschütteln: „Wir müssen ihnen die Krone wegnehmen und sie den Amerikanern geben."

Sie bilden sich ein, die Amerikaner seyen unsere Feinde, früher unsere Rajahs gewesen und werden England umstürzen, wie Grie-

---

dete seine Sprache. Sonderbar ist es, daß solche Eigenschaften an dem Inhaber eines höchst unbedeutenden Viceconsulats ein Gegenstand der Beachtung und Bemerkung für zwei englische Reisende und die Ursache werden mußten, daß sie Beweise von Achtung und Mittel zur Belehrung empfingen.

chenland die Türkei. Der Bey hörte die Bemerkung, und da ihm die Augen bei Schumla und Varna aufgegangen waren, tadelte er den Bim Baschi ernsthaft und sagte: „Schämst du dich nicht solch schmutziger Unwissenheit? Dürfen wir, die wir die erlangte Krone Anderen verdanken, davon reden, die Kronen Europa's wegzugeben?"

Die Albanesen scheinen sehr besorgt, bei allen Gelegenheiten ihre Achtung vor England zu beweisen und sind sehr bereit, uns die Verpflichtung zu bekennen, die wir ihnen im russischen Kriege auferlegt haben. *) Aber man kann in jedem Ausdrucke eine Mischung von Haß und Furcht bemerken, denn sie sehen auf Griechenland, diese dem osmanischen Stolze herbere Wunde als jeder Sieg der Russen, und setzen Griechenlands Unabhängigkeit auf Englands Rechnung. Unsere Macht und unsere Beweggründe sind ihnen gleicherweise unbegreiflich und das ist kein Wunder.

Es kam die Rede auf die Religion. Einer aus dem Haufen vertheidigte hochkirchliche Grundsätze, als ein Officier — schmutzig, häßlich und, obgleich nicht alt, zahnlos und bei allem dem eine lustige Art Wilder, der sich selbst einen „Franken" nannte — vortrat, einen Stuhl vor uns hinstellte und sich auf unsere Weise niedersetzte. Er zeigte mit dem Finger auf den Glaubensvertheidiger, und brach in das unmäßigste Gelächter aus. Als er wieder zu Athem gekommen war, rief er: „Der Narr geht also nach seiner Moskee und betet an einer Stelle, als ob Gott nicht überall wäre!" Dann zeigte er auf uns: „Ihr geht nach der Kirche und betet zu eurer Panagia (Allerheiligste — die Jungfrau Maria) und Jeder denkt, der Andere sey verdammt, was gewiß der Eine oder der Andere oder vielleicht alle beide seyn werden. Ich verehre beide und verachte keine, so

---

*) Diese Dankbarkeit, die damals ohne Zweifel für gerechtermaßen begründet erachtet wurde, habe ich mir nachher nicht so ganz rechtfertigen können, aber soviel ist gewiß, daß man damals in der ganzen Türkei fest glaubte, England habe die Türkei vor drohender Vernichtung gerettet. Vielleicht geschah es bloß, weil sie dachten, England habe das thun müssen. Diese allgemeine Ueberzeugung wurde durch die Furcht der Russen vor England bestärkt, von der sich jeder Albanese oder Türke, der mit einem russischen Bivouac in Berührung gekommen war, hatte vergewissern müssen.

bin ich, wenn ich ins Paradies komme, eines Freundes sicher, wenn nicht zweier." Der Andere ereiferte sich gegen die Verderbtheit des Zeitalters, das solche Atheisten dulde und sagte, selbst die Griechen würden einen solchen Ungläubigen nicht unter sich leiden. Der Spötter hatte indeß die Lacher auf seiner Seite und als sein Gegner etwas davon murmelte, es würde ihn eines Tages gereuen, wurde er mit noch lauterem Gelächter verhöhnt als früher, worein die Umstehenden einstimmten, klärlich den albanischen Glauben aussprechend: — ἡ σακκούλα εἶναι ἡ ψυχή μου, αὐτῇ νὰ εἶναι καλλὰ — Mein Geldbeutel ist meine Seele, möge es ihm gut gehen!" Wir erkannten den Freidenker für einen türkischen Freimaurer, oder Bektaschi, an dem um seinen Hals geschlungenen polirten Stücke Tropfstein aus der Höhle des Hadshi Bektasch. Ein anderer der Bim Baschis trug dasselbe Symbol, aber wir konnten von ihnen keine Nachricht über die Verbreitung und die Ansichten des Ordens in Albanien erhalten, außer, daß ein Christ ein Muselmann, ein Türk ein Jude werden könne, daß aber ein Bektaschi auf ewig ein Bektaschi bleibe.

Da wir hörten, daß Musseli Bey nach der Chamuria gehen wollte, um einen Streit zwischen zwei Parteien der Chaná zu beenden, von denen sich zweitausend nur zwanzig Meilen von Arta ernsthaft herumschlugen, so baten wir um Erlaubniß ihn zu begleiten. Er sagte, unsere Gesellschaft würde ihm sehr angenehm seyn, aber seine Gegenwart wäre nicht weiter nothwendig. Wir konnten also nichts weiter thun, als uns mit aller aufzutreibenden Geduld dem widrigen Schicksale zu unterwerfen, zwölf Tage in Albanien zu seyn, mitten in der allervollkommensten Ruhe.

Der Bey ist ein Mann von mittlerem Alter, mager, aber gut gebaut. Er ließ bei mir den Eindruck zurück von nicht dem besten Theil des Skipetaren=Charakters: sein unstätes Auge, sein hageres und blasses Ansehen trugen das tiefe Gepräge der Verderbtheit und Verschmiztheit. Zum Abstiche, denke ich mir, saß neben ihm der Festungscommandant, ein fettes, dummes, gutmüthig aussehendes Wesen, kurz und rund wie ein Bacchus oder eine Tonne. Die Uebrigen waren eher schlank als kurz, Einige von ihnen zierlich; kein überflüssiges Fleisch, rein gegliedert und rund gefügt, mit ausdrucksvollen Gesichtern und freiem Wesen. Die Muskeln schienen Knochen und Blut zu überwiegen, und Geisteskraft den Sieg über körperliche Stärke davon zu tragen. Es war aber keine Familien=Aehnlichkeit unter ihnen; auch ist ihr Anzug keine Tracht, die darauf berechnet ist, ein gleichförmiges Ansehen zu geben, da er die Umrisse des Körpers hervortreten und Nacken, Stirn und Schläfe völlig frei läßt. Keiner von ihnen war besonders sauber, aber der Kittel oder Fustanel wurde umhergeschwungen gleich einem Pfauenschweife, und jeder Bube von drei Fuß stolzirte dahin mit der Miene eines Riesen.

Wir kamen dann zum Calio Bey, dessen Familie die vornehmste osmanische in der Gegend ist, und der, wie Herr Meyer uns erzählt hatte, einer der gescheidtesten Männer ist. Er empfing uns mit größter Höflichkeit und Feinheit. Bei unserem früheren Besuche bei dem Gouverneur hatte uns die Gierigkeit unterhalten, womit jeder Ausdruck aufgegriffen wurde, der zu Ungunsten des Sultans oder der Türken gedeutet werden konnte. Jetzt aber, unter den Osmanen, hörten wir in den schmählichsten Ausdrücken auf die Albanesen schimpfen und natürlich auch auf die armen Griechen, gegen welche beide Parteien frei Spiel hatten. Unser osmanischer Wirth wußte nicht, wen er mehr verabscheuete, Albanesen oder Griechen, aber zweier Sachen war er gewiß, einmal, daß beide Nationen entartetes Gesindel wären, und zweitens, daß es mit keiner ein gutes Ende nehmen würde. Er hatte aber eine Anstellung in Griechenland unter Veli Pascha gehabt, und als wir auf die Sachen im Einzelnen zu sprechen kamen, fanden wir, daß sich manche Lichtstrahlen aus den breiten Schatten seiner National=Vorurtheile heraussuchen ließen. In Antwort auf seine Fragen erzählten wir ihm von dem steigenden Werthe des Landes in Griechenland, von den fortschreitenden Bauten, von der Ausdehnung des Ackerbaues, von der Abgabenfreiheit des Bauern, der nur die Regierungssteuern bezahle (glücklicherweise fragte er weder nach dieser Berechnung, noch nach der Wahl der Municipalbeamten oder der Justizverwaltung, weil alle diese Sachen den Türken nothwendig mit der öffentlichen Ruhe verknüpft scheinen), und von der Sicherheit des Vermögens der Reichen. *) Wir erzählten ihm, daß wir Türken gesehen hätten,

---

*) Das bezieht sich natürlich auf die zwischen 1828 und 1829 gemachten Fortschritte, bevor Kapodistrias sie wieder umreißen konnte.

die sich in Griechenland gefielen und zufrieden waren, denen man auch erlaubt hätte, ihre Waffen zu behalten, während die Griechen entwaffnet wären. Obgleich er wenig sagte, schien er doch über diese Thatsachen ernstlich nachzudenken, die er im Munde eines Europäers für wahr halten konnte. Vielleicht verließen wir ihn weniger überzeugt von dem schlechten Ende der Griechen, als er vorher war, und wir beschlossen, bei unserm nächsten Besuche den Versuch zu machen, auch über die Albanesen seine Meinung zu berichtigen, was uns denn freilich, wie ich zugeben will, eine schwierigere Aufgabe gewesen seyn würde.

Die politischen Zuneigungen der Osmanli sind seltsam verwirrt. Sie sind im Ganzen zufrieden mit der Vernichtung der Janitscharen, aber sie hegen große Furcht vor der daraus folgenden Zunahme der Gewalt des Sultans. Sie verwünschen die Albanesen, deren Gewaltthätigkeit und Tyrannei sie unterworfen sind *), aber sie fürchten noch mehr den Schutz der regulären Truppen, weil sie in ihnen ein System erblicken, das, einmal fest gesetzt, allmächtig seyn wird. Sie wünschen, die Albanesen möchten die Griechen schlagen, und sie wünschen, die Albanesen möchten geschlagen werden; sie wünschen, der Nizzam (die regulären Truppen) möchte die Albanesen zusammendreschen, sind aber äußerst dagegen, daß der Nizzam auf irgend eine Weise siegen möchte.

In Konstantinopel hatten wir es sehr schwierig gefunden, uns der Ansichten der Türken in Betreff der neuen militärischen Organisation zu vergewissern. Hier fanden sich keine Gründe zur Verstellung**), und Calio Bey gestand manche Vortheile der Organisation offen zu, während er, statt seine Einwürfe zu verhehlen, sich sorgsam bemühete, uns von ihrer Gerechtigkeit zu überzeugen, und sie nicht als Parteisache, sondern als Glaubenssache hervorhob. Wir erörterten demnach den Gegenstand mit ihm sehr weitläufig.

*) Die Osmanli werden in einer so erniedrigenden Abhängigkeit gehalten, daß es oft türkischen Beys nicht erlaubt ist, ihre eigenen Pachthöfe ohne schriftliche Erlaubniß des arnautischen Gouverneurs zu besuchen.
**) Und, was viel wichtiger war, wir hatten Gelegenheit zum Umgange. Die Annahme, es seyen Gründe zur Verstellung vorhanden, entstanden daher, daß, als ich anfing, Gelegenheit zum Umgange zu finden, meine Freimüthigkeit beschuldigt wurde, sie sey der Grund, daß ich den Umgang nicht früher hatte haben können.

Die folgende Unterredung, die ich unmittelbar nachher faſt
wörtlich aufſchrieb, wird vielleicht am beſten die Meinungen der
beſten Claſſe Türken über dieſe Gegenſtände darſtellen.

„Unſer Geſetz," ſagte er, „iſt der Koran, und wir müſſen
„die Handlungen des Sultans nicht nach den Lobſprüchen oder
„dem Tadel Unwiſſender beurtheilen, ſondern nach ihrer Ueber=
„einſtimmung mit den Vorſchriften unſerer Religion. Einigen
„ſeiner Handlungen gebe ich Beifall, andere table ich. unſer Ge=
„ſetz und unſere Praxis ſind ſehr weit von einander verſchieden.
„Das Geſetz rechtfertigt einen Rayah, der einen Muſelmann töd=
„tet, welcher mit Gewalt oder auch nur gegen den Willen des
„Rayah in deſſen Haus dringt. Welchen Zuſammenhang kann
„alſo das Geſetz mit der Unterdrückung und Ungerechtigkeit ha=
„ben, die jetzt im Lande herrſchen? Eine Stunde, ſagt Mahom=
„med, nützlich verwendet auf die Verwaltung der Gerechtigkeit
„und des Staates, iſt ſiebenzig Jahre im Paradieſe werth. Der
„Koran ſagt uns: die Dinte des Weiſen iſt köſtlicher, als das
„Blut des Märtyrers. Hat alſo unſere Religion uns unwiſſend
„gemacht oder die Wiſſenſchaft, die unter uns blühete, fortgetrie=
„ben und die Europäer über unſere Häupter erhoben? Religion
„und Politik geben dem Sultan Beifall, daß er Menſchen ge=
„demüthigt hat, die Unterdrücker und Tyrannen waren, Feinde ſo=
„wohl des Volkes als des Sultans, und die eben ſo unwiſſend
„waren, als ſie Religion und Wiſſenſchaften verachteten. Dreimal
„hat der Sultan die Türkei vom Untergange gerettet: er hat die
„Janitſcharen vernichtet, die Dere Begs und die großen Rebellen=
„Anführer. Was die regulären Truppen anbetrifft, waren nicht,
„als unſer Geſetz blühete, die unſrigen die beſtdiſciplinirten in der
„Welt? Und wäre das Geſetz aufrecht erhalten, würden wohl die
„Janitſcharen eine Wunde geworden ſeyn, ſtatt eines Schwertes
„in der Hand des Staates? Kann Religion den Menſchen verbie=
„ten, zuſammen zu ſtehen oder zu gehen, ihren Vorgeſetzten zu
„gehorchen und gegen ihre Feinde zu fechten? Lernen nicht über=
„dieß gerade aus unſeren Religionsgebräuchen zuerſt die Menſchen
„Disciplin? Knien wir nicht alle zugleich mit dem Imam?
„Stehen wir nicht auf mit ihm? erheben wir nicht unſere Hände in
„demſelben Augenblick? Die Leute mögen etwas wider den Nizzam
„einwenden, weil ſie Feinde der Rechtlichkeit und des Friedens

„sind, aber nicht weil sie Freunde des Gesetzes, des Islams sind.
„Es gibt aber andere Punkte, wegen deren der Sultan getadelt
„werden muß. Er hat unser Besteurungssystem verletzt; er hat,
„mehr als seine Vorgänger, die Münze verfälscht, und er hat,
„Europa nachäffend, Gebräuche und Sitten eingeführt, die, ohne
„ihm Nutzen zu schaffen, die Gemüther der Menschen gegen ihn
„erbittern. Er hat alle Leute gleich gekleidet, so daß die schuldige
„Ehrenbezeugung wegfällt, und er hat die Moslemim gleich den
„Franken gekleidet, so daß wir Gefahr laufen, den Ungläubigen
„den Gruß des Friedens zu bringen. Einer unserer hauptsächlich=
„sten Glaubensartikel ist der abdest (die Abwaschung) fünfmal
„des Tages; wozu also uns in enge Aermel und Pantalons und
„gar in Schuhe und Strümpfe stecken, zur beständigen Unbequem=
„lichkeit des ganzen Volkes, so daß die Religions=Gebräuche lästig
„werden?"

Wir fragten ihn, ob der Sultan, als Kalif, und die Ulemas
nicht durch vereinte Autorität einen Glaubensartikel abändern könn=
ten. Mit Wärme erwiederte er: „Der Sultan, als Kalif, und
„der Mufti und die Ulemas, als Gesetzerklärer, würden ihr eige=
„nes Ansehen verlieren, versuchten sie, den einzigen Grund, wor=
„auf es ruhet, zu untergraben. Der Sultan und der Mufti dür=
„fen, um die Einheit des Glaubens zu erhalten, über eine Frage
„entscheiden, worüber die Gläubigen uneins sind; aber der Gegen=
„stand der Meinungs=Verschiedenheit, so wie die Entscheidungs=
„gründe, müssen gleicherweise dem Koran entnommen werden."

Wir fragten ihn darauf, wenn diese Meinungen allgemein
wären, wie sie dann nicht den Sultan abgehalten hätten, solche
Neuerungen zu versuchen. Er antwortete: „Der bessere Theil des
„Volkes freute sich über die Vernichtung der Janitscharen, war
„zu Gunsten des Sultans heftig eingenommen, und, wenn auch
„mit andern Dingen unzufrieden, hielt den Mund, aus Unkunde
„eigener Gefühle und eigener Macht. Man hatte überdieß die
„Furcht vor einer Reaction vor Augen; die Entscheidungen und
„die Hinrichtungen des Sultans hatten allgemeinen Schrecken ein=
„geflößt. Der Abfall Griechenlands, die persischen und russischen
„Kriege hatten den Geist der Nation gebrochen, während die Zer=
„fallenheit der Interessen und die Trennung der Stämme keine
„Vereinigung zuließen, welche das Nationalgefühl nutzbar hätte

„verwenden können. Waren aber überhaupt die Ulemas und Kon=
„stantinopel zu tadeln? Sie hätten für einen volksthümlichen und
„bleibenden Divan sorgen sollen, bevor sie die Aufhebung der Ja=
„nitscharen beschlossen und ausführten. Wie hat sich der Sultan
„bisher gehalten? Was ist sein Nizzam? Wie groß ist dessen Zahl
„und worin besteht seine Dressur? Er wird ohne Zweifel mächtig
„werden, aber was sind sie bisher anders gewesen, als zehn oder
„zwölfjährige Jungen, die nicht wissen, was Religion und Pflicht
„bedeutet, sich jetzt schon herausnehmen, Leute zu verachten, die
„besser sind als sie, und aufwachsen werden, um die Moslemin in
„zwei Parteien zu theilen — und das Alles um Pantalons und
„Turban?" *)

Unsere nächste und interessanteste Bekanntschaft war der Kadi,
aus der Hauptstadt gebürtig; ein Mann, in den Zügen nicht un=
ähnlich Rossini, obgleich ich keine Gelegenheit hatte, über seine
musikalischen Fähigkeiten zu urtheilen; aber er war frei vom über=
schnellen Sprechen, und obgleich sein Thema die Diplomatik war,
verstiegen sich einige seiner lauteren Töne bis zum wirklichen Reci=
tativ. Er war bei dem Mittagsessen, als wir ihn zuerst besuch=
ten, aber die gastfreien Sitten der Osmanlis wissen nichts vom
ungelegenen Eindringen. Mit ihm, einem mit „der Stadt" bekann=
ten und im öffentlichen Leben und den Geschäften erfahrenen Manne,
wendete sich unser Gespräch auf die auswärtige Politik. Er äußerte
den größten Unwillen über das Einmischen der drei Mächte in die
griechischen Angelegenheiten und fragte uns, mit welchen Grün=
den unsere Regierungen vor ihren eigenen Völkern eine so augen=
fällige Verletzung der Rechte der Nationen zu vertheidigen meinten —
Regierungen, die mit solcher Macht gerüstet, das türkische Reich
zersplittert, jede Aussicht auf innere Verbesserung zertrümmert und
die Türkei, ein gefesseltes Schlachtopfer, ihrem verrätherischen
Feinde und unserem verrätherischen Freunde überliefert hätten? Wir
erörterten indeß diesen Punkt mit ihm, und von manchen vorge=
brachten Gründen gelang es nur einem, einigen Eindruck auf ihn
zu machen. Ich darf daher ihn hier wiederholen, da es in der

---

*) Wir besuchten einen Pachthof Calio Bey's, der wegen seines Tabaks
gerühmt wurde. Einen Bericht über den Anbau dieses Artikels sehe
man in dem Anhange Nr. 6.

That das einzige Feld ist, auf dem man sich über diese Frage mit einem türkischen Gegner einlassen kann.

Der Sultan, bemerkte ich, als Souverain von Griechenland, hat in Betreff des Handels in diesem Lande Verträge mit uns abgeschlossen; diese Verträge wurden durch die vorherrschende Verwirrung nichtig und wir konnten uns nur an den legitimen Souverain halten. Die Griechen, Unterthanen des Sultans, hatten an unserm Handel Räubereien von ungeheurer Ausdehnung begangen; wir wendeten uns an ihren Souverain um Entschädigung. Er hatte zwei Wege vor sich offen — uns Vergütung zu geben, oder die Griechen für Seeräuber zu erklären und sie der Gerechtigkeit derer zu überlassen, die sie beeinträchtigt hatten. Unsere Regierung hatte, um ihren eigenen Unterthanen Gerechtigkeit widerfahren zu lassen, ebenfalls nur einen von zwei Wegen vor sich offen — dem Sultan oder den Griechen Entschädigung abzuzwingen. Der Sultan wollte keinen von beiden Wegen einschlagen; langmüthig verschoben es die europäischen Regierungen, ihren gerechten Forderungen Nachdruck zu geben, und sieben Jahre des Aufschubs und der geduldigen Vorstellungen hatten nur Unrecht auf Unrecht gehäuft, und am Ende dieses Zeitraumes die Lösung der Frage so hoffnungslos gelassen, wie sie es am Anfange war. Die kräftige Erhaltung unserer Verträge, die Entschädigung unserer Unterthanen, die Wiederherstellung so lange unterbrochener Ruhe, forderte uns endlich auf, die Gewalt, die wir besaßen, anzuwenden, nicht zu rächen, sondern zu beruhigen, nicht Krieg zu führen, sondern den Frieden herzustellen. Mit welcher Weisheit diese Intervention ausgeübt wurde, beweisen Thatsachen; die widerspenstigen Rebellen und die unverbesserlichen Seeräuber wurden augenblicklich ruhig und friedlich; die Meere wurden dem Handel wieder geöffnet, die Griechen wurden aus Feinden nützliche Verbündete, und boten den Türken einen Zufluchtsort vor ihren eigenen Zerrüttungen und eine persönliche Sicherheit, die ihnen ihre eigene Regierung nicht gewähren konnte.

Der Kadi sagte, das sey ihm freilich ein neuer Grund, dessen Stärke er fühle, indeß könne er doch nicht einsehen, daß unser Recht, uns selbst zu entschädigen, uns ein Recht gäbe, unsere Macht dermaßen auszuüben, daß das osmanische Reich durch) unsere gute Absicht und wohlwollende Beihülfe über den Haufen gestürzt wurde.

Wir erwiederten dagegen, sein Einwurf wäre ganz richtig und die Unabhängigkeit Griechenlands, die nicht in den ersten Planen gelegen hätte, wäre durch den Eigensinn des Sultans entstanden, der nur auf der beschrittenen Laufbahn zu beharren brauche, um die Unabhängigkeit von noch mehr Ländern als Griechenland hervorzurufen, selbst bei unserm besten Willen, das zu verhindern. „Mögen des Teufels Ohren verstopft werden!" rief der Kabi. „Gut, gut," sagte er nach augenblicklicher Pause, „unrecht oder „nicht, wir müssen immer leiden; die Schwäche und Verderbtheit „unserer Regierung reicht gerade hin, euch immer einen Vorwand „zu geben. Ich weiß, daß wir euch unsere Befreiung von den „Russen verdanken, die des Sultans Verkehrtheit uns auf den „Hals brachte,*) in demselben Augenblicke, wo er dem Volke „die Mittel und die Lust genommen hatte, ihnen zu widerstehen. „Was würdet ihr von einem Manne sagen, der seine Freunde „zum Hochzeitsmahle lüde, ohne Butter und Reis im Hause zu „haben? Und wenn ihr kein Hochzeitsmahl ohne Pillaw aus= „richten könnt, könnt ihr Krieg führen ohne Pillaw? Nicht „zufrieden damit, die Janitscharen weggeschnitten zu haben, ver= „suchte er unmittelbar darauf, die Bektaschis auszurotten. Ich „war damals in Konstantinopel, und befühlte jeden Morgen mei= „nen Kopf mit beiden Händen (er begleitete die Worte mit der „Gebärde), ehe ich sicher war, daß er noch auf meinen Schultern „saß. Mitten in diesem Schrecken versammelte er seine Paschas, „Beys und Ayans, und fragte sie, ob sie gegen die Russen fech= „ten wollten. Wer sollte wohl gewagt haben, dem Sultan zu „sagen, er wolle nicht? Aber wer hätte auch für so eine Regie= „rung fechten wollen, wenn sie lieber einen Juden oder einen „Zigeuner zum Sultan gehabt hätten? Ich habe meine Heimath „und meine Geschäfte in Konstantinopel verlassen um den Schup= „pen, worin ihr mich seht, und bin zufrieden, unter diesen Wil=

---

*) Der Krieg war keineswegs des Sultans Schuld, aber ich gebe die Unterredung, wie sie vorfiel. Sie erläutert die politischen Wirkungen, die aus der Verbreitung von Neuigkeiten entstehen, welche Macht allein in russischen Händen ist.

"den zu leben, weil ich außer des Sultans Bereich bin." — Ich brauche nicht hinzuzufügen, daß unser Freund ein Bektaschi war. *)

Die widersprechenden Meinungen und Interessen der verschiedenen Gemeinden, worein die Bevölkerung getheilt ist, die fortschreitenden Veränderungen in der Türkei und die veränderte Stellung Griechenlands, die Aufregung wegen der Gränzfrage, die Unwissenheit über die Absichten der europäischen Mächte und die Neugier darnach, dieß Alles vereint mit dem seltenen Begegnen von Reisenden in diesem Lande, hat uns mit einem Interesse und einem wirklich außerordentlichen Vertrauen umgeben. Die Leute überschwemmen uns mit Fragen und haschen uns die Antworten von den Lippen; so liegen denn auch ihre geheimen Zwecke und Gründe offen vor uns. Hier entfaltet die öffentliche Meinung unter den Türken, unverhüllt und unverstellt, eine Thätigkeit und eine Verstandsschärfe, die man in Konstantinopel vergebens suchen würde **), und täglich steigt meine Hoffnung, die gegenwärtige Gährung werde zur politischen Wiedergeburt führen, ein Ding, das nicht so schwierig ist in der Türkei, sollte ich denken, als Manche annehmen.

Zwölftes Capitel.

Stand der Parteien, Einleitungen zur Eröffnung des Feldzugs.

Nach der heute, am 19 Junius, eingetroffenen Nachricht scheint sich der Knoten enger zu schnüren. Ein Tatar (Courier) berichtete uns, die Kriegscasse, das Gepäck und der Vortrab des Sabrazem (Groß=Wessiers) habe vor acht Tagen Adrianopel verlassen, und werde heute in Monastir erwartet. Der Vortrab besteht aus acht Tambours (Regimentern), und beläuft sich auf fünf bis sechstausend Mann regulärer Truppen, die im russischen

---

*) Dieser und jeder Andere, deren Handlungen oder Ansichten ich erzähle, die ihnen durch irgend einen Zufall Schaden thun könnten, sind, wie ich sicher erfahren habe, außer dem Bereiche der Folgen.
**) Die Leute sprechen hier fast alle griechisch, und ich kannte damals nicht ein Wort türkisch.

Feldzug gedient haben. Des Sadrazems Abmarsch wird auf kurze Zeit durch Maaßregeln verzögert, die er ergreift, um Arslan Bey mit dem ersten Schlage zu zermalmen. Bevor er nach Westen zöge, wünschte er die Ayans und Spahis von Rumili in Bewegung zu setzen, in der doppelten Absicht, sie in Thätigkeit gegen die Albanesen zu bringen und aufrührerische Bewegungen in seinem Rücken zu verhüten. Auch wünschte er, Mahmud Pascha von Larissa Zeit zu lassen, einigen Vortheil über Arslan Bey davon zu tragen, um seiner Ankunft Glanz zu verleihen. Die von Arslan Bey und viertausend seiner Anhänger begangenen Verwüstungen in Zeituni, Trikkala und an den nördlichen Gränzen von Thessalien, und die neuliche Erstürmung von Kogana, geben dem Sadrazem eine glänzende Gelegenheit, sich zum Beschützer und Rächer der ackerbautreibenden Bevölkerung zu erklären, und den Kampf zwischen den Albanesen und der Pforte in eine Frage über Regierung oder Nicht-Regierung aufzulösen. Arslan Bey ist demgemäß in den Reichs= und Kirchenbann gethan und für einen Firmanli erklärt. Zehntausend Mann sollen unter Mahmud Pascha versammelt seyn, der sich anheischig macht, den Kopf jedes rebellischen Anhängers des Arslan Bey nach Monastir zu schicken. Der Ausgang dieser ersten Operation wird ohne Zweifel die Aussichten beider Parteien wesentlich berühren. Wird Arslan Bey geschlagen, so wird er einen Durchgang durch die Berge nach Albanien finden, aber unter seiner Partei Entmuthigung verbreiten. Die Scheidelinie zwischen den Freunden und Feinden des Sultans ist nicht bestimmt und nicht gerade, sondern undeutlich und wogend, und manche der Unschlüssigen werden den ersten Glückswechsel abwarten. Sollte Arslan Bey siegreich seyn, so kann sich der Sadrazem nur auf sein Pferd setzen und nach Konstantinopel zurückkehren, denn seine einzige Stärke liegt in der Meinung und in des Sultans Namen, und durch die Erklärung des Arslan Bey als Firmanli hat er Alles auf einen Wurf gesetzt.

Arslan Bey ist ein junger Mann und ein albanischer Held, erzählt eine Geschichte gut, sieht gut aus, singt gut, ficht gut, und trinkt gut, und hat von seinem Vater, dem Meuchardar (Siegelbewahrer) Ali Pascha's, ein Viertel des aufgehäuften Schatzes geerbt, den der Wessier seinen vier vorzüglichsten Günstlingen anvertraute. Er wurde zum Gouverneur von Zeituni ernannt durch den letzten Rumili Valessi, der auch den Seliktar Poda zum Gouverneur von Janina machte, und diese Partie soviel wie möglich verstärkte. Der Zwist zwischen den Parteien des Seliktar Poda und des Veli Bey ist rein persönlich. Es ist Blutrache zwischen ihren Häusern, aber ihre Anhänger lassen sich von beiden anwerben, je nachdem sie gute Bedingungen erhalten können. Alle richten ihre Blicke auf den Sold der Pforte, allein sie sind alle gleich entrüstet über den Versuch des Sultans, sie in ihren heimischen Bergen zu beschränken, und besonders darüber, daß er sie zwingen will, in die regulären Truppen zu treten und Beinkleider zu tragen.

Veli Bey's Groll auf Seliktar Poda machte ihn zum geeigneten Werkzeuge der Absichten der Regierung, während er sich freute, durch solche Verbindung Ansehen und Wichtigkeit zu erlangen. So entstand eine dem Sultan günstige Partei, obgleich die Einzelnen derselben kein gemeinsames Interesse mit der Pforte hatten oder den übrigen Albanesen feindlich gesinnt waren. Es waren deren nur wenige an Zahl, aber sie waren im Besitze der wichtigen Positionen von Janina und Arta und des Ueberganges über den Pindus durch Mezzovo, von Epirus nach Thessalien.

Seliktar Poda ist nicht das Haupt, aber der einflußreichste Mann der andern Partei. Er hält in seiner Hand die Bande, welche die Reste von Ali Pascha's Faction zusammenhalten; er ist kriegerisch, schlau und, wenn auch sein Ruf im Felde nicht groß ist, doch im Rathe ohne Nebenbuhler; er hat großes Vermögen und besitzt eine Festung, die man für uneinnehmbar hält. Die andern Anführer sind Leute von geringer Bedeutung, und außerhalb ihres Kreises wenig bekannt. Es sind Dscheladin Bey von Ochrida, Oheim des Skodra Pascha; ferner die Beys von Avlona, Argyro-Kastro, Tepedelene, Gortcha und Kolonias (obgleich der einflußreichste dieser Letzteren dem Groß-Wessier attachirt ist). Diese Leute sind eher Nebenbuhler als Verbündete. Sie wollen keinem ihres Gleichen gehorchen, und könnten daher nicht vereint und kräftig handeln. Zieht sich der Streit in die Länge, so wird ihre Nebenbuhlerschaft und ihre Raubgier zu Abfällen führen, und gegenseitiges Mißtrauen sie dahin bringen, gegenseitigen Verrath zu fürchten. Die Mannschaft wird so lange an ihren Führern hängen, als sie kann, denn in der That wird nur durch die Achtung und die Ehrfurcht der gemeinen Leute Jemand über die Andern erhaben. Gegenwärtig hält diese Verbindung alle Ebenen und Festungen des Landes besetzt. Straflosigkeit und Frechheit unter einem mächtigen Anführer kann sie auch ohne regelmäßigen Sold zusammenhalten; sollten sie aber in ihre Berge eingeschlossen werden, wo sie Kleidung, Beköstigung und jedes Lebensbedürfniß nur für baares Geld kaufen können, und Alles aus Seehäfen oder von regelmäßigen Märkten holen, und bei Festungen vorbei und durch bewachte Pässe schaffen müssen, so würden ihre Mittel und ihre Geduld bald erschöpft seyn, und sie würden ihre Anführer und Albaniens Sache verlassen, um die gewohnten Rationen und Soldzahlungen zu erhalten, könnten sie dieß auch nur unter der harten Bedingung erhalten, die Fustanelle abzulegen.

Betrachtet man die Albanesen und Türken als offene Feinde, und ihren Kampf als regelmäßigen Krieg, so könnte die Voraussetzung, sie würden in ihre Berge eingeschlossen und aus den Ebenen und Festungen vertrieben, nur das Ergebniß eines siegreichen Feldzuges seyn, und dennoch habe ich dieß nur als einen vorgängigen Schritt zu den Feldzugs=Operationen angenommen. Thatsächlich aber sieht jede Partei in der andern einen Feind; indeß scheint in den äußern Formen ihres Verhältnisses die größte Uebereinstimmung zu herrschen, und der Rebell wagt es nicht, sich als Gegner zu bekennen, oder sich und seine Anhänger durch ein Feldgeschrei oder ein Kennzeichen zu ermuthigen. Ein Bujurdi oder ein Befehl abseiten eines Pascha's wird von einem albanesischen Festungscommandanten mit der äußersten Unterwürfigkeit entgegengenommen. Vielleicht wird er dadurch aufgefordert, die Festung zu übergeben; er antwortet: er sey sehr bereit, den Befehlen Seiner Hoheit zu gehorchen, und sehne sich, den Behang des Sopha's Höchstderselben zu küssen — aber seine Truppen haben rückständige Forderungen an die hohe Pforte und halten ihn als Geisel fest, das Schloß als ein Pfand, er sey täglich in Gefahr, Gewalt unter ihren Händen zu leiden, und ersuche und flehe den Pascha an, das schuldige Geld einzuschicken, indem er sonst nicht für die Folgen und für sein eigenes Leben einstehen könne. Und das ist oft der Wahrheit gemäß. Wirklich werden die Albanesen schwerlich mit offener Widersetzlichkeit beginnen, ohne irgend haltbare Gründe. Hierin aber liegt die Stärke der Pforte, die moralische Stärke, die, wenn zweckmäßig geleitet, Menschen und Waffen überwiegt, aber eben darum hängt auch Alles ab von der leitenden Intelligenz. Dieß auch, in einem mehr praktischen und einem allgemein zugänglichen Gesichtspunkte, gibt der Pforte den nicht zu berechnenden Vortheil, den Augenblick des Auftretens und den Angriffspunkt zu wählen, und sie kann, ohne zu offenen Feindseligkeiten zu schreiten, durch Befriedigung der Forderungen und Auszahlung der Rückstände die Räumung und den Besitz starker und wichtiger Posten erlangen. Auf diese Weise also können die Albanesen in ihre Berge versperrt werden, was, wie ich erwähnt habe, nur ein vorläufiger Schritt zum bevorstehenden Kampfe ist, sollte Arslan Bey geschlagen und der Krieg nach Albanien versetzt werden.

Behauptet hingegen Arslan Bey, obgleich für Firmauli erklärt, das Feld, nachdem schon Blut geflossen, so werden die Albanesen die Festungen ohne Gewissensangst behalten und Sold und Lebensmittel vom Landvolke erpressen. Nur der Mangel oder die Unfähigkeit eines Anführers kann sie dann abhalten, ihre Verwüstung überallhin zu verbreiten und in allem Ernste die Fahne des Aufruhrs aufzupflanzen, vor der die sechzig Roßschweife von Rumili in den Staub sinken müssen.

Die Albanesen fühlen das Unsichere und Gefährliche ihrer Stellung, obgleich sie ihre Feinde verachten und überzeugt sind, ihre Anzahl und ihre kriegerische Kraft sichere ihnen einen leichten Sieg, könnten sie zweckmäßig geleitet werden; allein es fehlt ihnen an Vertrauen unter sich, und es fehlt ihnen an einem Anführer. In dieser Verlegenheit wenden sich ihre Blicke auf den Pascha von Skodra. Die Unabhängigkeit der Ghegs (Nordalbanesen, dem Pascha von Skodra unterthan) ist immer vollständiger gewesen, als die der Albanesen selbst; die Ghegs sind überdieß unter einem Haupte vereint und eben so kriegerisch, aber ein noch halsstarrigerer Stamm, der nicht daran gewöhnt ist, unter den Türken Dienste zu nehmen. Obrist Leake sagt von ihnen: „Sie vereinigen die Grausamkeit der Albanesen mit der Ausdauer der Bulgarier." Reich an Landbesitz, bei gleicher Vertheilung des Vermögens, kümmern sie sich so wenig um das geistliche als das amtliche

Ansehen des Sultans. Skanderbegs Geist mag wohl nur in kargem Maaße auf seine Nachfolger vererbt seyn, aber noch besteht die geographische Lage und die militärische Stärke, wodurch Croia (zu Skodra gehörig) der Mittelpunkt eines vorübergehenden Reiches wurde, und Skodra ist jetzt, wie es immer gewesen, die Hauptstadt und der Stolz Albaniens. Höchst wichtig sind daher Mustapha Pascha's Absichten, bis jetzt aber noch in Geheimniß gehüllt. Die Albanesen versichern, er sey völlig mit ihnen einverstanden, auch ist es nicht wahrscheinlich, daß er, der wirklich sein Paschalik einem Siege seines Großvaters über des Großherrn Truppen verdankt, es gerne sehen würde, wenn die Albanesen einen Theil des stehenden Heeres der Pforte bildeten.

Die von den Anhängern des Großwessiers besetzten Positionen sind folgende: die Ebenen von Thessalien durch Mahmud Pascha, einen Circassier, Günstling des Großwessiers und ihm ergeben, von großem persönlichem Muthe, persischer Geschicklichkeit, würdigem Anstande und, wie man sagt, großer Fähigkeit; Janina, die Ebene von Arta und die Seeverbindung von Prevesa und dem Meerbusen durch Veli Bey, der vom Großwessier abhängt und durch häusliche Bande an ihn geknüpft ist, die denen des Blutes gleichkommen. Für einen Albanesen ist Veli Bey ein Gelehrter, und obgleich nicht frei von den Fehlern seines Landes, noch unbefleckt von den Verbrechen seiner Zeit und seiner Stellung, möchte ich es doch für sehr schwer halten, unter seinen Standesgenossen seinen Verstand und seine Uebersicht zu finden, oder die Talente, die ihn auf seine unsichere Höhe gehoben und ihn darin erhalten haben. Der wichtige Paß von Mezzovo ist der Geschicklichkeit und Treue eines würdigen Veteranen, Namens Gench Aga, anvertraut.

Die Albanesen — ich meine nämlich die feindliche Partei — haben ihre Stärke im Norden einer nordöstlich von der Küste, Corfu gegenüber, bis nach dem Pindus gezogenen Linie und im Westen einer wellenförmigen Linie, die von der Nachbarschaft von Kastoria die Mittelgruppe der albanischen Berge umkreiset, Monastir östlich liegend lassend. Im Norden von diesem Zuge sichern die Ghegs, die Mirditen, die Bosniaken und die Serben die Insurgenten gegen einen Angriff, wenn sie ihnen auch den jetzt erwarteten mächtigen Beistand nicht leisten.

Im Süden der Albanesen sind die Berge von Chimara und Paramithea, im Osten die Mittelkette des Pindus und die pierischen Berge von zwanzigtausend Griechen besetzt, Armatolis, die jetzt zwischen den streitenden Parteien stehen, und die Schale niederdrücken könnten, in die sie ihr Gewicht legten, allein sie sind geographisch zerstreut, ohne gemeinschaftliche Anregung und ohne Oberhaupt.

Der Mittelpunkt der Operation des Großwessiers ist Monastir. Diese Position, als ein Inselpunkt nicht zu vertheidigen, ist höchst wichtig, da sie zugleich der civile, politische und militärische Mittelpunkt Albaniens ist. Seine militärische Stärke besteht in den umgebenden Pässen und Festungen, die immer engere und engere Vertheidigungskreise gegen jede Annäherung ziehen, während von diesem Punkte die albanischen Ebenen nach der einen Seite eben so offen stehen, als die macedonischen nach der andern. Thessalien und Epirus sind gleicherweise zugänglich. Von Monastir aus ist es leicht, die Verbindung zwischen Skodra und Albanien zu hemmen. Indem die Position die Verbindungen des umgebenden Landes im Mittelpunkte zusammenfaßt, kann sie eben so leicht Zufuhr aus Konstantinopel erhalten und die Contingente Rumilis sammeln, als Operationen gegen Albanien leiten und den Pascha von Skodra im Zaum halten.

Ich habe Veli Bey angeführt als in Janina commandirend, aber dem Namen nach gehört der Oberbefehl dem Emin Pascha, einem Sohne des Großwessiers, der ein Jahr zuvor nach Monastir geschickt wurde, Verbindungen mit der Partei des Sultans im Süden anzuknüpfen, aber sich nicht in das Land hinein wagte. Sein Geheimschreiber, ein junger Grieche, der nach allen Nachrichten bedeutende Fähigkeiten und Scharfblick haben soll, aber in Europa erzogen, wenig bekannt ist mit der Beschaffenheit des Volkes, das er behandeln soll, wurde in Janina, das damals im Besitze des Seliktar Poda war, mit allen Bezeugungen der Unterwürfigkeit und der Achtung empfangen. Der arglistige Zögling Ali Pascha's versicherte ihn, er sey bereit zu gehorchen und stolz darauf, sich den Befehlen des Sohnes seines Herrn zu unterwerfen; er freue sich der Gelegenheit, seinen Diensteifer zu beweisen und die Verleumdung zu widerlegen, die ihn als Feind des Großwessiers darstelle, weil er der Feind seines unwürdigen Günstlings Veli Bey wäre. Der Geheim=

schreiber schickte Brief auf Brief an seinen Herrn, mit Bitten, durch seine eigene Gegenwart so günstigen Willen zu sichern und der junge Pascha, geblendet von der Aussicht, beide Factionen in Albanien zur Unterwerfung zu bringen, bevor er noch von seinem, damals den Feldzug gegen Rußland führenden Vater Antwort erhalten konnte, eilte nach Janina, wurde mit unbegränzter Ergebenheit empfangen, im Triumphe nach Ali Pascha's Palaste im Castelle geführt, der zu seiner Aufnahme in Stand gesetzt war — und fand sich als Gefangener und als Geisel. Veli Bey, natürlich entrüstet über die seines Herrn Sohne angethane Schmach, suchte und fand Mittel, die Gegenpartei zu vertreiben. Er zog triumphirend in Janina ein, um seinen Adoptivbruder aus seiner unwürdigen Sklaverei zu befreien und sich selbst den Lohn dafür zu ertheilen.

Das war die Lage der Parteien bei unserer Ankunft in Albanien, die mit Mahmud Pascha's Zuge gegen Arslan Bey zusammentraf, mit dem Abmarsche der ersten Truppen des Großwessiers aus Adrianopel und einem Versuche, durch Unterhandlung den Besitz der wichtigsten Festung im Norden zu erlangen, ein Versuch, der die außerordentliche Richtigkeit des Scharfblickes des Großwessiers zeigte und den gewohnten glücklichen Erfolg hatte. Der Werth dieser von mir angedeuteten Erwerbung, der Festung Berat nämlich, läßt sich am besten zeigen durch einen Vergleich der Stellung beider Parteien in Ali Pascha's Kriege und dem gegenwärtigen Augenblicke.

Obgleich Ali Pascha die Festungen Gortcha, Kastoria und Ochrida und die umgebenden Berge inne hatte, war doch schon seit fünf Jahren vor seinem Falle Monastir in den Händen des Rumili Valessi, der ihm in diesem Amte gefolgt und der Pforte ergeben war. So wurde also der Pforte der Werth dieser Stellung dadurch aufgehoben, daß Ali Pascha die Umgebungen besaß, worin er seinerseits wieder nicht sicher war, weil der Feind in Monastir steckte. Auch im gegenwärtigen Kampfe wird die Wichtigkeit Monastirs gleicherweise von der Bezwingung Ochrida's abhängen.

Im früheren Kriege wurde der Angriff auf Albanien zu gleicher Zeit von drei verschiedenen Punkten aus gemacht. Ein Heer, unter Pehlevan, drang durch Thermopylä, verheerte Phocis, Doris, Lokris und Aetolien, fiel auf Akarnanien, ließ Prevesa vom türkischen Geschwader blokirt liegen und besetzte ohne Widerstand den Pente-Pigadia, in dem Augenblicke, wo Ismael Pascha sich nur an den thessalischen Pässen des Pindus zu zeigen brauchte, um die Unterwerfung des Omer Brione und Mustas mit zwölftausend Albanesen und griechischen Armatolis anzunehmen, die Stärke und das Vertrauen Ali Pascha's und einer Macht, die reichlich genügt hätte, die östlichen und südlichen Pässe Albaniens gegen jede Macht des Sultans zu vertheidigen, wären sie durch Eigennutz oder Zuneigung der Sache des Wessiers aufrichtig ergeben gewesen. Das dritte Heer war das des jungen Mustapha Pascha von Skodra, der seine Ghegs und Mirditen versammelte, Tyranna, Elbassan und Cavalla besetzte und schon Berat erreicht hatte, als er die Nachricht eines Einfalles der Montenegriner in sein Paschalik, den man auf Rechnung russischer Intriguen schob, freudig als Vorwand zur Umkehr ergriff. So sehr ihn nämlich die Demüthigung eines so gefährlichen Nachbars freuen mochte, würde es ihm doch sehr leid gethan haben, zu seinem völligen Untergange beizutragen. Doch schrieb er an Ismael Pascha, ihn antreibend, das offene Land von Mittelalbanien zu besetzen, und bald darauf begann der Rumili Walessi Operationen von seiner festen Stellung aus gegen Muktar Pascha, der Berat festhielt und dabei von den Ghegs, wenn auch nicht unterstützt, doch wenigstens niemals bedroht oder belästigt wurde. Dennoch würde Ali Pascha, selbst nach dem Verluste aller dieser Positionen, selbst nach dem Abfalle seiner Truppen und seiner Söhne, endlich Sieger geblieben seyn, wäre er nicht verrathen worden.

Im gegenwärtigen Kampfe sichert die Unabhängigkeit Griechenlands die Albanesen gegen einen Angriff vom Süden aus. Allem Anscheine nach beschützen die Gesinnungen des Pascha's von Skodra sie nicht allein vor offenem Angriffe von seiner Seite, sondern sie verschließen auch dem Großwessier die starken Vertheidigungslinien, die sich von Ochrida nach den Pässen des Katschanik und den bosnischen Bergen erstrecken. Da aber Janina schon in den Händen der Partei des Sadrazem (Großwessiers) ist und es außer Janina und Skodra keine Position gibt, die zugleich militärische Stärke mit Landesreichthum und einer Reihefolge militärischer Vertheidigungslinien verbindet, so möchte ich mich zu dem Glauben hinneigen, daß, falls sich nicht der Pascha von Skodra selbst an die Spitze des Bundes stellt, der Mangel an einem Mittelpunkt der Verbindung eben so verderblich seyn wird, als der Mangel an einem tüchtigen Anführer.

Da also der Großwessier nur die Mittel hat, über Monastir oder Mezzovo in Albanien einzudringen, er aber schon im Besitze von Janina ist, so ist es ihm vor allen Dingen wichtig, seinen Standpunkt so weit als möglich nordwärts zu versetzen, Monastir durch die Erwerbung der umgebenden Positionen zu verstärken und die Ebenen von Tyranna, Croia und Berat zu erreichen, wo seine Reiterei wirken kann, um sich zwischen den Albanesen und den Ghegs festzusetzen, während er die Albanesen in den Rücken nimmt und sie von den Ebenen und der See abschneidet.

Diese vorläufigen Bemerkungen werden die jetzt zu erzählenden Ereignisse verständlich machen.

Während wir uns Glück wünschten, daß wir uns durch die Befürchtungen unserer Freunde in Griechenland und Rumili nicht hatten abschrecken lassen, nach Albanien zu gehen, und daß wir so glücklich wären, gerade im Augenblicke des Ausbruches zu kommen, trat ein griechischer Kapitano, ein Verwandter der Frau des Consuls, in unser Zimmer und erzählte uns, er wäre eben von Berat angekommen, wo sich der erste Auftritt des Trauerspieles ereignet hätte. „In Berat!" riefen wir aus. Unsere Vorahnungen wurden durch das einzige Wort bestätigt, das zugleich die Absichten Mustapha Pascha's, die Befürchtungen des Großwessiers, seinen Feldzugsplan und seine tiefe Einsicht offenbarte.

Das Castell war von einem Verwandten des Seliktar Poda mit fünfhundert Albanesen besetzt. Des Großwessiers Menchardar (Siegelbewahrer) war vor den Thoren erschienen und hatte die Uebergabe gefordert. Der Commandant antwortete, seine Leute würden ihm nicht gestatten, die Festung zu übergeben, bevor ihre Rückstände bezahlt wären. „Sehr richtig," antwortete Menchardar, fragte nach der Größe der Forderungen, untersuchte die Rechnungen, zog den Saldo, ging dann nach Skodra und erhielt vom Pascha, wie man sagte, achthundert Beutel, etwa 6400 Pfd. St., womit er zurückkehrte und das Geld vor den Mauern zeigte. Nun waren die Albanesen in einer schlimmen Klemme. Sie hatten keine Befehle; sie wußten nicht, von wem sie solche erhalten sollten; sie kannten nicht die Absichten ihrer Landsleute; sie fürchteten ihre Sache zu verderben, oder sich selbst zu gefährden, und vorzüglich waren sie bestürzt über das unerklärliche Einverständniß, das zwischen dem Pascha von Skodra und dem Großwessier obzuwalten schien. Der Commandant wurde verrückt; ob seine Tollheit wirklich oder verstellt war, ist unwesentlich, sie diente indeß als Vorwand, die Uebergabe der Festung zu verzögern und zeigte offenbar, daß des Sultans Name und des Großwessiers Geschicklichkeit großes Gewicht hatten. Der Bruder des Commandanten, der für ihn eintrat, erklärte sich für völlig unbekannt mit dem Stande der Rechnungen und weigerte die Uebergabe der Festung; indeß war wenig daran zu zweifeln, daß im gegenwärtigen Augenblicke des Großwessiers Agent im Besitze derselben war.

Der Meuchardar Effendi war von den Beys in Berat mit anscheinender Unterwürfigkeit empfangen (die Citadelle steht auf einem Felsen, unter dem und auf beiden Ufern des Beratino sich die Stadt befindet), aber sie schienen geneigt, allen seinen Planen entgegen zu arbeiten und wenig bereit, ihm den verlangten Beistand und Hülfe zu gewähren. Er berief eine öffentliche Versammlung, worin er ihnen entrüstet den Mangel an gutem Geiste vorwarf und ihnen erklärte, er habe ihnen nur sehr wenige Worte zu sagen, nämlich: „Seyd ihr Juden, so bekennt euch nur geradehin zu eurem Glau„ben; seyd ihr aber Moslemim, so seyd ihr dem Sultan und seinem „Wessier Gehorsam schuldig." — „Was!" sagte Suleiman Pascha, „sollen sich die Odjack's von Albanien dem Gewaltspruche eines „Fremden unterwerfen? Darfst du, weil du des Wessiers Sklave „bist, zu besseren Leuten als du mit Frechheit reden? Bist du hier „Odjack, oder bin ich es?" — „Hast du," erwiederte der Meuchardar, „nicht Sitte gelernt in Ali Pascha's Gefängnissen? Hat der „über eurem Haupte aufgehängte Balta euer Auge nicht geschärft? „Haben euch die fünfmalhunderttausend Piaster Einkünfte, die euch „der Sadrazem wiedergegeben, weder Menschenverstand noch Dank„barkeit eingeflößt? Du fragst, wer hier Odjack sey, du oder ich? „Du bist Odjack *) und ich will dir sagen, was das heißt — zwei

---

*) Odjack, das eigentlich eine Feuerstelle bedeutet, ist die von den albanesischen und sonstigen reichen Besitzern und Familienhäuptern angenommene Bezeichnung.

„aufgerichtete Steine, mit brennendem Holze dazwischen, aber des „Herrn Fuß ist dicht dabei; ein Stoß stürzt Steine und Feuer und „nichts bleibt nach, als Rauch und Asche." Der widerspänstige Odjack war zum Schweigen gebracht, und Alle erklärten sich bereit und willig, zur Bezwingung der Citadelle zu helfen.

Unser Berichterstatter hatte während zweitägiger Reise fünfzig Leichen längs der Heerstraße gezählt. Selbst zwischen diesem Platze und Pente=Pigadia sind vier Tambours oder Regimenter nicht hinreichend, den Weg sicherzustellen, und während der letzten paar Tage sind zwei Reisegesellschaften angegriffen und mehrere Leute erschossen worden.

Dreizehntes Capitel.

Stadt Arta. — Abreise nach und Ankunft in Janina. — Zustand des Landes. — Weibliche Tracht und Schönheit. — Häuslicher Gewerbfleiß. — Vertheilung der Truppen. — Plötzlicher Schrecken und Zurüstungen zu einem Feldzuge.

Der Fluß Arta wird bei seinem Austritte aus den Hügeln von einem verlängerten Sandsteinzuge aufgenommen, der sich nach Norden und Süden erstreckt. Der Fluß krümmt sich und umkreist das nördliche Ende, begränzt die Höhen an der Westseite und fließt dann südwärts in den Meerbusen. An dem niedrigen Punkte dieses Höhenzuges im Norden steht das Castell, ein langer und schmaler Bau, mit mächtigen Thürmen von allen Gestalten und Größen, und über die Mauer rankt Epheu, füllt die Schießscharten und schlingt sich sogar um die Mündungen der wenigen harmlosen Kanonen. Störche, die einzige sichtbare Besatzung, stehen Schildwache auf den Thürmen oder schreiten feierlich längs der Batterien, ungestört von Krähenschwärmen mit grauen Kehlen und glänzend grünen Federn, die umher krächzen und flattern. Dieser Bau ist ganz orientalisch und allegorisch geworden durch einen zertrümmerten Thurm, der sich über die anderen erhebt und auf der Spitze einen Dattelbaum trägt, der das „Klima=Banner" schwingt, neben einer schlanken, dunkeln Cypresse, dem traurigen Telegraphen der Zeiten. Hinter dem Castelle, aber noch auf dem niedrigen Grunde, liegt die Stadt in Trümmern zerstreut, die wegen der zahlreichen

Bogengänge, Schwiebbögen und Säulen merkwürdig sind, welche noch dazwischen stehen. Der alte Umfang der Mauern umfaßt viermal die Ausdehnung der jetzigen Stadt; sie sind von alter hellenischer Bauart, aber an der östlichen Seite ist der Bau völlig gleichförmig. Die Steine sind mit der größten Genauigkeit an einander gefügt, die Oberfläche völlig eben gehauen, die Lagen liegen genau parallel, aber die Steine nicht überall rechtwinkelig. Die erste Lage ist fünf Fuß hoch, und die Steine sind zum Theil sechs und sieben, zum Theil neun Fuß lang und vier breit; wir fanden einen von acht Fuß zu eilftehalb und dabei vier Fuß breit.

Die Kirche von Parygoritza ist ein weites viereckiges Gebäude von Ziegelsteinen und Mörtel, mit gut geschwungenen Bögen und gutem Mauerwerk. Sie enthält aus Nikopolis weggenommene Marmor= und Granitsäulen. Ihr äußeres Ansehen ist sonderbar und auffallend; als wir Arta näher kamen, sah sie einem Palaste ähnlich. In Barletta und anderen Gegenden Apuliens finden sich ähnliche Kirchen, die man irrthümlich gothische oder lombardische nennt. Die Albanesen hatten in der Kirche bivouakirt und die wenigen Reste verderbt. Wir fanden die von Pouqueville so großsprecherisch angekündigte Inschrift; wir konnten kaum drei Buchstaben nach der Reihe herausfinden, aber das konnten wir mit aller Gewißheit versichern, daß kaum ein einziger Buchstabe seiner Abschrift mit dem Original übereinstimmte. Wir fanden uns nicht im mindesten versucht ΑΠΟΛΛ᾿ΗΡΑΚ ΔΙΟΝΥΣΙΟΣ herauszulesen.

Dicht an dem Castell ist eine Art offener Moskee, wo der erste Tag des Bairam gefeiert wird. Dicht an den für den Imam erhöhten Stufen wächst eine Cypresse aus dem Stamme eines andern Baumes, dessen griechischen und albanischen Namen ich vergessen habe, aber es ist der sinnbildliche Baum von Albanien, hat ein kleines, ovales, ausgezacktes und glänzendes Blatt, hartes Holz und man sagte mir, er trüge eine kleine Beere, die man im Winter ißt.

Am 23 verließen wir Arta, gingen über die Brücke zurück und dann uns rechts wendend, erreichten wir bald die Kalksteinhügel, die eine Fortsetzung derer über Arta sind. Eine Stunde lang streiften wir ihren Fuß, links war ein Moor und jenseits desselben die Ebene. Ali Pascha's Weg läuft über den felsigen Fuß der Hügel oder über einen Fußpfad über und durch das Moor. Unter und zuweilen über diesen Fußpfad spülen klare und reichliche Wasserströme aus den senkrechten Spalten des Kalksteins. Dieß Moor ist unter Ali Pascha auf eine kunstgerechte Weise ausgetrocknet worden. Ein tiefer Canal sammelte die Gewässer an ihrer Quelle, führte sie erst nördlich, ging dann nach Westen durch die Ebene und leitete das Wasser dann in den Fluß Rogus. Ali Pascha war gewohnt, diesen Canal in seinem Boote hinaufzufahren. Anderthalb Stunden von Arta kamen wir an das erste Wachhaus, auf einem vorspringenden Felsen zwischen dem Hügel und dem Moor. Eine Stunde weiter, durch ein niedriges Thal, wo die Hitze erstickend war, gelangten wir an einen zerstörten Khan (Wirthshaus.).

Die Landschaft hatte die unangenehmsten Züge einer Kalkstein=gegend: die Hügel waren hoch, ohne großartig und verschieden zu seyn; sie waren wild und schroff, fest oder bewachsen, ohne reich und schön zu seyn. Die Abgründe und Schroffheiten waren abgerundet und verwischt, aber die so verlorne Wildheit wurde weder durch Holz, noch Laub, weder durch Quellen, noch durch Schatten ersetzt. Doch ich rede, wie im Vorurtheil befangen, denn ich gestehe offen: ich mag die Kalksteinfelsen nicht, und ich wurde einmal zur plötzlichsten und übereinstimmendsten Freundschaft gegen einen türkischen Land=besitzer bewogen, der mir erzählte, er möchte den theuer bezahlen, der ihm seinen Kalk wegschaffte.

Anderthalb Stunden weiter kamen wir an das dritte Wach=haus, wo ein fetter, lustiger, alter und schmieriger Kapitano auf einem zerlumpten Sopha in einer wackelnden Hütte saß. Er be=wirthete uns mit Kaffee, Rahm, Käse und Buttermilch und bat um Entschuldigung, daß er uns in der Wildniß nicht so tractiren könne, wie es unserer würdig und er es wünschte. Er erzählte uns, seine Leute hätten eine Ruine in den Bergen dicht dabei gefunden, allein wir waren nicht mehr in Akarnanien und durften nicht daran denken, uns vom Wege abzuwagen. Oft genug waren wir schon von unseren Wachen ausgescholten, welche erklärten, sie könnten nicht verantwortlich für uns seyn, wenn wir nicht den von ihnen vorgeschriebenen Weg und Schritt hielten. In dritthalb Stunden kamen wir nach Pente=Pigadia, einem von hohen Mauern mit einem Martello=Thurme umschlossenen Castell oder Khan, in einer nach Norden blickenden Schlucht auf dem höchsten Theile der Bergkette. Ein schroffer Abhang brachte uns in eine kleine Ebene, von wo wir wieder auf die Hügel steigen mußten. Die Felsen sind Kalkstein (der sich fast wie Schiefer spaltet), alaunartiger Schiefer und Sandstein. Plötzlich öffnete sich die Gegend links und senkte sich in allmählichen Ebenen an das tiefe Bett des unsern Blicken entzogenen Flusses Rogus. Wir konnten indeß seinen Lauf verfolgen bis an den Paß der Gebirge von Pente=Pigadia, durch den er in einem unterirdischen Canale verschwindet. Die Hügel des Schauplatzes umher (nicht länger Kalkstein) zeigten terrassenförmige Abstufungen mit Weinbergen, Feldern und Dörfern und über ihnen erhoben sich die bleichgrauen Spitzen des Metzekali. Von dieser letzten Höhe herabsteigend kamen wir in eine schmale Ebene, die sich, je nachdem wir weiterschritten, wand und ausdehnte, und eine wellenförmige Oberfläche darbot, ohne einen Baum, ohne ein Haus und selbst ohne eine Ruine, die uns an den Reichthum desselben Schauplatzes vor zehn Jahren hätte erinnern können. Der einzig auffallende Zug in der Landschaft war eine mauergleiche Kette mächtiger Berge, welche die Richtung unsers Weges schräge durchschnitt und von der wir wußten, daß sie sich hinter dem längst ersehnten See von Janina erhebt. Endlich erreichten wir die Höhe des letzten Hügelzuges und blickten dann nieder auf den See, die Insel, die zertrümmerten Festungen und die niedergeschmetterte Stadt.

Hier ist der Mittelpunkt aller Erinnerungen, die mit den Begebnissen dieses Landes verknüpft sind, so wie mit der Geschichte der verschiedenen Bevölkerungen von Suli, Akarnanien, Epirus, Illyrien und selbst Thessalien und Morea. Dieß ist das Manchester und Paris von Rumili. Es war die Hauptstadt des ephemeren Reiches Ali Pascha's, es war der Schauplatz seines letzten langen und verzweifelten Kampfes. Zu ihm und zu diesem Zeitabschnitte kehrten unsere Gedanken augenblicklich zurück, als wir die Stadt erblickten, und sorgfältig erkundigten wir uns, wo die belagernden Feinde gelegen hatten, wo die Flottille lag, und mit unermüdeter Neugier und stets neuem Danke lauschten wir auf jedes Soldaten und Bauern Beschreibung von Ereignissen, die zu ihrer Zeit selbst in Europa so dramatisches Interesse erregten.

Der Ort ist jetzt ein Schauplatz vollständiger Verwüstung; der einzige Unterschied ist zwischen den Trümmern von neun Jahren und dem Umsturze von gestern. Während dieses langen Zeitraums unaufhörlicher Zerstörung, Parteienwuth und Gesetzlosigkeit könnten die Anhäufung von Trümmern und die Fluthen von Thränen und Blut Janina einen Namen in den Jahrbüchern des Elends erworben haben, gleich dem von Carthago und Syracus. Aber hier sind keine verstümmelten Bildsäulen, keine gebrochenen Säulen, keine zerschmetterten Tempel oder pfeilertragende Abgründe, die den Pilger von Geschmack zu dem Heiligenschrein der Zerstörung lockten. Feste Kerker, wackelnde Batterien, prunkendes Flickwerk barbarischen Glanzes nur füllen die Ufer des Acheron und lassen den Fremden im Staunen, wie ein, nur durch seinen Zerstörungsgeist bekannter Stamm noch etwas schaffen mochte zur Zerstörung für Andere, oder wie er zu dem Verdienste komme, fremdes Mitgefühl bei seinen Trümmern zu erwecken.

Bei unserer Ankunft in Janina gingen wir gradeswegs zu dem Konak (Quartiere) des Veli Bey, der uns äußerst herzlich empfing. Sein Erscheinen und sein Aufzug waren im höchsten Style skipetarischer Pracht, sein Benehmen war einnehmend und sein Ansehen würdig. Er sagte, sein Haus würde das unsrige seyn, aber er fürchte, wir möchten dort gestört werden, weßhalb er befohlen habe, uns in dem einzigen neuen und guten Hause der Stadt aufzunehmen; der Dragoman des Großwessiers werde unser Wirth seyn.

Mit dieser Einrichtung waren wir ausnehmend zufrieden und hatten volles Recht dazu. Wir beabsichtigten nämlich, Janina auf einige Zeit zu unserm Hauptquartier zu machen, und es war also nichts Geringes, so eingerichtet zu seyn. Wir vernahmen, der Dragoman Alexis sey ein von den Türken höchst geachteter Mann, und da er seit den letzten fünf oder sechs Jahren beständig im Dienste des Großwessiers gewesen war und ihn während der Kriege in Griechenland begleitet hatte, so versprachen wir uns nicht geringe Belehrung von seinem Umgange. Während des Monates, daß wir seine Gäste waren, würden die fortwährenden Aufmerksamkeiten, die nicht nur Wirth und Wirthin, sondern auch jedes Mitglied seines Hauses uns erwiesen, es uns schwer gemacht haben, selbst einen weniger interessanten Platz als Janina zu verlassen. Seine Frau war aus einer der ersten Familien von Janina, wenn nicht aus der ersten. Unter Ali Pascha war ihr Haus gewöhnlich die Wohnung der englischen Reisenden gewesen, und ich denke, Dr. Holland und Herr Hughes sprechen beide bf=

fentlich und mit Achtung von dem ehrwürdigen und trefflichen Greife, Dimitri Athanasiu, dem Oheim unserer Wirthin. Diese Letztere war genau genommen keine Schönheit, aber eine Dame von vielem geselligem Anstande, mit allen Sitten und Manieren einer Tonangeberin im Mittelpunkte griechischer und albanesischer Bildung. Ungeachtet aller ihrer liebenswürdigen Eigenschaften fürchte ich aber doch, sie möchte in London nicht der tabelnden Benennung einer Blauen *) entgangen seyn. Sie piquirte sich, Sophokles so gut wie Alfieri zu bewundern. Ihr Anzug war die Chami=Tracht, die niederalbanesische, die, wenn sie von den Kleiderkünstlern in Janina eingerichtet ist, in Zusammensetzung und Farbe das Vollkommenste ist, was ich jemals im Fache der Kleidertracht gesehen habe; sie verdankt ihre Wirkung weder Perlen und Edelsteinen, noch dem falschen Flitter goldener und silberner Schnüre, noch prunkenden und abstechenden Farben. Die Unterkleider sind von Seide oder dichtgestreifter Seide und Baumwolle, oder von zartgefärbtem Chali. Das Oberkleid, das der Tracht seine bezeichnende Schönheit verleihet, ist von hellem, aber nicht lebhaftem Tuche, z. B. asch= reh= oder steinfarben, und schön gestickt mit schmalen, runden Seidenflechten, gewöhnlich von derselben Farbe, aber ein klein wenig heller oder dunkler als das Tuch. Jetzt, da die türkische Stickerei so sehr in der Mode ist, wird hoffentlich dieser Wink nicht unbeachtet bleiben, denn nichts kann untürkischer seyn, als die Mischung aller schreiend abstechenden Farben, die, wie unsere Nachbarn (die Franzosen) sagen, unter Damenfingern „auf einander fluchen." Dieses Oberkleid hat keine Aermel, sondern schmiegt sich dem Körper an gleich einem Küraß, besonders rund um die Ceinture hinten, und breitet sich dann in faltigen Säumen aus. Auf dem Rücken und um die Mitte des Leibes, auf jeder Seite, ist die Stickerei sehr künstlich.

Weniger als bei uns hilft die Kunst der Natur bei der Auffassung der Umrisse orientalischer Schönen. Ihr Anzug kann Fehler und Unvollkommenheiten weder verbergen noch verstellen. Manche Umstände treffen im Morgenlande zusammen, um einem Charakter, einer Gesichtsbildung und folglich der Schönheit eine große Man=

---

*) Blaue, Blaustrumpf, eine von Johnson aufgebrachte Benennung einer gelehrten Frau.   D. Ueb.

nichfaltigkeit zu geben. Die Stämme werden einander fremd gehalten, die Bevölkerung ist an Oertlichkeiten gebunden, und große Veränderungen der Luft, Verschiedenheit des Klima's und das Aussetzen an dasselbe wirken auf die körperlichen Constitutionen, die für diese Einflüsse zarter und empfänglicher scheinen, als die Bewohner nördlicher Gegenden, die nach ihrer geographischen Lage dem Wechsel der Atmosphäre weniger ausgesetzt sind. Bei dem schönen Geschlechte müssen diese Veränderungen noch auffallender seyn, als bei den festeren Constitutionen der Männer, und in einigen Theilen des Landes ist Schönheit so reichlich, wie in anderen selten. Aus natürlichen Gründen mögen wir auch sehr geneigt seyn, orientalische Schönheit zu überschätzen; die Schwierigkeit der Annäherung, die Unverletzlichkeit des Harems umgeben mit neuen Reizen die Göttin, die das Geheimniß liebt. Man sieht eine weibliche Gestalt nie als im tiefen Schatten, durch Schleier verhüllt oder hinter Gittern versteckt. Sie wird nie durch grobe Arbeit entweiht, nie durch das Sonnenlicht gebräunt. Die unterscheidenden Reize des Morgenlandes sind eine höchst schöne Haut und klare Gesichtsfarbe, große, volle, lebhafte und kluge Augen und eine Marmorstirn. „Das Herz ist auf den Lippen, die Seele in den Augen, so lieblich wie ihr Klima, so sonnig wie ihr Himmel," kann man von allen Frauen sagen und wird von jeder Geliebten gesagt und wird mit gleicher Wärme wiederholt werden von einem Liebhaber in New-York, wie vom Schäfer in Abydos. Der ausgezeichnet treffende und ausschließliche Vorzug orientalischer Schönheit ist das Auge; richtig und zugleich unübertrefflich kann es nur durch den Vergleich des Persers beschrieben werden, der unmittelbar begeistert gewesen seyn muß, als er seiner morgenländischen Schönen Auge verglich mit dem „gestirnten Himmel, strahlend und dunkel." *)

Die Festung von Janina ist jetzt ein unregelmäßiger Umriß entblößter Batterien, mit den formlosen Ueberresten des zerstörten

---

*) Es mag dahin gestellt bleiben, ob Byron's „gleich dem Licht im dunklen Frauenauge," ein dichterischer Diebstahl ist oder nicht, aber jedenfalls sind die berühmten Zeilen auf Kirke White
Lo! the struck eagle stretched upon the plain etc.
nur eine wörtliche, dem Originale aber durchaus nicht gleichkommende Uebersetzung aus dem Persischen.

Serails gekrönt; dahinter erscheinen die höheren Spitzen von Kulia und Litharizzi, die ungeheure Masse ihrer eigenen Trümmer überragend. Kulia war eine Festung von fünf Stockwerken, mit einem zweistöckigen Palaste oben drauf. Die dicken Mauern, die soliden Pfeiler und Bögen von gehauenem Stein, die einer über dem andern den Bau stützen oder vielmehr den Raum offen halten und Berghöhlen gleichen, haben innerlich nur wenig vom Feuer und von den Kugeln gelitten. Der Palast obendrauf ist verschwunden und bei unseren Wanderungen über diese Trümmer, die wohl an Aegyptens aufgethürmte Massen erinnern mochten, fanden wir Albanesen damit beschäftigt, die Steine zu sprengen, um sich der eisernen Klammern und Stangen zu bemächtigen, die das untere Gebäude zusammenhielten. Kulia steht durch einen kleinen Canal mit dem See in Verbindung. Ali Pascha war gewohnt, mit seinem Boote in diesen Canal einzufahren und dann in einen kleinen, von Maulthieren gezogenen Wagen zu steigen, der eine abschüssige Fläche rund um ein großes Treppengebäude hinauffuhr und ihn hundert Fuß hoch vor der Thür des Serails absetzte. Von diesem Gebäude ist nur um wenige Yards der Litharizzi entfernt, die erste Festung, die Ali Pascha baute. Während der Belagerung ist nur der obere Theil zerstört worden. In der türkischen Kriegsführung ist der Vortheil des Bodens so groß, daß dieser von nur 150 Mann vertheidigte Platz von 18000 Mann vergeblich bestürmt wurde, die eine unglaubliche Zahl an seinem Fuße gelassen haben sollen. Vielleicht besteht das eigentliche Geheimniß der Vertheidigung darin, daß die Anführer der Belagerer eben so wenig Lust hatten, als die Vertheidiger, die in der Festung verwahrten Schätze in die Hände der stürmenden Horde fallen zu lassen.

Den Tag nach unserer Ankunft gingen wir hin, um Emin Pascha Sadrazem Zadeh, das heißt, Sohn des Großwessiers, unsern Besuch abzustatten und ihm unsere Briefe und Firman zu überreichen. Wir wurden eine Weile draußen gelassen; die hochmüthigen Odjacks mit ihrem nachschleppenden Gefolge gingen ein und aus und das Angaffen der Hausleute, Fremden und Diener wurde so lästig, daß wir endlich verdrießlich den Palast verließen. Als wir aber nach Hause kamen, hatten wir den Weg umsonst gemacht und fanden schon Boten vor, die aus dem Pa=

laste angekommen waren. Wir hatten sehr wenig Lust umzukehren, aber die Boten erklärten, ihre Köpfe oder Rücken wären für unser Erscheinen verantwortlich und riefen unsere gute Laune wieder zurück durch die Art, wie sie uns des Pascha's Achtung bewiesen, der, wie sie sagten, uns so sehnlich erwarte, daß wenn wir nicht freiwillig kämen, er uns mit Gewalt holen lassen würde. Auf unserem Rückwege trafen wir Boten über Boten und wurden in einem Triumphe zurückgeführt, der die flämischen Gesichter wieder gut machte, die bei unserm Weggehen das Hausgesinde uns geschnitten hatte. Wir wurden durch den Divan geführt, den der Pascha verlassen hatte, und dann durch ein Labyrinth von Gemächern, Gängen und Treppen, und durch Hecken von Offizieren und Wachen in ein kleines, abgelegenes Zimmer, wo der junge Pascha, in eine höchst glänzende albanesische Tracht gekleidet, uns auf eine sehr höfliche und, wie es beabsichtigt war, freundliche und vertrauliche Weise empfing.

Der Sadrazem Zadeh ist ein schmucker und zierlicher junger Mann von neunzehn Jahren, der sich sehr viel nach Europa erkundigte. Er bewohnt einen noch bewohnbaren Theil von Ali Pascha's Palaste, dessen Turbeh oder Grab, in einem Gitter von eisernem Drathwerk in einem Winkel des Hofes davor steht. Nur sein Kopf ist in Konstantinopel begraben.

Vor den Thoren der Festung wurde uns ein Kaffeehaus gezeigt, wo Ali Pascha seinen Stand genommen hatte, als bei der Annäherung der Truppen des Sultans die Albanesen in der Festung die Thore vor ihrem Herrn verschlossen, mit dem plötzlichen Entschlusse, aber ohne verabredeten Plan, mit der Pforte auf ihre eigene Hand Frieden zu schließen. Ali Pascha, der auf Recognosciren ausgewesen war, fand bei seiner Rückkehr die Thore zu seinem Erstaunen verschlossen. Er trat in dieses Kaffeehaus, das dicht am Graben lag, und bald erfolgte eine Parlamentiren zwischen ihm und den Albanesen auf den Mauern. Nachdem er ihnen mit Versicherungen geschmeichelt hatte, sein Frieden mit der Pforte sey schon in Ordnung und Ismael Pascha's Marsch nur eine Finte, schwankte ihr Entschluß und Einige entriegelten die Thore. Nicht sobald war er hinein, als sein zurückgehaltener Grimm losbrach; die getreuesten seiner Leute wurden belohnt und die Zweifelhaften durch die augenblickliche Plünderung der Stadt an ihn gefesselt, die erst halbgeplündert in Brand gesteckt wurde, und als das Feuer nicht hinreichend zerstörte, machten Kugeln und Bomben Alles, soweit sie reichen konnten, dem Erdboden gleich. So wurde eine Bevölkerung von dreißigtausend Seelen im Zustande völligster Entblößung umher zerstreut; die Ebene im Norden der Stadt war mit Flüchtlingen aller Stände und jedes Alters angefüllt — Mütter trugen ihre Kinder, andere versuchten, noch einige Trümmer ihres Vermögens zu retten — viele kamen vor Mangel um, und die Uebrigen wurden nah und fern zerstreut, von Corfu bis nach Konstantinopel.

Janina ist der Mittelpunkt der Kunst und der Mode, und bildet alle Modeherren von Rumili. Die in der morgenländischen Tracht so allgemein gebrauchten seidenen Flechten und goldenen Schnüre werden von den Juden in großen Massen verfertigt. Der Maroquin von Janina steht im höchsten Rufe und wird ebenfalls bedeutend viel gearbeitet. Der Savat oder die Silberschwärze, ihre Mode, Flinten, Trinkbecher, Patrontaschen, Schnallen und Zaumzeug zu verzieren, ist eine Kunst, die fast ausschließlich von einer Vlachi-Niederlassung in Kalarites geübt wird. In ihrer Nachbarschaft wachsen die Pflanzen, die sie zum Färben brauchen, was hier eine Hausstandsarbeit ist. Jedes Haus hat seine Weberbäume, wo die Frauen, wie im Zeitalter der Patriarchen, ihre Muße anwenden, ihrem Stande gemäß gröbere oder feinere Baumwollenstoffe zu weben und das schöne und zarte Gewebe von Seiden und Baumwollenflor, oder auch Seidenflor allein, den sie statt Leinwand brauchen. Nicht weniger berühmt sind sie wegen ihrer Kunst der Conditorei, und die eingemachten Früchte von Janina sind eben so ausgezeichnet, als die von Schottland. Ueberall mögen die Frauen eben so fleißig und eben so geschickt seyn, aber ich sah niemals so viele Thätigkeit mit so viel Zierlichkeit vereinigt als in Janina, und niemals Hausfrauen so wichtige Geschäfte übernehmen. Zu der emsigsten Aufmerksamkeit auf alle Geschäfte des Hausstandes kam noch die Zucht der Seidenwürmer, das Seidenwinden, die Zubereitung der Baumwolle, das Färben und das Weben dieser Zeuge und das Zurichten derselben zu jedem Artikel der Kleidung oder des Hausgebrauches.

Nicht weniger ausgezeichnet sind die Schneider durch Geschmack und Geschicklichkeit und die Männertrachten durch die Ge-

fälligkeit des Schnittes, die Zusammenstellung der Farben und die
Trefflichkeit der Arbeit. Welchen Abstand bilden die Handwerker
dieses klaren Himmels zu den unsrigen! Plötzliche Unglücksfälle
können über sie einbrechen, aber keine fälschlich in die Höhe getrie-
bene Industrie läßt sie unaufhörlichen Schwankungen zum Raube
werden. Es kann ihnen zu Zeiten mit Gewalt Geld abgepreßt
werden, aber sie haben nicht das empörende Beispiel einer Besteuerung vor Augen, die den Reichen schont und den Armen erdrückt.*)
Sie pflegen ihre Seidenwürmer, bereiten ihre Färbestoffe, weben
ihre zarten Zeuge und reichen Schnüre und sticken ihre Fermelis
und Zuluchia nicht an rauchenden Herden, sondern unter schatti-
gen Weinreben, und statt abgestumpft und gleichgültig unter der unglücklichen Unsicherheit der Zeiten zu werden, bemühen sie sich um
so mehr, Gefahr und Druck abzuwenden oder sich dagegen zu wehren. Das scheint Europäern höchst unbegreiflich, die mit der Be-
drückung und ihren Wirkungen nur durch Beispiele von systemati-
schem Despotismus bekannt sind, aber der Unterschied zwischen
menschlicher und gesetzlicher Tyrannei ist eine der nützlichsten Lehren, die der Orient uns geben kann. Die Tyrannei eines Menschen ist ungewiß und läßt den Unterdrückten Aussichten und Hoffnungen, ihr zu entgehen; sie verändert sich mit dem Einzelnen und
die Leidenden werden, wenn auch nicht entschädigt, wenigstens ge-
tröstet durch die Rache, die früher oder später den Schuldigen er-
eilt. Die Tyrannei des Gesetzes aber ist eine todte, unbewegliche
Last, die des Körpers Thätigkeit und des Geistes Kraft zugleich
drückt, keine Hoffnung auf Erlösung, keine Aussicht auf Entkommen läßt, keiner Verantwortlichkeit für ihre Handlungen, keiner
Rache für ihre Verbrechen unterworfen ist. Seit fünfzig Jahren
ist in der Türkei eine Zerrüttung der andern gefolgt, wie Well'
auf Welle, und Europa, nach der eigenen Kümmerlichkeit seines
Mechanismus und der daraus entstehenden Schwierigkeit der Aus-

---

*) Dort kann kein Haß aufkommen zwischen Meister und Gesellen, keine
Speculationen und keine Unglücksschläge. Die Steuern fallen in einer Masse
auf den District und deßhalb fühlt jeder Einzelne beständig, daß er bei
jedes Nachbars Fortkommen interessirt ist. Die Trefflichkeit des Princips verhütet jeden Unterschied politischer Meinung, das Wirken des
Systems vereinigt alle Classen, und unterhält das Mitgefühl und das
Wohlwollen zwischen Mann und Mann.

besserung urtheilend, hat jedes sich folgende Unglück als ein Vorspiel des Falles vom osmanischen Reiche angesehen. Der Türkei politischer Zustand kann mit seinem Klima verglichen werden: ein unerwarteter Orkan verwüstet in einem Augenblicke Felder und Wälder, bedeckt den Himmel mit Finsterniß, das Meer mit Schaum. Kaum ist die Verwüstung geschehen, als die Natur wieder auflebt; die Luft ist lauter Milde, der Himmel lauter Sonnenschein. Eben so zerstörend und eben so plötzlich überfluthen politische Stürme und kriegerische Aufstände die Provinzen, und nicht so schnell sind sie vorüber, als der Gewerbfleiß emsig sein Tagewerk wieder zurüstet und Sicherheit das Saatkorn streuet oder Blumen windet.

Emin Pascha hatte sein Boot zu unserer Verfügung gestellt, das einzige, was von den Flotillen Ali Pascha's und seiner Gegner gerettet war; indeß gab es noch eine große Menge Monoxyla auf dem See. Das Wassergeflügel auf demselben ist reichlich und mannichfach, und einer unserer Freunde, ein großer Jäger, wünschte sehr uns zu zeigen, wie man diese Jagd in Janina betreibt, allein der zerrüttete Zustand der Dinge verhinderte die Anstellung einer ordentlichen Entenjagd. Diese geht folgendermaßen vor sich: dreißig oder vierzig, mit in das Wasser hängenden Zweigen bedeckte Monoxyla, mit einem Jäger in jedem, bilden einen weiten Kreis, der sich allmählich verengernd das Geflügel in den Mittelpunkt treibt. So wie die Kähne näher kommen, tauchen die Vögel unter oder fliegen auf; der Jäger, der einen Vogel aufjagt, feuert, oder auch die Reihe gegenüber feuert, wenn er durchzuschwimmen versucht. Aber der Alarm ist nicht allgemein; die Vögel gehen nicht zugleich auf, weil der Kreis nicht sehr enggezogen wird, und so dauert die Jagd lange, und es wird in der Regel große Verwüstung dadurch angerichtet.

Der erste Gegenstand unserer Neugier war natürlich die Insel und ihr kleines Kloster, wo das Trauerspiel von Ali Pascha's Leben beschlossen wurde. Mit nicht geringem Interesse besuchten wir das unansehnliche Zimmer, in dem er ausathmete; die schmutzige, kleine Küche, die Vasiliki's Harem war; die Grotte, wo der Rest seines Schatzes verborgen war. Wir untersuchten die Kugellöcher in den Wänden und horchten, mitten unter den unbefangenen Zeugen seines Todes, den Einzelnheiten des Falles eines Tyrannen, dessen Andenken durch die Verbrechen seiner Nach=

folger wieder zu Ehren gekommen ist. Khurschid Pascha, der den angeblichen Pardon überbrachte, landete dicht am Kloster und kam durch einen kleinen Gang unter das von Ali Pascha bewohnte Gemach; eine Leiter führte zu einem schmalen Corridor, auf den das Zimmer ausging. Der Hof und die ihn übersehenden Felsen, dem Eingange gegenüber, waren von Ali Pascha's Anhängern besetzt. Khurschid Pascha's Gefolge begleitete ihn bis an den Fuß der Leiter und füllte den Gang unter dem Zimmer und die Ebene draußen bis an den Landungsplatz. Der Pascha stieg auf den Corridor und Ali Pascha trat ihm an der Zimmerthür entgegen. Während der Umarmung feuerte Khurschid Pascha eine in seinem langen Aermel verborgene Pistole auf Ali ab und verwundete ihn im Arm; er fiel in das Zimmer zurück, die Thür versperrend. Die Albanesen auf den Felsen fürchteten sich zu feuern, um nicht ihre eigenen Leute zu treffen. Ein Chami (Niederalbanese) Namens Flim, bekannt wegen seiner unverbrüchlichen Anhänglichkeit an seinen Herrn, lag in einem Fieberanfalle im Corridor; er war einen Augenblick allein mit Khurschid Pascha, raffte sich auf und hieb mit dem Säbel nach ihm, aber sein unsicherer Hieb traf einen Balken, der noch die Narbe zeigt. In dem Augenblicke, wo Ali Pascha verwundet wurde, rief er dem noch im Zimmer befindlichen Diener zu, Vasiliki zu erschießen, bevor aber der Befehl vollzogen werden konnte, flog eine Salve vom Gange dort unten durch den Fußboden und eine Kugel drang ihm in den Leib. Nachdem sein Tod einmal bekannt war, hörte für seine Anhänger der Zweck jedes Kampfes auf, und sie unterwarfen sich augenblicklich Khurschid Pascha, den ihre Flinten einen Augenblick vorher nur um ihres kranken Cameraden Flim willen geschont hatten. Khurschid Pascha kam, vollzog seinen Auftrag und ging davon, in kürzerer Zeit, als es den Leser gekostet hat, die Erzählung des Ereignisses zu durchlesen.

Wohl hat dieser See und haben seine Ströme einen Anspruch auf die düstersten Namen der alten Fabellehre. Der Cocytus, der Styx und der Avernus haben keine erdichteten Schrecken, welche die wahrhaften Gräßlichkeiten überbieten könnten, die ihre frischen Spuren und ihr frisches Andenken auf den umliegenden Plätzen zurückgelassen haben. Jeder Felsen, jeder Strom, jeder Fußbreit Erde trägt seine besondere Geschichte voll Blut und Verbrechen.

Als wir unter einem Felsenvorsprung der Insel vorbeisegelten, sagte der Bootsführer: „Hier wurden mit gebundenen Händen die Kardikioten in den See geworfen, die in der Nacht, wo Kardiki zerstört wurde, im Castell eingesperrt waren." Dieser Capitän war fünf und zwanzig Jahre in Ali Pascha's Dienste gewesen; er befehligte seine Brigg auf dem See und war zugegen bei der Zerstörung von Kardiki, die Poucqueville dramatisirt hat. Die eigentliche Thatsache ist folgende: Nach einigem vergeblichen Widerstande wurden die Kardikioten nach dem Khan gebracht, wo Ali Pascha in der Ebene auf seinem Wagen saß. Ein Theil der Bevölkerung war indeß schon, seines Vermögens beraubt, nach Prevesa geschickt und nur der Rest wurde vor Ali Pascha geschleppt. Ein Schreiber nahm die Namen und die Familie eines Jeden auf, und den Ort, wo seine Schätze verborgen waren. Denjenigen, die nicht zu dem Stamme der früheren Feinde des Pascha's gehörten, wurde der freie Abzug gestattet, und nur die Uebrigen, weniger als hundert Mann, wurden in den Hof des Khans geschickt. Maurer waren in Bereitschaft, und sofort wurde die Thür zugemauert, während die dem Tode geweiheten Opfer gleich Bildsäulen standen, stumm, aber mit Sicherheit ihr Schicksal erwartend. Die Mirditen und Ghegs wurden befehligt, die Anhöhe, die den Khan überblickte, zu besteigen und auf die Kardikioten zu feuern — sie weigerten sich. Athanasi-Vaka, den Poucqueville der Verwünschung überantwortet für seine dienstfertige Hülfe, als Ali Pascha im Begriff gewesen, den Kardikioten zu verzeihen, war nicht einmal gegenwärtig, denn er raffte ihr Eigenthum in einem der Dörfer zusammen, dessen Namen ich vergessen habe; aber Zongas, der Gefährte und Nachfolger des Katsch Antoni, wurde von Ali Pascha aufgefordert, seine neue Treue durch Vernichtung der Kardikioten zu beweisen. Er nahm achtzig seiner Vlachi, die das Werk der Zerstörung mit großem Widerwillen begannen, doch bald wurde es durch andere christliche und türkische Stämme vollendet, die sich zu ihnen gesellten. Die empörenden Einzelnheiten der von Ali Pascha's Schwester gegen die türkischen Weiber von Kardiki begangenen Scheußlichkeiten sind aber nur zu wahr, wie auch, daß sie gewöhnlich auf einer, von deren Haar gemachten Matratze schlief.

Während der Belagerung muß der See ein höchst prächtiges Bild dargeboten haben. Ali Pascha hatte eine Flotille und eine

Brigg; des Sultans Partei hatte eine Flottille von zwei und zwanzig Kanonenbooten; die Höhen waren mit Zelten besetzt, die Ebene mit Reiterei und Stämmen aller Art bedeckt, vom Kaukasus her bis zum adriatischen Meere; Breschbatterien und Mörser umkreiseten den weiten Umfang der Stadt. Die Belagerer richteten ihre Kanonen mit mehr Mühe als Wirkung, während Ali Pascha aus dritthalbhundert Feuerschlünden von der Insel, vom Castell, von Kulia und Litharizza rasch und gut antwortete. Sechzehn Monate dauerte die Belagerung; den Belagerern fehlte es oft an Munition und Mundvorrath, und zuweilen wurden sie ihrerseits von den Christen blokirt, deren Hoffnungen erregt waren, aber mit denen Ali Pascha keinen eigentlichen Bund geschlossen hatte. Mittlerweile hatte Ali Pascha mit gutversehenen Magazinen und Pulverkasten, und seinen kleinen See beherrschend, frischen Vorrath aus den Gebirgen und frische Fische aus dem See. Wie großartig müssen die Scenen zu Zeiten gewesen seyn, wo der Tag verfinstert und die Nacht erleuchtet wurde durch das sich kreuzende Feuer, auf solch einem Schauplatze so vieler Angriffs= und Vertheidigungs=Punkte.

Während unsers Aufenthalts war der Ort völlig ruhig; die Truppen waren größten Theils aus der Stadt entfernt und lagerten, siebentausend Mann stark, zwei bis drei Stunden weit. Seliktar Poda verhielt sich ruhig, aber im Norden erhielt das Land täglich eine feindseligere und bestimmtere Stellung. Veli Bey's Truppen durften sich nicht über zwanzig Meilen weit in die Berge wagen, die nördlich von der Stadt liegen. Wir konnten keine Nachricht erhalten über die ferneren Pläne jeder Partei, wünschten aber sehnlichst Seliktar Poda zu sehen und dann, wo möglich, Argyro=Kastro, Tepedelene, Berat und Monastir zu besuchen. Nachdem wir ohne die leiseste Gefahr nach Janina gekommen waren, obgleich in Akarnanien die Leute, die am vertrautesten mit dem Zustande des Landes schienen, uns versichert hatten, eine solche Reise würde mit den größten Schwierigkeiten und Gefahren verknüpft seyn; nachdem wir ungefährdet durch Akarnanien gekommen waren, obgleich man uns in Morea versichert hatte, man würde uns ganz sicher den Hals abschneiden, falls wir uns in die zerrüttete Provinz wagten; — so waren wir jetzt anfänglich geneigt, die Warnungen gegen den Versuch eines ferneren Eindringens in

Albanien unbeachtet zu laſſen. Wir fanden indeß bald aus, daß ſo ſicher wir auch des beſten Schutzes waren, den die Anführer irgend einer Partei uns gewähren könnten, es uns doch unmöglich ſeyn würde, von einer Partei zur anderen hinüberzukommen; wir durften uns ſelbſt nicht aus der Stadt hinauswagen ohne eine beträchtliche Wache. In dieſer Verlegenheit fragten wir Veli Bey um Rath; wir ſagten ihm, wie gerne wir nach Ober-Albanien vorzudringen wünſchten und bekannten ihm ſogar offenherzig, daß wir Seliktar Poda ſehen möchten. Wir dachten nämlich durch Kundgebung unſerer Abſichten die Möglichkeit der Beargwohnung zu vermeiden und ihn abzuhalten, heimlich unſern Planen entgegen zu arbeiten, dadurch, daß wir ihm Gelegenheit gäben, ſie geradezu zu verwerfen. Er drang in uns, unſere beabſichtigte Reiſe aufzugeben, mit dem Hinzufügen, wenn wir darauf beſtänden, könnte er uns ſicher geleiten bis an die erſten von Seliktar Poda beſetzten Päſſe, aber ſagte er, „ich kann euch nicht ohne eine Escorte von 200 Mann aufbrechen laſſen.“ In einem Augenblick, wo man nur mit Mühe Leute zu den allernöthigſten Dienſten auftreiben konnte, war die Erwähnung einer ſolchen Escorte gleichbedeutend mit einer beſtimmten abſchlägigen Antwort. Wir konnten alſo offenbar nichts Anderes thun, als entweder ruhig in Janina bleiben, oder nach Preveſa zurückkehren.

Während wir uns beriethen, welche von beiden Alternativen wir wählen ſollten, kam die Nachricht, daß Arslan Bey gegen Janina rückte und auf den Höhen von Mezzovo ſtände, in der Abſicht, die Verbindung Mezzovo's mit Theſſalien abzuſchneiden. Indem er ſich zwiſchen Monaſtir und Janina aufſtellte, ſchloß er das ebene Land nach allen Seiten und konnte nach eigenem Gutdünken Veli Bey beläſtigen, blokiren oder angreifen. Die Feſtungen von Janina waren nicht verproviantirt, Einwohner und Soldaten lebten von dem Getreide, das täglich über Mezzovo aus Theſſalien kam, ſo daß die Beſetzung dieſer wichtigen Poſition wahrſcheinlich zu Unruhen unter Veli Bey's Truppen und zum Verluſte der Stadt führen würde. Schnell wurde daher beſchloſſen, Veli Bey ſolle ihm zuvorkommen, wo möglich die Berge bei Milies beſetzen oder jedenfalls bereit ſeyn, Mezzovo zu helfen, falls Arslan Bey den Ort angreifen ſollte. Dieſen Beſchluß refuhren wir zufällig und eilten unverzüglich nach dem Palaſte des Paſcha im Schloſſe, wo Truppen und Anführer ſich drängten, wo Alles in der größten Unordnung ſchien und wo alle Anzeichen einer plötzlichen Entſcheidung und einer unerwarteten Bewegung vorhanden waren. Wir beabſichtigten, um Erlaubniß zu bitten, uns dem Zuge anzuſchließen.

Veli Bey war zu eifrig beſchäftigt, als daß wir hätten Gelegenheit finden können, mit ihm zu reden; wir baten daher den Dragoman, ihm unſere Bitte vorzutragen und uns Antwort zu bringen. Er kam bald wieder und ſagte, Veli Bey hätte an andere Dinge zu denken und wäre ſehr erſtaunt, daß Dilettanten ſich in Sachen eindrängen wollten, wo ſie nichts nützen und große Unruhe anrichten könnten. Das war ein grauſamer Fehlſchlag; wir hatten eine ſo ſtrenge Sprache von Veli Bey wenig erwartet; wir hielten ſie für ſonderbar, konnten aber doch nicht ſagen, daß ſie ungerecht wäre. In demſelben Augenblick, wo uns die Thür geöffnet ſchien, waren wir nun jeder Ausſicht beraubt, unſere lange und ſehnlich genährten Hoffnungen zu erfüllen, uns in die Ereigniſſe des Landes zu miſchen, oder auch nur ferner auf ſeine Berge und Ebenen blicken zu dürfen. Wir hatten keine Ausſicht mehr, Veli Bey zu ſehen, keine Hoffnung ihn zu beſänftigen; dennoch wanderten wir zögernd, verdrießlich im geräumigen Hofe umher, die Bewegungen beobachtend und die Anzüge der verſchiedenen Anführer und ihres Gefolges bewundernd, die uns niemals ſo intereſſant vorgekommen waren. Wir betrachteten genau alle Zurüſtungen zu einem Zuge, der alle Gefahren verloren und nur ſeine Anziehungskraft bewahrt hatte, ſeit wir uns verhindert ſahen, daran Theil zu nehmen. Während wir in dieſer Stimmung waren, kam ein junger albaniſcher Burſche, ein Verwandter Veli Bey's, zu uns und fragte, ob wir nicht Luſt hätten, den Zug mitzumachen. Wir antworteten, nichts würde uns ſo große Freude machen und fragten ihn, ob er es unternehmen wolle, unſer Fürſprecher bei Veli Bey zu werden. Die Bitte war kaum geſchehen, als ſie auch zugeſagt wurde, und der junge Albaneſe lief davon, um ſeinen Verwandten aufzufangen, der gerade von einem Zimmer ins andre ging. Wir warteten eine Weile, obgleich mit wenig Hoffnung zu einem günſtigen Erfolge; doch lobten wir uns ſelbſt wegen unſerer Gewandtheit, daß wir den Eifer unſers neuen Anwaltes nicht dadurch abgekühlt hatten, ihn von der ungünſtigen Entſcheidung zu unterrichten, die sein Chef schon abgegeben hatte. Bei seiner Rückkehr erzählte er uns, Veli Bey sey über das Gesuch sehr erstaunt gewesen, habe nicht glauben wollen, daß wir es ernstlich meinten und wolle selbst mit uns darüber sprechen. Wir gingen hin und erklärten ihm bündig, aber ernstlich, wie sehnlich wir wünschten, Albanien kennen zu lernen, weßhalb wir gerade so weit hergekommen seyen; wie schmerzlich uns seine Weigerung betrüben, wie sehr uns dagegen seine Erlaubniß erfreuen würde; die Vortheile, welche daraus entstehen würden, wenn Europäer mit dem Lande bekannt würden; die Absicht der türkischen Regierung, welche für ihn den Umgang mit uns nicht nachtheilig machen könnte, vielmehr die gegentheilige Wirkung haben dürfte.

Nachdem Veli Bey sich einen Augenblick bedacht hatte, sagt er: „Wohlan, wollt ihr gehen, so kommt die Gefahr auf eure Häupter, denn ich kann nicht einmal für mein eigenes einstehen; wollt ihr aber mit, so müßt ihr fertig seyn, heute Abend aufzubrechen." — „In zehn Minuten," war unsere Antwort. Da funkelte plötzlich sein Auge, langsam ließ er seine Blicke über die Beys gleiten, die auf drei Seiten des Zimmers saßen, als wollte er ihnen sagen: „Seht auf das Vertrauen, das Fremde auf mich und mein Glück setzen." Wir nahmen die Zeichen wahr, verstanden damals aber nicht den Sinn.

Doch was soll man von dem Dolmetscher sagen, der uns die erste angebliche Antwort gebracht hatte? Da es eine der ersten Gelegenheiten war, diese Art Leute kennen zu lernen, so war ich in größter Ungewißheit, wie ich sein Benehmen mir erklären sollte. Er hatte keinen Grund uns zu hintergehen; er hatte bis jetzt uns die größte Güte und Gastfreundlichkeit bewiesen und doch wahrscheinlich aus wahrhaft gütiger Absicht, denn wäre er unfreundlich gewesen, so hätte er sich freuen müssen, uns los zu werden; aber hier trat nicht der Mensch, sondern der Dragoman hervor, Leute, die es gewohnt sind, über Seele und Leib derer zu herrschen, zwischen denen sie die Vermittler sind.

Wir folgten Veli Bey in den Divan, um Abschied zu nehmen von dem jungen Pascha. Wir hatten ihn eine halbe Stunde vorher Dscherid (Lanzen) werfen sehen, eine Uebung, wobei er großen Eifer und Fertigkeit bewies. Er war nun aber wieder zurück=

gesunken in den düstern und feierlichen Osmanen und lag, in die
weiten Falten der Benische und Harvani gewickelt, mitten auf dem
geräumigen Divan, der einst Ali Pascha gehörte. Er war über
unsern Entschluß, Veli Bey zu begleiten, äußerst erstaunt und be=
auftragte ihn, die größte Sorgfalt für uns zu tragen. „Bei
meinem Haupte," antwortete der Bey.

Die Nacht über war die ganze Stadt in Bewegung, aber des
Bey's Abreise wurde bis zum nächsten Morgen verschoben. Nach=
dem wir das Versprechen von ihm erhalten hatten, zu rechter Zeit
die Stunde zu erfahren, wenn er abgehen würde, gingen wir in
unser Quartier, um unsere Vorbereitungen zu treffen. Am näch=
sten Morgen waren wir vor Tagesanbruch fertig und warteten
nun ängstlich auf Bescheid, uns dem Bey anzuschließen. So wie
der Tag vorrückte, stieg unsere Ungeduld; wir schickten Boten über
Boten, konnten aber nicht erfahren, wann er aufbrechen wolle,
welchen Weg er einschlagen werde, noch selbst, wo er gegenwärtig
sich aufhalte, ob er abreisen wolle oder nicht, oder ob er schon fort
sey. Die erhaltene Nachricht, und was eigentlich geschehen solle,
war uns ein vollständiges Geheimniß. Die widersprechendsten und
beunruhigendsten Gerüchte waren im Umlaufe. Einmal hieß es,
Arslan Bey hätte einen vollständigen Sieg erfochten, die Gebirge
im Norden besetzt und sogar die Verbindungen mit Trikkala abge=
schnitten. Unmittelbar darauf hörten wir, er wäre vollständig ge=
schlagen, auf der Flucht begriffen und bereit, sich zu unterwerfen.
Wir bemerkten, daß die Albanesen die Gerüchte von seinen Siegen
verbreiteten, die Griechen aber die von seinen Niederlagen, was,
wenn auch die Nachrichten als solche von geringem Werthe waren,
für uns wichtig war, indem es in unseren Gedanken die Einheit
des Interesses zwischen der Partei des Sultans und den Griechen
bestätigte; eine neue Combination, wie wir uns natürlich einbil=
deten, da wir aus Europa und aus Griechenland kamen. Die
Anführer, die wir kannten und treffen konnten, wußten entweder
nicht mehr als wir selbst, oder waren zu sehr mit ihren eigenen
Angelegenheiten beschäftigt, um auf unsere Fragen zu achten. In
dieser Ungewißheit blieben wir bis Ikindi, d. h. drei Uhr, als
wir mit Gewißheit erfuhren, der Bey sey vor zwei Stunden wirk=
lich aufgebrochen und habe schon das südöstliche Ende des Sees
erreicht, auf dem Wege nach Mezzovo. Wir beschlossen auf der

Stelle, ihm zu folgen; unsere Freunde vereinten sich dagegen mit Gründen und Bitten, aber trotz dessen und trotz neuer Schwierigkeiten wegen unserer Pferde und der Unmöglichkeit, Schutzwachen oder auch nur Führer zu erhalten, befanden wir uns mit Sonnenuntergang eben jenseits der Stadtgränze. Unser Reisezug war nach und nach verringert und bestand jetzt nur aus einem einzigen Diener, der früher mit dem Titel des Dolmetschers beehrt wurde, jetzt aber nicht allein als solcher dienen mußte, sondern auch als Diener, Tatar und Koch. Unser Surridschi, der uns für den Zug beigegeben worden, war ein wildblickender Ghieg, der nichts sprechen konnte, als seine barbarische Landessprache und am ersten Abend unsers Marsches allen Mundvorrath auffraß, den wir auf zwei Tage mitgenommen hatten.

Vierzehntes Capitel.

Skipetaren. — Zug nach dem Pindus.

Die Sonne war, wie gesagt, nur noch eine Klafter hoch über dem westlichen Horizonte, als wir, unbeachtet in dem allgemeinen Tumulte und Verwirrung, aus dem Thore von Janina ritten, heimlich uns freuend, bei der Entdeckung, daß wir unbemerkt durchkamen. Nicht sobald aber waren wir in der offenen Ebene, als wir unsere ganze Hülflosigkeit fühlten. Bis zu dieser Zeit hatten wir europäische Kleidung getragen — kurze Jacken und Strohhüte — übel zugerichtet von den Wirkungen der Zeit und des Wetters. Unser jetzt einziger Diener trug dieselbe Tracht und mitten in solcher Bewegung und Aufregung, ohne Geleit oder Schutz, eben so wenig von der Sprache als den Sitten des Volkes kennend, waren unsere Ahnungen düster genug, und die Figur, die wir spielten, gehörte in das Capitel von den Vogelscheuchen. Unser eilig besorgtes Gepäck polterte beständig hin und her; unser wilder Ghieg-Postillon, mit dem wir uns auf keine civilisirte Art verständlich machen konnten, zeigte seine Gemüthsstimmung durch eine fast ununterbrochene Fluth von Verwünschungen, bald über das Gepäck, bald über die Pferde und zuweilen über uns selbst. Bei jedem Umpoltern unsers Gepäckes tröstete uns unser Dolmetscher, indem er uns versicherte, auf das Zerbrechen unserer Kaffeegeschirre, Fernröhre, Pistolen u. s. w. käme es durchaus gar nicht an, da uns doch sicherlich vor morgen die Hälse abgeschnitten würden.

Eine Stunde nach Sonnenuntergang kamen wir indeß nach einem Khan, Namens Balduna, vier Meilen von Janina, am östlichen Ende des Sers. Dort freuten wir uns, ein bekanntes Gesicht zu erblicken, Abbas Bey, einen Verwandten des Veli Bey. Wir glaubten, nun wären unsere Besorgnisse und Gefahren vorüber; aber die Freude bei der Begegnung war nicht gegenseitig: Wir bemerkten bald, daß so viele Mühe er sich auch gab, freundlich zu scheinen, er doch sehr verlegen darüber war, wenn seine Landsleute sähen, daß zwei so zweideutig aussehende Figuren neben ihm säßen. Er verließ uns plötzlich und wir erfuhren sogleich, er sey mit seinen Leuten abgezogen. Dieser Umstand machte einen tiefen Eindruck auf uns. Ein Gefühl des Alleinseyns in der Welt, eine Kälte überschleicht unser Herz, wenn man sich verachtet und gemieden fühlt, ein das Gemüth erstarrendes, die Nerven angreifendes Gefühl; dann erscheinen Gefahren und Leiden, so schlimm sie auch seyn mögen, beneidenswerth, wenn sie durch unserer Mitmenschen Gesellschaft gesegnet werden.

Unsere Freunde in Janina hatten uns einen wohl versorgten Eßsack mitgegeben. Wir glaubten, die Zeit sey gekommen, wo dergleichen Imbiß unsere Gedanken ein wenig zerstreuen, unsere Philosophie einigermaßen stärken könne. Aber ach! während wir über öffentliche Angelegenheiten verhandelten, hatte unser Gheg für sich allein den ganzen Mundvorrath verzehrt! Hungrig, erschöpft und nicht einmal wagend, um Wasser zu bitten, aus Furcht unsere Hülflosigkeit zu verrathen und abschlägige Antwort zu erhalten, gingen wir nach einer Anhöhe. Unfähig, Wache zu halten, stellten wir eine Figur auf, der wir einen Turban aufsetzten und eine Flinte auf die Schulter legten. Vertrauen wieder gewinnend und uns unserer List freuend, legten wir uns nieder und schliefen ein, nachdem wir unserer Furcht, Wuth und Entrüstung Luft gemacht und sie so vertrieben hatten.

Wie tief empfanden wir an jenem Abend den Abstich zwischen den Scenen, die wir auf dem Makronoros erlebt hatten und den uns jetzt umgebenden, zwischen dem begeisterten Gruße und der glänzenden Gastfreiheit der griechischen Banden und dem verachtenden Hohne, dem wilden Aussehen der Skipetaren=Horden! Dennoch waren wir hier gänzlich in der Hand eines jeden dieser Banditen, ohne irgend ein Schutzmittel oder die entfernteste Aussicht auf Abkauf, um Gewalt zu hemmen. Diese von allen möglichen Seiten sich darbietenden Betrachtungen führten uns zu keinen andern Schlusse, als zu dem aufrichtigen Wunsche, wir möchten uns wieder in unserm wohnlichen Quartiere in Janina befinden. Wir hatten aber einmal nach reiflicher Erwägung beschlossen, diesen Versuch zu machen; wir waren in unserm Entschlusse gerade durch das Abrathen unserer Freunde bestärkt worden und hätten nimmer die Complimente aushalten können, die wir bei unserm Wiedererscheinen in Janina sicherlich von allen Seiten uns zugezogen hätten.

Am folgenden Morgen erfuhren wir, Veli Bey würde den ganzen Tag in einem, vierundzwanzig Meilen entlegenen Khan bleiben. Mit Tages Anbruch waren wir in Bewegung. Während der Nacht waren unaufhörlich Truppen angekommen und abgegangen. Zwei bis dreitausend Mann mochten es gewesen seyn, aber der Lärmen und die Verwirrung hätte zu der Vermuthung führen können, daß es dreimal so viel gewesen wären. Es gab keinerlei Art von Ordnung; sie gruppirten sich um die Anführer von großem oder geringem Ansehen und die kleineren Anführer drängten sich wieder um die größeren. Diese Corps haben jedes seine eigenen, unabhängigen Zwecke und Handlungsweisen. Die Leute sehen nur auf ihre unmittelbaren Führer. Das Verhältniß und der Umgang dieser unter einander richtet und verändert sich durch tausend Umstände, aber alle (wie überhaupt Alles im Orient, in Folge des Mangels politischer oder Partei=Unterschiede) tragen einen persönlichen Charakter, im geraden Gegensatze mit unsern Begriffen von militärischer Disciplin und politischer Combination.

Wir richteten uns so ein, daß wir kurz vor einem Bey mit großem Gefolge aufbrachen, so daß es schien, als gehörten wir zu seiner Partei. Nachdem wir über eine niedrige Kette von Sandsteinhügeln gekommen waren, erreichten wir auf steilem Abhange das Thal, oder vielmehr den Canal des Flusses Arta, das sich gerade vor uns öffnete und bis an den Fuß des Pindus zu bringen schien. Durch diesen Thalweg zogen wir oft über den Strom hinüber und zurück und an jeder Ecke anhaltend, um die prächtigen Felsenspitzen zu bewundern, die sich großartig und schön vor uns und um uns aufthürmten.

Um Mittag kamen wir ohne fernere Abenteuer und fast ohne einen einzigen Albanesen gesehen zu haben, bei dem Khan von Roses an, wo, wie man uns zu unserer unendlichen Freude und zum Trost sagte, Veli Bey wirklich war. Wir wurden über eine Leiter in ein Gemach geführt, das mehr ein Boden als ein Zimmer war, und dort saß Veli Bey auf dem Fußboden mit zwei Leuten in fremder Tracht. So erbärmlich das Obdach war, so malerisch war die Gruppe; der so sehnlich von uns gesuchte Anführer, wie er auf seinem weißen Mantel ruhte, prächtig in seiner Gestalt und eben so classisch*) als glänzend gekleidet, war ein Gegenstand für einen Lysippus und ein leibhafter Monarch.

Bei unserm Eintreten stand Veli Bey auf. Diese einzige Bewegung zeigte uns zugleich unsere Stellung und seine Absichten, und befreite uns von allen Zweifeln über seine Lust oder seine Macht, sein Wohlwollen thätig zu bezeugen. Es stellte unsern Charakter und unser Verhältniß fest, nicht nur unter seinen Angehörigen, sondern auch im ganzen Lager, und ich möchte sagen, in Albanien. Ein Abendländer, gewöhnt an die großen Schatten geselliger Gleichheit, kann sich keinen Begriff machen von den Wirkungen und den Bedeutungen des äußern Benehmens im Morgenlande. Vom Augenblicke an, wo dieß Benehmen ein Mittel der Handlung ist, kann keine Bewegung, kein Zeichen ohne

---

*) Veli Bey trug den weißen arabischen Benisch über dem goldnen albanischen Fermeli, was mit dem goldgestickten Fustanel und Beinkleidern, die metallene Beinschienen vorstellen sollten, ihm das Ansehen einer römischen Bildsäule gab und das prächtigste Costume bildete, das ich jemals gesehen. Es war geschaffen für die Herren der Welt. In Tizians Holzschnitten zu dem in Venedig 1598 erschienenen Werke über Trachten, sind der venezianische Botschafter und der General in dieser merkwürdigen Kleidung dargestellt. Sie kann an den drei Bauschen auf der einen Schulter erkannt werden, das heißt, wenn der Arm durch die Kappe gesteckt ist. Die Bauschen kommen an den Hals, wenn der Benisch über den Kopf gezogen wird.

Bedeutung seyn. Es ist eine conventionelle Art des Umganges, gleich der Sprache, und so haben die Orientalen zwei Sprachen, statt unserer einen. Seit meinem Umgange mit Orientalen, den ich damals für lang und belehrend hielt, war dieß aber das erste Mal, daß ein Moslem aufstand, um mich zu empfangen. Ich hielt das für ihren Glauben und ihren Sitten gleich widerstrebend.*) Die Thatsache öffnete ein neues, aber noch undeutliches Feld der Untersuchung; indeß diente sie wenigstens dazu, die Neugier zu erregen, die Beobachtung zu ermuthigen, den Entschluß zu stärken, und füllte uns vor allen Dingen mit Zufriedenheit, daß wir den Zug unternommen hatten und die Nacht vorher nicht nach Janina umgekehrt waren.

Gerade in dem Augenblicke unsers Eintrittes sollte das Essen aufgetragen werden; kein Wort wurde gesprochen, keine Einladung erfolgte, und kaum hatten wir Zeit uns umzusehen, als der runde lederne Korb auf dem Fußboden mitten zwischen der Gesellschaft geöffnet wurde, und das von einer geschickten Hand geschwungene lange Tischtuch über die Knice des Bey, der beiden türkischen Fremden und unserer fiel. Ein wunderschön geröstetes Lamm, das ganz zugerichtet war, aber zerschnitten aufgetragen wurde, mit trefflichem weißem Brode, war unser Mahl. Während des Essens wurde kein Wort gewechselt und wir hatten zu viel zu denken und zu thun, als daß uns das Mahl hätte lang und das Stillschweigen verdrießlich seyn sollen. Der Bey schien vergessen zu haben, daß wir zugegen waren und wir fühlten, daß alles, was wir erwarten könnten, darin bestünde, daß wir geduldet wurden, und daß wir mit unzeitigen Fragen weder besser schmausen, noch mehr erfahren würden. Vielleicht, gewöhnt an die lakonische aber ausdrucksvolle Weise, die wir damals zuerst zu begreifen anfingen, dachte er, schon unsere Aufnahme sage uns alles, was uns zu wissen nöthig sey, namentlich, daß er über unser Kommen nicht unzufrieden sey, und uns an Teppich und Lamm Theil nehmen lassen wolle. Die uns so auferlegte

---

*) Damals wußte ich nicht, und ich glaube, daß Europäer in der Türkei überhaupt selten wissen, daß die Moslemim nur in der Türkei sich dieser Achtungsbezeugung gegen Bekenner anderen Glaubens entziehen. Späterhin werde ich mich bemühen, die Ursache dieser Sonderbarkeit zu erklären, die aus den feindseligen Ansichten Europa's entstanden ist.

Zurückhaltung und die Abhängigkeit unserer Lage brachte uns zu
dem glücklichen Zustande der aufmerksamen und bescheidenen
Beobachtung, ein Vortheil, den vielleicht wenige abendländische
Reisende genossen haben. Statt zu sprechen, zu tadeln und zu
entscheiden, wachten wir, prüften, warteten und hielten den Mund,
und fühlten zum ersten Male nicht nur die Zierlichkeit des orientalischen Styles und die Würde türkischen Benehmens, sondern auch
ihre wirkliche Gewalt.

Da wir fürchteten, im Wege zu seyn, so entfernten wir uns
gleich nach dem Essen, und wanderten nach einem Wäldchen über
dem Khan, um ungestört über alles zu reden, was wir gesehen
hatten. Der Bey hielt seine Siesta und die wenigen Diener waren seinem Beispiele gefolgt. Nach etwa anderthalb Stunden
kamen einige Reiter in aller Eile an; wir hatten uns so gesetzt,
daß wir den Khan und die Landstraße beobachten konnten, entschlossen, man solle uns nicht wieder zurücklassen. Wir gingen
nach dem Khan zurück, wo Alles im Gange war und der Bey,
den wir allein fanden, uns ein offenes und herzliches Willkommen
bot. Er äußerte sein Erstaunen, daß wir ihm gefolgt waren
und gestand, es absichtlich unterlassen zu haben, vor seiner Abreise zu uns zu schicken, da er gefürchtet, daß, wenn auch kein
Unglück geschähe, die schlechte Bewirthung, die er uns verschaffen
könne, uns mit einer ungünstigen Meinung von Albanien nach
England begleiten würde. Der Friede war bald geschlossen und
wir versicherten, wie wir die Richtigkeit seiner Abneigung fühlten,
zu einem solchen Zuge ein Paar unnützer, und, wie er vielleicht
glauben dürfe, neugieriger und unangenehmer Franken mitzunehmen; daß wir ihm aber keine Unruhe machen, keine Fragen an
ihn richten und ihn nie besuchen würden, als auf sein eigenes
Geheiß.

Nachdem wir zu dieser genügenden Verständigung gekommen
waren, sagte er uns, wir müßten uns nun zum Marsche in die
Gebirge anschicken, er wolle diesen Abend zehn Meilen weiter
lagern, in einem Thale oben auf dem Pindus.

Nachdem wir den Khan verlassen, wendeten wir uns links
von dem Wege nach Janina und begannen das Ersteigen der
mächtigen Bergkette, die Thessalien von Albanien trennt. Wir
waren damals im Besitze einer nur spärlichen und unsichern

Kenntniß in Betreff der Stärke und des Zweckes unsers Zuges, so wie der bestimmten Stärke, der Absichten und des Charakters der Insurgenten; indeß bemerkten wir, wie das Landvolk in großer Unruhe war und daß die Albanesen, selbst die von unserer eigenen Partei, im Herzen für Arslan Bey waren, von dem sie behaupteten, er habe fünfzehn bis zwanzigtausend Mann. Wir waren erstaunt, keine Truppen bei uns zu sehen, indem Veli Bey mit einem Gefolge von nicht mehr als zwanzig Reitern aufbrach. Ohne uns seiner Gegenwart oder Beachtung aufzudringen, versuchten wir, in seiner Haltung zu lesen. Er ritt allein, das Kinn beinahe auf der Brust ruhend, gänzlich verloren für die Dinge um ihn. Sein Pfeifenträger ritt von Zeit zu Zeit an ihn heran mit einer frischgestopften Pfeife, die er mechanisch annahm und an die Lippen brachte. Was konnte wohl nach allem Vermuthen seine Gedanken beschäftigen? Auf einer Seite Arslan Bey, Herr von Mezzovo, die Vorräthe abgeschnitten, Janina gefallen — Seliktar Poda wieder dort, und im Besitze der Person des Emin Pascha — Veli Bey auf immer gesunken, ein Flüchtling in Griechenland oder sein Kopf auf der Pforte des Serails. Auf der andern Seite, Arslan Bey zurückgeschlagen — Janina gerettet — Emin Pascha behalten — Seliktar Poda gedemüthigt — Albanien organisirt — die Albanesen disciplinirt — Veli Bey Brigadegeneral — Veli Bey Pächter der Fischteiche — Veli Bey, Statthalter von Prevesa — von Arta — von Janina — Veli — Pascha! Ha, und wer weiß? vielleicht Wessier! Der Tag kann kommen, wo Veli Jacchio Sadrazem wird! Der Art mögen die wachen Traumbilder gewesen seyn, die der Vater der Götter und Menschen ihm schickte, aus beiden Gefäßen, welche die Träume ehrgeiziger Sterblichen enthalten. Nicht geringer aber müssen die Sorgen gewesen seyn, die seine gegenwärtige Lage, die bevorstehende Gefahr und die Bedürfnisse ihm auferlegten. Gehorsam zu erhalten ohne Geld — einem Feinde entgegen zu gehen ohne Truppen — einem Herrn zu gehorchen, dessen Sieg zur Zerstörung führte — in Nothwehr sich einem Gegner zu widersetzen, dessen Niederlage ein Unglück wäre — Hülfsmittel zu gebrauchen, auf die man sich weder verlassen konnte, noch sie vernachlässigen durfte. Verloren im Nebel des Geschickes, den ein Hauch als Eisregen herabsenden oder zu Glanz und Sonnenschein zerstreuen konnte, durfte er wohl sich weigern, mit eines Reisenden Fragen seine Sorgen zu vermehren, durfte er wohl sein Kinn auf die Brust neigen und an seiner leeren Pfeife rauchen, als wäre sie gefüllt gewesen.

Das Gebirge, das wir erstiegen, war, wie ich schon bemerkte, die Mittelreihe des Pindus, die gen Nord und Süd durch das Festland von Griechenland läuft, Thessalien von Epirus trennend, lang, hoch und schmal, gleich einer Mauer sich erhebend aus den todten Flächen Thessaliens an der einen Seite, und den Ebenen von Arta und Janina an der andern. Wir überschritten es nahe der Centralgruppe, aus der die fünf größten Flüsse des alten Griechenlands nach allen vier Weltgegenden fließen. Zu unserer Rechten, frei von den mehr zusammenhängenden Höhenzügen, erhob sich diese Gruppe, hoch über den übrigen Bergen, mit ihren spitzen Gipfeln. Nicht eigentlich Berge, sondern Erd= und Felsenmassen waren rund umher aufgethürmt und zerstreut. Die Klippen waren nackt und wie frisch abgesprengt; die Erde schien eben heruntergeglitten zu seyn und die Landschaft glich der Scene in einem Krater, oder dem Morgen nach der Sündfluth, idealisirt durch das erhabene Gefühl des Schweigens, die halbe Poesie der Trauer.

Was waren in diesem ewigen Schauplatze der Natur die menschlichen Atome, die man um die Säulenknäufe und Gewölbe kriechen sah? Ihre Leidenschaften störten nicht die Erhabenheit; ihr Siegsgeschrei und ihr Todesröcheln konnte kaum die Ruhe unterbrechen! Wenn der Anblick dieser Massen unserer Erde, die sich in die Wolken thürmen, die gen Himmel streben und ihn unseren Augen verschließen, uns zu allen Zeiten zurückwendet auf unsere Mitmenschen, uns zum Mitleiden, aber noch mehr zur Bewunderung bewegt, wenn

„Alles, was den Geist erhöhet und bestürzt,
„Sich frei ergeht um diese Gipfel" —

um wie viel mehr muß ihre Größe mit Ehrfurcht erfüllen, wenn man sie in solcher Gesellschaft erblickt; wie muß ihre Masse und ihre Ewigkeit imponiren, wenn man daneben steht und mit dem Geiste und mit dem Auge den kleinen Sterblichen mißt, der eine Klafter lang und einen Tag alt ist, und sich doch ihren Herrn und Gebieter nennt!

Wir waren mit einem schwachen Geleite aufgebrochen und hatten verwundert nachgedacht, was aus den zahlreichen Haufen ge=

worden sey, die wir über die Ebene von Janina zerstreut gesehen hatten, und uns während der Nacht vorbei gezogen waren. Als wir hinauf stiegen, schien der Pindus eine vollständige Einöde, aber unbemerkbar vermehrte sich unser Geleite; wir konnten nicht begreifen, woher der Zuwachs zu der Zahl kam; wir wendeten uns um, um die Aussicht zu bewundern und zu sehen, ob einige Corps uns nachkämen. Als wir den Marsch wieder antraten, war plötzlich der ganze Berg über uns mit Menschen bedeckt. Dieß war der Sammel= und Ruheplatz gewesen, und bei dem Halten des Mittags= schlummers hatten sich die Truppen so eingerichtet, daß sie mit dem Skipetaren=Instincte des Versteckens schliefen. Unter jedem Busch und Baum und hinter jedem Felsen sprangen nun Soldaten auf — und welcher Ort für dieses plötzliche Erscheinen! Der Weg stieg durch verschiedene Zickzacke über fünf oder sechs Gipfel über einander. Augenblicklich war er gefüllt mit Spahis und lanzen= tragenden Chaldupen, mit Beys auf muthigen Rennern und langen Reihen geschürzter Skipetaren, in allem Prunke glänzender Rüstung und lebhafter Farben und in jeder Abwechselung kriegerischer und malerischer Tracht. Diese schnell in Bewegung gesetzten Reihen machten eine, nicht mit Worten zu beschreibende Wirkung; jetzt schienen sie durch die Wendung des Zickzackweges vorbeizugehen — jetzt waren sie verschwunden im Gebüsche, jetzt erschienen sie hoch= erhaben auf den Felsen — jetzt zogen sie in geraden und langen Reihen steil den dunkeln Berg hinauf — jetzt verließen sie plötzlich den ge= bahnten Weg und kletterten gleich Ziegen den Pfad hinan; so ver= kleinerten sie sich, auf den zurücktretenden Fernen und den höheren Höhen, bis wir sie nur noch nach der weißen Reihe ihrer schneeigen Mäntel und Fustanelle und nach dem Blitzen des Silbers und Stahls verfolgen konnten.

Als hätte Natur beschlossen, die Ansicht mit allen Reizen zu schmücken, die ihre Laune ihr eingeben und mit aller Macht, welche die Elemente gewähren könnten, — so entstanden Berge schneeweißer Wolken auf dem tiefblauen Himmel und zwanzig Minuten lang strömten tausend Veränderungen von Licht und Schatten über Him= mel und Erde. Das Gewitter nahte sich, dunkelte, brach los, und lange, ferne und melodische Klänge, der Scene würdig, dröhnten durch die Hallen des Pindus. Große Regentropfen begannen zu fallen und glänzten in dem noch nicht verschwundenen Sonnenscheine;

aber die dicken und schweren Massen rückten näher, umhüllten uns mit Finsterniß und näßten uns mit Regen; betäubende Schläge krachten wie Ausbrüche eines Vulcans oder fielen gleich Schlägen aus der Hand des unsichtbaren Gewittergeistes, die Felsen erschütternd, während die Blitze von Wolke zu Wolke schossen und der Donner von Klippe an Klippe prallte. Der Weg wurde zum Bergstrom; auf den Regen folgte Hagel, den fürchterliche Windstöße trieben, die bald die zerrissenen Wolken gegen uns sprengten, bald sie weiter jagten. Als wir Zuflucht unter einem Felsen suchten, öffnete ein Riß in den eilenden Wolken uns auf einen Augenblick eine Aussicht auf die Welt dort unten; dort lag das Thal, das wir am Morgen durchritten, still und schön, aufwärts blickend, wie die Liebe vorgestellt wird, die Thorheit bewachend. Gar nichts vom Gewitter war dahin gefallen, nicht ein Regentropfen störte den Spiegel der Quellen, nicht ein Windhauch beunruhigte die Blätter seiner Lauben. Der schlängelnde Strom sandte in unsere Gegend des Kampfes und der Finsterniß die zurückgeworfenen Strahlen der untergehenden Sonne und glänzte, durch die sammetgrünen Wiesen gleitend, gleich einer Silberkette, die Jemand auf ein gesticktes Kissen geworfen.

Diese Gewitter sind selten und fallen beinahe nie auf die Ebenen, aber wohin sie bringen, ist ihre Wuth ohne Gränzen. Hütten, Häuser und Bäume werden umgerissen, und Vieh und Schafe in die Abgründe geschleudert; die Verwüstungen erstrecken sich aber nicht weit, und die Wuth der Elemente dauert nicht lange. Wenn die Gewitter die See dieser schiffbedeckten Küste fegen, so wird die Zerstörung nicht weniger gefühlt, obgleich nicht so viel besungen, als in alten Zeiten. Dennoch ruft Jeder, der nur Schulbube gewesen ist, wenn er längs der sonnenbeschienenen und windgekühlten Küste hinsegelt: Infames scopuli Acroceraunicae! (Berüchtigte Felsen von Acroceraunien!)*) Früher hatte ich ein solches Gewitter vom Makronoros gesehen, und habe die Wirkung beschrieben, die es aus

---

*) „Monti della Chimera, vor Alters die ceraunischen oder acroceraunischen Berge, sind als die Gränze zwischen dem jonischen und adriatischen Meere anzusehen, und haben den alten Namen daher, weil sie öfters von den Blitzen getroffen worden." (Büsching in seiner Beschreibung von Albanien, I. 2. S. 1377.)   D. Ueb.

der Entfernung machte. Die Ebene unten war ruhig, und eben so schienen es oben die Klippen; aber in der Mitte rang ein Chaos von schwarzen und bleifarbenen Wolken den Todeskampf und schleuderte Zickzack=Blitze gegen das Gebirge oder auf die Ebene. Ein großartiges Schauspiel anzusehen, aber kein sehr angenehmes Experiment, um es mitzumachen.

Nachdem das Gewitter vorüber, war es hübsch anzusehen, wie die lustigen Palikaren ihre durchnäßten Justanellen ausrangen und mit ihren triefenden Stickereien im Schlamm tappten. Aber bei der Durchnässung, bei der nach dem Gewitter kalt gewordenen Luft und in dieser Höhe bei der großen Veränderung der Temperatur, im Verhältniß zu den heißen Ebenen drunten, war Keiner aufgelegt, sich auf Kosten Anderer lustig zu machen.

Bei Sonnenuntergang erreichten wir den Khan von Plaka, auf dem Gipfel des Passes, wo Veli Bey übernachten wollte. Die Truppen rückten nach einer kleinen Ebene, wo schon eine Lagerstätte eingerichtet war und wo vor einiger Zeit ein Tausend Mann gelegen hatte, um die verschiedenen Pässe zu beherrschen oder zu unterstützen. Dort waren Vorbereitungen getroffen zur Aufnahme dieses frischen Corps, das, wie wir jetzt erfuhren, fünftausend Flinten zählte. Von den Höhen des Pindus herabblickend begriffen wir mit einem Male den Stand der Parteien und der Dinge, und hatten obendrein das Vergnügen zu entdecken, daß wir unsere Wahrnehmungen dem Urgrunde alles Wissens, der Mutter aller Kenntniß verdankten — der Geographie. Was kommt der Vogelperspective gleich, um alle menschlichen Interessen eines Landes zu begreifen? Und wie angenehm ist es, durch die Beobachtung der Sachen selbst, nicht durch Menschenzungen, zur Kenntniß zu gelangen!

Der Khan von Plaka ist ein altes, schlecht eingerichtetes und geräumiges Gebäude — ein Hof im Mittelpunkte wird von Galerien, Corridors und einigen, durch Bretter abgetheilten Gemächern umgeben. Die Mauer draußen und der untere Theil drinnen sind von Maurerarbeit; das Uebrige ist baufälliges und knarrendes Holz. Das Gedränge von Soldaten und Dienern, die durch ihre nassen Mäntel noch schwerer geworden waren, brachte das ganze Gebäude zum Zittern und Beben. Der Hof füllte sich mit Packpferden, und gerade im geschäftigsten Augenblicke des Ab=

packens machte ein zweiter Ausbruch von Hagel und Donner die Thiere ganz scheu, und es folgte eine Scene unbeschreiblicher Verwirrung. In kurzer Zeit hatten sich indeß die Dinge zu einer Art von Ordnung gefügt, die Glücklichen bekamen trockene Kleider und wir gehörten zu dieser Zahl. Nun entstand eine allgemeine Fouragirung nach Brennholz; Einige liefen in die umgebenden Wälder, Andere sammelten sich sonst wo trockneres Material, und man fand, daß die Balken des alten Khans wie Zunder brannten. Ein Duzend Feuer im Hofe und draußen verbreitete bald Flammen und Rauchmassen, und wie durch Zauberei war ein halb Duzend Schafe in voller Größe gespießt und auf lange Stangen aus Feuer gelegt, die auf Gabeln ruheten, welche im Boden fest waren, mit einem Haken an dem einen Ende, der bequem mit der Hand gedreht wurde.

Wir erstiegen eine kleine Anhöhe, die den Khan überblickte. Welcher Abstich mit der glänzenden Scene des Vormittags! Welch ein Gegensatz zu dem ihm gefolgten Gewitter! Jetzt hauchte kein Lüftchen, um uns herrschte die Dunkelheit, die den letzten hinsterbenden Strahlen des Zwielichtes folgt, und die fast bis zur Finsterniß erhöhet wurde durch das Leuchten der Feuer, ausgenommen, wo sich das Licht in den schlanken Rauchsäulen, an den Felsen oder Bäumen, brach. Die köstlichste Empfindung verursachte die Kühle der Atmosphäre nach dem Gewitter, und auf dem Stande einer Klippe stehend, zwischen vier und fünf tausend Fuß hoch), athmeten wir die warm und lieblich aufsteigende Luft ein, die gewürzt war mit dem Dufte der Blüthen und Pflanzen, mit denen sie gekoset hatte, von Wiesenblumen zu Myrtenhainen und zum Haideblümchen des Gebirges sich schwingend. Unsere Gefährten schwelgten in der balsamischen Luft, sie entblößten Arm und Brust und standen gleich Seegänsen auf Felsen, die ihre Hälse strecken, um den Windeshauch zu fangen, und durch kurz abgestoßenes Geschrei und Flattern der ausgebreiteten Flügel ihre Lust verkünden. *)

---

*) Bei Durchsicht dieses Blattes finde ich die folgende charakteristische Skizze in einem kleinen alten, schon 1650 erschienenen Buche eines Herrn Robert Withers, betitelt: „Beschreibung vom Seraglio des Großherrn."
„Zu keiner Zeit zeigt sich ein Türke so wahrhaft vergnügt und zufrieden in seinem Sinne, als zur Sommerzeit in einem lustigen Garten. Denn nicht sobald ist er hineingetreten (wenn es sein Garten ist, oder

Bald aber nahm ein nicht minder reicher und schmackhafter Duft unsere Sinne in Anspruch und hemmte unsere Schritte. Dem milchweißen Ansehen der geschlachteten Schafe war ein schönes Braun gefolgt, als wir uns den Feuerplätzen wieder näherten; der aufsteigende Dampf, der zunehmende Duft, die vermehrte Thätigkeit der Bratenwender und der aus den erhitzten Gesichtern dringende Schweiß verkündeten das nahe Ende ihrer Anstrengung.

Doch mit aller Zufriedenheit, die solch eine Aussicht darbieten konnte, hatten wir nicht das behagliche Gefühl uns heimisch zu wissen. Zwei Feuer flackerten mitten im Hofe; es war eben möglich zwischen ihnen durchzukommen, ohne erstickt oder versengt zu werden, und wir beschlossen, dort zu spazieren, wo man uns sicher sehen und im Zusammenhange mit dem Abendessen bemerken mußte. Zuerst wurde ein Schaf gelüftet; ein Palikar nahm die lange Stange auf die Schulter und fort rannte er mit der rauchenden Trophäe, aber keine Botschaft folgte, es sey angerichtet. Ein Anderer kam und noch Einer und Alle kamen, aber kein Tafeldecker rief: „Monsieur est servi."

Ganz unnützer Weise hatten wir uns rösten lassen; unsere Kriegslist verrieth unsere Unwissenheit und beleidigte die türkische Gastfreiheit. Ein kurzes: „buiurn" verscheuchte unsere Zweifel, und wir fanden den Bey in einem kleinen Gemache oder eigentlich Verschlage, das höchst behaglich gefüttert war mit rauhen Män-

---

wo er glaubt es sich erlauben zu können) als er sein Oberkleid ab und bei Seite legt und seinen Turban eben drauf. Dann krämpt er seine Aermel auf, knöpft sich auf und wendet seine Brust nach dem Winde, wenn einer wehet, sonst fächelt er sich oder läßt sich von seinem Diener fächeln. Zuweilen stellt er sich auf ein hohes Ufer, um frische Luft zu schöpfen, hält seine Arme ausgestreckt (wie der Kormoran seine Flügel ausstreckt, wann er nach einem Sturm im Sonnenschein auf einem Felsen sitzt), liebkoset dem Wetter und der süßen Luft, sie seine Seele nennend, sein Leben und seine Lust; und wieder und immer gibt er einsichtbares Zeichen seiner Zufriedenheit. Während dieser lieblichen Zerstreuung nennt er den Garten nicht anders als sein Paradies. Mit den Blumen füllt er seinen Busen und bedeckt er seinen Turban, wollüstig ihren Duft aufriechend. Zuweilen singt er ein Liedchen an irgend eine hübsche Blume, die den Namen seiner Geliebten trägt, und laut jauchzt er auf, als wäre sie selbst gegenwärtig. Ein Bissen Essen im Garten thut ihm mehr gut, als das beste Mahl anderswo."

teln und groß genug, uns zu fassen und Spielraum für die Ellenbogen zu lassen. Ein ganzes Schaf, doch in handliche Stücke geschnitten, war in dem Lederkorbe mitten auf dem Fußboden aufgesetzt, damit wir Drei daran picken und die besten Leckerbissen wählen, oder es auch ganz verzehren könnten, wenn wir Lust hätten.

Nach der Durchnässung und dem Ritte that der Bey sich gütlich mit einem paar Ertragläsern Arrak und Wein, und wahrlich der sprüchwörtliche Begleiter des Rebensaftes erhöhete plötzlich seine Zutraulichkeit. Er ergoß sich in eine heftige Philippica gegen die verbündeten Mächte und — es ist so wunderbar zu erzählen, als es uns erschreckend war anzuhören, er fiel über das arme, getadelte Protokoll her, mit nicht weniger Bitterkeit und anscheinend nicht weniger Recht, als die Bauern in Akarnanien und die Hellenen auf dem Makronoros. Wir sahen einander mit Erstaunen an und dachten: guter Gott, ist es möglich, daß diese weisen Diplomatiker und diese Cabinette, die wir damals als Orakel ansahen, dahin gekommen sind, zu gleicher Zeit Griechen, Türken und Albanesen zu erbittern? Und durch welch seltsames Zusammentreffen wird auch hier wieder alle Schuld auf Englands Schultern gewälzt? — „Mich kümmert's nicht" — sagte Veli Bey mit einem Mangel an Zusammenhang, der sein tiefes Gefühl bewies, „was die Franzosen gethan haben, was die Russen gethan haben — sie hätten nichts thun können ohne England; aber daß England uns so behandelt hat, ist unbegreiflich und unerträglich. „England" — wiederholte er mit angemessenem Pathos, „England, das wir über unsere Häupter erhoben haben!" Dabei erhob er seine Hände, als wollte er seinen stammelnden Worten Nachdruck geben. Doch in dem Augenblicke überwältigte ihn die Stärke seiner Empfindung; er fiel auf das Kissen und seine Pfeife entsank der Hand. Wir sprangen auf nach kaltem Wasser und gebrannten Federn, aber ein lautes Schnarchen belehrte uns, daß er augenblicklichen Trost über das Gefühl politischer Herabwürdigung gefunden hatte, das so schmerzlich und so lebendig in ihm glühete.

Fünfzehntes Capitel.

Zusammentreffen der Lager. — Conferenz zwischen den Anführern. — Neue Besorgnisse.

Am folgenden Morgen zogen wir nach dem Lagerplatze in einer schönen, kleinen, freien Ebene. Die Hügel waren mit Wäldern herrlicher Buchen bedeckt; es gibt kein Unterholz zwischen den Bäumen und kein Gesträuch zwischen dem Walde und dem freien Lande. Der Schauplatz trägt daher den Charakter, den wir „parkähnlich" nennen. Von wo man aus der Ebene aufsteigt, gelangt man zu den runden, geraden, säulengleichen Buchenstämmen, und tritt in den tiefen Schatten, wie in die Pfeilerhallen eines Tempels. Auch hier war die Skipetaren-Versammlung fast unsichtbar. Indem wir unseren Beobachtungen nachgingen, bemerkten wir zahlreiche und verschiedenartige Zurüstungen zum Bivouakiren. Auf der Erde waren Hütten errichtet von grünen Zweigen, Feldbetten auf Stangen, oder an die Aeste gehängt, und überall sah man die geschäftigen weißen Gestalten durch die Bäume glänzen. Auf dem freien Grunde weideten Haufen von Pferden, und der Platz ertönte von dem Gerassel der türkischen Striegel. Nachdem wir eine Zeitlang umhergewandert waren, suchten wir den Bey wieder auf und fanden ihn auf dem Gipfel eines kleinen Hügels eingerichtet, der eben im Saume des Waldes lag, durch das Laub beschattet wurde und zwischen den Bäumen hindurch eine Aussicht rund umher hatte. Wir wurden auf einen Platz seines Teppiches eingeladen; die Beys und Agas saßen in einem weiten Kreise, in zwei oder drei Reihen, herum und hinter ihnen standen einige hundert Soldaten. Ein paar Stunden saßen wir als Zuschauer dieser Versammlung, ohne ein Wort von ihrer Sprache zu verstehen oder auch nur einen Begriff von dem zu haben, was vorging. Endlich wurde ein Beschluß gefaßt. Die Fahnen waren in der Ebene drunten aufgepflanzt, und die Fahnenträger gehörten zu dem Kreise. Auf einen Befehl des Bey liefen sie, mit einem Hundert ihrer Burschen auf den Hacken, eilig hinunter und rissen zwei von den vier Fahnen aus der Erde, und in demselben Augenblick machten das erschallende wilde Kriegsgeschrei und das Rumdidum der Trommelschläger Ebene und Hügel einem gestörten Ameisenhaufen ähnlich. Die von den Hauptpersonen umgebenen Anführer folgten im langsamen und würdevollen Gange, während die Reiter voraus galoppirten, sie umkreisten und ihre Tufenks (Flinten) und langen Misdrachi (Lanzen) schwenkten. Kaum weniger behende erschienen diejenigen, die sich nur auf ihre Beine verlassen mußten; sie begannen mit Abfeuern ihrer Tufenks, Singen, Schreien, über die Hügel Klettern und Wettlaufen, bis endlich ein allgemeines Rennen und Jagen gegen die Schlucht entstand, durch die der Bey mußte. Wir waren auf der Anhöhe geblieben, wo der Bey gesessen hatte, und sahen dieß Alles unter uns vorgehen. Jetzt erfuhren wir, nur die Hälfte der Leute begleite den Bey. Wir beschlossen, dem marschirenden Corps zu folgen, obgleich es nicht besonders angenehm war, hinter dem Nachtrabe zu ziehen und ohne eine Hoffnung, in diesen engen Hohlwegen des Anführers Zug zu erreichen. Wir ritten also fürbaß, wie bisher, drei lächerliche Figuren, in zerlumpten, zerrissenen, abgetragenen fränkischen Kleidern, die in ihrem saubern Styl und neuester Mode im Vergleich selbst mit dem schlechtesten Anzuge um uns erbärmlich gewesen wären. In diesem Augenblick erschien plötzlich Abbas Bey, unser Freund aus dem Khan von Balduna. Wir beschlossen zuerst, ihn kurz ablaufen zu lassen, aber zwei Minuten nachher waren wir im freundlichsten Gespräche mit einander begriffen, nachdem er uns erklärt hatte, daß er hinfür uns in seinen besondern Schutz nehme, überall darnach sehen wolle, daß wir behaglich einquartirt würden, und uns von Allem in Kenntniß halten werde, was er wisse. Er sprach geläufig griechisch. Das waren denn natürlich durchaus nicht zu verwerfende Anerbietungen. Er erklärte sich darüber, daß er uns in dem Khan verlassen habe, indem er sagte, er hätte nicht gewußt, ob der Anführer unser Kommen gutheiße, und hätte auch nicht gewußt, ob wir nicht etwa russische Spione wären; er hätte freilich in Janina gehört, wir wären Engländer, aber doch nicht gewußt, ob wir auch wirkliche und wahre Engländer; „jetzt aber, seit wir sehen, wie der Bey euch behandelt, ist's ein ganz anderes Ding."

Wir erfuhren von unserm neuen Freunde, daß Veli Bey ausrücke, um mit Arslan Bey in einem kleinen Thale, Namens Milies, zusammenzutreffen, wo zwischen beiden Parteien eine Conferenz stattfinden und wo jeder Anführer, begleitet von den vornehmsten seiner Leute, sich einstellen solle. Wir bemerkten,

daß in dem Falle Veli Bey's Gefolge doch etwas zu zahlreich scheine. „O," antwortete Abbas Bey, „ihr könnt sicher seyn, daß Arslan Bey mit **wenigstens** eben so Vielen kommt!" Unser Berichterstatter tadelte strenge die Ausschweifungen, deren Arslan Bey und seine Partei sich schuldig gemacht hatten, „aber," sagte er mit Kopfschütteln, „er ist der **einzige** Mann für Al=
„banien, und ich, für mein Theil, bin immer der Meinung ge=
„wesen, Veli Bey hätte in Janina bleiben sollen, weil, wenn
„diese Expedition abgeschnitten wird, wie dazu alle Aussicht vor=
„handen ist, nicht ein Mann übrig bleibt, der hinreichendes An=
„sehen hat, um Truppen zusammen zu bringen, und dann, wißt
„ihr, was soll aus den armen Griechen werden, die zu beschützen
„wir uns so mit Lebensgefahr anstrengen?"

Nachdem wir über einige niedrige Sandsteinhügel gekommen waren, gelangten wir an einen abschüssigen Abhang. Der Felsen ist Serpentin, von hellem Glanze wie Glas, in allen Mischungen von Blau, Grün und Braun. Hier hatte der Bey Halt gemacht und, von unserm neuen Wächter und Freund geleitet, fanden wir ihn in einiger Entfernung auf einem Felsen sitzend, neben einem einzelnen Manne, von dem wir hörten, er sey ein Abgesandter seines Gegners. Als er auf den Weg zurückkam, erzählte er uns lächelnd, Arslan Bey denke an Unterwerfung statt ans Fechten, und gab uns zu verstehen, Jener sey in sehr verzweifelte Umstände gerathen. Dennoch, statt zu warten, um den Bittenden zu em=
pfangen, mußten wir weiter, um ihm entgegen zu gehen. Nach=
dem wir den unebenen Hügel hinunter waren, ritten wir eine Stunde lang durch ein enges Thal und kamen dann nach der Ebene von Milies. An der Schlucht war ein Reitertrupp Arslan Bey's aufgestellt. Sie grüßten auf die demüthigste Weise, als der Bey sich näherte, und schlossen sich dem Zuge hinten an, als er vorbeikam. Der Grund war mit Menschen gefüllt und es ent=
stand nun ein allgemeines Treiben von hinten nach vorne; die Infanteristen waren nach und nach durch das Aufdrängen der Pferde vertrieben, und wir sprengten im vollen Gallop auf die Wiese. Das Drängen, die Verwirrung, der Staub waren der Art, daß wir weder sehen konnten, wohin wir ritten, noch den Boden unterscheiden, über den wir kamen, und ich bin überzeugt, daß wenn ein Hundert Flinten auf uns abgefeuert worden wäre, ein

allgemeines Flüchten und Jagen statt gefunden hätte, wir Alle
durch einander gekommen wären, unsere Freunde angegriffen oder
sie geflohen hätten. Es ist ein sehr sonderbares Ding, Krieg führen sehen zwischen Feinden, welche dieselbe Tracht haben, dieselbe Sprache reden und ohne unterscheidende Zeichen, Fahnen
oder Feldruf sind. Hier sind Soldaten Werkzeuge, aber nicht
Maschinen; die mächtigsten Truppenversammlungen können in einem Augenblick auseinander fliegen und eben so schnell können Haufen zusammenkommen, die geeignet sind, das Geschick von Provinzen und Reichen zu verändern, durch die Kraft eines moralischen
Charakters, den ein Fremder höchst schwierig mit Genauigkeit zeichnen kann, der aber einer der interessantesten Züge und eine der
wichtigsten Forschungen ist, welche das Morgenland darbietet.

Zwischen dem europäischen und orientalischen Befehlshaber ist
das der merkwürdigste Unterschied, daß des Ersteren Umgang mit
seinen Leuten mit dem Felddienste aufhört; sie kennen ihn nur durch
die Disciplin, die er aufrecht hält, und die Dienste, die er befiehlt;
er macht keinen Anspruch auf ihre Zuneigung im geselligen Leben.
Der orientalische Befehlshaber im Gegentheil ist der Patriarch seiner Anhänger — der Schiedsrichter ihrer Streitigkeiten — das
Oberhaupt ihrer Gemeinde — er kennt Jeden und Jedes Angelegenheiten — und so groß ist die gleichmachende Wirkung dieser
Sitten, die uns einen so unermeßlichen Abstand zwischen Mann
und Mann zu machen scheinen, daß der niedrigste Soldat unter ge-
wissen Umständen zugelassen werden kann, das Brod mit seinem
General zu brechen. Die Charakterzüge, welche dort die Treue
sichern und zur Macht erheben, sind durch Sieg erwiesene Fähig-
keit und durch Großmuth erwiesene Neigung, Anhänglichkeit durch
Schutz zu vergelten. Und sollte ich die Eigenschaften, welche zur
Größe führen, der Reihe nach aufzählen, so müßte ich sagen: erst
Gerechtigkeit, dann Großmuth und erst nach diesen militärische
Fähigkeit und persönliche Tapferkeit.

Mitten in der kleinen Ebene und dicht an einem klaren, frischen Bache stand eine prächtige Trauerweide. Das war der zur
Zusammenkunft erwählte Platz, und hier stieg Veli Bey ab; er
saß bald auf seinem Teppich und um ihn bildete sich ein Kreis
von Beys und Soldaten. Es schien uns auffallend, daß Arslan Bey noch nicht da war und das um so mehr, als der höhere

Grund rund umher von seinen Leuten besetzt war. Mancher Verdacht durchfuhr uns den Sinn, und wir zogen uns auf die Seite des Hügels zurück, unsere Betrachtungen anzustellen und den Wirkungen der ersten Salven zu entgehen, die, wie wir gar nicht bezweifelten, auf irgend ein verabredetes Zeichen auf den Haufen in der Ebene geschehen würden. Da, dachte ich, sitzen nun diese Menschen, auf die der Augapfel der Vernichtung herabfunkelt, mit derselben Bethörung, die Jahr auf Jahr die Anführer und die Rebellen in der Türkei zur Vernichtung verlockt! Kaum gibt es ein Beispiel eines Aufstandes oder eines Kampfes zwischen nebenbuhlerischen Häuptlingen, die nicht unterdrückt oder beschlossen wären durch eine Verrätherei, wobei die betrogene Partei mit einer Leichtigkeit in die Schlinge geführt worden, die uns eben so kindisch als unbegreiflich scheint. Den Grund davon war ich gerade im Begriff einzusehen. Diese, mit allgemeinen Grundsätzen nicht verknüpften Bewegungen können nur in der Person der Führer vernichtet werden, und das anscheinende Vertrauen, wodurch diese so unbegreiflich verrathen scheinen, ist der Erfolg des Wagens und Entschließens, von denen allein ihr Ansehen abhängt.

Mitten unter diesen Betrachtungen erhob sich eine Staubwolke am entgegengesetzten Ende der Wiese, und zugleich erscholl von allen Seiten der Ruf: Er kommt, er kommt! Vom Weidenbaume aus war ein Gang von zweihundert Schritten geöffnet und an beiden Seiten mit Veli Bey's Truppen besetzt. Am Ende desselben waren die beiden Fahnen unsers Chefs in die Erde gesteckt — die eine ganz weiß, die andere weiß und grün mit einem Doppelschwerte, einer blutrothen Hand und einigen maurerischen Zeichen. Ein Trupp von etwa zweihundert Reitern sprengte daher in einer sehr hübschen Ordnung und mit einem Anscheine größerer Regelmäßigkeit, als ich jemals früher gesehen hatte. Als sie die Standarten erreichten, schloßen sie scharf auf, trabten, die ganze Breite des Ganges füllend, bis an den Weidenbaum, schwenkten dann rechts und links ab und stellten sich hinter den Reihen von Veli Bey's Infanteristen auf. In diesem Augenblicke erreichte Arslan Bey selbst die Fahnen und stieg ab, und in gleichem Momente erhob sich auch Veli Bey unter seinem Weidenbaume. Das war das Zeichen zum allgemeinen Abfeuern aller Musketen beider Parteien, und als der Rauch sich verzogen hatte, erblickten wir beide Anführer sich im Mittelpunkte des Ganges umarmend, wohin sie, mit gleichen Schritten von beiden Enden gegangen waren. Dann umarmte jeder die Hauptanhänger seines Gegners: — das war das Zeichen für die gegenseitigen Truppen, ihrem Beispiele zu folgen, und weit umher sah man nichts als Gestalten, die sich niederbeugten und aufrichteten mit derselben raschen Beweglichkeit, die ein Schlachtfeld darbietet, wo Leute im Handgemenge kämpfen und voll Haß einander entgegen treten. Das war eine sonderbare Zusammenkunft der feindlichen Horden eines Geächteten und des mit seiner Bestrafung Beauftragten, und wer die Wärme und die Einfachheit dieser Zusammenkunft gesehen hätte, wo es hieß: „und fiel ihm um den Hals und küssete ihn und sie weinten" — der hätte sie für das Begegnen Loths und Abrahams mit ihrem Hausgesinde halten sollen. *) Bei der Umarmung beugten sie sich nieder, als sie an einander kamen, küßten sich den Mund, drückten Wange an Wange und breiteten ihre Arme aus, und drückten sich fest und fester an einander. Wie tief sie sich aber beugten, ob der Lippenkuß gegeben wird oder nicht, ob nur eine Wange oder beide sich berühren, ob die Umarmung nur der Form nach oder eng geschieht, das bildet eine endlose Reihe von Abstufungen und Unterscheidungen, je nach den Graden der Bekanntschaft, Freundschaft, Zuneigung, Verwandtschaft, Stellung, dem verhältnißmäßigen Range, Ansehen und Befehl.

Auf beiden Seiten sich erhebende gebrochne und steile Anhöhen, über die in kleinen Wasserfällen das Wasser herabstürzte, das verschiedene Mühlen trieb, jenseits gutbeholzte Hügel, auf denen die Föhre vorherrschte, und drüber die hohen und abschüssigen Klippen des Pindus, waren der vortheilhafte Schauplatz, auf dem die Truppen jeden Gipfel besetzten oder sich im Thale drängten. Unter der Weide war die Hauptgruppe versammelt; fünftausend Mann waren über, unter und um uns zerstreut; Glückwünsche, Umarmungen, lautes Lachen, Geschäftigkeit, Lärmen, unaufhörlich abwechselnde und lustige Verwirrung, der verschiedene

---

*) Die Stelle, auf die der Verfasser anspielt, redet nicht eigentlich von Loth und Abraham, sondern von Esau und Jakob. (1 Buch Mosis 33. V. 4.   D. Ueb.

Ausdruck in den Gesichtern, zierliche Complimente, die Verschiedenheit und Schönheit der Trachten, der Reichthum der Rüstung, das Fremdartige der Waffen, der Glanz und der Abstich der Farben ermüdeten die Neugier, ohne sie zu sättigen. Während wir uns Glück wünschten, bei einem so außerordentlichen Auftritte gegenwärtig zu seyn, ließ jeder neue Effect, jeder auffallende Charakter uns die Abwesenheit einer so malerischen Feder bedauern, als die, welche Ashby=de=la=Zouche zum classischen Boden gemacht hat.

Die öffentliche Conferenz dauerte etwa eine Viertelstunde, worauf eine allgemeine Bewegung uns verkündete, daß die Häuptlinge sich nach einem nahegelegenen Khan zurückzögen zur Privat-Unterredung. Wir drängten uns vorwärts, um Arslan Bey mehr in der Nähe zu sehen. Die Beiden gingen in halber Umarmung neben einander, als Veli Bey uns bemerkte, still stand, Arslan Bey bei der Brust packte und ausrief: „Hier ist der Türke! Ihr seht, wir haben den Klephten gefangen, mit dem ihr so gerne fechten wolltet." Wir hielten das für eine albanesische Art, Jemand vorzustellen und verbeugten uns, während das junge Wunderthier sich hoch aufrichtete und uns von Kopf bis zu Füßen maß; aber, so seltsame Figuren wir auch waren, seine Gedanken waren ersichtlich nicht in seinen Augen. Sie gingen weiter und traten in den Khan; die Thüren wurden hinter ihnen zugemacht und ein schwarzer Sklave jedes Aufführers vertheidigte sie gegen die Haufen der Palikaren, welche die Thür umdrängten, wie Bienenschwärme ihre Königin.

Die so viel Bewegung darbietende Scene versank allmählich in Ruhe, die Palikaren nisteten sich in geselligen Gruppen in die Gebüsche; man sah nichts als Gruppen weidender Pferde. Nach einem Spaziergang von einer Stunde wendeten wir uns nach dem Khan, erschöpft von der Mittagshitze. Bei jedem Busche, dem wir vorbeikamen, hörten wir die Worte wiederholen: „Signor, θα γραψετε τουτο?" — „Wollt ihr das schreiben?" — Sie meinten damit: wollt ihr das zeichnen? Beinahe hätte das beständige und eben nicht freundliche Anstarren der Albanesen von der andern Partei uns bestimmt, nach dem ersten Lagerplatze zurückzugehen, als Abbas Bey uns wieder zu Hülfe kam und uns vorschlug, in das Zimmer zu gehen, da die Conferenz sich ihrem Ende nähere und wir sie doch nicht stören könnten, indem wir kein Skipetarisch verstanden. Der Weg wurde demnach freigegeben und wir hatten das Vergnügen, bei einer Conferenz gegenwärtig zu seyn, von der so unermeßliche Erfolge abhingen.

Die beiden Anführer saßen auf einer Matte unter einem schmalen Fenster, das allein dem Zimmer Licht verlieh und es mit ganzer Macht auf die Gruppe warf, wodurch der Schatten um so tiefer hervortrat. Ein am andern Ende des Zimmers aufgehangener weißer Mantel vermehrte den Effect, indem er einen bleichen Schimmer auf die Gesichter warf. Das Uebrige des kerkerähnlichen Zimmers war dunkel. In einem entlegenen Winkel stöhnte von Zeit zu Zeit ein Kranker, den man außer den Gehörkreis gebracht hatte, von einem Feldbette weg, worauf wir saßen. Eine Schale mit Arrak, eine Flasche Samoswein und eine Schüssel mit gesalzenem Fisch stand zwischen den Beys. Wir saßen drei Stunden lang, während deren die Conferenz noch fortdauerte, bald ernstlich belebt, bald in kaum hörbarem Flüstern, wobei sie sich vorlehnten, als ob sie Jeder in des Andern Seele lesen wollten. Verschiedene Male brachen große Schweißtropfen aus Arslan Bey's Gesichte, und einmal drückte Veli Bey einen Kuß auf seine Stirn.

Die Lobpreisungen, die wir beständig über Arslan Bey hatten verschwenden gehört, hatten ein günstiges Vorurtheil bei uns erregt; auch wurden wir nicht getäuscht. Seine Figur war gut, obgleich unter mittlerer Größe; seine Züge waren fein, mit mildem Ausdruck, aber trotzigem Auge; ein dunkles Tuch band die kleine rothe Kappe über seiner hohen und gutgeformten Stirn; sein Anzug war schmucklos und soldatisch, und seine Jugend erhöhte den idealen Charakter, den wir jedesmal da voraussetzen, und die natürlichen Geistes= und Körperkräfte, die jedesmal verbunden seyn müssen bei einem Anführer, der mit der bestehenden Behörde den Kampf beginnt. Man sagte uns, er wäre erst zwei und zwanzig Jahr alt, aber ich möchte ihm fünf und zwanzig geben. In früher Jugend fand sich Arslan Bey an der Spitze einer der ersten Familien Albaniens, war einer der reichsten Leute und bei den Soldaten beliebt wegen seines persönlichen Muthes und seiner heitern Geselligkeit. Seine Verbindung durch Heirath mit der Familie des Seliktar Poda vergrößerte noch seinen Einfluß, während sein Zutritt zu der

Partei des Seliktar derselben das Uebergewicht gab. Zwei Jahre
vorher war er zum Musselim und Derwend Aga von Trikkala
ernannt; später wurde er mit fünf bis sechstausend Mann ab=
geschickt, den türkischen regulären Truppen, die von den Grie=
chen in Negroponte und Attika blokirt waren, den Weg zu eröff=
nen. Nach dieser Dienstleistung wurde er Gouverneur von Zei=
tuni in Thessalien. Der Sold seiner Leute wurde ihm nicht pünkt=
lich überschickt, oder auch von ihm nicht ausbezahlt; die Leute
wurden aufsätzig, packten ihn sogar einmal bei der Kehle und
begingen Ausschweifungen aller Art. In diesem Augenblicke
schickte ihm der Großwessier Befehl, das Commando niederzulegen.
Aus den Gründen, die ich schon früher angegeben, fürchtete seine
Partei die Absichten des Sadrazem (Großwessiers) und hielt dieß
für einen sehr günstigen Augenblick, durch Aufregung der Erbit=
terung des Arslan Bey einen Schlag zu thun, bevor der Groß=
wessier mit seinen Truppen heranrücken könne, sie zu schlagen.
Vielleicht wünschte auch der Seliktar, bevor er sich selbst erkläre,
zu sehen, wie die Sachen abliefen, denn nachdem er Arslan Bey
zum Aufruhr aufgereizt hatte, blieb er gleichgültiger Zuschauer
des Kampfes. Arslan Bey plünderte Kodgana, eine reiche grie=
chische Stadt, die reichliche Beute lieferte, welche er unter seine
Leute zu vertheilen beabsichtigte, je nach Verhältniß ihres Soldes
und ihrer Dienstzeit. Diese That aber veranlaßte seine Aechtung;
mochte er nun siegen oder nicht, das Schwert hing über seinem
einzelnen Haupte, und unter seinen Leuten war kaum mehr Subor=
dination, als Einigkeit unter seiner Partei. Von der letzteren schon
verrathen, konnten auch die ersteren, bei einigem ihnen gebotenen
Vortheile oder bei einer Niederlage, ihn gleichfalls verlassen. Er
hielt das Geschick Albaniens in seinen Händen; sein Wille, seine
Laune war gegenwärtig die herrschende Macht, und ein Wort von
ihm konnte den Donnerkeil auf das Land fallen lassen. Ließ er
ihn aber fallen, welchen Nutzen konnte er erwarten? Zügelte er
den Sturm, welche Gewißheit der Belohnung, welche Bürgschaft
für Verzeihung konnte er erlangen? Diese Gründe glaubten wir
aus dem überlegenen Tone und Wesen Veli Bey's herauszulesen,
so wie aus der ernsten Nachdenklichkeit seines Gegners, der, ob=
gleich er seinen Nebenbuhler in Händen hatte, es duldete, daß
dieser sich eine so entschiedne Ueberlegenheit anmaßte. Veli Bey's

Sorge war nicht geringer, seine Brust nicht ruhiger, trotz der Heiterkeit, die auf seiner Stirne thronte; aber alles, was ich damals von seinen inneren Gedanken und seinen gegenwärtigen Umständen wußte, habe ich schon erzählt.

Wir blieben still und bewegungslos in unserm Winkel, jedes Wort, jeden Ton, jede Bewegung auffangend, denen wir eine Bedeutsamkeit beilegen konnten, und den Ausdruck bemerkend, womit die Worte ausgesprochen wurden: Sabrazem, Kodgana, Lufeh (Sold), Padischah u. s. w. Veli Bey hatte uns von Zeit zu Zeit Arrak hinübergereicht und seiner Freude Luft gemacht, indem er sich über Arslan Bey lustig machte und uns fragte, wie uns der Klepht gefiele; aber er konnte die unbeweglichen Gesichtszüge des jungen Rebellen nicht bewegen, sich zum Lächeln zu falten. Endlich rief Veli Bey nach dem Mittagsessen, und die vornehmsten Officiere, die sich draußen in der ängstlichsten Erwartung umhergedrängt hatten, strömten in das Gemach. Wir unsererseits waren mit dem Erfolge vollständig unbekannt, und konnten uns noch immer nicht der Idee erwehren, die Conferenz möchte blutig enden; jede unerwartete Bewegung des Einen oder Andern schärfte augenblicklich unsere Aufmerksamkeit. Als die Beys in das Zimmer traten, rief Veli Bey: „Brüder, es ist Friede!" Die Beys seiner Partei umarmten nun wieder Arslan Bey, aber herzlicher als zuvor; dann versuchten sie, das Tuch von seiner Stirn zu lösen; er sträubte sich einen Augenblick, aber sie entwanden es ihm und traten es mit Füßen. Veli Bey schien entzückt darüber, lachte und zeigte uns den neuen Taktiko (Nizzam, regulärer Soldat der Türken). Während des Essens wurde die Unterhaltung hauptsächlich auf albanesisch geführt, wobei Arslan Bey, mit merkwürdiger Gewandtheit in Fähigkeit und Charakter, die Leitung übernahm; lautes Gelächter folgte jedem Worte, das er sprach. Als wir gegessen, uns gewaschen und eine Tasse Kaffee getrunken hatten, wurde abgetragen. Veli Bey rief nun die Hauptanhänger Arslan Bey's namentlich auf, sammelte sie in einen Kreis um sich und hielt ihnen eine lange Rede. So oft ich auch meine Unkunde der Sprache zu bedauern hatte, niemals beklagte ich meine Unwissenheit mehr als bei dieser Gelegenheit. Der Fluß, der rednerische Schwung seiner Perioden — die Verachtung, der Vorwurf und endlich das Mitleid, deren Gegenstände ersichtlich die Angeredeten selbst waren, zeigten eben so viel Fähigkeit als Urtheilskraft, eben so viel Muth als Redekunst, und wir erhielten den Tag eine Lehre, in Bezug auf den orientalischen Charakter, die wahrscheinlich keiner von uns jemals vergessen wird. Als er seine Zuhörer völlig übermeistert hatte, veränderte sich sein Wesen durchaus, und ihre Versöhnung wurde auf eine feierliche Weise besiegelt. Einer wurde Veli Bey gegenüber gesetzt, zwei Andere an jede Seite; sie standen zusammen auf, lehnten sich vorüber, jeder streckte seine Arme aus, und alle Vier standen in eine Umarmung verschlungen. Veli Bey küßte jeden einzeln, dabei wiederholend: „Wir haben Frieden."

Nachdem auf diese Weise die Conferenz nach achtstündiger peinlicher Ungewißheit glücklich beschlossen war, verließen Arslan Bey und Veli Bey den Khan, wie sie ihn betreten hatten, in halber Umarmung. Die Leute sprangen auf, sich um sie drängend; der Trommelschläger Appell ertönte, und wir bestiegen wieder unsern Hügel und sahen auf den wiederholten Abschied der sich trennenden Reitergeschwader, die um ihre Führer galoppirten, ihre Speere und Musketen schwangen und die Hügel hinauf und durch das Thal in die Wette jagten.

Wir kehrten nach dem Lager zurück und ließen unser Zelt in demselben aufschlagen. Veli Bey nahm sein Quartier bei uns. Früher spendete er uns nur wenige Worte und Gedanken; aber jetzt, im Jubel des Gelingens, eröffnete er uns seine eigenen Aussichten und seine Hoffnungen für Albanien. Den größten Theil des Tages brachte er damit zu, uns die Geschichte des Großwessiers mitzutheilen, die des griechischen Krieges, seiner Fehde mit Seliktar Poda und alles dessen, wovon er glaubte, es möchte interessant oder belehrend seyn. Die Organisation von Albanien war der Gegenstand, bei dem er mit der größten Freude verweilte, so wie bei seinem Befehle über zwölftausend Mann, was er als unverzüglichen Lohn für die Unterdrückung des Aufstandes erwartete. Es schien ihm Vergnügen zu machen, mitten unter seinen Leuten mit uns über die Plane zur Organisirung Albaniens zu reden, als wollte er ihre Ansichten erforschen und zugleich durch die Billigung von Europäern Unterstützung gewinnen. Andererseits sagten uns die Leute: „Sagt dem Bey, er soll uns unsere Fustanellen lassen und wir wollen Alles werden, was er Luſt hat." Mit gleichem Ernſte ließ Veli Bey ſich auf die Handelsintereſſen und Ausſichten ſeines Landes ein, auf die einzuführenden Verbeſſerungen, vor Allem auf die Nothwendigkeit, ein freundliches Verhältniß zwiſchen ſeinem Volke und Europa zu begründen, wodurch fremdes Capital einſtrömen und durch Erleichterung der Zufuhrmittel den Reichthum des Landes und den Werth des Grundbeſitzes bedeutend vermehren würde. Sorgfältig erkundigte er ſich nach jeder Verbeſſerung und Entdeckung im Ackerbau und dem Maſchinenweſen, mit der Ausſicht, ihren Triumph, wie er ſagte, zum Vortheil der Kinder zu verwenden, damit er als Greis ſeine Enkel mitnehmen könne und ihnen das Thal auf dem Pindus zeigen, wo die Entwürfe entſtanden ſeyen. Seine natürliche Zurückhaltung und die Repräſentation, worin ſie gewöhnlich leben, war abgelegt bei der engen Berührung, in die wir mit einander gekommen waren, anſcheinend zur beiderſeitigen Zufriedenheit. Wir freuten uns einer ſo trefflichen Gelegenheit, den Charakter und die Ideen der Leute zu erforſchen, während er eben ſo erfreut ſchien, ungezwungen ſeine Anſichten über ſein Volk, über die Türken und über die europäiſche Politik auszudrücken, die er, wie ich nicht zu ſagen brauche, nicht ſchonte; und ſeine Bewunderung unſerer militäriſchen Organiſation und wiſſenſchaftlichen Erfindungen. Lächelnd ſagte er: „Vielleicht bezahlt ihr eines Tages theuer für die Lectionen, die ihr uns mit ſo vieler Mühe gebt." Dampfkanonen und Dampfwagen waren die Hauptwunder. Nach jeder Unterredung war es ſein größtes Vergnügen, dieſe Wunderdinge ſeinen Leuten zu wiederholen, und dann ſetzte er zuweilen mit einem Kopfſchütteln hinzu: „Ach, das ſind noch Menſchen!" Er erklärte ſeinen Entſchluß, ſobald der Sadrazem ankomme und er drei oder vier Monat frei habe, nach England zu reiſen. Er erkundigte ſich genau nach ſeiner Reiſe, ſeinem Aufenthalte und der Art, wie er wohl würde aufgenommen werden, und ich bin überzeugt, wir haben das Aufſehen nicht übertrieben, das er in London gemacht haben würde, wäre er dort, wie er es ſich vornahm, von zwanzig ſeiner beſten Leute begleitet, eingetroffen.

So lange wir im Lager blieben, war unſer Zelt das einzige vorhandene, auf der Ebene aufgeſchlagene, und in ihm ſchlief der Bey. Mit Tagesanbruch wurden Pfeifen und Kaffee gebracht;

wir schwatzten, wuschen und zogen uns an, bis die Sonne vollends aufgegangen war; dann ging Veli Bey in das Holz, wo sein Teppich an dem schon beschriebenen Platze ausgebreitet wurde. Sobald man merkte, daß er im Gange war, erschienen die Officiere aus ihren verschiedenen Lagerstätten und die Beys, Odjaks und Agas von Oberalbanien, Epirus und Thessalien sammelten sich um ihn zum Divan. Dort unterhielten sie sich, rauchten und betrieben ihre Geschäfte. Rajahs brachten ihre Klagen an, Primaten (Ortsvorsteher) bezeugten ihre Unterwürfigkeit und brachten Geschenke, Briefe wurden gelesen und geschrieben. Den Morgen über machten sie wohl zwei oder drei Gänge ein paar hundert Schritt weit und dann setzten sie sich plötzlich wieder, aber immer so, daß sie eine Aussicht vor sich hatten, und in der That habe ich am Bosporus und am Peneus, auf dem Kaukasus und dem Pindus selten gehört, daß ein Türke sich über das Malerische weitläufig ausließ, aber nie gesehen, daß er einer schönen Aussicht den Rücken zukehrte. Wir wurden beständig mit Fragen überhäuft: „Was seht ihr denn in unsern Bergen so Anziehendes; habt ihr daheim keine Berge und Bäume?" Der einzige Grund, den sie verstehen konnten, war, unser Land sey so angebaut, daß wir nirgendswo die einfachen und wilden Naturschönheiten genießen könnten.

Unsere Zeit vertheilten wir zwischen dem Anführer, den Officieren und den Soldaten. Wir waren bei allen Classen in große Gunst gekommen. Manche der Beys waren junge, unanmaßliche, offene und wißbegierige Leute.

Die gemeinen Soldaten interessirten uns aber unendlich mehr als ihre Führer; wo wir auch um ihre Biwachten streiften, überall wurden wir mit jeder Achtungsbezeugung empfangen und eingeladen, an ihren Mahlen Theil zu nehmen; wir verbrachten so manche fröhliche Stunde und zählten manche tüchtige Freunde unter den Leuten. Welcher Abstich mit der ersten Nacht im Khan von Balduna und welche Veranlassung zum Nachdenken über die Ursachen, welche die Ereignisse bestimmen, und über die unscheinbaren oder ganz unsichtbaren Fäden, an denen die Menschen geleitet werden!

Wenn der Mittag nahete, suchten wir gewöhnlich Veli Bey im Zelte auf; auf den Teppich wurde eine Schüssel gesetzt mit

Zwiebelschnitten, gesalzenem Fisch oder gesalzenem Käse, Pflaumen oder dergleichen, um den Appetit zu reizen. Vor Jeden wurde ein kleiner Becher gestellt und hinten stand ein Diener mit einer Flasche Raki; wir blieben gewöhnlich eine volle Stunde dabei, uns Appetit zu machen, durch die ununterbrochene Reihenfolge eines Bissens aus der Schüssel, einiger Züge Tabak und eines Schlück=
chens Raki. Dann wurde ein, wie ein Netz zusammengeschnürtes Stück Leder hereingebracht, in der Mitte ausgebreitet und dann geöffnet, wo ein rauchendes Lamm erschien, das in Stücke ge=
schnitten oder gerissen war, mit Stücken eines trefflichen Weizen=
brods, dünn und biegsam, womit man zierlich das Brod anfassen konnte, das durch die Art des Kochens sich leicht von den Knochen lösete. Mitten auf dem Teppich stand eine Schüssel mit milch=
weißer Sauce, worein, um den Appetit noch mehr zu reizen, die ersten Stücke Brod getunkt wurden. Die Sauce besteht aus Knob=
lauch und Salzkäse, mit Oel und Essig angerührt, und darin schwimmenden Zwiebelschnitten. Auf das Lamm folgte eine große runde Kohl= oder Rahmpastete, wenigstens drei Fuß im Durch=
messer, mit drei oder vier Stücken Fleisch, so daß wir uns wunder=
ten, wie an einem Orte, wo kein menschliches Wesen zu hausen schien, ein solches Mahl bereitet werden könne. Der starke und edle Wein ging während des Essens so reichlich umher, als der Raki vorher, und hörte nicht eher auf, bis Veli Bey die Pfeife aus dem Munde gefallen und er auf dem Platze, wo er saß, ein=
schlief und umsank, wo dann ein Diener ihm zu seiner Mittags=
ruhe den Mantel überzog. Der Nachmittag war eine genaue Wiederholung des Vormittags, wie sie denn wirklich aus einem Tage zwei kleine Tage machen, eine ihrem Klima sehr angemessene Einrichtung, so wie ihren Gewohnheiten, die vom völligen Nichts=
thun zur größten Thätigkeit übergehen. Wenn nicht zur Anstren=
gung aufgeregt, folgen sie ihrer Neigung zur Ruhe der Ueber=
füllung; sie erregen sich künstlich Appetit, um zu essen, und essen über Appetit, um zu schlafen. Ich klagte eines Tages über die Menge Salz, die sie zu Allem werfen und erhielt das Sprüchwort zur Erwiederung: „Wenn ihr kein Salz eßt, wie könnt ihr trinken, und wenn ihr nicht trinkt, wie könnt ihr essen, und wenn ihr nicht eßt, wie könnt ihr schlafen?" Doch das ist eines Reisenden Be=
merkung und für mehr will ich es nicht geben.

Als wir einmal bei dem Abendessen im Zelte saßen, kam ein Tatar vom Großwessier, brachte Depeschen für Veli Bey und verkündigte die lebenslängliche Bestätigung aller Ehrenämter und Würden, die ihm ertheilt waren.

Bald nach unserer Rückkehr von Milies erschien im Lager eine Person von größerer Bedeutung als die Uebrigen, nämlich Gench Aga, Tufenkji Baschi (Infanterie=Obrist) des Großwessiers und Gouverneur von Trikkala und Mezzovo. Anderthalb Jahr später sagte er mir selbst in Skodra, daß er die Haupttriebfeder in diesem Handel gewesen, bei dem Veli Bey und Arslan Bey nur die Puppen waren.

Der Erfolg der Conferenz von Milies war gewesen, die Plünderung von Kodgana u. s. w. sollte zurückgegeben, die Rückstände der Leute Arslan Bey's sollten bezahlt, er selbst aber freigesprochen und zu Gnaden aufgenommen werden, und Veli Bey nach Janina begleiten. Arslan Bey mußte aber seine Freunde befragen, und obgleich die vornehmsten Officiere, so viel wir nach dem stummen Anschein beurtheilen konnten, mit diesen Bedingungen zufrieden schienen, mußte er doch nach seinem Lager zurückkehren, um mit den Skipetaren zu verhandeln. Da noch keine Antwort gekommen war, als Gench Aga im Lager eintraf, so ging dieser, begleitet von unserm jungen Freunde, Abbas Bey, nach Arslan Bey's Hauptquartier; drei oder vier Tage vergingen und keiner von ihnen kam wieder. Wir neckten Veli Bey, sie würden von dem Klephten wohl gefangen genommen seyn: anfangs that er, als lache er herzlich über diese Vermuthung, aber ihr Ausbleiben hörte doch bald auf, ihm Spaß zu machen. Sie kamen indeß doch zurück und nach einer Privatunterredung mit Veli Bey schickte Gench Aga zu uns. In der entschiedenen Weise, die uns keinen Zweifel übrig ließ, er habe gute Gründe zu seinen Worten, und mit dem gütigen Wesen, das uns über alle Zweifel an seinen Zwecken erhob, sagte er uns, wir müßten uns nun in unseren künftigen Planen von ihm leiten lassen; er übernähme die Verantwortlichkeit für unsere Sicherheit und könnte uns Gelegenheit zur Weiterreise verschaffen, aber wir dürften nicht bleiben wo wir wären. Wir erklärten unsere Bereitwilligkeit, uns von ihm leiten zu lassen, worauf er sagte: „In dem Falle müßt ihr unverzüglich mit mir nach Mezzovo aufbrechen. Sobald diese Geschichte in Ordnung gebracht ist, werde ich ein Reitercorps nach Trikkala senden müssen, und so könnt ihr sicher und wohlbehalten aus dem Kreise des gegenwärtigen Kampfes geleitet werden." — Es gibt einige wenige Leute in dieser Welt, die etwas Unwiderstehliches an sich haben, deren Ansichten so sehr der Vernunft gleichen, deren Worte so wohlgewählt sind, deren Benehmen so gut berechnet ist, die ge= wünschte Wirkung auf die gegebene Person hervorzubringen, daß gar keine Einrede, nicht einmal eine Abneigung gegen sofortige Einwilligung statt findet. So war es mit Gench Aga, und nie war ich erstaunter, als ich mich, nach einer Unterredung von zehn Minuten oder noch weniger mit einem völlig Fremden, emsig be= schäftigt fand, Zurüstungen zur Abreise aus einem Lager zu treffen, das ich mit so unendlicher Schwierigkeit erreicht hatte, und aus einem Lande, in dem ich vor zehn Minuten meine Wanderungen erst recht zu beginnen dachte.

Sechzehntes Capitel.

Eindrücke, die das Skipetarenlager auf uns machte. — Frühere Lage und zukünftige Aussichten Albaniens. — Vergleichende Charakterzüge des Auf= standes in der Türkei und in Europa.

Bevor ich dem Skipetarenlager Lebewohl sage, muß ich zu= sammenstellen, was ich dort während des kurzen aber genauen Um= ganges sammelte, in Betreff der Zerstreuung so mächtiger Heere, die sechs Jahre nach einander nach Griechenland strömten, ohne anderen Erfolg als Verwüstung der Provinzen des Festlandes, Verlust von Menschenleben und Erschöpfung des großherrlichen Schatzes.

Ali Pascha's Herrschaft bezweckte, den kriegerischen Charakter der Albanesen zu erhöhen, denn, abgesehen selbst von der beständigen Thätigkeit, in der sie während seiner Regierung gehalten wurden, verjagte er eine große Anzahl Landbesitzer, die eine Entschädigung im Kriegsdienste fanden, durch das ganze Land hindurch, von Berat bis nach dem Euripus und jenseits des Isthmus. Als Ali Pascha's Macht zusammenbrach, begann gerade der jährliche Feldzug gegen Griechenland und brachte dieser großen Masse irregulärer und un=

abhängiger Krieger Sold und eine ihren Neigungen angenehme Anstellung.

Mit albanesischer Arglist vereitelten sie jede Maaßregel der Pforte, dem griechischen Kampfe ein Ende zu machen. Missolunghi hätte bei verschiedenen Gelegenheiten mit der größten Leichtigkeit genommen werden können, aber die Speculation trug zu guten Profit und sie nannten die Stadt ihren Saraf, oder Bankier. Sie richteten sich so ein, daß sie jeden Plan des Großwessiers durchkreuzten und endlich, nach dem sie auf drei Monat Sold im voraus empfangen hatten, verließen achttausend Mann Jussuff Pascha bei Lutraki, nach einem Versuche, die Kriegscasse zu rauben. Bei dieser Gelegenheit rief die Pforte, wenn gleich höchst ungern, Mehemed Ali Pascha zu Hülfe.

Eine Berechnung der Zahl von Soldaten, ihres Soldes und der Commissariatskosten kann uns eine, wenn gleich nur entfernte, Annäherung an die Summen verschaffen, die der Sultan für den griechischen Krieg in Albanien ausgegeben hat. Fünf Feldzüge wurden gemacht, die Durchschnittszahl der Leute mag etwa 20,000 seyn; einer in den Andern gerechnet, erhielten sie fünfzig Piaster monatlich, vom 1 März alten Styls bis St. Dimitri, am 8 November. Acht Monat und acht Tage (die gewöhnliche türkische Feldzugszeit) zum angegebenen Durchschnitt, ohne Extrasold, wenn sie länger im Felde blieben, geben eine Summe von 46,250,000 Piastern. Dem Commissariats-Departement wird gewöhnlich zugestanden, eine dem Solde gleichkommende Summe auszugeben, so daß diese fünf Feldzüge der Pforte über neunzig Millionen Piaster zu stehen gekommen sind. Außer diesen Heeren waren zehntausend Mann im beständigen Dienste, als Wächter der Bergpässe, Festungsbesatzungen, Leibwachen der Paschas u. s. w., deren Sold und sonstige Kosten während derselben Zeit auf sechzig Millionen Piaster angeschlagen werden können. *)

Ich habe bei den Commissariats-Unkosten den Verlust und den Mißbrauch der Rationen mit angeschlagen, nicht aber die Verschwendung und den Unterschleif, der in den Contracten verübt

---

*) Ali Pascha's 40,000 Mann kosteten ihn soviel als 80,000 französische Soldaten. Die Kosten der Truppen unter Kapodistrias berechnete man, glaube ich auf dreimal soviel als die von englischen Truppen.

wurde, die mit den Commissariatsgeschäften und Rechnungen zusammenhingen, wo fremde Kaufleute, Mäkler und Wechsler mit amtlichen Lieferanten und Kriegsbefehlshabern die Beute theilten. Erst im vierten Kriegsjahre und auf Antrieb des gegenwärtigen Großwessiers, der damals Rumili Walessi wurde, erließ die Pforte eine Bekanntmachung an die Gesandten, worin die fremden Kaufleute gewarnt wurden, die Pforte wolle für die mit Paschas abgeschlossenen Verpflichtungen nicht länger verantwortlich seyn. Der Sultan kannte aber dieses Raubsystem so gut, daß er die einflußreichsten Janitscharen bei dem Commissariats-Departement in Albanien anstellte, als die einzige Lockspeise, die sie von ihren Corps abziehen konnte, sicher, daß er sie bald auf einem schlagenden Vergehen ertappen und so das Recht erhalten werde, sie zu degradiren, zu verbannen oder selbst mit dem Tode zu bestrafen.

Diese, zu Anfang des Krieges in Machmudis, zum Werthe von 25 Piastern oder 3 Dollars, bezahlte Summe von 150 Millionen würde 1830 einem Werthe gleichkommen von 270 Millionen in Konstantinopel und von 360 in Janina, gleich drei Millionen Pfund Sterling.

Albanien hat auf diese Weise während des Krieges wenigstens dritthalb Millionen Pfund Sterling von des Sultans Gelde erhalten und indessen keine Einkünfte geliefert. Der Verlust an Einkünften im Peloponnes und dem Festlande von Griechenland*) während des ganzen Krieges, und in Rumili während der drei Revolutionsjahre, kann kaum weniger betragen als vier Millionen Pfund Sterling. Die Zerstörung an Kriegsmaterial und Kriegsschiffen (deren Kosten nur zum Theil aus dem Staatsschatze bestritten werden) würde, wenn man sie in baarem Gelde berechnen könnte, wahrscheinlich nicht viel geringer ausfallen, als diese letztere Summe. Ich denke, ich darf daher die Kosten der griechischen Revolution auf zehn Millionen Pfund Sterling positiver

---

*) Man nahm an, Griechenland steure jährlich die Summe von 250,000 Pfund Sterling, als reinen Ueberschuß, nachdem die bürgerlichen Abgaben, wie der Zehnte, zur Unterhaltung einer bewaffneten Macht und der Pacht an die osmanischen Landbesitzer bezahlt waren. Das allein würde für die zehn Jahre der Revolution dritthalb Millionen Pfund Sterling ausmachen, aber ich halte diesen Anschlag für vielleicht zu hoch und berechne bloß den Verlust für den Schatz.

Ausgabe rechnen, für eine Regierung, die nur den Ueberschuß empfängt, nachdem die örtlichen Budgets bestritten sind, so daß die Provinzen immer mehr als die Hälfte der Kriegskosten tragen. Um den wirklichen Werth dieser Zahlen zu schätzen, muß man bedenken, daß in der Türkei eine Bauernfamilie mit fünf Pfund Sterling erhalten werden kann, so daß eine Ausgabe von zwanzig Millionen Pfund Sterling dem jährlichen Auskommen von zwanzig Millionen Seelen gleichkommt. Ziehen wir den Unterschied der Sitten und des Preises in Berechnung, so werden wir finden, daß der griechische Krieg die Türkei eine Summe gekostet hat, die fast der Schuld von 120 Millionen Pfund Sterling gleichkommt, welche uns der Krieg mit Amerika hinterlassen hat. Die Türkei hat indeß auf alle Fälle die Genugthuung, keine Schulden gemacht zu haben.

So sehr der Sultan auch wünschen mochte, den Aufstand in Griechenland zu unterdrücken, so würde er doch nicht seine Zuflucht zu Albanien genommen haben, dem einzigen Theile seines Reiches, wo der Krieg eine unmittelbare Ableitung aus dem Schatze wär, hätte er nicht gehofft, durch die Unterwerfung Griechenlands Albanien zu schwächen, und nach diesen ungeheuern Opfern muß es höchst verdrießlich für ihn seyn, wenn er sieht, das Volk, das er zu bezwingen versuchte, ist unabhängig geworden, und das andere, das er zu schwächen wünschte, ist gerade durch die Mittel, die er gegen dasselbe anwendete, noch widerspänstiger geworden.

Seit der Lufeh (Sold) des Sultans aufgehört hatte, sind die Albanesen aufs äußerste in die Enge getrieben. Die wüthende Soldateska hielt Zusammenkünfte, schlug vor Anführer zu wählen und berieth über Pläne, von denen einer dahin ging, alle Griechen fortzuschleppen und als Sklaven zu verkaufen. In dem Augenblicke machte der russische Krieg sie erbittert gegen die Griechen. Die drohende Stellung der griechischen regulären Truppen hielt sie ab von dem Kriegsschauplatze an der Donau, während die türkische Regierung, anscheinend auf dem Punkte der Auflösung, weder ihr Ansehen geltend machen, noch sie mit der Furcht vor den Folgen schrecken konnte. Da aber ein geschickter Anführer ihre besseren Ansichten in Anspruch nahm, so brach das Gewitter damals noch nicht los, und es hängt noch unentladen; gegenwärtig ruhte es auf dem Gipfel des Pindus.

Es ist eine merkwürdige Aehnlichkeit zwischen den albanesischen und schottischen Hochländern. Gleich den celtischen Anführern des Alterthums schreiten die albanischen Häuptlinge einher mit ihrem Gefolge; die Pistole im Gurt, das Schwert an der Seite, die Muskete über der Schulter. Obgleich nicht gerade durch Namen in Clans getheilt, rechnen doch ihre Vetterschaften eben so weit und sie bezeugen gleiche Ergebenheit gegen das Oberhaupt, dessen „Brod" oder „Salz" sie essen; sie sind seine Diener im Felde, seine Fackelträger bei dem Festmahle. Erduldung von Mühe und Mangel; ein im beständigen Kriege zugebrachtes Leben; Name und Pracht, besonders der Fustanel oder Schurz, und zuletzt, wenn nicht zumeist, die Troubadours, die Minnesänger, die sie Bardi nennen (wie die alten Deutschen), das sind Züge, die sie mit den Söhnen Albyns fast gleichstellen. Dieser Vergleich war immer ein anziehender Gegenstand der Unterhaltung, und obgleich ihre Achtung vor England mit einem gewissen Antheile von Furcht und Abneigung vermischt war, schienen sie doch stolz auf die Gleichheit. Die Schroffheit, welche nicht sowohl aus der Bekanntschaft, als aus der Vermischung mit der Welt entsteht, ist merkwürdig entwickelt in beiden Völkern, wie auch die Liebe zu Abenteuern und zum Gewinn, welche diese zwei kleinen Völkerschaften nach Osten, Westen und Süden über den Erdkreis streuet, und mit gleicher Liebe zur Heimath kommen beide zurück „nach dem Norden," dort den Abend ihrer Tage zu verleben, die Ersparnisse ihrer Mäßigkeit, die Früchte ihres Fleißes zu genießen.

Die mehr unmittelbare Ursache des Wachsthums schottischen Geistes war die reiche Nahrung, die er aus der englischen Literatur empfing, und das mächtige Werkzeug, das er an der englischen Sprache besaß. Die Albanesen gleichen den Schotten vor zwei Jahrhunderten in Zahl und Unternehmungsgeist, aber sie übertreffen die damaligen Schotten in Betreff der ersten geistigen Schritte, die ein Volk thut, d. h. in der Erdkunde; dagegen haben sie keine Literatur: ihre eigene Sprache ist eine ungeschriebene. Die türkische Sprache ist das einzige Werkzeug des Unterrichts, und türkische Literatur das einzige Mittel der Civilisation, das dem Albanesen offen steht, wie so vielen über Afrika und Asien verstreuten muselmännischen Stämmen. Diese in ihren Tönen so reiche, in ihrer Bauart so philosophische Sprache ist indeß unglücklicherweise durch die Nachahmung des Arabischen und Persischen sehr verkümmert worden im Gebrauche, und unter der Wirkung europäischer Politik und Meinung hat die türkische Literatur es verschmäht, von uns zu borgen.

Die künftige Zunahme an Civilisation und Wohlstand in Albanien, so gut wie in Buchara, der Tartarei, Circassien, Kurdistan u. s. w. muß von der Ruhe des Orients abhängen durch Consolidirung des osmanischen Reiches und von der Beschaffenheit der Ideen, die von Konstantinopel, dem Mittelpunkte des Morgenlandes, nach fern und nah verbreitet werden, wenn das Pfennigmagazin oder ein Werk dieser Art, in gewöhnlichem Türkisch herausgegeben, Kamelladungen der Khiva=Karawanen ausmachen und die Tataren nach Janina und Skodra belasten wird.

Ich verließ die wilden Kerle mit einem schmerzlichen Gefühle und kann mich nicht enthalten, mit mehr als gewöhnlicher Theilnahme auf sie zurückzublicken. Von fast Jedem, mit dem ich in Berührung gekommen war, hatte ich Güte erfahren, Manchen war ich für Gastfreundlichkeit verschuldet. Ich hatte viele Belehrung von ihnen erhalten in Betreff derjenigen Dinge, denen nachzuforschen ich mir zum Geschäft gemacht hatte, und manche meiner damaligen Lieblingsideen aus ihrem Umgange geschöpft. Nach diesem Ausfluge schien der Orient mir weniger ein Chaos, als er mir früher vorgekommen war.

Das Drama, worüber ich berichtet habe und der blutige Schluß, über den ich noch berichten werde, könnten als Beweis einer gedankenlosen Abenteurersucht genommen werden, die keine Kunst zähmen und nur die Gewalt niederhalten könne. Ich glaube indeß nicht, daß die Sache so stehe. Diese Plane berühren nur die Anführer, nicht die Volksmasse, und gerade die Subordination der Leute gegen ihre unmittelbaren Anführer gibt diesen die Mittel in Händen, die wichtigen Rollen zu spielen, wie wir gesehen haben. Diese Anführer sind, wenn geschickt genommen, leicht zu handhaben; die Ereignisse in diesem Lande, wie in jedem andern des Orients gleichen einem Schachspiel, wo Geschicklichkeit und Wissenschaft nicht in der Anwendung von Kraft bestehen, sondern wo das Talent in der genauen Kenntniß von den eigenthümlichen Eigenschaften der Werkzeuge besteht und der Sieg von den verschiedenen und verhältnißmäßigen Stellungen abhängt, in die sie gebracht werden.

Stellen wir einen Augenblick den bürgerlichen Krieg in Spanien gegen den Krieg in Albanien. Im ersteren Lande finden wir eine Partei, welche die Regierung angreift, weil ihre Begriffe von Recht und Unrecht im Widerspruche stehen mit denen einer andern Partei ihrer Mitbürger, und dieser Widerspruch ist so tief und rücksichtslos, daß alles, was den Menschen lieb und theuer ist, in dem Kampfe, der dadurch veranlaßt worden, aufs Spiel gesetzt wird. Welche tiefe Gefühle des Hasses zwischen Mann und Mann treten hier an den Tag! Wie sehr müssen, im Vergleiche mit dem Morgenlande, in den Nationalansichten die Gefühle der Achtung vor moralischem Recht und vor legitimer Autorität geschwächt werden, welche die einzige reelle Bürgschaft sind für die Sicherheit des Einzelnen und für politische Einigkeit! Als natürliche Folge eines aus solchen Quellen entspringenden Kampfes finden wir erbarmungslosen Blutdurst bei dem Sieger und rücksichtslose Lebensverachtung bei dem Besiegten. Der gefangene Royalist erwartet keine Gnade von der Hand seines siegreichen Gegners; gleichgültig bietet er daher die Brust seinem Geschicke und jubelt über die Rache, die seine Cameraden nehmen werden.

Wer aber hörte jemals in dem albanischen Kampfe von der Hinrichtung eines besiegten Feindes? Ein besiegter Feind in der Gewalt des Siegers ist kein Gegenstand des Hasses oder der Furcht wegen der Grundsätze, die er hegt; er wird daher nie als Verräther angeklagt, nie als Rebell hingerichtet und man sieht nie die Rache der Regierung fallen, als auf die, welche ihre Macht nicht unmittelbar erreichen kann. Die offenbarsten Rebellen wurden, nachdem sie durch ihre Niederlage des Einflusses beraubt waren, den sie besaßen, von dem Arme des Gesetzes geschont, und die Regierung, weit entfernt die Wirkung ihrer Mäßigung zu fürchten, machte im ganzen Reiche die Worte des Sultans an den rebellischen Pascha von Bagdad bekannt: „Verzeihung ist der Zehnten des Sieges!" *)

Ein Europäer wird aber ausrufen: wenn die Orientalen nicht um politische Principien kämpfen, so liegt das darin, daß sie noch nicht civilisirt sind — was zertrennt aber Spanien? Die Basken

---

*) Er verstand darunter den Antheil der Beute, welcher dem Staate zukommt.

widerstreben der Unterdrückung der eigenen Wahlen ihrer Ortsbehör=
den, die Regierung will diese Unterdrückung durchsetzen; die Bas=
ken widerstreben der Unterdrückung ihrer Marktfreiheit durch Zoll=
häuser, die Regierung besteht auf dieser Unterdrückung; die Basken
fordern den Genuß der durch Vertrag und Verbriefung festgesetzten
Rechte, die Regierung nimmt ihnen diese Rechte, und da diese
Streitpunkte einmal vorliegen, so ist die Thronfolge nur der Vor=
wand zum Kampfe.

Wären die Basken Unterthanen der Türkei gewesen, so hätte
gar kein Aufstand statt finden können, denn alle die von den Bas=
ken behaupteten Principien sind von der ottomanischen Regierung
angenommen. Die ottomanische Verfassung stellt die höchste Auto=
rität auf einen erhabenen Standpunkt, hat aber ihre Macht ein=
geschränkt und sie von der Einmischung in Zölle befreit. Diese
vermeintlichen Verluste, die wir nur nicht richtig begriffen haben,
haben sechs Jahrhunderte lang diese Autorität als einen unverrück=
ten Vereinigungspunkt und als einen Gegenstand allgemeiner Ver=
ehrung erhalten. Die Türkei nährt keine einem fremden Staate
feindliche Absicht; sie gewährt fremden Nationen in ihrem Gebiete
Freiheit des Handels und der Gerichtsbarkeit. Eine solche Regie=
rung mußte ohne allen Zweifel als ein trefflicher Nachbar ange=
sehen werden. Dessen ungeachtet ist dieß Volk das Opfer einer fal=
schen Meinung geworden, welche Kriege, Bündnisse und Haß gegen
dasselbe erregt hat. Der Reihe nach wurde jede der seiner Herr=
schaft unterworfenen Bevölkerungen durch finstere Umtriebe und
mächtige Mittel zum Aufruhr angereizt. Verwundet, geschwächt,
entmuthigt und erbittert durch ein so unchristliches Bündniß der
ganzen Christenheit, hat die Türkei dennoch fortgelebt, wo zehn
europäische Regierungen unwiederbringlich verloren gewesen wären.
Wo soll man die Quellen dieses Fortbestehens suchen? Vom Frater
Bacon*) bis zum Grafen Sebastiani haben die Geistlichen und
die Staatsmänner Europa's das politische Reich des Islamismus

---

*) Frater Bacon las die prophetische Zahl 666 als auf den Islamismus
zu deuten und verkündete dessen unverzüglichen Sturz. Der prophetische
Schriftsteller, Hr. Forster, meint, er habe doch nicht so ganz Unrecht
gehabt, denn um diese Zeit stürzte der Türke, Alp Arslan, das
Kalifat!

für vernichtet erklärt. Der Grund liegt darin, daß das innere Wesen seines Lebens von dem unseres politischen Daseyns verschieden ist und daß wir es nicht erforscht oder nicht verstanden haben.

Die Pforte hat kein stehendes Heer gehabt; sie hat keine der Institutionen und nur einen kleinen Theil der Macht gehabt, durch welche unser abendländisches System besteht, und da sie nur eine Selbstherrschaft hatte, glaubte man, Jahr auf Jahr, die Türkei sey nun auf dem Punkte der Auflösung. Aber das, was uns zum Irrthum verleitete, ist eben der wahre Grund, weßhalb der Ruf nach Freiheit dort kein Schreckenston ist; weßhalb man dort so wenig die Stimme der Parteiung als das Geflüster des Princips hört; weßhalb Religions-Verschiedenheiten nicht zum Religionskriege führen, und weßhalb die Vertheidigung, selbst die gewaffnete, örtlicher Gewohnheiten und Interessen keine Insurrection ist.

Siebenzehntes Capitel.

Abreise aus dem Lager. — Akenteuer auf dem Pindus. — Aufwinden in ein Kloster. — Meteora. — Entdeckung seltsamer Intriguen. — Der radicale Gouverneur von Trikkala. — Ankunft in Larissa.

Nach sehr zärtlichem Abschiede von Veli Bey und den albanesischen Anführern und Soldaten, ritten wir südwärts, den Bergweg hinauf und nach einstündigem Ritte erblickten wir plötzlich Mezzovo, eine Stadt von tausend Häusern, die an der steilen Seite eines Berges hing, der durch zwei tiefe Schluchten, wo der Fluß Arta entspringt, von den Bergen Zygos und Prosillion getrennt wird. Unterwegs enthüllte sich uns das Geheimniß von Veli Bey's vortrefflicher Küche. Gegen Mittag begegneten wir nämlich zwei Haufen von Weibern, die nach ihrer schwarzen Kleidung und ihrem noch düsterern Ansehen Leichenzüge zu seyn schienen. Der Verstorbene war ein fertig geröstetes Schaf an einer Stange, welche zwei Frauen auf der Schulter trugen; andere folgten mit verschiedenen Schüsseln, Pasteten und Pfannen; dahinter wankte noch eine größere Anzahl unter viertausend Okas*) Brod, welche die Stadt täglich als Proviant liefern mußte.

Wir hielten Gench Aga für einen Ultra und einen ungefälligen Türken; seine emsige Aufmerksamkeit aber für alles, was unsere Sicherheit und Bequemlichkeit anging, stellte seinen Charakter bald in das rechte Licht, so wenig Glauben wir auch damals hatten an seiner Landsleute Höflichkeit und Menschenfreundlichkeit. Da wir aber einmal in dem albanesischen Lager an eine andere Art der Behandlung gewöhnt waren, hielten wir es für ganz empörend und unwürdig, wieder mit den Franken auf gleiche Stufe hinabzusinken.

Ungeachtet der herannahenden Beilegung bemerkten wir, daß der Aga in einem Zustande der größten Besorgniß war. Da alles Vieh in den Bergen versteckt war, konnte er keine Pferde herbeischaffen, um Proviant nach dem Schlosse und die Truppen nach Janina zu befördern. So lange wir bei ihm uns aufhielten, waren ein paar Schreiber beständig beschäftigt, Briefe und Bujurdis (Ordres) zu lesen und zu schreiben, und jetzt mehr als jemals begriffen wir den Umfang der Gefahr, welche das ganze Land bedrohte.

Mezzovo, einer der wichtigsten, vielleicht der allerwichtigste Paß in Rumili, liegt zwischen so natürlichen Vertheidigungspunkten und hat eine so starke Bevölkerung bewaffneter Griechen mit wenig Landbesitz, daß es bis jetzt einzig in seiner Art verschont und besonders begünstigt wurde. Nun aber fanden wir es in einem Zustande der größten Angst und Unruhe; jede nicht von Soldaten besetzte Thür war verrammelt und auf jedem Gesichte malte sich die Besorgniß mit starken Zügen; Schafe, Vieh und Pferde waren zwischen den Felsen zerstreut und verborgen. Die Stadt war besetzt von den Truppen eines türkischen Bimbaschi, denen des Gench Aga und denen der Ortsbehörde. Auf dem Wege nach Milies, nach Norden, standen Arslan Bey's Truppen; nach Westen die des Veli Bey; im Osten waren die Soldaten der griechischen Kapitani Gogo und Liakatas in einem besondern Kriege um das Kapitanat von Radovich begriffen.

Wir blickten hinab auf die Quellen des Arakthus, der in den Golf von Arta fließt; sie sind nur durch einen einzigen Höhenzug

---

*) Die Oka ist etwa 2⅔ Hamburger Pfund.   D. Ueb.

von der Urne des Achelous entfernt, die sich in die jonische See ergießt. Eine andere Anhöhe trennt dieß Thal von den Quellen des Aöus, der sich nördlich windet und in das adriatische Meer fällt. An der östlichen Seite desselben Berges entspringt der Peneus, und der Bach, dem wir aus Veli Bey's Lager folgten, fällt in den Haliakmon, der östlich und nördlich in den Golf von Salonika fließt.

Wir konnten nur wenig Auskunft als Antwort auf unsere Fragen von den Einwohnern erhalten, die von nicht weniger beunruhigenden als erschreckenden Verwirrungen in Anspruch genommen waren; dennoch waren sie seltsamer Weise in einem Augenblick wie der gegenwärtige damit beschäftigt, eine ihrer Schulen auszubessern. Es ist unglaublich, wie heiß und allgemein verbreitet unter den Griechen der Wunsch nach Belehrung ist; an den wildesten Stellen, die ein Mensch zum Wohnplatze oder als Zufluchtsstätte gewählt, haben wir beständig Zeichen eines intellectuellen Daseyns und Herkommens gefunden, Anstreben nach einem idealen Zustande — einer Art politischen tausendjährigen Reichs — den sie mit aller Fruchtbarkeit ihrer Einbildungskraft ausschmücken und mit aller Schüchternheit ihrer Verknechtung verehren.

Da keine Antwort von Arslan Bey eintraf, entschlossen wir uns, sofort weiter zu reisen, ohne das Detachement abzuwarten. Zehn Mann und ein Kapitano wurden uns als Escorte gegeben, die wildenähnlichsten Reisegesellschafter, die mir bis jetzt das Loos zugeworfen hatte. Ehe wir noch eine halbe Stunde gemacht hatten, begann der Kapitano uns mit der größten Frechheit zu behandeln, und da er eine Entgegnung erhielt, die ihm von einem Giaur ungewohnt seyn mochte, so hielt er mit seinen Leuten an; nachdem sie aber eine Zeitlang sich zu berathen geschienen hatten, folgten sie uns. Wir ritten schneller, um einige Griechen einzuholen, die zu Gogo gehörten; kaum aber hatten wir sie erreicht, als sie den Weg verließen und sich auf die Hügel zogen. Ihr Ansehen und ihr Benehmen war indeß nicht einladender als das des Haufens, den wir zu verlassen gehofft hatten. Wir wanden uns nun über den schroffen Höhenzug der höchsten Bergkette des Pindus, dem gefährlichsten Theile des Weges. Der Platz war voll von Felsstücken, hinter denen man mit Sicherheit sein Ziel aufs Korn nehmen konnte, und wir waren von Banditen umgeben, die keinen Anführer kannten und gegeneinander kämpften, denen es weder an Gelegenheit, noch Lust, noch an Gefühl der Straflosigkeit fehlte.

Da es gleich unmöglich war zu halten oder umzukehren, verließen wir uns auf Kismet und ritten weiter. Da erblickten wir einen Kapitano mit einigen Reitern, die uns folgten. Wir hielten sie für einen bessern Schlag Menschen und verzögerten unsern Schritt, bis sie uns nachkamen, und nach den gewöhnlichen Begrüßungen ritten wir zusammen weiter. Bei dem Erklimmen des Felsens kam das Pferd des Capitäns dem unsers Dieners vorbei, der keineswegs Lust zu haben schien, sich von dem engen Wege so wegdrängen zu lassen; der Capitän drehte sich nach ihm um und nannte ihn Pezeveng und Kerata, und erhielt in denselben höflichen Redensarten Antwort. Ein Reiter war dicht bei dem Capitän, einer von uns kehrte um, dem Diener beizustehen und im Augenblick bildete sich die interessanteste partie carrée, die man sich nur denken kann, jeder mit gespannter Pistole in der einen Hand und einem Messer oder Dolche in der andern. Des Capitäns Leute waren ein wenig höher hinauf, und unsere Leute, die jetzt dicht bei uns waren, unten, und auf die erste Bewegung nahmen Alle die Flinten von der Schulter, tauchten hinter die Steine und lagen mit ihren Gewehren im Anschlage auf die Vier in der Mitte, die hochaufgerichtet hielten und Jeder des Andern Auge bewachten. Da der Anführer unserer Wache, der wir zu entwischen versucht hatten, die eingetretene Pause sah, so sprang er vor und legte sich dazwischen; allmählich wurden die Waffen gesenkt, dann zurückgezogen und wir ritten weiter, als wenn nichts vorgefallen wäre, kamen über die scharfe Bergkante und stiegen nach dem Khan hinunter, der an der andern Seite dicht dabei liegt. Dort erst bedachten wir, welch ein romantisches Schicksal wir gehabt hätten, wäre das Wasser, unsere Leichen abzuwaschen, frisch aus der Urne des Peneus geschöpft und unser Grabhügel von den Dryaden des Pindus gedeckt.

Es lag etwas sehr Handwerksmäßiges in dem plötzlichen Versinken der Leute hinter die Steine; in der ersten Hurtigkeit und der darauf folgenden Gleichgültigkeit zeichnete sich vertraute Gewohnheit. Dieser Vorfall bewies den Nutzen, Feinde in dieser

Welt zu haben. Unsere Escorte, der wir zu entkommen versuchten, und die, so lange wir ihrer Hülfe nicht bedurften, gegen uns keine freundlicheren Gesinnungen hegte, als wir gegen sie, wollte nun augenblicklich ihr Leben zu unserer Vertheidigung wagen und unsertwegen ihren Landsleuten die Kugel durchs Herz jagen.

Im Khan fanden wir uns in einer wunderschönen Gegend; die Gipfel waren mit hohen Buchen bedeckt, gerade wie Pfeile und gleich der Leine eines Senkbleies auf den abschüssigen Boden niedergesenkt. Es war das schönste Holz dieser Art, das ich jemals gesehen; in dem Flachlande kommt dem nichts gleich. Diese mächtigen Bäume versperrten die Aussicht nach den östlichen Ebenen und ließen unsern beschränkten Gesichtskreis nur durch die Bäume selbst verschönern, durch schimmernde Lichter und tiefe Schatten, kühlen Windeshauch und krystallene Quellen, zwischen glasichten Felsen von allen Farben. Die Klephtis, die sich rund um den Khan sammelten, hauptsächlich Deserteurs von Gench Aga, würden den Geist eines Salvator Rosa entzückt haben, wir schenkten aber damals dem Malerischen der Landschaft und dem Romantischen der Figuren im Vordergrunde wenig Aufmerksamkeit. Wir sahen nach den Schlupfwinkeln, die sie an allen Punkten hatten; wir bemerkten jeden forschenden Blick, den sie auf unser Gepäck, unsere Waffen und unsere Personen warfen. Wir waren überdieß wahre Tataren und hätten für leibhafte Vettern von Robinson Crusoe gelten können, mit unsern von Dornen und Dickicht zerrissenen Kleidern, wo aus jeder Tasche eine Pistole, ein Dolch oder ein Messer hervorragte. Wir berathschlagten, ob wir weiter reisen oder uns die Nacht über im Khan verrammeln wollten, als eine Abtheilung von Gench Aga's Reiterei heransprengte, laut nach uns fragend. Gleich nach unserer Abreise hatte er, den Zustand des Weges erfahrend, in aller Hast diese Reiter abgeschickt, uns nach Trikkala zu geleiten.

In zwei Stunden vollbrachten wir unser Hinabsteigen nach dem Khan von Malakassi. Dieser Ort, ein Haufen zertrümmerter Häuser, lag an der Seite des Hügels jenseits des Peneus. Der Khan, wie alle in Albanien, war ein schmutziges, finsteres, ruinirtes Gebäude im Style Ali Pascha's, die schmale Thür verriegelt, versperrt und verrammelt; das kleine vergitterte Fenster sicherte den Käfig des Gefangenen drinnen, der für seine Paras Knoblauch,

Salz, Käse, Oliven und zuweilen harzigen Wein und Raki verkaufte. Der Wind blies frisch, und Staub und Sonne nöthigten uns, Einlaß von dem Khanji (Wirthe) zu begehren, eine Gunst die dem στενά, engen, oder fränkischen Anzug willig gewährt ward. Etwas schwarzes Gerstenbrod, heiß aus der Asche, belegte ein schmutziges Brett; der sofra wurde uns vorgesetzt, mit einer zerbrochenen Schüssel von grobem braunem Geschirr in der Mitte, gleich dem Untersatze eines Blumentopfes, worin Zwiebelscheiben und schwarze Oliven in Oel und Essig schwammen. Ich weiß nicht, ob die Kunst des thessalischen der des mantuanischen Thyestes gleich kam, aber an dem Tage und am folgenden rief ich oft aus: O dura Alvanitorum ilia!

Wir hatten noch sieben Stunden bis zu den Klöstern Meteora und waren genöthigt zu eilen. Der Weg war nun flach, durch oder an beiden Seiten des steinigen und breiten Bettes des Peneus; wir ließen den wallähnlichen Pindus hinter uns; die Hügel rechts und links verflachten und öffneten sich, je weiter wir kamen. An den höheren Stellen schien die rothe Erde durch die dunkeln Gebüsche; die niedrigen und ebenen Stellen des Thales zeigten nur das bleiche Gelb des verwelkten Grases, und so begierig ich auch war, jeden Reiz aufzufassen und noch auszuschmücken, so mußte ich doch bekennen, die Gegend sey minor fama (unter ihrem Rufe). Nur längs des Stromes, wo der Platanus hin und wieder seine Frische und Schönheit zeigte, erschienen Plätze, die das Paradies zeigten, wozu die Gegend werden könnte. Zwischen den sich öffnenden Hügeln hindurch sahen wir vor uns eine gebrochene Klippenreihe; auf diesen liegen die Klöster der Meteora. Anfangs schienen diese Klippen wie ein zusammenhängender Felsen, als aber die sinkende Sonne längs derselben schien und ihr Licht hinter diese säulengleichen Massen warf und ihre Schatten gegen die anstoßenden Zinnen, erschien die Gruppe im Hautrelief als ein riesiges Bündel prismatischer Krystalle.

Zwei Stunden vor der Meteora sahen wir mit Erstaunen die anscheinende ganze Bevölkerung einer Stadt im freien Felde: Männer und Frauen, krank und alt, lagen oder saßen auf Haufen von Gepäck; Esel, Maulthiere, ein paar Schafe, Hunde und selbst Katzen wanderten dabei herum. Da die Zeit drängte, eilten wir

vorbei, aber auf spätere Erkundigung erfuhren wir, es seyen die
Einwohner von Klinovo, einem der blühendsten Flecken des Pindus,
der Tags zuvor durch den griechischen Kapitano Liakatas, aus
Rache wegen seiner Vertreibung von Radovich geplündert und nach
der Plünderung über den Häuptern der unglücklichen Bewohner in
Brand gesteckt war.

Wir schienen dicht bei den Klöstern, aber es wurde Nacht,
bevor wir ihren Fuß erreichten, um den wir uns zwischen den
kolossalen Felstrümmern durchwinden und klettern mußten, bald
im Dunkel der Höhlen und überhängender Abgründe, bald im
Sternenschimmer durch die Oeffnungen der anscheinend zusammen=
hängenden Felsen. Nie habe ich einen Platz gesehen, der so ge=
eignet wäre, abergläubische Furcht einzuflößen; selbst Büßende und
Einsiedler schmecken noch zu viel von der Erde gegen solch einen
Aufenthalt, der nur für einer Sibylle Verzückung oder einer thessa=
lischen Hexe Sabbath gemacht ist. Der Reisende, der die rechte
Wirkung zu verspüren wünscht, sollte sie bei Nacht besuchen. Zu
diesem Zwecke eilten wir nach den Klippen, statt uns rechts ab
nach Kalabaka zu wenden, obgleich auf die Gefahr hin, eine Nacht
ohne Abendbrod auf dem nackten Felsen zu verbringen.

Als wir unter einem Kloster ankamen, strengten wir unsere
Lungen an und erschöpften unsere Beredsamkeit in Bitten, aufge=
wunden zu werden, aber Brust und Redefiguren waren gleich un=
wirksam; indeß kam ein Korb mit einem Licht und einiger Lan=
desspeise wirbelnd herunter. Am nächsten Morgen wurde ein Netz
herunter gelassen, auf dem Erdboden ausgebreitet und wir auf
einem Mantel hineingelegt, Beine, Arme und Köpfe gehörig zu=
recht gestauet, das Netz um uns zugeschnürt und an einen tüchti=
gen Haken gehängt. „Alles richtig!" wurde von unten gerufen,
die Mönche oben begannen mit einer Haspelwinde uns hinaufzu=
ziehen, Windstöße trieben uns rund und stießen uns gegen den
Felsen in einer majestätisch langsamen Auffahrt 150 Fuß hoch.
Als wir oben ankamen, wurden wir wie ein Waarenballen in einen
Liverpooler Speicher hineingehißt, das Netz wurde losgelassen, und
wir fanden uns auf dem Fußboden, wo uns die Mönche sogleich
aufsammelten.

Das Kloster und die Mönche gleichen allen anderen griechischen
Klöstern und Mönchen; die Klöster sind schmutzig und weitläufig;

die Mönche unwissend und ängstlich. Ich entsinne mich nur eines besonders auffallenden Gegenstandes: der Zimmer für die türkischen Staatsgefangenen; denn Ali Pascha, die Tyrannei des Alterthums erneuernd, hatte die Mönche in Kerkermeister, ihre Zellen in Gefängnisse verwandelt, wie unter den griechischen Kaisern. Sie haben eine kleine Bibliothek, die außer einigen Kirchenvätern und Ritualen, auch Classiker und Uebersetzungen neuerer Schriftsteller enthält, Rollin zum Beispiel. Ich suchte nach Handschriften und fand ein paar, aber lauter polemische. Die Mönche erklärten sich selbst für unwissend und barbarisch, aber sie verwarfen doch die Idee, als hätten sie ihre Handschriften gebraucht, den Ofen damit zu heizen.

Dieß war das Kloster Barlam, gegründet von dem russischen Patriarchen gleiches Namens. Man schlang uns wieder in das Netz und senkte uns unter die Sterblichen hinunter. Wir überstiegen einige Felsen und befanden uns unter dem Hauptkloster Meteoron. Ein Korb wurde heruntergelassen, in den wir unsern Teskere (Erlaubnißschein) von Gendj Aga legten, der hinaufgezogen, nachgesehen und dann die Erlaubniß zum Aufsteigen ertheilt wurde. Wir wurden wie vorher in ein Netz gestauet, und da die Mönche hurtig zu Werke giengen, wurden wir hart gegen die Scheibe gezogen und dann mit dem durchlaufenden Tau in die Mitte eines wartenden Kreises von Kriegern und Priestern hinabgelassen. Es war Festtag, und verschiedene der Kapitani aus den benachbarten Bergen waren im Kloster eingekehrt, in der dreifachen Absicht, ihre Andacht zu verrichten, ein gutes Mittagsessen einzunehmen und das Protokoll zu verhandeln, das uns schon krank und matt gemacht hatte, und dem wir bei Verlassung des albanesischen Lagers auf ewig Lebewohl zu sagen geglaubt hatten. Worte können nicht die Freude unserer neuen Bekannten schildern, als sie uns vom Haken losmachten, uns auspackten und nun die unerwartete Einfuhr aus Europa fanden. Zwei Ries Pro Patria *) oder zwei Ballen-Pergament, mit Protokollen angefüllt, hätten ihre Augen kaum mehr entzücken können, und kaum standen wir auf den Beinen, als wir einem genauen Examen

---

*) Wörtlich „Narrenkappe," das Wasserzeichen in einer in England vielgebrauchten Papiersorte. D. Ueb.

über den Inhalt, den Charakter und das Datum des erwarteten Budgets unterworfen wurden, als wären sie Raubvögel von Zollhausbeamten gewesen, die ein Schiffs=Manifest oder eines Reisenden Schnappsack durchschnüffeln. Unendlich war ihr Mißvergnügen, als wir ihnen sagten, daß wir kein neues Protokoll enthielten und nicht nach Meteora gekommen wären, um Gränzpfähle einzuschlagen. Wir unsererseits waren ganz verwirrt über die Folgen und Wirkungen eines in Downing=Street aufgenommenen Actenstückes und fühlten uns unendlich geschmeichelt über diesen Beweis der Macht, die unser Land besitzt. Wir aßen mit den Leuten zu Mittag, verbrachten den größten Theil des Tages bei ihnen und verließen Meteoron ganz erstaunt über alles, was wir über einen Gegenstand gehört, den wir diesem Lande für ganz fremd gehalten hatten.

Die Griechen in diesem ganzen Landestheile waren vollständig überzeugt, die Gränze müßte am Verdar, das heißt, bei Salonica seyn, und die Bedingung, unter welcher die verbündeten Mächte ihnen diese Gränze zugestanden, bestände darin, daß sie sich auf keine Weise einmischen sollten, weder durch Verbindung mit den Bewegungen in Griechenland, noch durch Unterstützung der Türken gegen die Albanesen. Als wir ihnen sagten, das wäre lauter Unsinn, brachen sie in heftige Beschuldigungen aus, zeigten auf die Leichtigkeit, womit während des russischen Krieges Griechenlands Gränze hätte bis zum Meteoron ausgedehnt werden können, und zu gegenwärtiger Zeit auf die Vortheile, welche die Griechen erlangen könnten, wenn sie sich dem Großwessier gegen die Albanesen anschlössen, was zur Selbsterhaltung sogar nothwendig würde; daß sie dem Willen der Allianz und auf ihre Befehle Alles geopfert hätten, und also jetzt ein Recht auf Erfüllung der jenseits versprochenen Bedingungen. Wir waren eine Weile sehr erstaunt über diese Reden und versicherten, daß wir niemals von dergleichen gehört hätten, daß die Gränzen bestimmt am Aspropotamos wären, daß selbst die Akarnanier ausgeschlossen wären und daß die griechischen Truppen täglich Befehl erwarteten, den Makronoros zu räumen. Dann fragten wir, was denn die Quelle ihrer Meinung gewesen — eine Frage, die beträchtliche Verwirrung hervorbrachte: sie sahen sich einander an, ohne zu antworten; nach einiger ferneren Erörterung aber und der Wiederholung von Um=

ständen, die keinen Zweifel über die Wahrheit unserer Behauptungen übrig lassen konnten, erfolgte ein Auftritt gegenseitiger und heftiger Vorwürfe zwischen den Kapitani und den Priestern, und wir entdeckten, daß Agenten im ganzen Lande die Ueberzeugung verbreitet hatten, die Verbündeten würden den Verdar zur Gränze von Griechenland machen, wenn die Griechen dieser Gegenden davon abständen, der Pforte gegen die Albanesen beizustehen. Der Priester hatte man sich als der Canäle bedient, durch welche diese Ansichten verbreitet wurden, und das Kloster, in dem wir uns befanden, war nach allem Anschein der Herd dieser Intriguen. Während aber die Kapitani den Priestern vorwarfen, sie getäuscht zu haben, und alle Verdachtsgründe wiederholten, die sie gegen den Korfioten Kapodistrias geäußert hatten, und alle damals vorgebrachten Einwürfe, behaupteten die Priester, sie wären zu den unschuldigen Opfern gemacht, was wahrscheinlich richtig ist; sie behaupteten aber auch noch Dinge, die zweifelhafter waren, namentlich, Kapodistrias müsse getäuscht und zum Spielball der Allianz gemacht seyn. Bald aber wurden sie noch bitterer, als selbst die Kapitani, und Einer erklärte, er würde es nicht allein für eine heilige That ansehen, ihr Land von einem solchen Verräther zu befreien, sondern wenn er gewiß wäre, daß Kapodistrias nicht selbst getäuscht wäre, würde er ihn mit eigener Hand umbringen. Hier war es, wo der volle Zusammenhang dieser verwickelten und verwirrten Frage vor uns aufblitzte, wo wir Kapodistrias' Spiel und die Autorschaft des Protokolles begriffen.

Die früheste Gründung dieser Klöster, deren man sich erinnert, geschah durch Jussuf, einen bulgarischen Despoten von Thessalien, der bei Turkhan Bey's Annäherung abdankte. Auch Thomas von Epirus vertauschte seine Herzogskrone gegen eine Abts-Inful, und bei Einführung der türkischen Herrschaft übertrugen die Griechen, sowohl in den Provinzen als in der Hauptstadt, ihren geistlichen Hirten die prunkenden Titel ihrer zeitlichen Regenten: daher werden die Bischöfe der griechischen Kirche jetzt Despoten (Herrscher) genannt.

Diese sonderbare Gruppe felsiger Zinnen, worauf die Meteora liegen, ist von einem Conglomerat krystallinischer Felsen gebildet. Statt vergänglich zu seyn und die Klöster durch Einsturz mit Vernichtung zu bedrohen, müssen diese Zinnen fast noch in demselben

Zustande geblieben seyn, worin die Sündfluth sie ließ. *) Als wir diese Altäre und Wohnungen der Meteora verließen, wendeten wir uns beständig um, und bewunderten die seltsame Schaustellung von Zinnen, Abgründen, Klüften und Höhlen, die uns von allen Seiten umgaben, und sich in ihren Zusammenstellungen und Wirkungen wie die Decorationen auf einem Theater veränderten. Auf den Gipfeln zeigten die verschiedenen Klöster ihre grotesken Formen; eine Felsenmasse war von einer der Klippen heruntergeglitten und hatte ein Kloster mitgenommen, aber ein Theil der gemalten Kuppel einer Capelle hing noch an dem Abgrunde fest. In dem obern Theile einer mächtigen Höhle (einem Staatsgefängnisse unter den griechischen Kaisern) waren Gerüste, eines über dem andern, angebracht, etwa achzig bis hundert Fuß über dem Boden, die von Flüchtlingen aus der Ebene bewohnt wurden. Löcher und weitgedehnte Höhlungen, die auf den senkrechten Vorgründen der Felsen erschienen, wurden auf dieselbe Weise bewohnt; einige sahen aus wie hübsche Häuser mit regelmäßigen Vorplätzen, Fenstern und vorragenden Balcons; die kleineren und unbedeutenden waren mit Flechtwerk verschlossen, mit einem Loche znm Hineinkriechen; man stieg dazu auf wunderlichen Leitern hinauf, von Holzstücken in der Länge von zwei Fuß, welche durch die Querstufen in einander gefügt waren. In den niedrigen Höhlen waren diese Leitern, die gleich Ketten herunterhängen, ganz aufgezogen, wo aber das Aufsteigen höher ist (bei einigen zweihundert Fuß), ist ein Tau an das untere Ende der Leiter befestigt, die sie fünfzehn bis zwanzig Fuß hoch über den Erdboden hinaufziehen: werden mehrere dieser Leitern zugleich aufgezogen oder heruntergelassen, so macht das ein sonderbares klapperndes Geräusch. An einer Stelle waren die Höhlen in Stockwerke eingerichtet und eine Verbindungsleiter diente für mehrere Wohnungen.

Indem wir uns um die schlankste dieser Felsenzinnen wanden, die tausend Fuß hoch seyn mochte und deren Gipfel einem sich schmiegenden Löwen glich, bekamen wir die Ebene von Trikkala zu Gesicht. Rechts hatten wir den Peneus, links das Dorf Kala-

---

*) Durch Frost sind Stücke abgesplittert und liegen überall umher. Ein Kloster oder zwei sind herunter stürzt, aber der Charakter des Ganzen ist unverändert.

baka, überschattet von der Rückseite der Meteora=Felsen, die von dieser Seite ein hügeliges und gerundetes Ansehen hatten. Rund um uns waren ansehnliche Maulbeerbaum=Pflanzungen, und vor uns in der Ebene erschienen in der Entfernung die Thürme von Trikkala. Links streckte sich eine Reihe niedriger nackter Hügel von Kalabaka nach Trikkala, und rechts erhob sich der Pindus steil aus der Ebene, zog sich gegen Südost und verlor sich in der Ferne und im Nebeldunst einer übermäßigen Hitze.

Als wir Trikkala näher kamen, wurden wir sehr erfreut durch das Aussehen von Thätigkeit, Behaglichkeit und Wohlstand, das rund umher herrschte, durch die friedliche, civilisirte und ich möchte sagen bürgerlich ehrenfeste Behäbigkeit Jedes, der uns begegnete. Welcher Contrast mit unsern letzten Freunden! Vor allen Dingen erfreute es uns, Räderspuren zu erblicken, eine in etwas ver= ringerte Freude, als wir die unbehülflichen Maschinen sahen, wo= durch sie verursacht waren. Ein nicht weniger seltener Anblick waren Strohhaufen unter einigen herrlichen Bäumen nahe am Eingange der Stadt, die mit Lauben und Gärten untermischt freundlich aussah, wie alles Andere, mit Ausnahme der Anhäu= fung von zerstörten Thürmen verschiedener Art, einst einem Castell von einiger Wichtigkeit, das von einem Hügel mitten im Orte herabdrohte.

Uns begegneten drei Frauen, die uns anhielten, uns befrag= ten und uns in ihrer Stadt willkommen hießen: eine Negerin, eine Türkin und eine Griechin. „Seit lange," sagte die Letztere, „haben unsere Augen keinen Franken erblickt, und seitdem haben „wir nichts als Elend und Furcht gesehen; jetzt aber, da ihr zu „uns gekommen seyd, werden wir wieder gute Zeiten sehen."

Wir stiegen in der Wohnung des Gench Aga ab und wur= den sehr höflich von seinem Neffen und Vekil (Stellvertreter, Lieutenant) empfangen, der uns sogar Leute nach Meteora ent= gegen geschickt hatte. Er behandelte uns (um die Worte beizu= behalten, die ich damals gebrauchte) mit allen Gebräuchen euro= päischer Höflichkeit und dem Eifer europäischer Artigkeit. Unsere Firmane wollte er nicht ansehen, indem er bemerkte, mit dem größten Vergnügen, nicht aus bloßem Pflichtgefühle, würde er uns im allem dienen, was wir zu befehlen geruhen wollten. Des Gouverneurs Residenz bestand aus zwei großen Serais, welche zwei gegenüberstehende Seiten eines Vierecks einnahmen; längs der einen Seite von den beiden übrigen waren Pferdeställe; Munitions= und Bagagewagen standen auf der vierten; in der Mitte exercirten Artilleristen mit einem paar Feldstücken; Stellmacher, Waffenschmiede und Hufschmiede waren an verschiedenen Stellen beschäftigt, und überall herrschte ein Lärmen und eine Geschäftigkeit, die keines= wegs türkisch aussah. In diesen kriegerischen Zurüstungen konn= ten wir den Finger unseres Freundes, des Veteranen, erkennen, aber aus der achtungsvollen Haltung und Stellung des niedrigsten Hausgenossen gegen uns glaubten wir die radicalen Grundsätze seines höflichen Neffen herauszulesen.

Wir blieben einige Tage in Trikkala, die Bekanntschaft der vornehmsten Türken zu machen. Allmählich bemächtigten sich unserer die Landesgewohnheiten; die Sachen wurden uns leichter und weniger fremd, wir fühlten uns deßhalb heimischer und wur= den weniger fleißig, Notizen aufzunehmen. Die einzige Bemer= kung, die ich in meinem Tagebuch über unsern Aufenthalt in Trikkala finde, ist folgende: „Der Kharatsch=Einnehmer erzählte „uns, vor wenigen Jahren seyen in diesem Districte zwölftausend „Kharatsch=Zettel gewesen, jetzt aber nur fünftausend. Wir frag= „ten, was aus den übrigen geworden sey, worauf er antwortete: „O, das ist ein ruchloses Gesindel, das es vorzieht, mit einem „geladenen Pistol im Gürtel und ledigem Tabaksbeutel in den „Bergen umherzustreifen, lieber, als fleißig zu arbeiten. — Die „Ansichten der vornehmsten Türken, in Bezug auf alle Gegenstände „von öffentlichem Interesse waren ganz dieselben wie überall, und „hier findet keine Meinungsverschiedenheit in Folge des Unter= „schieds des Ranges Statt. In Trikkala waren keine Janitscharen „und die übrige Bevölkerung, vom Pascha bis zum Lastträger, „hat dieselben Ansichten und könnten ihre Stellen wechseln ohne „Verletzung der Schicklichkeit oder der Tracht."

Wir wurden bei fernerer Bekanntschaft mit Skender Effendi, Gench Aga's Neffen, in unserm günstigen Vorurtheile nicht betro= gen. Mit dem Enthusiasmus eines jungen Mannes und dem Eifer eines politischen Neubekehrten war er voll von den herrlichen Erfolgen des neuen Systems, und obgleich eines Fremden Auge wenig geeignet ist, zwischen Scenen so manches tragischen Ereig= nisses Veränderungen und Verbesserungen aufzufassen, so waren doch das Vertrauen, das Allen wiedergekehrt schien, mit denen wir uns unterhielten, und die Hoffnungen, die sie beseelten, Beweise, und ich möchte fast sagen, Theile einer weder zweifelhaften noch unwichtigen Verbesserung. Als wir von Skender Bey Abschied nahmen, sagte er: „Schont unserer in eurem Tagebuch; „vergeßt, was ihr Mangelhaftes gesehen habt, und wenn ihr von „Trikkala sprecht, so sagt, wir gäben uns Mühe, so viel von unserer „Pflicht zu thun, als wir schon gelernt haben."

Von Trikkala nach Larissa sind zwölf Stunden. Da auf dem Wege durch die Ebene nichts Interessantes zu finden ist und die Hitze übermäßig war, so entschlossen wir uns, während der Nacht zu reisen; mein Gefährte wurde aber unwohl, konnte nicht weiter, und wir waren genöthigt, in Zarco, einem zerstörten Dorfe auf der Hälfte des Weges, zu bleiben. Wir kamen an reichen Wasserquellen vorbei, die am Fuße der Marmorfelsen entsprangen. Aus der Nähe dieses Platzes läuft eine unregelmäßige, aber anscheinend zusammenhängende Hügelkette, die wie Inselchen aussah, quer durch die einem erstarrten See gleichende Ebene in die Nähe von Thaumako, und trennt die Ebene von Trikkala von denen von Larissa und Pharsalia. Hier blieben wir den Rest der Nacht, und verschafften uns am Morgen einen Wagen mit Büffelochsen, mit denen mein Gefährte in majestätischem Schritte folgte, während ich mit dem Menzil (Wegweiser) vorausritt. Bis auf drei Meilen vor Larissa hebt und senkt sich der Weg; das Land ist weder Ebene noch Berg; der Salembria (Peneus) begleitet den Weg in einem gewundenen Bette mit steilen Sandufern; er ist nicht breiter als zwölf bis fünfzehn Yards, träge, schlammig und mit Büschen überhangen. Hin und wieder könnten die hübschesten Partien mit dem Charwell verglichen werden, obgleich ich dem akademischen Flusse*) den Vorzug vor dem classischen zugestehen muß. Ich passirte ihn in einem offnen Boot unweit eines verlassenen Dorfes. Weiterhin war eine Anhöhe mit türkischen Grabsteinen, Säulentrümmern und anderen hellenischen Ueberresten bedeckt. Das war die Stelle von Alt-Larissa. Bald darauf erblickte ich das langersehnte Larissae campus opimae (Feld der reichen Larissa), das sich bis an den Fuß des Olympus

---

*) Der **Charwell** ist ein kleiner Fluß in der Nähe der Universität Orford.
D. Ueb.

und Ossa erstreckt. Die zahlreichen Minarets von Yenitscher (türkischer Name von Larissa) erhoben sich und glänzten über einer Oasis von Bäumen und Laub inmitten einer Sandebene, denn diesen Anschein gaben die verwelkten Grasstoppeln den fruchtbaren, aber nackten Feldern unter einer sengenden Mittagssonne, ohne ein Lüftchen oder eine Wolke, um die Helle oder die Hitze zu mildern, mit Ausnahme der auf dem Olympus lagernden und sein heiliges Haupt verhüllenden Wolken.

Der Bruder des Kharatsch-Einnehmers Sarif Aga hatte uns an diesen einen Empfehlungsbrief gegeben und uns angewiesen, geradeswegs nach seinem Hause zu gehen und dort abzusteigen. Unglücklicherweise aber begegneten wir ihm auf dem Wege nach Trikkala, wohin er sich in einem Rumpelkasten von Wagen fahren ließ, den sie eine Kotschi nennen, der von vier Pferden gezogen wurde, mit zwei Vorreitern. Uns wurde ein sehr ärmlicher Konak (Quartier) angewiesen. Wir besuchten den Erzbischof, einen würdigen und gescheidten Greis, der es bedauerte, uns nicht in sein Haus holen zu dürfen, aber hinzusetzte, wenn wir uns nur mit gehörigem Nachdruck über das erhaltene Quartier beklagten, so könnten wir ihm zugeschickt werden. Auf unsere Klage wurden verschiedene andere aufgefunden, aber gegen jedes, das man uns antrug, hatten wir eine Einwendung in Bereitschaft; endlich schickten sie, anscheinend sehr gegen ihren Wunsch, zum Erzbischof und baten, es zu entschuldigen, wenn sie ihn ersuchten, die englischen Bey-Zadehs (Prinzen) aufzunehmen. Er stellte sich sehr mißvergnügt darüber, aber da es einmal Befehl vom Kija-Bey war, so konnte er nur gehorchen. Als der Kavasch fort war, hieß er uns herzlich willkommen.

Achtzehntes Capitel.

Thessalien.

Es ist etwas wunderbar Ideales in dem Anblicke Thessaliens. In den nackten Ebenen hemmt kein einzelner Gegenstand das Traumgebilde. Inmitten der herrschenden Ruhe und Stille dringen die Klänge aus der Vorzeit schärfer und deutlicher in das Ohr, als auf irgend einem andern Schauplatze großer, längst vergangener und bunter Ereignisse. Mit Ausnahme von Attika gibt es keine Gegend gleichen Umfanges, die so reich an geschichtlichen und dichterischen Ereignissen wäre, aber Thessalien ist nicht durch häufigen Besuch und uns vertraute Begebenheiten bekannt und alltäglich geworden. Der Staub von den Fußstapfen der Zeitalter liegt dort noch ungestört, und als ich aus den hohen Regionen des Pindus, die mit Aufregung und Streit gefüllt waren, in Thessaliens stille Ebenen trat, kam es mir vor, als sey ich in ein Thal voll von Gräbern hinabgestiegen, die neuerdings den menschlichen Augen geöffnet waren, wo der Geist in unmittelbare Berührung gebracht wird mit den Menschen, deren Asche jene Gräber enthalten und den Mächtigen, deren Thaten sie erzählen.

Rund um den ganzen Gesichtskreis streifen Bergketten, deren Namen den Musen theuer sind — Pindus, Oeta, Pelion, Ossa, Olympus. Auf den Höhen im Süden war die Urheimath der Pelasger; auf den Ebenen drunten erhoben sich die ersten Gebäude von Hellas. Thessalien war die Wiege der Schifffahrt und der Reiterkunst; hier wurden die ersten Münzen geschlagen; hier ward zuerst die Heilkunde ausgeübt, und hier ruht die Asche Hippokrates'. Das Land, wo Jupiters Thron emporsteigt, wo das Musenthal sich ausbreitet, wo die Giganten und die Götter kämpften, muß die Wiege der Mythologie, die Geburtsstätte der Dichtkunst seyn. Hier wurden die frühesten Sagen des Morgenlandes in der Fabel von Denkalion und Pyrrha heimisch, und von hier aus zog Achill mit seinen Dolopen, um die Geyer auf Troja's Ebene zu speisen, und aller Folgezeit die großen Lehren der Verse Homers zu hinterlassen.

Aber welche Namen folgten diesen! Xerxes, Leonidas, Philipp, Alexander, Philipp III, Flaminius, Cäsar und Pompejus, Brutus und Octavius! Wie vieler, verklungener und mächtiger Völker Geschicke wurden auf diesen blutgetränkten Gefilden entschieden! Doch seit zweitausend Jahren scheint Thessalien nur in der Erinnerung an die Vorzeit gelebt zu haben. Während dieses langen Zeitraumes hat der sprüchwörtliche Reichthum seines Bodens schlummernd in seinem Schooße gelegen; keine Städte erhoben sich im Glanze, und doch ruhten die Weiler nicht im Frieden; kein Krieger zog aus, um die Sinnbilder der Macht seines Vaterlandes auf fremden Boden zu heften; kein Barde erschien, um Thessaliens Schönheit zu schildern oder seine Siege zu feiern. Schon vor zweitausend Jahren stritten sich gelehrte Alterthumsforscher um die Lage der alten Städte und die Namen der Trümmer*); seitdem ist kein Gebäude entstanden, um durch neuere Spuren den Reisenden zu stören, der zu erforschen sucht, wo Hellas, Pherä oder Demetrias standen.

Die zunächst liegende Ursache der Verwüstung Thessaliens seit dem Zeitraume, wo das römische Reich seine Kraft zu verlieren begann, war die Nachbarschaft im Norden und Westen von Gebirgen, die mit einer wilden und bewaffneten Bevölkerung angefüllt waren, welche, wenn die römischen Legionen entfernt waren und die Fasces der Proconsuln keine Achtung mehr geboten, auf das Flachland stürzten, und mit ihrer Beute in ihre unzugänglichen Berge zurückgingen, ehe Hülfe gesendet oder Rache genommen werden konnte. Diese Bergbewohner waren in Westen die Albanesen, und meine Beschreibung derselben in gegenwärtiger Zeit kann eben so auf jenen Zeitraum angewendet werden. Später aber besetzte ein mächtigerer und furchtbarerer Stamm die Gebirge im Norden und machte, nach fast achthundertjährigem unausgesetztem Kampfe mit dem orientalischen Kaiserreiche, endlich das Land zur leichten Beute des türkischen Eroberers. Das waren die Slavonier oder Russen, deren vornehmste Stämme noch heutzutage unter den Namen der Bosnier, Serben, Bulgarier und Kroaten bestehen. Die Festsetzung dieser nordischen Horden in so festen Positionen und recht im Mittelpunkte des morgenländischen Kaiserreiches brach dessen Macht und machte es unfähig, seine Unterthanen zu schützen. Thessalien litt zunächst unter dieser Schwäche, weil es, ohne die Vertheidigung durch Entfernung und ohne den Schutz von Bergen, ihren Einfällen unmittelbar bloßgestellt war. So wurden also Thessaliens Ebenen während eines Zeitraums von zwölfhundert Jahren arg unter der Ruthe gehalten, da die unkriegerischen und muthlosen Einwohner schon den Anschein von Wohlstand und Behäbigkeit fürchteten, der das Verderben auf ihre Häupter herabrufen könne.

---

*) Strabo ist nicht ganz sicher darüber, ob Hellas eine Stadt oder eine Provinz war.

Als der türkische Eroberer in Europa erschien, veränderte sich die Lage der Dinge. Die Osmanen waren ein nomadisches und kriegerisches, nicht gebildetes Volk, aber sie besaßen Einfachheit und Redlichkeit; sie waren einer einzigen Behörde untergeben, und handelten nach einem regelmäßigen und gleichförmigen Systeme. Bei ihrer geringen Anzahl konnte ihre Stellung in Europa nur von der Versöhnung entgegengesetzter Interessen abhängen, und selbst noch vor der Eroberung Konstantinopels ist die Einrichtung der griechischen Armatolis oder Militärcolonisten, vom Olymp bis an den Pindus, vom Pindus nach Akarnanien, ein Beweis von einem wohlverstandenen Aneignen eines festen Systems und von dem kräftigen Entschlusse, zugleich die wilderen Bewohner im Westen und Norden im Zaume zu halten und Thessalien vor ihren Raubzügen zu schützen. Wie viel diese Politik dazu beitrug, den Weg zur Eroberung Konstantinopels zu bahnen, durch das Gewinnen der Zuneigung der Griechen, möchte eine interessante Erläuterung zur Geschichte der Osmanen geben, wenn sich dazu ein Historiker fände, der eine gründliche Kenntniß der Institutionen und Ansichten des Orients mit dem analytischen Geiste und der Behandlungsweise des Abendlandes verbände.

Da sich aber diese Errichtung griechischer Armatolis als nicht ausreichend gegen den Norden bewährte, so wurde eine türkische Colonie aus Ikonium versetzt und längs des nördlichen Saumes der Ebene und in den Pässen des Olympus angebaut, um dermaßen eine zweite Linie im Rücken der griechischen Armatolis zu bilden.

Nun lebte Thessalien wieder auf. Moskeen, Medressehs (Schulen), Kirchen, Brücken und Khane entstanden in zwanzig neuen und wichtigen Städten. Larissa's Reichthum wurde wieder zum Sprüchwort. Nach Turnovo wurden aus Kleinasien die Künste des Färbens, Druckens, Webens u. s. w. verpflanzt, und aus dieser Stadt kamen später nach Montpellier die verbesserten Färbe-Methoden, die jetzt in Europa allgemein geworden sind.

Diese Künste, dieser Gewerbfleiß und Wohlstand drangen später aus der türkischen Niederlassung nach den griechischen Städten Rapsan und Ambelikia, deren Reichthum und Handelsunternehmungen fast fabelhaft scheinen, während am südlichsten Ende Thessaliens die Provinz Magnesia mit einer Bevölkerung reicher und gewerbfleißiger Griechen bedeckt war, deren schnelle Fortschritte beinahe beispiellos sind.

Bei dem Verfalle der osmanischen und der griechischen Macht verschwanden aber diese Aussichten; die Einfälle der slavonischen Stämme hatten die Herrschaft der letzteren vernichtet, der Fortschritt russischer Diplomatik das Zusammenhalten der erstern gebrochen. Die daraus entsprungene Erbitterung nationaler und religiöser Gefühle hatte verderbt, was nicht zerstört war, und im Schooße der Ruhe und des Friedens die schlimmsten Wirkungen des Krieges verewigt: Zweifel, Unsicherheit und Unruhe. Die Verbindung türkischer Unterthanen, die sich zur orientalischen Glaubenslehre bekannten, mit Rußland, ließ die Pforte in den Armatolis oder der Miliz von Rumili Feinde erblicken und verwandelte sie so in Unterdrücker ihrer eigenen Glaubensgenossen: weit verbreitete Zerrüttung und tiefgewurzelter Haß waren der Erfolg. Larissa's Reichthum ist verschwunden; Turnovo's Gewerbfleiß ist vernichtet; Ambelikia's Paläste stehen unbewohnt; der unabhängige, blühende und glückliche District von Magnesia erhob, von den Dienern seiner Altäre und den angeblichen Beschützern seines Stammes aufgereizt, die Fahne des Aufruhrs und fiel als Beute dem Säbel und den Flammen anheim.

So sind seit zehn Jahren die Schleußen der Anarchie geöffnet, und während die Türken sich im Hafen von Navarin und an der Donau mit den verbündeten Mächten herumschlugen, ist Thessalien preisgegeben den albanesischen Banditen, den griechischen Armatolis und den Irrthümern der türkischen Behörden, die von Feindseligkeit verblendet und nicht weniger durch Mißverstand als durch Unrecht erbittert sind.

Gerade der Augenblick unsers Eintrittes in Thessalien schien der Beginn einer neuen Epoche. Die Türkei schien befreit von russischer Besetzung und englischen Protokollen. Der griechische Krieg war beendet, und eine praktische Trennung zwischen den Parteien festgesetzt. Man glaubte allgemein, das Ansehen der Pforte werde nun unverzüglich durch ganz Rumili wieder hergestellt werden, durch den Triumph des Großwessiers über die Albanesen.

In dem Augenblick aber, von dem ich schreibe, waren die Armatolis, die das ganze Land von der östlichen See bis nach Mezzovo besetzt hielten, wenig besser geworden als Klephten, und wurden auch fast so von den türkischen Behörden angesehen, so daß diese Miliz, statt die Bergpässe nach Obermacedonien zu beschützen, sie verschloß, ausgenommen gegen den Durchmarsch starker Corps. So fand sich Thessalien nicht nur abgesperrt von allen umgebenden Districten, sondern es war auch die Verbindung mit der Hauptstadt fast gänzlich aufgehoben. Es war richtig, daß die Armatolis sich zu einem gemeinschaftlichen Unternehmen nicht vereinigt hatten, auch hatten sie die Pflichten ihrer Stellung noch nicht gänzlich bei Seite gesetzt; aber das Vertrauen und die Sicherheit waren erschüttert, und allgemein war die Furcht, sie würden die Städte in den Ebenen stürmen und plündern. Die griechischen Einwohner in der Ebene fürchteten das Letztere; die türkischen Behörden fürchteten das Erstere, und bestärkten durch ihr Mißtrauen die feindliche Stimmung der Armatolis*) und verstimmten die Anhänglichkeit der griechischen Bauern und Städter. Welcher Wirrwarr würde durch irgend einen bedeutenden Unfall verursacht worden seyn, der den Großwessier genöthigt hätte, östlich zurückzugehen!

Natürlich konnten wir nur mit großer Mühe diesen Zustand der Dinge durchschauen: die Vorurtheile und die Erbitterung jeder Classe gegen die anderen war förmlich sinnverwirrend und nicht weniger die Entstellung von Ereignissen und die Verfälschung von Neuigkeiten.

Zwei Punkte waren indeß vollständig klar: das Geschick der europäischen Türkei, und folglich des ganzen Reiches, hing von dem Erfolge des Großwessiers ab, und die Absichten der griechischen Armatolis würden entscheiden, ob die Regierung oder die Albanesen siegen sollten. Ich kann mich des Gedankens nicht erwehren, daß unsere Reise in gewissem Maaße auf den Erfolg eingewirkt haben mag, weil unser entschiedenes, und unter den Umständen vollgültiges Abläugnen der von Kapodistrias' Agenten verbreiteten Ansichten einen tiefen Eindruck bei denen hervorbrachte, mit welchen wir in Berührung kamen, und von ihnen müssen sich klarere Ansichten über ihre Stellung unter die ganze Masse verbreitet haben. In einer

---

*) So wie auf die Armatolis gewirkt wurde, um ihre Theilnahme an dem albanesischen Aufstande zu verhindern, so wurde auch ohne Zweifel auf die Türken gewirkt, sie mit Mißtrauen gegen die Armatolis zu erfüllen.

späteren Zeit erfuhr ich, wie ich weiter unten berichten werde, daß die Griechen und Armatolis am Ende dem Großwessier beistanden, der es selbst einräumte, ohne ihren Beistand hätte er unterliegen müssen.

Neunzehntes Capitel.
Aufnahme der albanesischen Beys in Monastir.

Einige Zeit nach unserer Ankunft in Larissa hatten wir gehört, die albanischen Angelegenheiten seyen gänzlich geordnet und die Beys, begleitet von allen ihren Anhängern, von Janina nach Monastir gegangen. Wir waren über die Maaßen verdrießlich, daß wir bei einer solchen Versammlung nicht gegenwärtig gewesen und fingen an, es ernstlich zu bedauern, daß wir den Rath unsers würdigen Freundes Gench Aga befolgt hatten. Indeß konnten wir uns nur in Geduld fassen und uns mit dem Gedanken trösten, daß, wenn wir es auch versäumt hatten, gegenwärtig zu seyn, wo die Ereignisse das größte dramatische Interesse darboten, dennoch, in Beziehung auf Landes= und Volkskunde unsere Zeit nützlicher in Thessalien angewendet war, als wenn wir die ganze Zeit über dem albanesischen Lager nachgezogen wären.

Um die mit dem albanischen Aufstande verknüpften Ereignisse so viel wie möglich zusammenzufassen, werde ich jetzt zu einem Auftritte übergehen, der sich sechs Wochen nach unserm ersten Eintreffen in Larissa ereignete. In der Mitte August waren wir aus Tempe nach Larissa zurückgekehrt und saßen in einer Barbierstube, um unsere Köpfe rasiren zu lassen. Ein so eben von der Reise kommender Tatar trat ein, und wir fragten ihn, woher er komme und was er Neues gebracht. „Von Monastir," antwortete er, „mit Neuigkeiten, einen ganzen Dreidecker voll!" — „Und wie steht's mit den Beys?" — „Die Beys," sagte er lachend, „sind unterwegs nach Konstantinopel; sie stecken zusammen im Hibeh (Satteltasche) eines einzigen Tataren." Wir begriffen, daß er ihre Köpfe meinte. Diese so plötzlich und auf so höhnische Weise mitgetheilte Nachricht war wirklich niederschmetternd, und wir waren ganz erbost über den Triumph und den Jubel, den sowohl Türken als Griechen bei der Verkündigung dieses verrätherischen

Mordes von Männern äußerten, an denen wir so lebhaftes Interesse genommen.

Der Hergang der Katastrophe war folgender: — Als die Beys in Monastir ankamen, empfing der Großwessier sie mit der größten Herablassung und Güte, verstattete ihnen freien Zutritt zu seiner Person und schmeichelte ihnen mit Versprechungen und Liebkosungen. Einige Tage darauf schlug er ihnen vor, ihnen und ihrem ganzen Gefolge ein großes Ziafet (Fest) zu geben, wobei sie mit dem Nizzam (regulären Militär) zusammentreffen und sich befreunden sollten. Das Fest sollte in einem Kiosk stattfinden, den der ehemalige Rumili Walessi außerhalb der Stadt gebaut hatte, und der jetzt das Hauptquartier der regulären Truppen war. Am bestimmten Tage, gegen Abend, ritten sie nach dem Orte des Stelldicheins, begleitet von fast vierhundert Anhängern und sonstigem Gefolge, worunter sich fast alle Beys und Officiere befanden, die wir in beiden Lagern kennen gelernt hatten. Als sie sich dem Kiosk näherten, den man vom Wege aus erst ganz dicht vor sich sehen kann, kamen sie plötzlich auf einen freien Raum vor demselben und erblickten dort ein Tausend Regulärer, die in Haken aufgestellt waren, wovon eine Seite längs des Weges stand, die andere Seite geradevor. Arslan Bey ritt einen großen und prächtigen Renner, links von Veli Bey und also zunächst den Truppen vor dem Kiosk. Veli Bey saß auf einem kleinen Thiere von Vollblut und Feuer, das er gewöhnlich ritt. Als Arslan Bey die so aufgestellten Truppen sah, faßte er in Veli Bey's Zügel und rief: „Wir haben Koth gegessen!" Veli Bey antwortete lächelnd: „Das ist die reguläre Art des Salutirens; du kannst jetzt nicht davon laufen und dich und mich auf ewig in Schande bringen wollen?" — „Auf alle Fälle," sagte Arslan Bey, „laßt uns die Pferde wechseln und mich an der anderen Seite reiten." — Das war schnell geschehen und Arslan Bey nun durch die stattliche Gestalt und das hohe Pferd Veli Bey's geschirmt. Sie ritten auf den freien Platz, wo kein Stabsofficier zu ihrem Empfange stand; längs der türkischen Linie waren sie fast bis vor die Mitte gekommen, als aus dem Fenster des Kiosk das Commando erscholl: Macht euch fertig! Schlagt an! Im nächsten Augenblicke lagen alle Mündungen wagerecht, eine todbringende Salve schmetterte zwischen die wie vom Blitz getroffenen Arnauten, und ein Bajonnettangriff folgte unmittelbar. Veli Bey und sein Roß fielen auf der Stelle, von neunzehn Kugeln durchbohrt, aber Arslan Bey entkam unverletzt. Er und diejenigen, die vom Feuer der ersten Linie nichts gelitten hatten, schwenkten rechts, als sie auch von der zweiten türkischen Linie mit einer Salve und dem Bajonnett in die Flanke genommen wurden. Nur Arslan Bey allein hieb sich durch und hatte bald das Feld des Blutbades hinter sich gelassen. Seine Flucht war aber vom Kiosk aus bemerkt und Chior Ibrahim Pascha, der in Lepanto capitulirt hatte, warf sich schnell auf einen der flüchtigsten Renner und verfolgte den Flüchtling. Nach einer Jagd von drei Meilen hatte er ihn eingeholt, und Arslan Bey, der nur einen, aber besser berittenen Verfolger erblickte, wendete kurz um. Ibrahim Pascha sprengte mit eingelegter Lanze an; Arslan Bey's erster Pistolenschuß fehlte, der zweite stürzte das Pferd seines Gegners nieder, der im Fallen Arslan Bey durch und durch rannte.*)

Veli Bey's enthauptete Leiche wurde den Hunden und Geyern zur Beute gelassen! Es war nun klar, jeder von Beiden war als Mittel gebraucht, dem Einflusse des Andern entgegen zu wirken und seine Person anzulocken. So lange Veli Bey und seine Truppen Janina und dessen Castell inne hatten und die Person des Emin Pascha als Geisel, konnte der Sadrazem sich persönlich nicht dahin wagen, noch würde Veli Bey sich in die Gewalt des Sadrazem gegeben haben, wäre er nicht zum Vertrauten des Planes gegen Arslan Bey gemacht und hätte er nicht die Nothwendigkeit gefühlt, sich einen Nebenbuhler vom Halse zu schaffen, der ihm in der Zuneigung der Albanesen so gefährlich war; während andererseits Arslan Bey sich nimmer dem Sadrazem anvertraut hätte, als in Gesellschaft mit Veli Bey und ohne daß dieser dieselbe Gefahr mit ihm liefe. Den Einen ohne den Andern fortzuschaffen, hätte aber nur dazu gedient, die Albanesen zu erbittern und den Ueberlebenden zu verstärken. Der ganze Plan war also in der Anlage ein Meisterstreich.

Der Schlag mußte aber mit Seliktar Poda verabredet seyn. Vielleicht hatte ihm der Großwessier gesagt: „Du bist der vornehmste und fähigste Mann in Albanien und hast mir nie etwas

---

*) Ich gebe die Einzelheiten, wie sie mir später in Monastir von einem der Ueberlebenden erzählt wurden, der dicht bei den Beys war.

zu Leide gethan. Wir sind Feinde gewesen um Veli Bey, der mich zu seinen eigenen Zwecken benützt, mich beleidigt, und mein Vertrauen gemißbraucht hat. Willst du mein Freund seyn, so opfere ich dir Veli Bey, aber du mußt mir Arslan Bey opfern." — So ist es am wahrscheinlichsten, denn Arslan Bey war zum Aufruhr angeregt von Seliktar Poda und wurde darauf von ihm verlassen, gerade in dem Augenblick, wo die Sachen am allergünstigsten zu stehen schienen. Dieser Bruch führte zu der Zusammenkunft zwischen den beiden Beys in Milies und ihrer gemeinschaftlichen Täuschung. Verhält es sich so, so werden wir von einem gleichzeitigen Angriff auf Janina durch Seliktar Poda's Partei hören. Ihm bleibt dort überdieß doppeltes Spiel. Der Seliktar wird den Plan des Sadrazem ergründet haben und ihn so weit befördern, daß er sich selbst zum einzigen Oberhaupte in Albanien macht, während der Sadrazem seine Mithülfe soweit gebrauchen wird, um jedes Bündniß gegen sich zu verhindern, und wenn das zu Stande gebracht ist, wird der Kampf zwischen den beiden losgehen.

Das Vorstehende war an dem Morgen geschrieben, wo die Nachrichten in Larissa eintrafen. Zwei Tage später erfuhren wir, daß an demselben Tage, wo die Beys in Monastir niedergemetzelt wurden, Seliktar Poda's Partei in Janina, verstärkt durch heimlich in die Stadt gebrachte kleine Haufen und in Uebereinstimmung mit Emin Pascha im Schlosse, die Partei des Veli Bey angegriffen und, nach sechsstündigem Kampfe in den Gassen, wobei wieder die halbe Stadt in Asche gelegt wurde, sie wirklich besiegte und nach Monastir den Kopf des Musseli Bey schickte, den sein Bruder Veli Bey in Arta gelassen hatte.

So sind wir also auf hohlem Grunde gewandelt, der vor und hinter uns aufflog. Nun begriffen wir, aus welchen Gründen Gench Aga uns aus dem albanischen Lager entfernt hatte und fühlten uns ihm dankbar verpflichtet für die Sorge, die er für uns, selbst auf die Gefahr hin getragen, sich in eine verlegene Stellung zu bringen oder selbst seines Herrn Absichten zu verrathen, hätten wir seinen Rath verworfen und Veli Bey die Besorgnisse mitgetheilt, die Gench Aga für unsere Sicherheit hegte, wenn wir bei Veli Bey blieben.

Zwanzigstes Kapitel.

Ausflüge in Thessalien. — Politische Stellung Englands. — Abenteuer in Thermopylä. — Feld von Pharsalis. — Verfassung und Wohlstand der Städte in Magnesia. — Turnovo. — Einführung der Künste aus Kleinasien. — Geschichte Turkhan Bey's.

Die sechs Wochen, die ich in Larissa zubrachte, verwendete ich zu schnellen Ausflügen nach fast jedem Theile Thessaliens, zuweilen von einem Kavasch begleitet, aber an den gefährlichsten Stellen ganz allein. Wohin ich kam, welchen Stand und welchen Stamm ich besuchte, überall erhob sich das Gespenst: „Protokoll" auf meinen Fußstapfen; natürlich war aber im Süden und in der Nähe der neuen Gränze sein Anblick am gräßlichsten und seine Stimme am drohendsten. In Zeituni, wo den Türken die Verjagung bevorstand, wie in Akarnanien den Griechen, wurde es selbst noch vor den Pfeifen und dem Kaffee aufgetragen!

Zeituni, das alte Lamia, ist ein interessanter Ort. In einer eben so einsamen als berühmten Gegend liegt es auf einem Hügel, der die vom mächtigen Walle des Berges Oeta begränzte Ebene überschaut. Der Sperchius fließt in den Euripus, oder den Canal, der Euböa vom Festlande trennt. Jeden Abend während meines Aufenthaltes in Zeituni begab ich mich nach einem Kiosk neben den Trümmern der Festung, um zu rauchen, mit den Aeltesten über Politik zu schwatzen und mich über die herrliche Gegend zu freuen, deren Hauptverschönerung und Reiz die mächtigen Felsen von Thermopylä sind. Ich war ein Gast in dem glänzenden, obgleich jetzt halb abgetragenen Palaste des Tefik Bey, eines Jünglings von neunzehn Jahren mit den vollständigst classischen Zügen, die ich jemals von Fleisch und Blut gesehen, die überdieß durch den Geschmack und die Pracht der malerischsten aller Trachten in Vortheil gestellt waren. Er bekam große Lust, England zu besuchen, aber seine Mutter, eine Enkelin Ali Pascha's, wollte nichts davon hören, daß er unter die ungewaschenen und unsittlichen Franken gehen wolle. Bei meiner Abreise erzählte er mir indeß mit sehr entschlossener Miene, obgleich er nicht laut zu sprechen wagte, sondern nur flüsterte, er sey Willens nach England zu gehen. Sein Oheim, ein ehrwürdiger Greis mit ungeheurem weißem Turban und Bart, verfolgte mich gewöhnlich mit dem Protokolle. „Ach! Ach! Ach!" sagte er zuweilen und erhob seine Hände, „möchte Allah euch zu unsern Feinden machen und nicht zu unsern Freunden!" — Ueberall fand ich die Türken bereit zu erklären, daß sie glaubten, England handelte ehrlich, die Engländer „begehrten, gleich ihnen, keines Menschen Land und wüßten nicht viel davon, wie es in andern Ländern herginge."

Ich bin oft erstaunt gewesen über die hohe Achtung, die England genießt, während es doch natürlich schiene, wenn die Türken die militärische Macht Frankreichs, Rußlands oder auch Oesterreichs, so viel höher schätzten. England ist aber das Land, worauf der Türke sieht, das er zuerst nennt (keine unwichtige Sache im Morgenlande), auf dessen Rechtlichkeit er sich verläßt, trotz des Scheines und der Thatsachen, und das er nicht selten als Beschützer herbeiwünscht, um dieser endlosen Verwicklung fremder Kriege und Protokolle und inneren Aufstandes zu entgehen. Ich versuchte auf verschiedene Weise, diese hohe Achtung vor England zu erklären: — Aehnlichkeit des Charakters, Aehnlichkeit politischer Institutionen, wenigstens im Gegensatze zu den anderen europäischen Regierungen, Annäherung im religiösen Glauben. Aber diese Gründe, obgleich sie Gewicht verdienen, können keines haben, so lange, wie jetzt, kein Verkehr zwischen beiden Völkern besteht. Ich dachte dann an die Expedition nach Aegypten, als wir, nach Vertreibung der Franzosen, diese Provinz der Pforte zurückgaben. Ich dachte an die Anstrengungen Sultan Selims (des einzigen gekrönten Hauptes, das gegen die Theilung Polens protestirte), den Angriff der muhammedanischen Staaten in Indien gegen England zu verhindern, weil sonst Englands Ansehen in Europa geschwächt würde und ein nothwendiges Element in der Wagschale europäischer Macht wegfalle.*) Von solchen Ansichten konnte man aber nicht annehmen, daß sie auf die Masse des türkischen Volkes Einfluß hätten. Die Antwort, die der alte Türke mir gab, schien mir die richtige Erklärung der Achtung, in der England steht, trotz seiner Politik. „England begehrt keines Menschen Land." Das ist der Punkt, das ist das große Geheimniß, das jede Nation fühlt und die Grundlage unserer europäischen Stellung gewesen

---

*) Man vergleiche in Lord Wellesley's Depeschen einen Brief des Sultans Selim an Tippo Saib.

ist. Auch spricht es nicht wenig für den richtigen Sinn des Türken, der seinen Finger auf diesen Charakter Englands legt, welcher England, so lange es allein stand, Anspruch auf der Türken Vertrauen gab, welcher aber unter den gegenwärtigen Umständen Englands Macht und Einfluß zur Verfügung der Feinde der Türkei stellt. „England begehrt keines Menschen Land," deßhalb setzen wir festes Vertrauen auf seine Rechtlichkeit, aber „es weiß nicht viel davon, wie es in andern Ländern hergeht," und deßhalb wird es leicht betrogen und verleitet, Eingriffe zu fördern, die zu verhüten früher Englands Ehrgeiz und Ruhm war. Wie oft habe ich von Türken und Griechen ausrufen hören: „Könnten wir nur England über unsere wahre Stellung Licht geben, wir wären gerettet."

England hat seit der Zeit seiner Angriffskriege in Frankreich, in Folge seiner National=Gerechtigkeit, eine Wichtigkeit in Europa erlangt, die nicht im Verhältnisse zu seiner Macht steht. Es ist niemals der angreifende Theil gewesen; es hat niemals versucht, seine Gränzen zu erweitern oder (in Europa) Landgebiet zu erwerben; deßhalb ist in den einzelnen Staaten kein Nationalgefühl gegen England erwacht, noch ist das allgemeine Gefühl für öffentliche Gerechtigkeit durch Englands Ansichten oder politische und militärische Handlungen verletzt worden. England ist zwischen kämpfenden Nationen eingeschritten, um den Frieden ohne Unterjochung herzustellen. Englands neutrale Stellung hat allein die Ruhe aufrecht erhalten, die zwischen vier großen Kriegen eintrat, in denen Englands Waffen und Intervention das Festland Europa's vor der Vereinigung unter eines Einzelnen Zwingherrschaft retteten.

England beschränkte die Macht des um sich greifenden Spaniens und hielt die Wage des lange zweifelhaften Gleichgewichtes zwischen Spanien und dem Reiche. Dann erhielt es das Gleichgewicht zwischen Oesterreich und Frankreich, sich dem ersteren widersetzend, so lange es überwog, und dann mithelfend, die übermäßige Gewalt, welche Frankreich später entwickelte, zu beschränken und endlich zu besiegen. Vattel sagt: „England, das keinen Staat in dem Genusse seiner Freiheit beunruhigt, weil die Nation von ihrer Eroberungssucht geheilt scheint, England, sage ich, hat den Ruhm, die politische Wagschale zu halten es ist aufmerksam das Gleichgewicht zu hüten."

Während des letzten Jahrhunderts aber scheint sich ein Nebel über die Erde gelegt zu haben, der den politischen Blick europäischer Staatsmänner und Nationen verdunkelte. Alle westlichen Regierungen sind Tag für Tag mehr verwickelt worden in Reglements, unterabgetheilt in Departements und begraben unter Details; Verwirrung des Sinnes hat zum Irrthum im Handeln geführt; daher die Spaltung einer Nation in abgeschiedene und sich gegenseitig hassende Classen und Interessen. Die allmähliche und stufenweise Centralisirung der Gewalt hat die vollziehende Macht gelähmt und den politischen Sinn der Nationen verwischt, indem sie das Selbstherrschen vernichtete und damit das klare Auffassen der Einzelnheiten und jede zusammenfassende Uebersicht des Ganzen. Die Nationen haben aufgehört, als moralische Einheiten zu handeln und zu fühlen; sie sind Parteien und Factionen geworden; Worte sind an die Stelle der Sachen gesetzt und Volks=Interessen durch Partei=Grundsätze verdrängt. Da begann eine Zeit nationaler Gewaltthätigkeit, der Fanatismus religiöser Unduldsamkeit wurde auf politische übertragen, und Nationen stürzten sich im blutigen Kampfe gegen einander, wegen Verschiedenheiten in der Gestalt ihrer gesellschaftlichen Gebäude. Ich sollte dieses System, in seiner stillen Einwirkung auf den Geist, von der Mitte des siebenzehnten Jahrhunderts an datiren, wo man von der bis damals allgemeinen Grundlage der Besteuerung abging, aber der erste öffentliche und internationale Irrthum, den England beging und zuließ, geht nicht weiter hinauf als vierzig Jahre. Der erste Schritt in dieser unheilbringenden Laufbahn war der geheime Tractat zwischen England und Rußland, das Vorspiel der Revolutionskriege. Freilich schloß England den Tractat zu dem angegebenen Zwecke, die Schale der Macht im Gleichgewichte zu erhalten, dem einzigen Zwecke, wegen dessen England sich bis zu der Zeit in einen auswärtigen Krieg eingelassen hatte. Warum war aber der Vertrag geheim? Geheimniß war ein Verrath an den Zwecken des Bündnisses. „Warum war der Tractat geheim?" war der Ruf der Opposition im Unterhause. Der Minister antwortete nicht, konnte es nicht. Der Grund war einfach der, daß Rußland den Augenblick kommen sah, wo Europa durch politische Principien zerrüttet werden könnte, und durch diesen Tractat, den Rußland durch die Ueberlegenheit seiner Diplomaten uns bewegen konnte, geheim zu halten, erlangte es auch geheime Subsidien, handelte im eigenen Namen und stempelte den beginnenden Krieg mit dem Charakter politischer Parteisache. Zu diesem Zwecke wurde eine Proclamation in Europa bekannt gemacht, welche verkündete: „Rußland eile den gefährdeten Thronen zu Hülfe." So begann der erste Krieg um Principien durch England selbst, durch den Gebrauch, der damals zum ersten Male von seinem Gelde, seinem Namen, seinem Einflusse gemacht wurde, für Zwecke, die England nicht begriff, und für Absichten, die England, hätte es sie begriffen, mit aller Macht hätte verhindern müssen. Da hörte England auf, das England Vattels zu seyn, und nahm in neuerer Zeit einen Charakter an, der das grade Gegenstück zu dem war, durch den es Ruhm gewann, ohne die Gerechtigkeit zu opfern, und Macht errang, ohne an Achtung zu verlieren. Jetzt erscheint es leider nur als Freund des Mächtigen und als Verbündeter des Angreifenden. Nährte es selbst Eroberungspläne, so würde seine Macht unschädlich werden, indem sie in Unbedeutenheit versänke, aber da die Menschen einmal von der Rechtlichkeit von Englands Absichten überzeugt sind, und ihm noch einigermaßen Kenntniß und Fähigkeit zu trauen, so achten sie es so, daß sein Bündniß unschätzbar ist, als ein Canal zu Gewaltthat und Eingriff. So wird die Menschheit durch England in Verdammniß gebracht, weil es Rechtlichkeit besitzt ohne Fähigkeit, und Macht ohne Kenntniß.

Da ich so nahe bei Thermopylä war, so entschloß ich mich, einen Besuch in diesem berühmten Badeorte abzustatten, der ohne Zweifel bald ein Mode=Spaa oder Kissingen werden wird. Tefik Bey wollte mich nicht allein reisen lassen, mein türkischer Kavasch wagte es nicht, mich zu begleiten, da die türkischen Truppen beschäftigt waren und die zwischenliegenden Gegenden von Räubern aus Griechenland heimgesucht wurden. Ich wurde daher von zwei bosnischen Reitern aus der Leibwache des Bey's begleitet.

Wir ritten über die reiche Ebene des Sperchius und sahen nur eine einzige Spur von Anbau. Nachdem wir über den Fluß gegangen waren, eilte ich ungeduldig nach dem Kampfplatze von Thermopylä, ließ meine bosnischen Gefährten zurück und glaubte nützlichere Begleiter zu haben am Herodot in der einen Tasche und Pausanias in der andern.

Der Boden hat Vieles von der Deutlichkeit seiner alten Gestalt verloren, durch den anwachsenden Niederschlag der heißen Quellen, welche den Rand zwischen dem Berge und dem Meere erhöhet haben. Ich eilte vorwärts, in der Erwartung, die enge Schlucht zu treffen, bis ich fand, daß ich schon vorbei war, indem ich bemerkte, daß sich die Gegend von Phokis öffne und die Trümmer von Budunizza zeigten auf dem einsamen Felsen, der einst das Erbtheil des Patroklus war. Ich kehrte nun um, und nachdem ich mich über die allgemeine Lage des Ortes zurecht gefunden hatte, begann ich in Betreff meiner Gefährten unruhig zu werden; ich hatte sie in Verdacht, daß sie von der bei den Griechen zu erwartenden Aufnahme nicht ganz erbaut seyn möchten und meine Abwesenheit als Vorwand ergriffen hätten, nach Zeituni umzukehren. Ich war von dem Orte, wo ich sie verlassen hatte, sechs oder sieben Meilen weiter geritten, war nun bis auf den halben Weg zurückgekehrt und sah nichts von ihnen. Die brennende Sonne eines langen Juninstages durchglühte den Horizont, ich war von der Hitze ganz überwältigt, mein Maulthier war völlig abgetrieben, keiner lebendigen Seele war ich begegnet, aber statt alles Tones und Lautes einer menschlichen Stimme erschütterte das Summen von Myriaden Insecten die Luft. Ich stieg ab und ließ mein Maulthier dicht an einem Canal grasen, der den Hauptstrom der heißen Quelle nach der See leitete. Ich entkleidete mich, nahm ein Bad und wanderte in dem engen Flußbette stromaufwärts. Bei der Rückkehr nach dem Platze, von wo ich ausgegangen, waren meine Kleider nirgends zu sehen. Ich überlasse es denen, welche immer ihre Bekleidung als einen nothwendigen Theil ihres Daseyns angesehen haben, die Gedanken zu beurtheilen, zu denen eine solche Lage der Dinge Anlaß gab. Nachdem ich das Ding eine Weile im Kopfe umhergewälzt hatte, versuchte ich, mich niederzulegen. Da erst überfiel mich die ganze Schwere meines Zustandes, und ich fand, daß, wo weder Sand noch Rasen vorhanden ist, es vollkommen unmöglich wird, im Stande der Natur zu ruhen. Und wie sollte ich die Nacht hinbringen? Wie sollte ich am folgenden Tage in Zeituni erscheinen, im Costume der Lady von Coventry? Ich blickte umher, in der Hoffnung, meinem Geiste werde irgend ein nutzbarer Einfall kommen. Ich konnte nicht einmal einen einzigen Feigenbaum entdecken! Im

vollsten Ernste, das war eine der verlegensten Lagen, in die ein
menschliches Wesen gerathen kann und wohl dazu geeignet, manche
philosophische Gedanken in Bezug auf den Ursprung der Gesell=
schaft zu erzeugen. Endlich ward ich aufgeschreckt durch ein fer=
nes Rufen in der Richtung nach Zeituni. Ich antwortete aus
Leibeskräften, denn wer auch die Unbekannten seyn mochten
Cantabit vacuus coram latrone viator. *)
Meine Stimme erhielt Antwort, und bald erschienen die rothen
Kleider meiner Bosniaken auf der andern Seite des breiten Kru=
stenrandes der Quelle. Ein vorbeikommender Grieche hatte meine
Kleider gesehen, sie mitgenommen und war triumphirend mit sei=
ner Beute weiter gezogen, als er plötzlich auf die beiden Bosniaken
stieß, welche auf mich wartend dort saßen, wo der Weg rechts
abbog und den Berg hinauf nach dem griechischen Lager führte. Sie
erkannten meine Kleider und argwöhnten, der Grieche hätte mich
ermordet. Als er aber darauf beharrte, die Kleider dicht an dem
heißen Strome gefunden zu haben, verschoben sie seine Hinrichtung
und gaben ihm Galgenfrist, bis er sie nach dem Platze geführt
haben würde. Nicht mit Worten kann ich die Freude ausdrücken,
die ich empfand, als ich meine Kleider wieder hatte. Der Grieche
erhielt volle Begnadigung, da er schon Schreck und Schläge ge=
nug erhalten hatte, um ihn auf ewig von der Lust zu heilen, die
Garderobe badender Herren zu stehlen.

Es war nun zu spät, um an den Versuch zu denken, das
griechische Lager zu erreichen. Wir beschlossen also, unsere Pferde
vier oder fünf Stunden lang grasen zu lassen und mit Monden=
aufgang die Besteigung des Oeta zu beginnen. Wir selbst muß=
ten uns mit der Hoffnung auf das Frühstück des kommenden Mor=
gens begnügen und schnallten den Schmachtriemen etwas enger.

Unser neuer Gefährte sagte, die Gegend sey voll Wild; da der
Berg hinter uns unzugänglich war und das Wild also nach jener
Seite nicht entkommen konnte, so hatten wir, selbst ohne Hunde,
immer die Hoffnung, einen guten Schuß zu thun und ein Abend=
essen zu bekommen. Wir waren zusammen unserer Fünfe. Der
Grieche, einer meiner Leibwächter und deren Diener erstiegen die
beiden entgegengesetzten Seiten einer kleinen Anhöhe, die sich an

---

*) Hat der Wanderer nichts, er singt dem Räuber ein Liedchen.

den steilen Vorgrund des Felsens lehnte; der andere Bosniak und ich versteckten uns in zwei Gebüschen am niedrigsten Ende. Unsere hinaufgestiegenen Gefährten begannen bald, von beiden Seiten zu rufen und die Büsche abzuklopfen, aber kein Thier kam herunter gejagt. Gerade als alle Aussicht auf guten Erfolg vorüberschien, machte ein Eber einen plötzlichen Satz, und ich bemerkte, wie er hoch aufgerichtet gerade auf den Busch zusprang, in dem ich steckte. Ich schoß, fehlte aber, er drehete um und näherte sich dem Versteck des Bosniaken, der mit sicherem Zielen ihn in die Schulter traf; der Eber taumelte etwa ein fünfzig Yards weit den Hügel hinunter. Unsere Jagdpartie war bald beisammen, und ein paar nachträgliche Schüsse gaben ihm den Rest. Nun aber entstand ein neuer Scrupel: der wilde Eber gehörte zum Schweinegeschlecht, ein allen ächten Moslemin verbotenes Fleisch; es war auch Freitag, an welchem das Fleisch aller warmblutigen Thiere den rechtgläubigen Griechen verboten ist; meine Gefährten bewiesen daher keine besondere Hurtigkeit, unser Wildpret zum Abendessen zuzubereiten. Feuer wurde indeß angemacht und mir endlich ein trefflich garnirter Ladestock vorgesetzt. Während ich aß, betrachteten mich meine Gefährten mit nachdenklichen Blicken, das Wasser lief ihnen in den Mund und sie erkundigten sich, ob der Eber gut gekocht sey. Endlich fragte der Grieche, ob es möglich wäre, daß Jemand die Sünden Anderer auf sich nehmen könne. Ich antwortete mit aller dann nöthigen Vorsicht, wenn man nicht absieht, wohin das Zugeben eines Vordersatzes führen kann. Er erklärte sich, wie folgt: „Ich möchte wissen, da du auf deine eigene Rechnung am Freitag Fleisch gegessen hast, ob du nicht auch die übrige Sünde auf dich nehmen könntest, wenn ich deinem Beispiele folge." Das versprach ich, und bald war ein anderer Ladestock angeschafft, und mit dem „schönen Weiß und Roth" des grimmigen Ebers bekränzt. Einer der Moslemin bemerkte nun, daß, da ich des Griechen Sünden auf meine Schultern genommen, es meine Last nicht viel vermehren würde, wenn ich auch die ihrigen aufhalsete, und sehr bald waren alle Ladestöcke der Gesellschaft auf ein ebenes Bett aus dem Feuer gerakter heißer Asche gelegt.

Am nächsten Morgen folgten wir dem Wege, den Mardonius einschlug, als er die Spartaner überfiel, und kamen früh in das griechische Lager. An der Seite des Hügels stieß ich auf noch unbeschriebene Ruinen, von denen ich, mit bedeutender Selbstzufriedenheit, ausmachte, sie seyen der halbjährliche Sitz des Amphiktyonen=Rathes gewesen. Ich beabsichtige aber nicht, meinen Leser nach Griechenland zurückzuführen oder ihn mit archäologischen Untersuchungen zu unterhalten. Ueberdieß wurden diese Reisen durch Thessalien so schnell gemacht, daß ich damals kaum einige Notizen aufgenommen habe. Auch reisete ich ohne Zelt, ohne Diener und ohne etwas von dem Allem mitzunehmen, was ich bis dahin nicht nur zur Annehmlichkeit, sondern selbst zum Aushalten einer solchen Reise für unentbehrlich gehalten hatte.

Bei der Rückkunft nach Zeituni fand ich, daß Tefik Bey denselben Morgen mit einem Gefolge von fünfzig bis sechzig Reitern nach Larissa aufgebrochen war und die Nacht in Thaumako bleiben wollte. Ich beschloß, die Reise, etwa siebenzig Meilen, in einem Tage zu machen, war am nächsten Morgen zwei Stunden vor Tagesanbruch unterwegs und holte den Bey ein, als er Pharsalia verließ.

Dieser Name mag für einen Augenblick meine Feder aufhalten. Pharsalia liegt an der Seite einer hübschen Anhöhe, die gen Norden blickt, und davor erstreckt sich das Todesgefilde, das diesen unsterblichen Namen trägt. Bei der Ankunft im Orte hielten wir bei einer Quelle still, die sich aus einem Felsen ergießt. Die Idee einer Urne als Flußquelle muß in Thessalien entstanden seyn. Die Ebenen sind flach, Marmorklippen erheben sich steil aus ihnen, und am Fuße dieser Klippen strömen nicht sowohl Quellen, als wirkliche Flüsse aus Felsenspalten. Hier, unter einer weiten und hohen Ahornlaube floß das aus zwanzig Quellen rund umher strömende Wasser in einen Teich, der mit kleinen Grashügeln besetzt war, aus denen sich die runden, weichen Baumstämme erhoben. Griechische Frauen, die Abkömmlinge der alten Pelasger, wuschen unter dem Felsen, in dem tiefen Schatten spielten Kinder, und im Wasser schäkerte eine Heerde Ziegen. Am Ufer fachten Zigeuner, Nachkommen der Hindu, ihre kleinen Oefen mit Häuten an, und ich, ein Sprößling der nordischen Gallier, von einem slavonischen Geleitsmann begleitet, der Mekka's Glauben anhing, ich stand mitten in dieser fremdartigen Versammlung, und bat einen andern Fremden aus den Steppen der Tartarei um einen Trunk Wasser aus der Quelle von Pharsalia.

Und hier schaute ich umher auf eben dieselbe Aussicht, auf welche die feindlichen Schlachtordnungen der getheilten Welt blickten, an dem Morgen des denkwürdigen Tages, wo Roms parlamentarisches Princip seinem Kriegergeiste unterlag. Alles, was die Ebenen von Trasymene, Cannä oder Marathon heiligt, lebt und athmet in der Einsamkeit von Pharsalia. Aber hier unterhält sich nur in langen Zwischenräumen der Geist Lebender mit den Todten, hier ist der erhabene Schrein des Alterthums ungestört von Schulbuben=Citaten, unentweiht von Sentimentalitäten der Reisebeschreiber, und hier stellt kein dienstfertiges Wörterbuch eines Cicerone durch Wortgeklapper die Herrschaft der Gemeinplätze her.

Einen andern Ausflug machte ich von Larissa nach den Trümmern von Pherä, Volo und dem merkwürdigen Districte Magnesia, der vom Berge Pelion und einem Vorgebirge gebildet wird, das vom Pelion aus nach Süden läuft und sich dann nach Westen dreht, so daß es den Golf von Volo umkreist.

Der Weg durch die Ebenen von Larissa und Pharsalia ist für Leib und Auge gleich ermüdend, weil es, ausgenommen in der Nähe von Pharsalia, an Schatten und an Bäumen fehlt, und man nichts erblickt als das schmutzige Gelb der Stoppeln und des versengten Grases. Ist man aber an die Gränze der bedeutend über der Meeresfläche erhabenen Ebene gelangt und durch eine kleine Schlucht gekommen, mit einem runden kegelförmigen Hügel, Namens Pillaspthek, dann sieht man plötzlich nieder auf die kleine Stadt Volo, die mitten zwischen Laub und Schatten liegt, von einem Thurmkranz umgürtet ist und von einem einzelnen Minaret überragt wird. Vor der Stadt erstreckt sich die Bucht, mit einigen kleinen Fahrzeugen; jenseits der Bucht und der Stadt erhebt sich schroff der Anfang des Pelion, mit drei oder vier Oertern, mehr Städten als Dörfern, die fast auf dem Gipfel zusammengedrängt liegen; die weißen Gebäude laden zum Besuche und zum Besehen mit ihren tiefen und mannichfachen Lauben von Cypressen, Föhren, Eichen, Maulbeer= und Kirschbäumen.

Der Geograph Miletius war in diesem Districte geboren und hat in seinem Werke eine treffliche und genaue Beschreibung von dem gegeben, was er vor dreißig Jahren war. Die revolu=

tionäre Bewegung Griechenlands ergriff diesen damals glücklichen Bezirk, und er wurde demzufolge von einem türkischen Heere verwüstet. Ich erwartete daher, ihn in Trümmern zu finden, aber groß war mein Erstaunen bei seinem Anblicke, den ich versuchen will, umständlich zu beschreiben.

Die eigentlichen Gipfel des Pindus sind nackter Gneiß, dann kommt eine Bedeckung von Buchen, unter diesen Castanienwälder, weiter herunter Aepfel, Birnen, Pflaumen, Wallnüsse und Kirschbäume; noch tiefer Mandeln, Quitten, Feigen, Citronen, Orangen und überall ein Ueberfluß von Reben und Maulbeerbäumen. Die Seiten sind allenthalben steil und zuweilen rauh, Felsen und Laubwerk sind überall vermischt, und Wasser strömt aus zehntausend Quellen. Eingenistet in diese Felsen und überschattet von diesem Laube sind die vierundzwanzig Ortschaften von Magnesia. Sie sind in zwei Classen getheilt: Vakuf mit vierzehn, Chasia mit zehn Ortschaften. Mäkrinizza, der Hauptflecken des Evkaf, ist der Sitz des Regierungsrathes und des Bostandschi aus Konstantinopel, und alle benachbarten Dörfer wissen lange Geschichten zu erzählen von Makrinizza's Herrschsucht.

Die Glückseligkeit, der Wohlstand und die Unabhängigkeit dieser christlichen Bevölkerung (eine Unabhängigkeit, der keine in Europa gleichkommt, vielleicht mit Ausnahme der baskischen Provinzen, obgleich auch diese in einem mindern Grade) verdankt man nicht nur dem Schutze des Moslem=Glaubens gegen die Mißbräuche der türkischen Regierung, sondern dem Verwaltungssysteme, das der Islamismus überall eingeführt und erhalten hat, wo er die politische Gewalt dazu hatte.

Die andere Classe dieser Gemeinden, die Chasia, sind Ueberbleibsel der von Justinian eingeführten und von der türkischen Verwaltung beibehaltenen Zygokephalia. Obgleich nicht wie die Vakuf-Dörfer in eine Corporation vereinigt, werden sie doch von diesen beschützt und in fast jeder Beziehung ihnen gleich geachtet.

In jedem Dorfe haben die Primaten einen Türken, der einen Gerichtsdiener vorstellt; sie bezahlen nach einer Taxe statt des Kharatsch oder Kopfgeldes. Was ihre politische Verwaltung betrifft, so ist ihr einziges Gesetz das Herkommen, und sie verlangen nichts mehr, als daß ihre Primaten frei erwählt werden, was denn auch in der Regel geschieht. Wo eine Ortsverwaltung vor=

handen, ist das Gesetz überflüssig, weil die Verwalter zugleich beaufsichtigt und gestärkt werden durch die öffentliche Meinung, und unter solchen Regierungsgrundsätzen ist die öffentliche Meinung immer eine und dieselbe.

Ihre Rechtsangelegenheiten werden in Fällen regelmäßigen Processes nach Justinians Codex entschieden. Es gibt keine aus gerichtlicher Verhandlung entspringende Schwierigkeit, weil die Primaten die Richter sind; es gibt keine aus dem Wiederspruche des gemeinen Rechtes mit den Ortsgebräuchen entspringende Schwierigkeit, weil die türkische Regierung jedem Herkommen Gesetzeskraft verleiht, das in der Gemeinde allgemein als solches gilt oder gefordert wird, und weil sie die Entscheidung eines Dritten bestätigt, den zwei Streitende freiwillig als Schiedsrichter wählen. Es ist wohl zu beachten, daß in allen diesen Fällen das Ansehen der Regierung niemals als initiativ oder als reglementarisch erscheint; es erscheint nur, wenn es zum Einschreiten aufgefordert wird und trägt also vielmehr den Charakter eines Richters, als den einer verwaltenden Behörde. *) Ich fühlte, dieß sey ein Blick auf das Wirken, in vacuo, der türkischen Regierungsgrundsätze.

Der Bezirk von Magnesia hat sich allerdings noch nicht erholt von den Wirkungen der Katastrophe, die ihn vor sieben Jahren betraf; — man sieht Trümmer und unbewohnte Häuser; dessen ungeachtet herrschte rund umher ein Ansehen von Wohlseyn, Heiterkeit und Zufriedenheit; die zierlichen Steinhäuser sahen nach den Holz- und Kalkgebäuden der Ebene so reich und wohnlich aus; die Einwohner waren alle gut gekleidet und schienen ein schöner und gesunder Schlag Menschen. Makrinizza hat verschiedene Vorstädte und zählt 1300 Häuser; Volo (nicht das Castell) am Fuße des Hügels hat 700 Feuerstellen; Portaria, der Hauptort der Chasia, nur drei Meilen von Makrinizza, hat 600. Die hauptsächlichsten übrigen Dörfer sind Drachia mit 600, St. Laurentius, Argalasti, Brancharoda, jedes mit 400, Melia mit 300 Feuerstellen, und auf dem letzten Gipfel der nackten Gebirgskette, die den Golf umschließt, Trikkeri mit 650.

---

*) Diese größte aller Wahrheiten blitzte einst durch Burke's Geist: „Eine der wichtigsten Aufgaben," sagt er, „ist, zu entdecken, wo das öffentliche Ansehen aufhören und die Verwaltung beginnen soll."

Die Haupt=Ausfuhr besteht in Oel, Seide, getrockneten Früchten, herrlichen Kirschen und schönem, duftendem Honig. Von fast allen andern Producten haben sie reichlich zum eigenen Bedarf. Bei der verschiedenen Abstufung der Höhen haben sie Früchte und Gemüse früher, später und länger als vielleicht irgend eine andere Gegend. Kirschen halten sie vom 12 März alten Styls an für eßbar, und sie gehen erst aus in der Mitte Julius, wann die ersten Trauben reifen. Ihre vorzüglichste Ausfuhr aber besteht in Manufacturwaaren, z. B. Mäntel oder rauhe Röcke, Gürtel, Seide, Schnüre und blaue baumwollene Tücher. Die beliebtesten Farben sind Schwarz für Wollenzeuge, Blau für Baumwolle und Carmoisin für Seide. Von gefärbter und verarbeiteter Seide führen sie jährlich dreißigtausend Oka aus und produciren fünfhundert Maulthierladungen Seide. Dieß sind die Erzeugnisse des Theiles von Magnesia, den das Gebirge Pelion selbst bildet, aber weiter nach Süden liefert Argalasti Butter, Käse und Vieh, und hier bebauet eine in keiner Weise sich von den Griechen unterscheidende oder unterschiedene türkische Einwohnerschaft die spärlichen Felder und hütet Schaf= und Rinderheerden. Die Küsten des Golfs liefern Ueberfluß an Fischen, und die Hügel sind versehen mit allen Arten Wild, wilden Ziegen, wildem Geflügel und Hochwild. Trikkeri ist berühmt wegen seiner Handelsthätigkeit, und schickt Schiffer aus, die in der ganzen Levante nach Schwämmen tauchen. Es besitzt verschiedene Schooner und Trikanderis, die hauptsächlich Küstenfahrt in diesen Gegenden treiben, sich aber auch bis nach Alexandria und Konstantinopel wagen. Sie erinnerten sich nicht, Schiffe nach Sudschuk=Kaleh geschickt zu haben, und deßhalb war es unnütz, sie nach der Argo zu fragen oder ihnen zu erzählen, daß ihre Urahnen vor fünfunddreißig Jahrhunderten Circassien entdeckt hatten, in einem Schiffe, dessen Planken von ihren Bergen genommen waren. In diesem engen Umkreise von Hügeln, die den Golf umschließen und von denen überdieß ein großer Theil vollständig nackt und durchaus unzugänglich ist, wohnt eine Volkszahl von 50,000 Seelen, unter denen so verschiedenartige Künste blühen und die seit Jahrhunderten Freiheit und Ueberfluß genießen. In dieser gesegneten Gegend scheinen wirklich die Menschen dem befruchtenden Blicke der Felsen entsprungen zu seyn, die noch die Namen Deukalion und Pyrrha tragen. Durch ihre geographische Lage

sind sie vor den wilden Stämmen geschützt, die seit so vielen Jahr=
hunderten ihre Nachbarn in der Ebene unterdrückten, und die
Kirche schirmte sie vor den Mißbräuchen der Regierung. Dieser
Bezirk beweist, was der Boden hervorbringen kann, und welche
Glückseligkeit der Mensch erreichen darf, wenn er befreit ist von
dem Eindringen der Gesetze.*) Ihr einziger Nachtheil war die
traditionelle διχονια (Eifersüchtelei), die Herrschsucht des alten
Griechenlands, und man könnte sich fast Makrinizza als eine komi=
sche Nachäffung von Athen vorstellen, das über seine Verbündete
den Herrn spielte.

„Diese köstliche Gegend (Magnesia)," sagt Hr. Dodwell, „zeigt
„in all ihren reichen Mischungen des Laubwerkes und der ver=
„schiedenartigen Gestalt den üppig sich ausbreitenden Platanus,
„die majestätisch kräftige Castanie, die hochstrebende Cypresse, die
„glücklich gemischt sind mit Reben, Granatäpfeln, Mandeln und
„Feigen. Hier mag der Müde ruhen, und wer Hunger und Durst
„leidet, sich sättigen. Auch das Ohr hat seinen Antheil am Genuß,
„die Nachtigall und andere Vögel hört man selbst in den belebte=
„sten Gassen, und Fülle, Sicherheit und Zufriedenheit sind überall
„verbreitet.

„Der Pelion ist geschmückt mit etwa vierundzwanzig großen
„und reichen Dörfern, von denen einige wohl den Namen einer
„Stadt verdienten; sie werden von kräftig und athletisch gebauten
„Griechen bewohnt, die hinreichend muthig und zahlreich sind,
„um ihre Nachbarn, die Türken, nicht zu fürchten.**) Die Gassen
„werden von fließenden Bächen und den klarsten Quellen bewässert
„und von Ahorn beschattet, in den sich reiche Verzweigungen
„wundervoll großer Reben schlingen, an denen ein Ueberfluß von
„Trauben hängt."

Indem er von den südlichen Gegenden Thessaliens redet, sagt

---

*) Der heilige Augustin sagt: „Mächtige Menschen thun Böses und
machen dann Gesetze, um sich selbst zu rechtfertigen."
**) Hier wird ihr Wohlstand durch die Begriffe erklärt, die sich einem
Europäer wohl aufdringen können. Nach Hrn. Dodwells Besuche ver=
ließen sie sich wirklich auf ihren Muth und ihre Anzahl und wurden
zur Unterwerfung und zum Elend gebracht. Unter irgend einer abend=
ländischen Regierung würde nach solcher Herausforderung ihr Wohlstand
und ihre Freiheit vernichtet worden seyn, um nimmer aufzuleben.

(Urquharts Tagebuch ꝛc.)

er: „Fast jeder Schritt, jede Wendung des Weges bietet einen charakteristischen Unterschied der Ansicht, die in der Menge malerischer Reize und in der Fülle entzündender Landschaften Alles in Italien weit übertrifft und vielleicht jede andere Gegend der Welt. Die Schönheit der Umrisse war eben so groß, als die klare und lebendige Frische der Farben. Kein italienischer Nebel verdunkelt die interessanten Fernen, die scharf, deutlich und bestimmt sind, ohne unaugenehm zu werden."

Mein nächster Ausflug war nach Turnovo, etwa zehn Meilen nördlich von Larissa. Mein Reisegefährte war hinlänglich hergestellt, um seine Geschäfte wieder zu übernehmen, und da unser würdiger Wirth, der Erzbischof, auch in Turnovo ein Haus hatte, so schlug er vor, auch dort uns aufzunehmen. Wir fuhren in einem paar Kotschis oder türkischen Wägen, in denen aber kein Platz für die Beine ist, die man also statt Kissen unterkreuzen muß.

Die folgenden Bemerkungen in Betreff dieses Ortes erhielt ich damals aus dem Munde des Kaimakam, eines Nachkommen des ersten türkischen Begründers und Regenten von Thessalien, dessen Lebensbeschreibung in einer arabischen Handschrift der öffentlichen Bibliothek des Orts enthalten ist.

Etwa dreißig Jahr vor der Eroberung Konstantinopels*) waren die Einwohner von Larissa durch die Verheerungen ihrer bulgarischen Nachbarn und die Schwäche des griechischen Kaiserreiches in eine so schlimme Lage gerathen, daß sie einen bulgarischen Fürsten in ihre Mauern aufnehmen mußten. Sie riefen zu ihrer Befreiung einen der Gefährten Murads II, Namens Turkhan Bey, der mit fünftausend Türken vor der Stadt erschien und sofort in Besitz gesetzt wurde. Die Bulgaren entwischten, der Fürst zog sich zurück nach den Klöstern der Meteora, von denen er eines gegründet hatte**); Trikkala und die übrigen Theile von

---

*) Also ungefähr 1423.   D. Ueb.
**) Selbst damals hatten die gedemüthigten Griechen ihren slavonischen Unterdrückern einigen Respect eingeflößt, indem sie ihnen ihren Glauben mittheilten, und eben dieser Glaube ist in spätern Zeiten von den Russen zu einem Werkzeuge ihrer Vernichtung angewendet worden. Wird das türkische Reich umgestürzt, so geschieht es durch den

Larissa unterwarfen sich sofort dem Turkhan Bey. Da dieser aber nach allen Seiten von wilden Gebirgsbewohnern umringt war, so befand er sich ohne die wesentlichen Mittel, die so schnell errungene Herrschaft zu erhalten und zu vertheidigen. Damals, und höchst wahrscheinlich auf den Antrieb dieses außerordentlichen Mannes wurde das ausgedehnte System der griechischen Bergmiliz eingeführt und Murad II auf eine so ruhige und friedliche Weise als Souverän von Thessalien anerkannt, daß nicht einmal das genaue Datum des Ereignisses angegeben ist.

Turkhan Bey sendete Abgeordnete nach Jkonium, das damals in Feindschaft mit der osmanischen Dynastie begriffen war, und es gelang ihm, fünf oder sechstausend Familien zur Auswanderung nach Thessalien zu bewegen, denen er, da sie zugleich kriegerischen und gewerbfleißigen Charakters waren, Ländereien im Norden der thessalischen Ebene anwies, und sie so für die Vertheidigung des von ihnen bewohnten Bodens interessirend, sie als Wall hinstellte zwischen die unkriegerischen Griechen und die bulgarischen Gebirgsbewohner. Er baute für sie zwölf verschanzte Dörfer: Tatar, Kasaklar (türkischer Plural für Kosaken), Tschaier, Missalar, Delihr, Kufala, Karadschoglan, Ligara, Radguhn, Karedamilli, Darili, Balamut. Die Zahl der Dörfer ist jetzt viel größer, und ich glaube, nur drei oder vier jener Namen treffen noch mit denen vorhandener Dörfer zusammen. Jm Rücken dieser militärischen Colonie errichtete Turkhan Bey den Ort Turnovo, für den er vom Sultan Murad ausgedehnte Privilegien erhielt. Diese von der Pforte garantirten Freiheiten wurden unter den Schutz des Glaubens und die Oberaufsicht des Scherif von Mekka gestellt. Turnovo wurde eine Freistatt. Fremde waren zehn Jahre lang von allen Abgaben befreit; es wurde Vakuf und deßhalb von der Controle des Ortsstatthalters emancipirt; kein türkischer Pascha durfte hinein, keine türkischen Truppen durften durchziehen; es sollten niemals Frohndienste statt finden dürfen; der Kharatsch und der Zehnten waren die einzigen Abgaben, die erhoben werden durften,

---

Gebrauch, den man Rußland gestattet, im Oriente von dem griechischen Glaubensbekenntnisse und im Abendlande von dem Worte „christlich" zu machen. Und wenn das türkische Reich über den Haufen geworfen ist, so hört mit einem Male auch Griechenlands Unabhängigkeit und Daseyn auf.

und diese fielen an Turkhan Bey und seine Nachfolger, als Belohnung seiner Rechtschaffenheit und seiner Verdienste während eines langen Lebens voll Arbeit und Mühseligkeit; auch hatte er das Erbrecht an Eigenthum, wozu kein natürlicher Erbe vorhanden war.*) Fünfunddreißig Jahre lang pflegte Turkhan Bey den Flor dieses Bezirkes, und da der Grundbesitz Vakuf geworden war, so hinterließ er seinen Nachkommen nur die Oberaufsicht über die Verwaltung der Einkünfte und ihre Verwendung zu den verschiedenen frommen und nützlichen Stiftungen, die er nicht nur in jedem Theile Thessaliens, sondern selbst in Morea gegründet hatte. Ihre Verwaltung wurde wieder controlirt durch den Kislar Aga, als Oberaufseher des Evkaf von Mekka, der das Recht hatte, den Kaimakam von Turnovo und die Metevellis der verschiedenen Evkaf abzusetzen, falls die Einwohner sich über sie beklagten, obgleich ihre Nachfolger immer aus der Familie Turkhan Bey's gewählt wurden.

Einer der Gegenstände, auf den sich seine Aufmerksamkeit besonders richtete und wodurch er Thessalien die wichtigste und dauerndste Wohlthat erzeigte, war die Einführung der Färbekunst und demzufolge auch die der übrigen Künste, welche mit der Manufactur von Seide, Baumwolle und Wolle verknüpft sind. Seine Sorge in dieser Hinsicht beschränkte sich nicht auf seine eigene Lieblingsstadt; ein weiter Behälter in Makrinizza, im Bezirke Magnesia, der noch bis zum heutigen Tage zum Waschen der gefärbten Stoffe benützt wird, ist laut einer Inschrift von Turkhan Bey erbaut. Damals wurden Krapp, Ginster und die Kalipflanze, woraus sie ihre Pottasche machen, in Turnovo eingeführt, und sind nun durch ganz Rumili und viele Theile Europa's allgemein geworden.

Folgendes sind die von ihm außerhalb Turnovo errichteten verschiedenen Stiftungen: — Eine Moskee auf dem Platze, wo er zuerst in Larissa abstieg; sie wird inwendig von sechs Säulen getragen, um die vier Beine seines Rosses und seine eigenen beiden darzustellen. Zwei andere Moskeen, eine hübsche steinerne

---

*) Man nimmt an, daß Jemand keine natürlichen Erben habe, der keine nähern Verwandte hat als Vettern im vierten Grade und keine Adoptivkinder, auch kein Testament hinterlassen hat.

Brücke über den Peneus und der neulich fast ganz durch Feuer zerstörte Bezistan (Marktplatz), drei Medressehs oder Schulen und drei Bäder.

In Trikkala baute er zwei Moskeen, zwei Medressehs, zwei Bäder und einige Mühlen. Sieben oder acht Khane baute er in verschiedenen Theilen Thessaliens, und als er, im hohen Alter, von den moreotischen Griechen gebeten wurde, sie gegen die Einfälle der Albanesen zu schützen, wie ich früher berichtet habe, und nachdem er die Albanesen in ihre Berge getrieben und Arta in Besitz genommen hatte, baute er dort die Fischbehälter.

Der Anbau des Maulbeerbaumes, zur Seidenerzeugung, scheint in Turnovo schon gewöhnlich gewesen zu seyn, bevor er in Salonica, Brussa oder Adrianopel bekannt war; und obgleich während der letzten dreißig oder vierzig Jahre Thessalien politisch in einer unglücklicheren Lage gewesen, als eine der umgebenden Provinzen, so ist der Maulbeerbaum doch immer noch in großer Menge über diese Gegenden verbreitet, und man zieht die Qualität der dortigen Bäume vor und schätzt die Kunst der Einwohner höher, als die irgend eines andern Bezirkes der europäischen und asiatischen Türkei. Auch das Spinnen von Baumwollengarn hat außerordentliche Fortschritte gemacht, und am Schlusse des vorigen Jahrhunderts war die Ausfuhr gefärbten Garnes, hauptsächlich von türkisch Roth, ungeheuer groß, nicht nur nach allen Theilen der Levante, sondern auch nach Europa. Dieser Flor und Gewerbfleiß sind aufgeopfert durch die seltsam vereinigten Wirkungen russischer Politik und englischer Industrie; die erstere hat den politischen Zustand zerrüttet, die letztere hat die türkischen Manufacturen nicht nur an jedem fremden Markte, sondern auch in der Türkei selbst verdrängt.

In der Mitte des siebenzehnten Jahrhunderts war Turnovo ein so wichtiger Ort geworden, daß der Sultan daselbst eine Zeit lang seinen Hof auf so förmliche Weise hielt, daß ihm verschiedene Repräsentanten der christlichen Mächte dort ihre Aufwartung machten. In demselben Jahre, 1669, besuchte ein englischer Reisender (Brown) Turnovo und hat einen kurzen, aber werthvollen Bericht über seinen Aufenthalt in Thessalien hinterlassen. Er erzählt uns, „Turnovo sey eine große und lustige Stadt, mit achtzehn Kirchen und drei Moskeen." Diese letztere

Thatsache ist von einiger Wichtigkeit, da sie zeigt, daß dieser Ort von ausschließlich türkischer Gründung und dessen Institutionen nach unseren Begriffen viel mehr religiös als politisch waren, sechsmal mehr Christen als Muselmänner enthielt; das deutet auf einen sehr merkwürdigen Zug im Islamismus, den ich anfangs mit eben so vielem Erstaunen bemerkte, als ich ihn jetzt mit Gewißheit behaupte: der Islamismus schützt in seiner religiösen Regierung fremden Glauben und dessen Bekenner.

Einundzwanzigstes Capitel.

Ein Rückblick. — Mohammed IV und seine Zeiten. — Diplomatischer Verkehr. — Gegenseitiges National-Unrecht. — Dragomans im Orient. — Handelsbeschränkungen im Abendlande.

Die Wahl Turnovo's zur kaiserlichen Residenz durch einen Monarchen, dessen Regierung der eigentliche Höhenpunkt der Fluth ottomanischer Eroberungen war und der Anfang ihrer Ebbe, hat mit diesem Orte manche der Ereignisse verknüpft, die der Staatengeschichte Europa's angehören.

Die lange Regierung Mohammeds IV*) war die Zwischenzeit zwischen den Triumphen des Helden, den Gesetzbüchern des Legislators und der prunkhaften Nichtigkeit der im Käfig versteckten Serailpuppen, und während die ottomanische Fahne auf „Troja's Nebenbuhlerin, Candia" aufgepflanzt wurde, **) jagte der nun

---

*) Vom 8 August 1648 bis zu seiner Absetzung am 29 October 1687, worauf er am 17 December 1692 im Gefängnisse starb. (v. Hammer.)
D. Ueb.

**) Der Großwessier Kiuperli begann die Belagerung der von den Venetianern, den Franzosen, Hannoveranern und Freiwilligen aller christlichen Länder vertheidigten Festung Canea auf der Insel Candia im Mai 1667 und nahm sie am 6 September 1669 durch Capitulation, nach 56 vergeblichen Stürmen; die Venetianer hatten in 96 Ausfällen 31,000 Mann verloren, die Türken hatten die Eroberung von Candia mit 119,000 Mann an Getödteten bezahlt. (Galletti, Geschichte des türk. Reichs, und v. Hammer, Gesch. d. osman. Reichs, 2. Ausg. III. S. 632.)
D. Ueb.

unkriegerische, aber noch muthige Herr von Konstantinopel und Nachfolger der Orchan, Mohammed, Selim, Murad und Soleyman, die wilden Thiere des Pelion und Olympus und entfaltete seinen Waldprunk in Larissa und Turnovo.

Dieser Fürst bestieg den so lange behaupteten Thron im zarten Alter von sieben Jahren. Durch die Gewandtheit des achtzigjährigen Mohammed Kiuperli wurden sein Geschmack und seine Neigungen an Leidenschaften und Vergnügungen gewöhnt, die während des ganzen Zeitraumes seiner langen Regierung Scepter und Schwert der Familie Kiuperli überließen, welche Beides wohl zu führen wußte.

Nach dem entlegenen Schauplatze der Erholungen des Sultans sah man Paschas, Generale, Wessiere und Gesandtschaften eilen; der Glanz und die Etiquette des Serails wurden in Bergwüsten und Einöden versetzt; zwischen unbetretenen Wäldern erschollen die Hammerschläge zur Befestigung abendländischer Tapeten und indischer Webereien, die mit den Kaiserburgen des Bosporus in Großartigkeit wetteiferten, seinen Reichthum übertrafen.

Brussa, der asiatische Olymp, das Gefilde von Troja, die Abhänge des Ida, die Ufer des Mäander, die Ebenen vor Sardis, waren die Lieblingsplätze des Sultans, der eben so sehr die Jagd als die Naturschönheiten liebte. Die Orte aber, die er besonders durch seine Vorliebe ehrte, waren Yamboli, im Balkan, etwa fünfzig Meilen nördlich von Adrianopel, und Turnovo. Wenn er kam oder ging, zogen die Einwohner von fünfzehn Districten aus, ihm zu helfen bei der Jagd. Dem Volke wurden diese Festlichkeiten anziehend gemacht durch Darstellungen und Aufzüge, einigermaßen im Geiste des alten Griechenlands und in dem der Tatarei,*) wo alle Esnafs oder Gewerke die Wunder ihrer Kunst oder die Sinnbilder ihres Berufes in Procession umhertrugen, und wobei Schaustellungen seltener Gegenstände und groteske Figuren mit theatralischen Pantomimen verbunden wurden.

Während Sultan Mohammeds Aufenthalt in Turnovo ward dieß jetzt unbedeutende Dorf die Residenz der Repräsentanten der Mächte Europa's. Damals versammelten sich dort, in allen leb=

---

*) Früher fanden alle vier Jahre ähnliche Darstellungen in Vevay statt.

haften, malerischen und mannichfachen Trachten und Livreen der verschiedenen Länder und jenes kleiderprunkenden Zeitalters die zahlreichen Gefolge der kaiserlichen, französischen, spanischen und englischen Gesandten. Russen, Holländer, Polen, Schweden, Ragusaner, Siebenbürger, in ihren Nationaltrachten, und in hinreichender Anzahl, um den unterscheidenden Ton und die Gewohnheiten ihrer Heimath beizubehalten, konnte man dort als Faullenzer sehen vor den Thorwegen der verschiedenen Hotels, herumschlendern auf den öffentlichen Plätzen oder die Neuigkeiten aus ihrer Heimath ausschwatzen in den Kaffeehäusern, die damals als Aufenthalt der Stutzer es mit den Barbierstuben aufzunehmen begannen. *)

Es scheint kaum möglich, daß erst vor hundert und sechszig Jahren Turnovo ein solches Schauspiel sollte dargeboten haben, und doch sind das nur die Anhängsel. Am Hofe des Sultans war ein ganzes Heer von Officieren, Dienern, Jägern und Falkenieren mit allem interessanten Zubehör der Jagd; diese entfalteten eine Verschiedenartigkeit der Trachten, die in Glanz, Reichthum und Mannichfaltigkeit alle früheren Perioden des ottomanischen Reiches übertroffen haben muß, so wie auch ihre Würde nicht, wie später, in ein Uebermaß ausartete, das im Gebrauche kümmerlich und in der Wirkung possenhaft war.

Die Ebene umher war mit weiten hellgrünen Zelten mit ver-

---

*) „Während der heißen Jahreszeit," sagt Brown im Jahre 1669, „gin„gen wir öfter zum Barbier, der sehr zu unserer Erfrischung seine Arbeit „geschickt verrichtete, indem er Jeden nach der Mode seines Landes be„diente. Die Griechen lassen einen Kreis von Haaren mitten auf dem „Kopfe stehen und rasiren den Rest. Der Kroat läßt die eine Seite „seines Kopfes barbiren, die andere wächst, wie sie Lust hat. Der „Ungar rasirt den ganzen Kopf, bis auf den Vorderschopf. Der Pole „trägt sein Haar kurz abgeschnitten. Der Türke barbiert den ganzen „Kopf bis auf eine Locke. Die Franken tragen ihr Haar nur so lang, „als es sich zum freundlichen Verkehr schickt, und damit denjenigen, unter „welchen sie leben, nichts anstößig seyn möge, stecken sie es oft unter „die Mütze. Wer sich rasiren lassen will, sitzt niedrig, damit der Bar„bier besser ankommen kann. Ueber den Köpfen hängt ein Gefäß mit „Wasser, mit einem Hähnchen, das der Barbier nach Gefallen öffnen „und das Wasser herausströmen lassen kann. Die Thessalier tragen „Hüte mit Rändern, wie die Franzosen."

goldeten Kugeln geschmückt, aber Zelten, die mehr Palästen glichen als Schirmdächern; einige von ihnen ruhten auf zwanzig oder dreißig Stangen, von denen viele fünf und zwanzig Fuß hoch waren; sie waren in verschiedene Gemächer getheilt, mit Fenstern in den leinenen Scheidewänden; vor den reichen Divans in der Runde lagen persische Fußteppiche; Vorhänge von Brocat, Sammet und Kaschmir-Shawls waren zurückgezogen, oder aufgenommen und an anderen Stangen vorwärts befestigt, um den Schatten zu vermehren; die Zeltwände, die Scheidewände, die Kissen und die über die Stricke gezogenen Ueberzüge waren sehr schön mit der Nadel gestickt.*)

Zu dieser Zeit, und ganz besonders in Turnovo, begann das System der hochmüthigen und schmählichen Behandlung,**) das bis ganz neuerdings die Türkei entehrt und Europa erzürnt hat. Damals fing auch das trügerische System der Dragomans an, das einem paar lateinischer Abenteurer von den Inseln des Archipelagus die Absichten jedes europäischen Staates anvertraute und diese Abenteurer zu Vermittlern, oder, um mich richtiger auszudrücken, zu Repräsentanten dieser Staaten bei der Pforte machte. ***)

---

*) Einige dieser Zelte kann man noch in den Magazinen des Sultans und einiger Großen sehen.

**) v. Hammer sagt: „eine grause Zeit für die Diplomaten an der Pforte, wo der französische Botschafter geohrfeigt und mit dem Sessel geprügelt, der russische mit Rippenstößen hinausgeworfen, der polnische, weil er nicht ganz den Nacken beugen wollte, bald getödtet worden wäre, und der kaiserliche Dolmetsch, auch Pfortendolmetsch, zu wiederholten Malen auf die Erde niedergelegt und durchgebläut ward." (Gesch. des osman. Reiches, 2te Ausg. III. S. 610.)

***) Der römisch kaiserliche Hof (der zuerst eine so hartnäckige Anhänglichkeit an das Deutsche bewies, daß erzählt wird, bei einer einzigen Conferenz seyen drei Dolmetscher und vier Sprachen gebraucht) hatte damals allein regelmäßige Dragomane; später aber fand er, bei seinem beständigen Verkehr und bei der Nachbarschaft es nothwendig, dieß System aufzugeben, und gegenwärtig ist eine hinlängliche Kenntniß der türkischen Sprache eine zum österreichischen Minister erforderliche Eigenschaft. Vielleicht mochte sich auch, so lange Oesterreich feindliche Absichten hegte, das Dragoman-System als nützlich bewähren, und es wurde aufgegeben, seit Oesterreich Erhaltung und Frieden bezweckt.

Damals ferner begann auch das directere und mehr systema=
tische Einmischen der Griechen in die Angelegenheiten des otto=
manischen Reiches, und aus Turnovo ist der Berat datirt, wo=
durch zuerst ein Grieche als Pforten=Dolmetscher angestellt wurde.
Von Turnovo ab ging die türkische Gesandtschaft nach Paris,
welche durch die albernen Prätensionen der Türken das Gelächter
von Europa erregte, und während dieser Botschafter thätig be=
schäftigt war, in die Salons von Paris den Kaffee einzuführen,
der in unserm häuslichen Geschmack eine Revolution zuwege ge=
bracht hat, erregte eine in Konstantinopel eingepaschte französische
Schiffsladung falscher Münze einen Aufruhr in den vornehmsten
Städten des Reiches.

Wie die damalige Christenheit im Allgemeinen gegen die
Türkei fühlte, beweiset das Wesen und das Verfahren der Mal=
teser=Ritter. Der Rechtsgrund, den man aufstellte, Schiffe zu
plündern, den Handel zu stören und Menschen zu Sklaven zu
machen, war — die christliche Religion. Die Organisation des
Ordens wurde durch Einkünfte bewerkstelligt, die aus allen Staa=
ten Europa's gezogen waren; er bestand aus der Blüthe der euro=
päischen Ritterschaft und des Adels; er war das Feld der Aus=
zeichnung und die Laufbahn der Ehre; die Folge konnte nur seyn:
gegenseitiger Haß und gegenseitiges Unrecht.*)

Der Art waren die Umstände, die zu den Beleidigungen führ=
ten, welche die Türken den Repräsentanten der Christenheit an=
thaten, und welche diese Repräsentanten geduldig ertrugen. Da=
mals zuerst verschmähete es ein türkischer Minister, aufzustehen,
um einen fremden Botschafter zu empfangen, und so wie in die=
sem Punkte man einmal nachgegeben hatte, war er unwiederbring=
lich verloren und alle Achtung und aller Einfluß ging mit fort,

---

*) „Ich bin kein Lobredner türkischer Vorurtheile," sagt ein westlicher
Diplomat, „aber es kann nicht geläugnet werden, daß die barbarischen
„Einfälle und Ausschweifungen der tollen Kreuzfahrer, daß die Verfol=
„gungen und die endliche Verjagung der Mohammedaner aus Spanien,
„daß die gleichförmige Sprache aller christlichen Schriftsteller, so wie
„das gleichförmige Benehmen aller christlichen Staaten gegen die Os=
„manen, sich vereint haben zu einer nicht zu verwerfenden Rechtferti=
„gung ihrer Gefühle gegen die europäischen Völker." Constantinople
and its environs, by an American. B. II. S. 317.

und das russische Sprüchwort traf ein: „Vom Gipfel der Treppe bis nach unten ist nur eine Stufe." Die Folge war eine Erniedrigung der fremden Repräsentanten durch eine Behandlung, der sie sich zu unterwerfen kleinlich genug waren, und die zu rächen ihre Höfe entweder nicht den Muth oder die Macht hatten.

„Bei so bewandten Umständen" sagt der oben angeführte Schriftsteller (v. Hammer am angef. Orte) „dürfte sich der kaiserliche Resident, welcher dem Lager gefolgt, zu Turnovo in Larissa's Nähe residirte, sehr glücklich schätzen, drei Berate zu Gunsten des Handels zu erhalten: das erste zu Gunsten des toscanischen Handels, das zweite zu Gunsten des Handels der Bewohner von Kaschau, das dritte für den General-Consul der orientalischen Handelsgesellschaft Lelio de Luca." Was noch den seltsamen Abstich zwischen den rohen Manieren und den freundlichen Handlungen der Türken erhöhet, ist, daß während die fremden Repräsentanten auf eine so unhöfliche Weise behandelt wurden, sie dreißig, fünfzig und einmal sogar hundert und fünfzig Dollars täglich als Diäten zu ihrem Unterhalte ausgezahlt erhielten, indem die Türken sie als Gäste betrachteten.

Während der Regierung Mohammeds IV, und besonders unter seinem Vater Ibrahim, waren die Gesandten fremder Staaten gelegentlich der Gewaltthat und der Beleidigung ausgesetzt gewesen. Allein es scheint durchaus nicht die Idee zum Grunde gelegen zu haben, sie wegen ihres Glaubens systematisch als Untergebene zu behandeln. Ich fürchte, die Feindseligkeit eines religiösen Charakters entstand aus den Feindseligkeiten und Handlungen Europa's; Zeuge dessen sind die Räubereien der Malteser-Ritter — die kaum weniger ehrenvollen Unternehmungen Genua's und Venedigs — die Einmischung Rußlands in die Angelegenheiten der griechischen Kirche — der unausgesetzt vom Vatican her wehende feindliche Wind — der Eifer Spaniens, Oesterreichs und besonders Frankreichs, über den ganzen Orient Jesuiten, Franciscaner und Capuciner zu verbreiten, die sich in politische Umtriebe einließen.

Steigen wir nach einem früheren Zeitraume hinauf, so finden wir die Aufnahme eines Botschafters entblößt von den Formalitäten, die, obgleich griechischen Ursprungs, erst zu Mohammeds IV Zeiten mit ihrem vollen Gepränge wieder erscheinen. Die von den verschiedenen österreichischen Gesandtschaften an Soliman den Großen aufbewahrten Einzelnheiten erläutern die Ansichten der Türken in Bezug auf das Wesen eines Botschafters, den sie als Agenten, aber schlechterdings nicht als Stellvertreter seines Souverains ansehen und den sie mehr als ihren Gast, als wie seines Herrn Gesandten achten.

Ibrahim, Solimans Wessier, stand, bei der Einführung von Ferdinands Gesandten, nicht auf, um ihnen entgegen zu gehen; — er ließ sogar lange Zeit darüber hingehen, bevor er sie einlud sich zu setzen (die Conferenz dauerte sieben Stunden), aber das geschah nicht wegen der neuerdings vorausgesetzten Glaubenslehre, es sey gesetzwidrig, vor einem Christen aufzustehen; denn als der Brief Karls V überreicht wurde, stand der Großwessier nicht nur auf, um ihn anzunehmen, sondern blieb auch so lange stehen, als die Unterredung in Bezug auf Karl währte. Sein Benehmen gegen die Abgesandten entstand vielmehr daher, daß Ferdinand sich Ibrahims Bruder genannt hatte und wiederum so von ihm genannt wurde. Das brachte die Frage über das Ceremoniell in den Bereich türkischer Ideen, und es konnte Ibrahim nicht einfallen, aufzustehen, um die Agenten seines jüngeren Bruders zu empfangen.

Ferdinand hatte vor dieser Gesandtschaft schon sechs abgeschickt, um wegen des Friedens zu unterhandeln, ohne seinen Anspruch auf Ungarn aufzugeben. Die siebente hätte wahrscheinlich keinen bessern Erfolg gehabt, ohne den von seinem „Bruder" erfundenen Ausweg, der eine neue Erläuterung gibt zu den Verschiedenheiten der Begriffe zwischen Ost und West, die jeder Theil unglücklicherweise sich gewöhnt hat, bei dem Andern für — Vorurtheil zu erklären. Folgende Adresse wurde vom Großwessier den Gesandten eingeflüstert und dadurch der Friede geschlossen:

„Der König Ferdinand, dein Sohn, sieht Alles, was du besitzest, als das Seine an, und Alles was sein ist, gehört dir, da du sein Vater bist. Er wußte nicht, daß es dein Wunsch war das Königreich Ungarn für dich selbst zu behalten, sonst hätte er keinen Krieg gegen dich geführt. Seit aber du, sein Vater, wünschtest es zu haben, wünscht er dir Glück und Gesundheit, nicht zweifelnd, daß du, sein Vater, ihm zur Erbauung dieses Königreiches und vieler anderer beistehen wirst."

Hr. de Lahaye war der erste Botschafter, dessen schmähliche

Behandlung als Beispiel und Vorgang aufgenommen ward; man entdeckte einen heimlichen Verkehr zwischen ihm und den damals mit der Pforte in Krieg begriffenen Venetianern. *) Er wurde aus Konstantinopel weggeschickt; sein Sohn kam an seine Stelle und wurde geschlagen und eingesperrt, weil er sich weigerte einen in Chiffren geschriebenen, an seinen Vater adressirten und aufgefangenen Brief zu lesen. Da kam Herr de Lahaye selbst; er erklärte, die Chiffre nicht zu kennen und wurde ebenfalls eingesteckt. Ludwig XIV schickte einen andern Botschafter, Herrn Blondel, um Genugthuung zu fordern; er war der erste, dem man einen Stuhl anbot. Herr de Lahaye und sein Sohn wurden aus ihrem Gefängnisse befreit; da aber ein französisches Schiff einige türkische Waaren weggenommen hatte, so wurde er in dem Augenblicke, wo sie abreisen wollten, wieder eingesteckt, bis ein Lösegeld für ihn erlegt wurde.

Einige Zeit nachher schickte Frankreich Herrn de Lahaye wieder als Botschafter an die hohe Pforte. „Er forderte," sagt Herr v. Hammer (am angef. Orte S. 582) „gleichen Empfang mit dem englischen und kaiserlichen Botschafter, während ihm der Großwessier nur ein Geleit von zehn Tschauschen antrug. Am folgenden Tage bezog er ohne Ceremonien den französischen Palast. Der Großwessier, der Krone Frankreich noch wegen der nach Ungarn gesendeten Hülfe grollend, empfing ihn stolz, ohne aufzustehen und mit Vorwürfen über das Einverständniß Frankreichs mit den Feinden der Pforte. Lahaye zog sich zurück und ließ dem Großwessier sagen, daß wenn er ihm ein anderes Mal nicht aufstünde, er die Capitulationen zurückgeben und nach Frankreich zurückkehren würde. In einer zweiten Audienz eben so schlecht und ohne Gruß empfangen, warf ihm Lahaye die Capitulation vor die Füße. Der Großwessier schalt ihn einen Juden, der Oberstkämmerer riß ihn vom Stuhle und schlug mit demselben auf ihn zu; als er den Degen ziehen wollte, gab ihm ein Tschausch eine Ohrfeige. Drei Tage lang blieb er beim Großwessier eingesperrt; der Großwessier berieth sich mit dem Mufti, mit Wani Effendi und

---

*) Der König von Frankreich hatte sich selbst als Freiwilliger bei einem Kriegszuge gegen den Sultan, seinen Verbündeten, anwerben lassen, und die Kosten eines zweiten Zuges getragen!

dem Kapudan Pascha; man kam überein, daß Mr. de Lahaye eine neue Audienz habe und diese als die erste angesehen werden sollte. Der Großwessier kam ihm mit freundlichem Gruße entgegen *) und sagte ihm mit spöttischem Lächeln: „das, was vorbei, sey vorbei, künftig würden sie gute Freunde seyn." Die Schläge mit dem Sessel und die Ohrfeige waren vorbei und sind vielleicht nicht einmal von dem Empfänger an seinen Hof berichtet, oder vom Geschichtschreiber französischer Diplomatie mit Fleiß verschwiegen worden."

Seit dieser Periode standen türkische Minister nicht auf, um europäische Diplomaten zu empfangen, bis zu Gunsten einer europäischen Macht neue Gefühle erwachten durch die Rückgabe Aegyptens mittelst englischer Waffen, als General Abercromby von den türkischen Befehlshabern „Vater" und „Pascha"**) genannt und demgemäß behandelt wurde. Unser verächtliches Verfahren in der Expedition von 1807 gegen Aegypten und gegen Konstantinopel beraubte uns freilich aller orientalischen Früchte des Verfahrens von 1800.

Frankreich gelang es indeß, ausgedehnte Vorrechte für die Jesuiten und andere katholische Brüderschaften zu gewinnen, und in der That schien mehr als zwei Jahrhunderte lang der ganze

---

*) Der Ausdruck: „kam ihm entgegen" könnte zu der Vermuthung führen, der Erfolg der Conferenz jener Großbeamten sey der seitdem eingeführte Gebrauch gewesen, zugleich in demselben Augenblicke in das Audienz-Zimmer einzutreten. Ein Nothbehelf, der eben so sehr die Veränderung im Style beweiset und hervorhebt, als die Unbekanntschaft der Europäer mit orientalischer Etikette, die in der That die Hauptursache jener Zänkereien gewesen seyn muß, so wie sie jetzt das einzige, aber wirksame Hemmniß alles Verkehres ist.

**) Dieß führte indeß zu keiner Verbesserung unserer Lage in Konstantinopel. Dort waren wir in den Händen der Dragomans, deren Interesse, als einer weder englischen, noch französischen, russischen u. s. w. Corporation, Allem feindlich entgegen gesetzt ist, was nur immer zu einem freien Verkehre freundschaftlicher Gesinnung zwischen den Türken und den europäischen Diplomaten führen könnte. Es ist wahr, wir unterhandelten damals darüber, eine bessere Stellung zu gewinnen, nach der Weise der Aufnahme der Lady Mary Worthley Montague! Wir sollten auf die Mittel bedacht gewesen seyn, welche die Lady anwendete.

Einfluß und die ganze Thatkraft Frankreichs durch ein Conclave von Inquisitoren geleitet. *) Versuche, die Griechen zu bekehren; Bemühungen, die griechische Kirche mit der römischen zu vereinigen; Zänkereien um Klöster und Kirchen überall in der ganzen Levante; Ansprüche auf die heiligen Stätten in Jerusalem; von den Jesuiten geleitete Intriguen und aufrührerische Maaßregeln, die den öffentlichen Frieden bedrohten und Gegenwirkungen hervorbrachten, welche die ganze europäische Bevölkerung gefährdeten **) — scheinen die Hauptbeschäftigungen der französischen Gesandtschaft gewesen zu seyn.

England erklärte sich in seinem Charakter als protestantisches Land gegen alle Gemeinschaft mit einer auf religiöse Gründe gestützten Politik, und machte die Türken auf seine religiöse Trennung vom katholischen Europa aufmerksam. Es erlangte demgemäß in der Türkei ein Ansehen und einen Einfluß, die unendlich viel größer waren, als seine Macht oder seine politische Stellung sie ihm sonst hätten sichern können.

„Elisabeth, von Gottes Gnaden Königin von England, Frankreich und Irland, mächtige und unüberwindliche Vertheidigerin des wahren Glaubens gegen die Götzendiener, die sich fälschlich zu Christi Namen bekennen."

---

*) Ich rede hier nicht von den bei mehr als Einer Gelegenheit aufgeklärten Ansichten des Cabinettes von Versailles, sondern von dem allgemeinem Ton und Charakter der französischen Agenten im Orient. Die Türken konnten nicht leicht die bei mehr als Einer kritischen Gelegenheit ihnen von Frankreich gewährte entschiedene Unterstützung mit der unaufhörlichen Unterstützung reimen, welche Frankreichs Agenten den offenkundigen Feinden des ottomanischen Glaubens und den ewigen Störern des öffentlichen Friedens gewährten. „Murad IV," sagt Sir Thomas Roe, „drückte sein Erstaunen darüber aus, daß man die Freundschaft des Königs von Frankreich nur durch die Duldung und die Beschützung von Verräthern (den Mönchen) erlangen könne."

**) Bei zwei Gelegenheiten flüchtete sich die ganze europäische Einwohnerschaft von Konstantinopel in die Kirchen von Pera und Galata, ohne Hoffnung auf Aufschub des Vertilgungs-Urtheils, das sie bedrohete. Der Wahnsinn oder die Thorheit, die so fürchterliche Vergeltung erregte, können im gegenwärtigen Zeitalter nur von denen begriffen werden, welche in der Levante die Wirkungen des fanatischen Hasses erlebt haben, womit sich die verschiedenen christlichen Secten unter einander verfolgen.

Das ist die Ueberschrift des Schreibens der Königin Elisabeth an den Khalifen der Moslemim. Sie erklärt, wie und warum der Einfluß Englands so hoch stand. Hier haben wir einen Beweis von den Ideen und der Politik Englands zu den Zeiten der Cecils, Raleighs, Bacons und Sidney's. Und zu dem Verzeichnisse der Monarchen und Staatsmänner, welche die Wichtigkeit der Türkei für das politische Gleichgewicht und das System von Europa gefühlt haben — zu den Namen von Gustav III, Friedrich II, Hertzberg, Napoleon, Chatham, Pitt, Talleyrand und Metternich — kann vielleicht auch der unserer „jungfräulichen Königin" hinzukommen.

Der Geist der österreichischen Diplomatik entwickelte sich in der kaiserlichen Gesandtschaft von 1616, die bei ihrem Einzuge in Konstantinopel eine Flagge führte, die an einer Seite den kaiserlichen Adler, an der andern ein Crucifix zeigte. Eine allgemeine Aufregung war der Erfolg. Die Griechen, die Jesuiten und die europäischen Mächte wurden alle zusammen und jeder für sich in Verdacht gezogen, eine fürchterliche Verschwörung beabsichtigt zu haben gegen den Sultan, die Stadt oder den Staat. Der Sultan patrouillirte in Person während der Nacht die Gassen; die Jesuiten wurden in die sieben Thürme gesperrt, und der österreichische Geschichtschreiber und Diplomat frohlockte über die Erfüllung der Prophezeyung von dem Anfange des Falles des osmanischen Reiches, den er übrigens schon in der Mitte des Jahrhunderts vorher verkündet und von dem er sogar schon gesagt hatte, er habe unter den Regierungen Bajazeths II und Selims I begonnen. (1481 bis 1520 d. Ueb.)

Die Auflösung dieses Reiches ist in den letzten Jahren allgemein in ganz Europa, mit Ausnahme des russischen Cabinettes, als eine der Wahrheiten angesehen, hinsichtlich deren weder ein Zweifel erhoben worden, noch eine Meinungsverschiedenheit bestehen könne. Es erregte einiges Aufsehen, als eine neuere Schrift darauf hindeutete, diese Lehre sey von den Emissarien Peters I verbreitet; allein der österreichische Geschichtschreiber erwähnt derselben fast ein halbes Jahrhundert vor Peter, als des Bandes der Vereinigung zwischen Griechen, Mönchen, Dolmetschern und Hospodaren. Was soll man aber zu der Thatsache sagen, daß schon ein Jahrhundert selbst vor diesem Zeitraume und als Soliman der

Große Rhodus eroberte (1522) und Wien bedrohete (1594), der moscowitische Fürst Wasili dem Kaiser Maximilian die Abnahme der türkischen Macht einredete und die Leichtigkeit, womit er sie aus Europa jagen könnte! In Folge des Mangels einer gemeinschaftlichen Sprache und der Mittel directen Verkehrs hat eine ununterbrochene Reihenfolge falscher Schlüsse statt gefunden, die man aus täglich vorkommenden, mißverstandenen Thatsachen zog. Es ist daher nicht zu verwundern, daß diese Schlüsse sich überall geltend machten, seit die ottomanische Macht aufgehört hat, sich furchtbar zu machen, da man ähnliche Schlüsse schon gelten ließ, als ganz Europa bei dem Namen der Türken zitterte.

Unter Mohammed IV entwickelte sich zuerst der Einfluß der griechischen Kirche, als eines Werkzeuges in den Händen Rußlands gegen die Osmanen.

Der Eroberer Konstantinopels hatte die Verbindung zwischen dem slavonischen Volke und dem Patriarchen von Konstantinopel mit Freuden gesehen und ermuthigend genährt, als ein Mittel, die Macht der Pforte nach Norden auszudehnen. Aber die Türken waren als Menschen nicht listig genug, einen solchen Plan festzuhalten, und als Nation zu mächtig, um indirecte Mittel zu ergreifen. Zwei Jahrhunderte später, das heißt unter Mohammed IV, finden wir die Pforte aufgeschreckt durch die Entdeckung einer politischen Verbindung, die durch kirchliche Mittel zwischen dem Zaren von Moskau und den griechischen Bewohnern des ottomanischen Reiches organisirt war. Ein in Folge dieser Entdeckung hingerichteter Patriarch *) beabsichtigte, die so enthüllten Gefahren zu vergrößern, und wir finden, daß aus Polen eine Gesandtschaft an den Sultan geschickt wurde, um ihn vor einem Plane des Zaren, die Griechen in Aufruhr zu bringen, zu warnen, in demsel-

---

*) In einem aufgefangenen Briefe dieses Patriarchen, der 1657 ernannt war, an den Fürsten der Walachei, findet sich Folgendes: „der Islamismus nahet sich seinem Ende; die allgemeine Herrschaft des christlichen (griechischen) Glaubens steht bevor; und die Herren vom Kreuz und der Glocke werden auch bald Herren des Reiches seyn." Der Brief war eine Danksagung für hunderttausend Ducaten, die der Fürst an die „Herren von der Glocke," die Mönche vom Berge Athos, geschickt hatte.

ben Augenblicke, wo der Patriarch von Konstantinopel nach Moskau eingeladen wurde, die Kirche zu organisiren.

Das war das in gegenwärtiger Zeit wiederholte Spiel vor fast zwei Jahrhunderten; es erwies sich dieselbe Größe des Zweckes, und es wurden genau dieselben Mittel angewendet. Deßhalb ist es eine schwer zu lösende Frage, wie, da Rußland anscheinend so stark und die Türkei anscheinend so schwach geworden, die unablässige Anwendung so mächtiger Mittel zur Desorganisation und Zerrüttung den völligen Umsturz der ottomanischen Macht nicht schon lange erwirkt hat und noch jetzt nicht zu erwirken im Stande ist.

Mohammeds IV Zeit, die dadurch so merkwürdig ist, daß während derselben in der Türkei ein System eingeführt oder errichtet wurde, das sich selbst befeindete, ein System feindlicher Gesinnungen gegen Europa — diese Zeit fällt mit der in Europa vorgenommenen Einführung von Grundsätzen zusammen, die eben so sehr den Fortschritten der Menschheit, als dem freundlichen Verkehr der Nationen schadeten. In eben dieser Zeit nämlich war es, wo Colbert in Frankreich die Idee aufbrachte, dem National-Gewerbfleiß durch erkünstelten Schutz aufzuhelfen und diesen Schutz den Staatseinkünften dienstbar zu machen.

Diese unselige Idee hat sich über alle Nationen verbreitet, mit Ausnahme der Türkei, die vielleicht zum Glücke kommender Geschlechter, durch ihren natürlichen Haß gegen Alles, was von Westen kommt, vor dieser Ansteckung bewahrt blieb. Ueberall, wo dieß sogenannte Schutzsystem eingeführt wurde, ist zwischen den verschiedenen Interessen und Classen eines Volkes Feindseligkeit entstanden, unter dem Namen von Principien versteckt, und in die Verhältnisse menschlichen Verkehres ist ein fressendes Uebel gedrungen, unter dem Titel: Gesetze. Dieser Ursache ist, selbst von europäischen Schriftstellern, jede Umwälzung und jeder Krieg in Europa seit 1667 zugeschrieben. *)

Beinahe von gleichem Datum wie Colberts Verordnungen war Englands Schifffahrtsacte, die damals nur eine Darstellung der Sachlage war, die aber indirect England in auswärtige Schwie-

---

*) Z. B. Brougham (Colonial Policy); Parnell (Commercial Treaty with France); Storch (Cours d'Economie politique).

rigkeiten und Gefahren verwickelte, indem andere Nationen sie annahmen und auf England anwendeten. Diese Acte (eine mit der von Colbert verschwisterte Betrügerei) trug ihren Theil bei zu den Staatszerrüttungen in Europa und half zur Unterdrückung der Thatkraft, zur Hemmung der Fortschritte, denen die glänzenden und schnellen Entdeckungen in Wissenschaft und Mechanik eine so weite Ausdehnung, einen so beispiellosen Aufschwung verschafft hatten.

Diese Grundirrthümer erzeugen jetzt Zweifel und Zwiespalt über alle geselligen und politischen Fragen in den Köpfen der so scharf untersuchenden, so trefflich unterrichteten Europäer. Die orientalischen Staatsmänner dürfen aber wohl fragen, warum denn die europäischen Finanzen inmitten einer beispiellosen Production verwickelt werden? Warum denn ein großer Theil ihrer Bevölkerung in Elend und Verbrechen versunken ist, während Reichthum überströmt und Menschenliebe in Ueberfluß vorhanden? Warum Nationen, die Einigkeit wünschen und Frieden im Munde führen, ihren Handel gegenseitig bekriegen, als sey er ein ansteckendes Uebel?

Die in der Türkei beibehaltene alte Regierungsform kann indeß, durch die neuen Ideen und die größeren Ansichten, zu denen sie, mittelst Ausdehnung des zu erforschenden Feldes, Anlaß geben wird, zu gesünderen Meinungen über Finanzfragen beitragen. Und aus dem, in diesem Reiche noch nicht umgestürzten System eines freien Handels mag England sich den Vortheil ziehen, einen auf Handelsfreiheit gegründeten Bund von Nationen zu errichten, der den Einschränkungen entgegenarbeitet, die allmählich auf Englands Thatkraft drücken, und drohen, in einer nicht mehr fernen Zeit Englands politischen Einfluß, so gut wie seine Manufacturen, vom Festlande Europa's auszuschließen.

Zweiundzwanzigstes Capitel.

Geselliger Verkehr mit den Türken.

Da in Larissa keine fränkische Einwohnerschaft und keine Consuln vorhanden, so fanden wir es thunlich, Zutritt in die Gesellschaft der Türken zu erhalten, und im Hause des Erzbischofs, so wie bei den Besuchen, zu denen er uns mitnahm, sahen wir die angesehensten Einwohner der Stadt und die Beys und Landbesitzer der Umgegend. Wir waren unsererseits für sie ein Gegenstand einiger Neugier, denn die Ankunft von Europäern in solchem Zeitpunkte war ein seltsames und anziehendes Ereigniß.

Nach den freundschaftlichen Verhältnissen aber, in denen wir mit den albanischen Muselmännern gelebt hatten, war es nicht leicht, auf die Stufe hinabzusteigen, die ein Christ in der Türkei einnimmt und die völlig ausreicht, den Groll zu rechtfertigen, welchen christliche Ansiedler und Reisende, die nicht auf die Quelle zurückgingen, gegen die Türken gehegt haben. Ich begreife, daß diese schimpfliche Behandlung der Europäer zum größten Theile die Ursache gewesen ist, warum es an Nachforschung über den Geist und die Einrichtungen in der Türkei bei denen gefehlt hat, die sie besucht haben. Die Thür zum geselligen Verkehr wurde ihnen nicht nur verschlossen, sondern geradezu ins Gesicht geschlagen. Damit war mit einem Mal alles Mitgefühl und alles Interesse rund abgeschnitten, und ohne von beiden einen beträchtlichen Antheil zu haben, wird sich Niemand einer mühseligen Forschung unterziehen.

Fragt man einen Türken nach dem Grunde, warum er nicht aufstehen will, einen Europäer zu empfangen — warum er nicht die Hand auf die Brust legt, wenn er ihn willkommen heißt — warum er ihm nicht den Friedensgruß gibt — warum der niedrigste Türke sich beschimpft hielte, wollte er einem Europäer dienen, und warum der Aermste durch solchen Dienst erworbenes Brod verachten würde?*) — Der Türke wird antworten: „Meine Religion verbietet es mir."

Kein Wunder denn, daß der Fremde, der diese Behauptung für wahr annimmt und den Einfluß und die Gewalt der Manieren nicht versteht, diesen Zustand des Verkehrs der Religion zu-

---

*) Man hat Beispiele, daß Europäer Türken als Gärtner und Stallknechte gehabt haben, aber diese Diener wohnen dann nicht in dem Herrnhause, und obgleich sie ihre Pflicht gegen ihren Herrn thun, werden sie ihm doch nicht ein Zeichen von Achtung geben. Im Betragen und in der Wahl der Ausdrücke werden sie ihn als einen Untergeordneten behandeln, was der Europäer vielleicht nicht versteht, oder, wenn er es versteht, sich gefallen lassen muß.

schreibt, den Jslamismus für einen mürrischen und ungeselligen Glauben erklärt und dann seine Nachforschungen aufgibt.

Während der Erzbischof die Rolle eines Ehrenmarschalls bewundernswürdig schön spielte, theilte er uns immer im vollsten Maaße jede Mißachtung mit, die uns in Manieren und Worten widerfuhr; ein Dienst, den wir damals wenig geneigt waren, nach seinem vollen und wirklichen Werthe zu schätzen. So z. B. traf die Nachricht von Georgs IV Tode ein. Es wurde uns nicht verschwiegen, daß sich die Türken diese Nachricht von Mund zu Mund mit den Worten mittheilten (sie sprechen alle griechisch) „$\psi\omega\vartheta\iota\sigma\varepsilon\ \dot{o}\ \kappa\varrho\grave{\alpha}\lambda\ \tau\tilde{\eta}\varsigma\ \text{'}A\gamma\gamma\lambda\iota\alpha\varsigma$," „der König von England ist crepirt."

Eines Abends wurden wir zum Abendessen bei einem türkischen Bey eingeladen, ein uns damals ganz neues Ereigniß. Eines Türken Tisch steht, wie seine Thür, Jedem offen, der da kommt, weß Glaubens oder Standes er sey; aber eine Einladung auf förmliche Weise, verbunden mit der uns bewiesenen Güte und Aufmerksamkeit (freilich den oben angedeuteten Nichtachtungen unterworfen), war ein ganz neuer und unerwarteter Beweis von Theilnahme; wir gingen also ganz entzückt und frohlockend heim. Am folgenden Tage aber erzählte uns der Erzbischof, damit wir mit unserer Freude ja nicht zu weit laufen möchten, daß wir nicht sobald fort gewesen wären, als man sich allgemein sehr lustig gemacht hätte durch Bemerkungen über die Art unsers Benehmens und die Irrthümer im Anstande, deren wir uns schuldig gemacht, und daß, wenn von uns gesprochen worden, derjenige, welcher uns mit dem Titel der englischen Bey-Zadehs bezeichnet, unmittelbar darauf hinzugesetzt hatte: $\mu\grave{\varepsilon}\ \sigma\iota\gamma\chi\omega\varrho\varepsilon\sigma\iota\nu$, „mit Erlaubniß zu sagen," so wie, wenn sie von einem Ferkel, einem Esel oder dergleichen reden.

Indeß fanden wir, daß sich unsere Stellung von Tag zu Tag änderte; es erfolgte eine allgemeine Veränderung des Tones und Benehmens von ihrer Seite und vermuthlich auch von der unsrigen, und mit einem oder zwei Männern höhern Geistes geschehen dort die ersten Schritte zu einer langen und fortdauernden Freundschaft.

Ein europäischer Doctor, ein erbärmlicher Quacksalber, erwies sich uns bedeutend nützlich. Wir gingen nirgends hin ohne ihn,

und zuerst galt er uns völlig als Autorität, aber wie weit wir mit
ihm gekommen waren, wurde uns allmählich klar, als wir die
Nothwendigkeit begriffen, dieses schädlichen Anhängsels los zu
werden. Wir begannen nun einzusehen, daß die Behandlung der
Europäer durch die Türken aus der natürlichen Verachtung ent=
springt, welche sie gegen die hut= und hosentragende Bevölkerung
hegen, die überall die Türkei belästigt, im Charakter als medici=
nische oder sonstige Charlatans, Dolmetscher, Landstreicher und
Betreiber noch weniger achtbaren Speculationen. Daher entlehnen
sie ihre Ansichten in Betreff aller derer, die Hüte und enge Röcke
tragen, während die so zwischen beiden Glaubensbekenntnissen oder
eigentlich zwischen beiden Trachten festgestellten Formen es jedem
Mann von Erziehung oder edlen Gesinnungen völlig unmöglich
machen, in ihren Dienst zu treten oder ihren Personen sich zu
unterordnen.

Alle die mit den Meinungen und Gesinnungen eines Türken
verknüpften Einzelnheiten des äußern Lebens sind so wesentlich,
daß es ihm beinahe völlig unmöglich wird, von den Dingen oder
Begriffen die äußern Zeichen zu trennen, an die er, als Darstel=
lung derselben, gewöhnt ist. Ein Europäer, der ihre Sprache und
ihre Literatur vollkommen inne hätte und die Geistesstärke besäße,
welche geeignet ist, Einfluß auf sie zu gewinnen, wird dennoch,
wenn er auch wirklich geachtet ist, ihrer Gesellschaft fremd blei=
ben, und es würde unbillig von ihm seyn, wollte er von seinen
Freunden die Aufmerksamkeiten verlangen, die freilich zum Besitze
von Einfluß und selbst zum Genusse geselligen Umganges schlechter=
dings nothwendig sind; er verändere aber seine Tracht, und augen=
blicklich ist seine Stellung verändert. Die Tracht allein nützt
aber wenig oder gar nichts, wenn man nicht im Stande ist, seine
Rolle so zu spielen, wie diejenigen, welche sie tragen.

Eines Tages begegnete ich in türkischer Tracht einem Fran=
zosen, der in den östlichen Theilen der Türkei gereist war. Er
äußerte mir sein Erstaunen, daß ich mich den Beschwerlichkeiten
unterwürfe, die desjenigen warteten, der solchen Anzug trage.
Ich war vielmehr über seine Bemerkung bestürzt und dachte, er
deute auf die Schwierigkeiten, den Charakter festzuhalten und nicht
aus der Rolle zu fallen; demgemäß antwortete ich, daß ich es

zu Zeiten schwer gefunden hätte und gab die Gründe an, weßhalb. Nichs konnte dem Erstaunen des französischen Reisenden bei meiner Erklärung gleichen. Er erzählte mir, er hätte sich zu einer dreijährigen botanischen Reise aufgemacht, und zur Strafe seiner Sünden hätte ihm Jemand empfohlen, sich in die Tracht der Gläubigen zu kleiden; er wäre dadurch aber in die größten Gefahren gerathen, überall beschimpft, verschiedentlich geprügelt und bei mehr als einer Gelegenheit nur mit großer Noth lebendig davon gekommen. Ich merkte gleich, hier müsse irgend eine auffallende Abweichung von den Sitten oder der Kleidung stattgefunden haben, und nach einigen Fragen an ihn entdeckte ich, daß er unter einem hellfarbigen osmanischen Turban einen Bart getragen hatte, der nicht von der Ohrecke abwärts ausgerupft war, so daß wer nur einen Blick auf ihn warf, nicht verfehlen konnte, ihn für einen Juden zu halten, der sich für einen Muselmann ausgäbe. Als ich ihm die Ursache seines Mißgeschicks erklärte, dachte er eine Weile nach, äußerte dann aber, ich müsse mich doch wohl irren, weil, obgleich freilich Jedermann ihn gewöhnlich „Jude" genannt, dennoch sein Tatar immer geläugnet habe, daß er ein Jude wäre und ihm gesagt haben würde, wie er seinen Bart zustutzen müsse, wenn das wirklich die Ursache seiner Leiden gewesen wäre. Ich erwiederte, wahrscheinlich habe sein Tatar ihn für einen Juden gehalten, aber versucht, ihn gegen die Benennung als „Tschifut" zu schützen, während er kein Arg daraus gehabt, wenn die Türken ihn „Yehudy" genannt, da beides Jude bedeutet, aber nur das erste ein Schimpfwort sey (etwa wie das deutsche: Mauschel).

Er gab zu, daß er sich beider Worte erinnere. „Aber," sagte er, „was das Ding noch sonderbarer machte, war, daß ich mit einem Gefährten reiste, und gewöhnlich stritten wir uns jeden Abend darum, wer von uns mehr einem Juden gleich sehe. Mein Freund hatte einen schwarzen Bart und ich einen rothen. Ich nannte ihn gewöhnlich: Jud' und er mich dagegen: Judas Ischarioth. Endlich schor ich meinen Bart ab, aber wir waren darum nicht ein Haarbreit besser daran; dann ging meines Freundes schwarzer Bart auch davon, aber dennoch schrieen Alle, wohin wir kamen: „Tschifut, Tschifut." — „Wie hoch," fragte ich,

„rasirten Sie ihren Bart?" — „Wie hoch?" fragte er dagegen mit Erstaunen. „Daran habe ich niemals gedacht." „Dann," sagte ich, „haben Sie Bart und Backenbart nicht ganz bis an die Gränze des Turbans rasirt, so daß eine Haarlocke dicht an Ihrem Ohr zu sehen war, was das Unterscheidungszeichen der Juden ist, die ihre Bärte abscheeren!" — „Welch Jammer," sagte er, „daß ich das nicht vor meiner Reise wußte, statt hinterher." Ich dachte bei mir, es sey ein Jammer, wenn Jemand in einem Land reise, bevor er die Landesweise studirt habe, und darüber raisonnire, bevor er der Leute Begriffe verstehe.

Eine Classe junger Leute in der Hauptstadt, hauptsächlich zu den regulären Truppen gehörig, affectirt alles Europäische. Unter ihnen ist es nichts Ungewöhnliches, wenn ein Europäer sich seiner Meinung nach mit jeder äußern Höflichkeitsbezeugung behandelt findet; allein eine Stellung ist kaum der Beachtung werth, wenn sie nur durch eine Veränderung erlangt werden kann, die erst ins Leben gerufen werden soll und das nicht ohne Schwierigkeit und ohne Gefahr kann und deren Wirkungskreis beschränkt und unbedeutend ist. Die Thatsache festzustellen, daß ein Europäer sich in den Bereich der National=Gesinnungen bringen könne, ist meiner Ansicht nach von der höchsten Wichtigkeit, sowohl um Licht über den türkischen Charakter zu verschaffen, als um neue Mittel darzubieten, auf die türkische Nation zu wirken.

Ich mache diese Bemerkungen, nachdem ich auf dem Fuße der vollkommensten Gleichheit zwei Jahre lang mit Muselmännern Umgang gehabt habe. Es ist wahr, daß manche meiner türkischen Freunde lange Zeit hindurch jeder für sich glaubte, sie allein wären in der Gewohnheit, mich so zu behandeln, und ein solches Benehmen sey eine Verletzung ihrer Religionsvorschriften und nur in Beziehung auf mich zu entschuldigen, da ich, wie sie meinten, von den übrigen Europäern verschieden sey. Es ist vielleicht überflüssig hinzuzufügen, daß im Glauben des Islam nicht der leiseste Grund zu dieser Annahme liegt. Wäre dem so, Konstantinopel hätte nie türkisch werden können. Als ein merkwürdiges Beispiel des Gegentheiles stand der Eroberer Konstantinopels nicht nur auf, um den griechischen Patriarchen, seinen Unterthan und einen Christen, zu empfangen, sondern er begleitete ihn auch bis an die

Thür seines Palastes und schickte alle seine Minister mit, den Patriarchen zu Fuß nach Hause zu geleiten. *)

Wie aber auch die Unbilden, Gefühle oder Gewohnheiten der Vergangenheit gewesen seyn mögen, in der Türkei hat jetzt eine Gegenwirkung zu Gunsten Europa's stattgefunden. Die Veränderung des Anzuges, als Nachahmung der Nationen, deren politisches Verfahren den Türken so nachtheilig gewesen, zeigt eine große geistige Gelehrigkeit und beweist, daß dort, von uns unbeachtet, ein Nachahmungsgeist bestanden hat, oder jedenfalls jetzt besteht, der, wenn gut geleitet, in einem Volke den Urstoff des Fortschreitens und Besserwerdens enthält. Und, gleichsam als sollte der Beweis noch folgenreicher und treffender werden, eben das, was sie nachahmten, hat weder inneres Verdienst noch äußern Reiz. Jetzt entsteht für uns eine neue Pflicht: ihre Gelehrigkeit zu leiten und ihnen bei der Auswahl zu helfen.

Wenn ungeleitet, wird ihre Nachahmung auf äußere Dinge fallen, was nichts Gutes bringen kann, aber sehr viel Böses thun könnte, in dem es Gewohnheiten vernichtet, welche die Zeichen der Gedanken, der Ausdruck der Gefühle und die Probe der Pflichten sind. Gegenwärtig stehe ich nicht an zu behaupten, daß die Türken Niemand haben, der eine gründliche Kenntniß von Europa besäße, und doch kann auch Niemand, der nicht vollkommen und gleichmäßig vertraut ist mit den Ideen, dem Unterrichte und den Institutionen des Morgen- und Abendlandes mit seiner Vernunft zu einem genügenden Schlusse darüber kommen, was sie nachahmen müßten, was nicht. Unter uns ist Niemand hinreichend bekannt mit ihren Einrichtungen und ihrem Charakter, um fähig zu seyn, ihr Führer zu werden. Wie wohlthätig daher immer diese Veränderung der Neigung werden könnte, besäßen wir eine der uns dargebotenen Stellung gleichkommende Kenntniß, das

---

*) Welcher Widerspruch mit den abendländischen Ansichten in Betreff religiöser Duldung! Dieß zeigte sich bei den Eroberungen Konstantinopels durch die Türken und die Lateiner. Als Dandolo die Fahne des heiligen Marcus auf den Dom der heiligen Sophia pflanzte, setzten die christlichen Eroberer, zum Hohne, eine öffentliche Dirne auf den Patriarchen-Thron, welche die Inful auf ihrer Stirne trug und in der Hand den von Constantin geschenkten Krummstab.

ist mir ein Gegenstand, der unter den gegenwärtigen Umständen
viele Sorge und ernstliche Befürchtung in sich faßt. Sie haben
den Anker im offenen Strome gelichtet, bevor sie reiflich erwogen
hatten, ob es nöthig sey den Ankergrund zu verlassen. Sie ver=
lieren ihre Haltung, bevor die Segel aufgezogen. Das ist vorbei,
die Ankertaue der Volkssitte sind gekappt; das Schiff ist im
Gange, und wer etwas zu sagen hat an Bord, darf es nicht dem
Zufall überlassen, ob es in den Hafen kommen wird.

Dreiundzwanzigstes Capitel.

Eigenthümlichkeiten eines orientalischen und eines antiken Zimmers. — Er=
scheinen eines Europäers in morgenländischer Gesellschaft.

Um den Eindruck zu verstehen, den die Manieren und das
Gehaben eines Europäers auf die Orientalen machen, müssen wir
mit ihren Ansichten vertraut seyn und unbekannt mit unseren
eigenen.

Das Erstere ist schon ein etwas schwieriges Ding, das Zweite
aber erfordert eine noch ungewohntere Anstrengung geistiger Ab=
straction. Kommt ein Fremder in ein ihm unbekanntes Land, so
wird er nur durch diejenigen Landessitten betroffen seyn, die er
nicht begreift; der Eingeborne hingegen, der alles Einzelne gleich
gut versteht, wird durch seine Selbstkenntniß verhindert, den Ein=
druck zu begreifen, den er auf den Fremden macht. Ich ersuche
deßhalb den Leser, bevor ich ihm den fränkischen Reisenden vor=
führe, einen Augenblick zu vergessen, daß er in einem Rock mit
steifem Kragen und in Stiefeln steckt, und sich einzubilden, er sey
in flatternde Gewänder gehüllt oder mit reichgestickten Kleidern
angethan und ruhe, aber nicht nachlässig, auf dem breiten, mit
Kissen gepolsterten Sopha eines orientalischen Zimmers. — Doch
schon mit dem Worte ist nicht so leicht fertig zu werden. Wir
müssen das Wort „Oda" durch: Zimmer übersetzen; aber wir
haben in unserer Sprache kein Wort, das den Begriff von Oda
ausdrücken kann, weil wir die Sache nicht haben. Die Gewohn=
heiten geselligen Verkehrs im Orient könnten nicht einen Tag lang
in solchen Gemächern bestehen, wie unsere abendländischen Woh=

nungen sie darbieten; es ist daher nöthig, mit der Beschreibung der Gestalt und den Attributen eines orientalischen Zimmers anzufangen.

Wir bauen unsere Häuser mit Rücksicht nicht auf das Innere, sondern auf die Außenseite. Die Ansicht des Aeußern, nicht die Bequemlichkeit der Zimmer, nimmt unsere Aufmerksamkeit in Anspruch. In den Einzelnheiten und Verzierungen der Steine, wovon wir unsere Häuser bauen, folgen wir ganz genau den Regeln der Baukunst, aber bis zum heutigen Tage haben wir durchaus keine festen Regeln oder Grundsätze über die Erbauung des Theiles, den wir selbst bewohnen, noch haben wir einen Begriff von dem Daseyn solcher Regeln in irgend einem andern Lande oder in irgend einem frühern Zeitalter.

Die Folge davon ist, daß unsere Zimmer von allen Gestalten sind und keinen festen Charakter haben. **Sie haben keine bestimmten Theile.** Da ist ein Durcheinander von Thüren und Fenstern, und nach keinem dieser Dinge kann man sich richten, um zu sagen, wo das Oberende, das Unterende und die Seiten eines Zimmers sind. Ebenso unbestimmt ist der Platz für die Sitze, so daß in Bezug auf Theile, Charakter, Verhältniß, Zugänglichkeit, Licht und Einrichtung unsere Zimmer durch keine verständlichen Grundsätze geregelt sind, und sich deßhalb für die geselligen Zwecke eines Volkes nicht passen können, bei dem die Gesetze keine breiten Scheidelinien gezogen haben, und das darum in der Stellung der gesellschaftlichen Abstufungen die natürliche Ungleichheit der Menschen beibehält. Die Formen der Etiquette, in ihrer unendlichen Verschiedenheit, werden zum Ausdruck der öffentlichen Meinung in Bestimmung des Ranges und der Stellung. So ist denn ein orientalisches Zimmer nicht ein gegen das Wetter zugenagelter Kasten, der nur durch den Werth der zum Bau oder zum Zierrath verwendeten Materialien in ein Gemach verwandelt ist, sondern es ist ein Ganzes, aus bestimmten Theilen zusammengesetzt, und eben durch diese Theile einer logischen Erklärung fähig; es ist ein durch feste und unwandelbare Grundsätze geregelter Bau; es ist ein Saal, gleich dem Hörsaale in einer Schule, wo man jedes Einzelnen Rang an dem Platze erkennen kann, den er einnimmt, und obgleich so eingerichtet, dient es doch eben so gut, wie unsere Zimmer, zu allen Zwecken des häuslichen Lebens. Diese unterscheidenden Charaktere werden aber zu einem Theile des häuslichen Lebens und der häuslichen Pflichten, und sind mit dem öffentlichen Charakter des Staates verwebt. So ist also für einen Fremden eine Kenntniß der, wenn ich so sagen darf, Attribute des Zimmers die erste Stufe zur Bekanntschaft mit dem Morgenlande. Der Leser hat vielleicht in Pompeji die Urbilder der Zimmer gesehen, von denen ich rede, oder vom griechischen und römischen Triclinium gehört oder gelesen; aber ich glaube, ruhig behaupten zu können, daß durch das Ausmessen und Untersuchen dieser Gemächer Niemand auf den Einfall gekommen ist, durch ihre Gestalt und Verhältnisse seyen gesellige Gewohnheiten, Begriffe und Grundsätze angedeutet, die von den unsrigen abweichen. Kann aber bewiesen werden, daß gewisse gesellschaftliche Eigenthümlichkeiten mit der Bauart der jetzt von den Türken bewohnten Zimmer verknüpft sind, sie sogar veranlaßt haben, und ist es richtig, daß ihre häusliche Baukunst von Jedem verstanden seyn muß, der mit ihren Begriffen und Sitten bekannt zu werden sucht, — dann müssen wir zugeben, daß im heutigen Morgenlande man dieselben gesellschaftlichen Eigenthümlichkeiten, dieselben sittlichen Begriffe und lebendigen Gewohnheiten erblickt, die mit einer ähnlichen häuslichen Baukunst vor zweitausend Jahren zusammentreffen. Ich verweile daher bei der Form des Zimmers, als nicht weniger lehrreich in Bezug auf das Alterthum, wie auf die Türkei.

In der Türkei ist das Zimmer der Grund aller Baukunst; es ist die Einheit, das Haus besteht aus mehreren dieser Einheiten. Niemand kümmert sich um die äußere Form eines Gebäudes. Niemand achtet auf seine Verhältnisse, sein gefälliges Ansehen, seinen äußern Eindruck. Baumeister und Bauherr denken einzig und allein auf die Zimmer, und man duldet keine Abweichung von den einmal festgestellten Grundsätzen. Geld und Raum werden beide aufgeopfert, um jedem Zimmer seine bestimmte Gestalt, Licht und freien Zutritt zu geben, ohne daß man nöthig hätte, über einen Gang oder durch ein anderes Zimmer zu gehen, um dahin zu kommen.

Jedes Zimmer besteht aus einem Quadrat, dem ein Viereck angehängt ist, so daß ein längliches Viereck entsteht.

Es darf kein Durchgang, keine Zwischenöffnung seyn, sondern

das Zimmer muß an drei Seiten ununterbrochen seyn. Die Thür oder die Thüren dürfen nur an einer Seite seyn, das ist dann der „Untertheil," die Fenster an der entgegengesetzten Seite und das ist der „Obertheil".*) Die gewöhnliche Zahl der Fenster am Obertheil ist vier, dicht nebeneinander. Es können auch Fenster an den Seiten seyn, aber dann sind sie dicht an den Fenstern des Obertheils und müssen symmetrisch stehen, eines an jeder Seite. In einem vollständigen Zimmer müssen zwölf Fenster seyn, vier an jeder der drei Seiten des Quadrates; da aber diese Bedingung nicht überall erfüllt werden kann, so heißt in jedem Hause das so gebaute Zimmer „der Kiosk," indem Kiosks oder alleinstehende Zimmer immer so eingerichtet sind.

Unterhalb des Quadrates ist ein länglicher Raum, in der Regel eine Stufe tiefer, zuweilen in großen Zimmern durch ein Geländer abgeschieden, zuweilen durch Säulen. Dieß ist der den Dienern angewiesene Platz, die in einer türkischen Haushaltung beständig aufwarten**) und sich regelmäßig einander ablösen. ***) Der Untertheil des Zimmers ist mit Holz getäfelt; dort sind Credenztische, zur Verwahrung des Geräths; offene Räume gleich Taubenschlägen zu Gefäßen mit Wasser, Sorbet oder Blumen; marmorne Kummen und Becken zum Springbrunnen; gemalte Landschaften dienen als Hintergrund. In diesen Behältnissen sind die Thüren. An den Seiten, in den Winkeln oder im Mittelpunkte dieses untern Theiles und über den Thüren hängen Vorhänge, welche die Diener in die Höhe halten, wenn Jemand eintritt.

Diese Form des Zimmers gibt den türkischen Häusern und

---

*) Der Obertheil heißt auf arabisch el sadz oder die Brust, die Seiten heißen genib.   Handschriftl. Anmerk. des Verfassers.

**) Leute der allerniedrigsten Classe treten oft in das Zimmer des türkischen Vornehmen. Aelteste, Greise, Handelsleute u. s. w. werden immer eingeladen, sich zu setzen, was diese Gestalt des Zimmers ohne Verletzung der Achtung oder der Etiquette zuläßt. Auch diejenigen, die zum Sitzen nicht gebeten werden, kommen und stehen unterhalb des Geländers; so wird jede Classe in der Türkei mit der anderen bekannt, und der Einfall, daß verschiedene Rangstufen oder Classen der Gesellschaft sich einander hassen könnten, kommt Niemand in den Kopf.

***) Dort läßt man die Schuhe oder Pantoffeln.
        Handschriftl. Anmerk. d. Verf.

Kiosks ein so unregelmäßiges und doch malerisches Ansehen. Die Zimmer sind vorgestreckt und die Außenlinie tief eingeschnitten, um das jedem einzelnen Zimmer nöthige Licht zu erhalten. Demgemäß ist in der Mitte ein großer Raum freigelassen, der zu allen Gemächern führt; diese Mittelhalle — „Divan Haneh" — verleiht einem orientalischen Hause ein sehr würdiges Ansehen.

Der Quadrattheil des Zimmers ist an den drei Seiten mit einem breiten Sopha besetzt, auf dem rund umher Kissen an der Mauer lehnen, bis zur Fensterbank hinauf, so daß, wenn man sich darauf stützt, man rings umher die Aussicht hat. Durch diese Zusammenstellung der Sitze und Fenster hat man immer den Rücken gegen das Licht und das Gesicht gegen die Thür. Der Zusammenhang der Fenster, ohne dazwischen befindliche Mauer oder sonstigen Gegenstand gibt eine völlig freie Aussicht auf die Außenwelt, und wer so sitzt, fühlt sich, obgleich in einem Zimmer, beständig in Gegenwart der Natur dort außen. Das Licht fällt auch in einer einzigen Masse und von oben, so daß es dem Künstler angenehme malerische Effecte hervorbringt. Die Fenster sind selten höher als sechs Fuß. Ueber denselben läuft eine Corniche rund um das ganze Zimmer, von der die Gardinen herabhängen. Noch höher, bis zum Getäfel, ist die Wand mit Blumen, Früchten und Waffen in Arabesken bemalt. Hier befindet sich eine zweite Reihe Fenster mit doppelten Scheiben von mattem Glase. Vor diesen oberen Fenstern sind keine Vorhänge, wie vor den untern; unten kann das Licht, falls es nöthig oder wünschenswerth, verhüllt werden,*) aber von oben läßt man es einfallen, gemildert und gedämpft durch das matte Glas. Die Zimmerdecke ist schön gemalt und verziert. Sie ist in zwei Theile gesondert. Der über dem Quadrat, dem Triclinium, befindliche Theil ist ebenfalls viereckt und zuweilen gewölbt; der andere, über dem länglichen Theile des Zimmers nach der Thür hin ist in der Regel niedriger und flach.**)

Der Sopha, der rund um die drei Seiten des Quadrates läuft, ist etwa vierzehn Zoll hoch. Eine breite Frange oder Ge-

---

*) In den Harems sind die unteren Fenster vergittert mit Jalousien.
**) In Aegypten ist er eben so hoch und in großen Sälen gewöhnlich noch höher.   Handschriftl. Anmerk. d. Verf.

hänge von gefaltetem Tuche hängen auf den Fußboden. *) Der Sopha ist vorne ein klein wenig höher als hinten und etwa vier Fuß breit. Die Winkel sind die Ehrenplätze, **) aber man kommt nicht auf den Einfall, zwei Personen dadurch gleich zu stellen, daß man die eine in einen Winkel, die andere in den andern setzt. Die rechte Ecke ist der vornehmste Platz, dann der Sopha längs des Oberendes und im Allgemeinen die Nähe bei der rechten Ecke. Aber auch hier zeigt sich, daß der Morgenländer den Menschen mehr achtet, als die Umstände, indem sich der gegenseitige Vorrang der Plätze im ganzen Zimmer verändert, sollte etwa zufällig die Person höchsten Ranges einen andern Platz einnehmen. Diese Combinationen sind verwickelt, aber gleichförmig.

Somit ist das Zimmer altgriechisch. Das einzige Türkische ist ein dünnes vierecktes Kissen, Schilteh, das auf dem Fußboden liegt, in dem vom Divan gebildeten Winkel, und das Schaffell des Turkomanen=Zeltes vorstellt. Es ist bei weitem der bequemste Platz, und darauf setzen sich nicht selten die Großen, wenn kein Staatsbesuch da ist, und dann sitzen ihre Gäste rund umher auf dem Fußboden, eine Gruppe ihrer nomadischen Vorfahren dar=stellend.

In der, während der letzten paar Jahre vorgegangenen Ver=änderung der Gebräuche ist nichts schädlicher und mehr zu bekla=gen gewesen, als die Geschmacks=Verschlechterung und der Verlust an Behaglichkeit im Style ihrer Zimmer. Der Versuch, etwas nachzuahmen, was sie nicht verstanden, hat eine im Gebrauche unpassende und in der Wirkung lächerliche Verwirrung hervorge=bracht. Der hohe schmale Sopha, den man jetzt an einem Zim=merende hingestellt sieht, gleich einer langen Kiste mit einer gepol=sterten Decke, und Sessel umher sind weder orientalisch noch euro=päisch; die Thüren sind mit Calico=Vorhängen geziert, die auf

---

*) Auf dem Fußboden liegen selten Teppiche. Im Sommer gebraucht man feine Matten, im Winter Filz und darüber dasselbe Tuch wie auf den Sophas, was durch die einfache und gleiche Farbe einen höchst merkwürdigen Eindruck macht. Bei dem gegenwärtigen Aufgeben der früheren Gebräuche war der Geschmack in der Farbe eines der ersten Dinge, die verschwanden. Die neuen Häuser zeigen die widerlichsten und gemeinsten Contraste.

**) So war es auch bei den alten Griechen.

beiden Seiten aufgenommen und auf lackirte Bronze aufgeschürzt sind, so daß ein Fremder glauben sollte, er sehe ringsumher die Enden von Himmelbetten. Daß der Sultan sich, Europa nachahmend, Paläste mit geraden und regelmäßigen Linien bauen ließ, hat die Gestalt der Zimmer aufgeopfert, die nicht allein so zierlich, zweckmäßig und classisch, sondern auch mit ihren Gewohnheiten, und deßhalb mit Grundsätzen und Pflichten so innig verknüpft war.

In den modernen Gebäuden sind die Wände mit einer Farbe bemalt und die Decke mit einer andern; Styl und Geschmack, Behaglichkeit und Originalität sind aus ihren Gebäuden ebenso vollständig verschwunden, als aus ihrem Anzuge. Allein diese Verirrungen der Gegenwart müssen wir beiseite setzen, bis wir uns einen klaren Begriff von dem ursprünglichen Typus gemacht haben; dann erst sind wir im Stande, den Werth des Bestehenden und die Wirkung der Neuerungen zu beurtheilen.

Diese Gestalt der Zimmer, die glückliche Wahl der Lage, das strenge Gleichmaaß im Baue, das gänzliche Fehlen kleinlicher Zierrathen, die unseren Zimmern das Ansehen von Waarenläden geben, muß die Wohnstätte eines Volkes von nüchternem Sinne und würdigem Anstande gewesen seyn, während die reichlichen Mittel, Gäste aufzunehmen, auf gastfreundlichen Charakter und geselligen Geist deuten. Die unabweichliche Form des Zimmers läßt keine Ungewißheit über die verhältnißmäßige Stellung, die jeder Einzelne einzunehmen befugt ist, während die Nothwendigkeit dieser Einrichtung an und für sich die Wirkung eines freieren Verkehrs zwischen den verschiedenen Ständen ist, als mit unsern Sitten und Zimmern verträglich seyn würde. Der Platz in einem Zimmer wird daher eine ernste und wichtige Frage. Als ich Orientalen zuerst in unsere Zimmer eingeführt sah und die Verwirrung bemerkte, worein sie dadurch geriethen, fiel ich zuerst darauf, welche Wirkung die Gestalt ihrer Zimmer auf ihr Benehmen mache und in welchem Zusammenhange beides stehe.

Diese Bauart hat, auch abgesehen von ihrem Vorzuge in Bezug auf Helligkeit und die Leichtigkeit der Annäherung, den Vorzug, Sparsamkeit (im Hausgeräthe, wenn nicht im Bauen) mit Eleganz, und Einfachheit mit Würde zu verbinden. Sie ist charakteristisch für die Ordnung, Sauberkeit und Anständigkeit ihrer häuslichen Gewohnheiten.

Der Leser hat nun hoffentlich einigen Begriff von dem Orte des Besuches, und folglich von der Wichtigkeit, sich mit Selbstbeherrschung, aber ohne Anmaßung darzustellen und mit dem Bewußtseyn, daß die persönliche Achtung immer mit der Bekanntschaft der Ideen und Gesinnungen der Umgebung zusammenhängt. Doch ehe ich einen Fremden aus Europa einführe, muß ich einen einheimischen Besuchenden vorstellen.

Der osmanische Gast reitet in den Hof und steigt auf dem dazu vorhandenen Steine dicht neben dem Eingang ab. Ein Diener ist ihm voraufgegangen und hat ihn angemeldet. Ein Diener des Hauses theilt dieß seinem Herrn im Selamlik mit, nicht durch lautes Nennen des Namens, sondern durch ein Zeichen, das des Besuchenden Rang oder vielleicht selbst seinen Namen kund gibt. Der Wirth geht zur Empfangnahme entgegen und zwar, im Verhältniß zu seinem Range, bis an den Fuß der Treppe, bis oben an die Treppe, bis an die Zimmerthür, bis in die Mitte des Zimmers, oder er tritt nur vom Sopha herunter, oder steht vom Sopha auf, oder er macht auch nur eine Bewegung, als wollte er so thun. *) Dem Gast kommt es zu, zuerst zu grüßen. Indem er die Worte ausspricht: „Selam Aleikum," bückt er sich nieder, als wollte er mit der rechten Hand den Staub berühren oder aufnehmen, oder des Wirthes Gewand, und bringt dann seine Hand an Lippen und Stirn. Der Herr des Hauses erwiedert augenblicklich: „Aleikum Selam" mit derselben Gebärde, so daß es scheint, als bückten sich Beide zugleich. Wenn diese Begrüßung schnell, ohne Pause und Unterbrechung abgemacht ist, entsteht kein gegenseitiges Vorwärtszeigen und Streiten, wer zuerst gehen soll; der Hausherr geht unverzüglich vor seinem Gast ins Zimmer, wendet sich dann um und läßt dem Gast den Weg nach der Sopha=Ecke frei; weigert sich der Fremde dessen, so wird der Wirth wohl einen Augenblick darauf bestehen und Jeder des An=

---

*) Wenn ein Fremder, ungekannt und unangemeldet, in ein Zimmer tritt, so zeigt das Maaß seines ersten Schrittes, die Stelle, wo er still steht, um zu grüßen, und die Stellung, die er dazu vorher annimmt, so unauffaßbar das Alles einem Europäer auch seyn mag, dem Hausherrn augenblicklich die Qualität des Gastes und die Aufnahme, die er erwartet, die denn auch Niemand fordert, wer nicht dazu befugt ist.

Reisen und Länderbeschreibungen. XVII.   17

(Urquharts Tagebuch zc.)

dern Arm ergreifen, als wollte er ihn hinführen. Mit Ausnahme dieses einzigen Punktes wird das ganze Ceremoniell mit einer Leichtigkeit und Regelmäßigkeit vollzogen, als würde es durch eine Maschinerie in Bewegung gesetzt. Man sieht kein Drängen, wer zuerst gehen soll, kein Anbieten und Danken, kein Herumbewegen auf Sitzen und Stühlen, keine Schwierigkeit Plätze zu wählen, kein Anfassen, keine Verlegenheit, wie Leute sie fühlen, die in Ermangelung des neuesten Complimentirbuches nicht wissen, was sie zu thun haben. Man sieht kein Bücken und Fußscharren bei dem Abschiednehmen, das die Leute eine Viertelstunde lang mühselig auf den Beinen hält — Alles ist sanft, ruhig, und gleich einem Uhrwerke weiß Jeder, wohin er gehört, und Plätze und Dinge sind immer dieselben.

Ich fühle mich in beträchtlicher Verlegenheit, indem ich in diesen Einzelnheiten fortfahre. Die wichtigsten und feierlichsten Dinge in Bezug auf verschiedenartige Gebräuche erscheinen in der Erzählung unbedeutend und sogar lächerlich. Ich muß deßhalb die Nachsicht des Lesers erbitten und werde zum Fortfahren hauptsächlich durch den Glauben ermuthigt, daß diese Einzelnheiten künftige Reisende in den Stand setzen könnten, ihren Verkehr mit dem Morgenlande auf weniger nachtheiligem Fuße zu beginnen, als ich es gethan habe.

Wenn der Gast sich gesetzt hat, kommt nun die Reihe, den Neuangekommenen zu begrüßen, an den Hausherrn und an die etwa anwesenden übrigen Gäste; ist es ein Fremder aus einiger Entfernung, so sagt man: hosk dscheldin; sefa dscheldin; ist es ein Nachbar: sabaktiniz heirola, akscham schifler heirola etc., je nach der Tageszeit, und wiederholt die obenbeschriebenen Gebärden. Der Gast erwiedert jeden Gruß besonders. Von Einführung oder Vorstellung ist nicht die Rede. Es würde eine Beleidigung gegen den Herrn vom Hause seyn, seinen Gast nicht zu grüßen. Der Herr läßt dann Pfeifen kommen, durch ein Zeichen, das ihre Qualität andeutet, und Kaffee, durch die Worte: Kawch smarla, oder für Leute niederer Classe: Kaweh dschetur. Wird aber der Gast als Wirth angesehen, das heißt, ist er höheren Ranges als der Wirth, so befiehlt er, oder der Hausherr bittet um Erlaubniß, es zu thun. Bei dem Eintritte eines angesehenen Gastes sind die Pfeifen weggenommen; die Diener erscheinen nun wieder mit Pfeifen, so viele Diener als Gäste; sie sammeln sich im untern Theile des Zimmers, gehen dann so viel möglich zusammen in die Mitte des Quadrates, und dann geht jeder zu einem der Gäste, wobei die Schritte so abgemessen werden, daß alle zugleich anlangen, oder nach stufenweisen Zwischenräumen. Die fünf bis sieben Fuß lange Pfeife wird in der rechten Hand getragen, im Gleichgewichte auf dem Mittelfinger, der Kopf vorne; die Spitze gegen des Dieners Brust oder auf seiner Schulter. Er mißt mit dem Auge eine Entfernung vom Munde des Gastes nach einem Platze auf dem Fußboden, so lang wie die Pfeife, die er trägt. Wenn er so weit gekommen, macht er Halt, legt den Pfeifenkopf auf diese Stelle, setzt den einen Fuß vorwärts, schwingt das Rohr zierlich herum und hält das mit Juwelen besetzte Bernstein=Mundstück einen oder zwei Zoll vor des Gastes Mund. Dann kniet er nieder, hebt den Pfeifenkopf vom Boden auf und legt darunter einen blanken Messingteller (tepsi), den er von der Brust nimmt.

Dann kommt der Kaffee. Hat der Befehl gelautet: „Kaweh smarla," so zeigt sich der Kafidschi im Untertheile des Zimmers, am Rande des höheren Obertheils, auf beiden flachen Händen in der Höhe der Brust ein schmales Präsentirbrett haltend, worauf die von einer reichen Decke ganz verhüllten kleinen Kaffekannen und Tassen stehen. Sofort drängen sich die Diener um ihn, die verhüllende Decke wird abgenommen und dem Kafidschi über Kopf und Schultern gelegt. Wenn jeder Diener mit seiner Tasse in Ordnung ist, drehen sie sich zugleich alle um und gehen, wie vorher ihre Schritte abmessend, auf die verschiedenen Gäste zu. Die kleinen Tassen (Flindschan) stehen in silbernen Untertassen (Zarf) von derselben Form wie die Obertasse, nur etwas weiter am Boden; diese ist von durchbrochenem Silberzeug oder Filigran, zuweilen auch von Gold mit Edelsteinen, und zuweilen von feinem Porcellan. Der Diener hält sie zwischen der Fingerspitze und dem Daumen, sie mit leicht gebogenem Arm vor sich hertragend. Wenn er dicht an den Gast getreten, macht er eine Secunde lang Halt, streckt seinen Arm aus und bringt die Tasse mit einer Art leichten Schwunges in die Nähe des Mundes des Empfängers, der auf die Weise, wie der Diener sie hält, die kleine Gabe hinnehmen kann, ohne Gefahr zu laufen, den Inhalt zu verschütten,

oder des Dieners Hand zu berühren. So klein und zerbrechlich
diese Kaffeetassen zu seyn scheinen, so habe ich doch während neun
Jahren niemals eine Tasse Kaffee in einem türkischen Hause ver=
gießen sehen. Die Diener gleiten mit so sanften und aalgleichen
Bewegungen durchhin, daß, obgleich lange Pfeifen und die ge=
wundenen Schlangenröhre der Narguillehs den Boden bedecken,
wenn die zahlreichen Diener Kaffee präsentiren, man niemals einen
Unglücksfall sieht, keine zertretene Pfeife, keinen von den flattern=
den Gewändern umgestürzten Narguilleh, obgleich die Schwierig=
keit, richtig hinzutreten noch durch die Gewohnheit vermehrt wird,
rückwärts zurückzugehen, und Diener und Gäste so viel wie möglich
der bedienten oder angeredeten Person ins Gesicht sehen.

Wenn der Kaffee präsentirt ist, ziehen sich die Diener an
das Unterende des Zimmers zurück, wo sie mit gekreuzten Armen
stehen und jeder die Tasse, die er überreicht hat und wieder weg=
nehmen muß, beobachtet. *) Um aber nicht des Gastes Finger
zu berühren, muß er, um die Tasse wieder zu bekommen, ein an=
deres Manöuvre vornehmen. Der Gast hält die Tasse in der sil=
bernen Unterschale vor sich, der Diener steckt eine offne Hand
darunter, legt dann die andere flache Hand auf den Rand der
Tasse, der Gast läßt los, und der Diener zieht sich rücklings mit
der so in Sicherheit gebrachten Tasse zurück.

Jeder Gast, der seine Kaffeetasse geleert hat, dankt dafür
dem Herrn vom Hause, durch die oben beschriebene Begrüßung,
temena, die auf gleiche Weise erwiedert wird. Auch kann der
Herr vom Hause, oder wer seine Stelle vertritt, auf gleiche Weise
einem Gaste danken, den er besonders ehren will. Doch in diesem
höchst wichtigen Theile türkischen Ceremoniells sind die Combina=
tionen viel zu zahlreich, um aufgezählt zu werden.

---

*) Nichts ist den Orientalen unangenehmer, als ein Präsentirbrett — ein
solches Brett vernichtet die ganze Würde eines Hausstandes. Als ich
einmal auf einer Reise im Hause eines Europäers anhielt, traten
meine türkischen Diener auf gewöhnliche Weise ins Zimmer, um
Pfeifen und Kaffee zu reichen. Ein griechischer Diener des Hauses
brachte die Tassen auf einem Präsentirbrett und ging damit zu den
Gästen, welche Türken waren. Augenblicklich machten meine Diener
Kehrt und verließen das Gemach. Hätte ich sie zur Aufwartung zwin=
gen wollen, so wäre das eine Verletzung ihrer Selbstachtung und ich
verachtet und machtlos gewesen.

Ein Gast geht nie weg, ohne vorher um Erlaubniß dazu gebeten zu haben. Von einem ähnlichen Gebrauche ist vermuthlich der englische Ausdruck taking leave, der französische prendre congé (beides wörtlich: Erlaubniß nehmen) übrig geblieben. Auf diese Frage antwortet der Herr vom Hause: Duwlet ikbalileh, oder saadet ileh, oder saghlidscheh ileh, nach dem Range des Gastes, das heißt: „mit dem Glück eines Fürsten" — „mit Wohlergehen", — „mit Gesundheit." Dann steht er auf und geht vor seinem Gaste her bis zu dem Punkte, wohin er ihn zu geleiten für schicklich findet. Dort steht er still, der abschiednehmende Gast kommt nach, sagt: Allah ismailaduk, worauf der Wirth antwortet: Allah manet ola; beide beobachten dabei dieselben Ceremonien wie bei dem Kommen, aber beide sind auch sehr hurtig, um alle Verwickelung zu vermeiden und sich unnütz auf den Beinen zu erhalten. *)

In diesem Ceremoniell ist aber nichts Langweiliges, nichts Abgestoßenes. Es wird besonnen, aber schnell durchgemacht und so unauffallend, daß man sehr aufmerksam seyn muß, um zu bemerken, was vorgeht. Dennoch macht das Ganze eine eindruckvolle Wirkung, und jedem Fremden muß das Ansehen ruhiger Würde und beweglicher Ruhe auffallen. Daher das orientalische Sprüchwort: Guzelik Tscherkistan; Mahl Hindostan; Akil Frankistan; Sultanatlik Ali Osman. Für Schönheit Circassien; für Reichthum Indien; für Wissenschaft Europa, aber für Majestät Ali Osman (das ottomanische Reich.)

Bei einem türkischen Gastmahl ist man nicht zum Schwatzen genöthigt, um Andere zu unterhalten, sondern es wird für anstän-

---

*) Die Griechen haben zwei Arten Abschied zu nehmen, die eine ist von den Türken, die andere von den Italienern entlehnt. Die bei der ersten Art gebrauchte Phrase ist: να μου δοσετε την ιδιαν — „wollet mich beurlauben." Sie ist die gewöhnliche unter den östlich wohnenden Griechen und im Innern. Die andere ist: να σας σηκωσω το βαρος — „euch von der Last zu befreien" — nach dem Italienischen: levo l'incommodo. — Diese kommt mehr vor unter den gemeinen Griechen im Westen und ist vermuthlich jetzt im freien Griechenland allgemein. Jener italienische Ausdruck, der auf Begriffe von Verkehr und Gastfreundlichkeit deutet, die denen des Morgenlandes so feindlich entgegengesetzt sind, scheint mir eine vererbte Erinnerung an das große Römervolk, bei denen die Worte: Fremder und Feind fast gleichbedeutend waren.

dig gehalten, vor denen zu schweigen, die mit Achtung und Ehr=
furcht behandelt werden müssen. Haben also in Gegenwart eines
Mannes von höherem Range die Gäste sich Privatmittheilungen zu
machen, so geschieht es durch Flüstern; will man einem Diener
oder einem Untergeordneten etwas mittheilen, so ruft man ihn
dicht zu sich, statt ihm den Befehl laut zu ertheilen.

Die Dienste, welche Leute, die in demselben Zimmer sitzen
und an demselben Tische essen, sich gegenseitig leisten, sind der
Art, daß sie in Europa, wenn die Leute es verständen oder for=
derten, nur vom Hausgesinde geleistet würden; dennoch geschehen
sie ohne Ziererei und ohne einen Begriff von Entwürdigung; mit=
ten in dieser beständigen Achtungsbezeugung und ungeachtet des
ungeheuern Unterschiedes, der zwischen Rang und Rang statt zu
finden scheint, und zwischen dem Höchsten und dem Niedrigsten,
findet sich doch kein Eindruck von Verknechtung in den Mienen,
dem Sprachtone oder den Sprachformen des niedrigsten Dieners,
der auch seinerseits nie mit Hochmuth angeredet wird. Spricht
ein Herr mit seinem Diener, so wird er ihn „Effendum" (mein
Herr) anreden, ohne einen solchen Ausdruck für eine Herablassung
zu halten; er wird sich liebkosender Worte bedienen, die freund=
lich, aber ohne Anmaßung aufgenommen werden; z. B. „Kuzum,
Dschanum, Oglum — mein Lamm, meine Seele, mein Kind."

Während so die Dienerschaft Werth und Wichtigkeit bekommt
durch die Errichtung eines gesellschaftlichen Verkehres zwischen
Herrn und Dienern, erlischt der Charakter des Hausgesindes und
des bezahlten Dienstes, und die Kinder, die Verwandten in ihren
verschiedenen Graden, die Angehörigen sind den Hausleuten nahe
oder gleich gebracht. Nicht durch die Herabsetzung dieser zum
Range des Gesindes, sondern durch die Erhebung der Diener über
den Charakter der Söldlinge entwickelt sich das Mitgefühl und
wird Zuneigung eng geknüpft; hier kann man den Ausdruck ver=
stehen: „der Dienst der Liebe kennt keine Herabsetzung." Diesen
häuslichen Charakter kann ich nicht weglassen, wenn ich versuche,
das Bild der Gesellschaft in Umrissen zu geben, denn so lange der
Leser nicht begreift, wie eine Classe mit der andern verkettet ist
— wie Achtung neben Abhängigkeit bestehen kann und Zuneigung
mit dem Stande eines Dienstboten, wird es ihm unmöglich seyn,
den Anstand zu begreifen, der in einem Gemache herrscht, dessen

eine Seite fast beständig mit Leuten der unteren, selbst der allerniedersten Stände der Gesellschaft besetzt ist. Aus diesen Combinationen und Gewohnheiten entspringt die beständige Aufmerksamkeit, der „Augendienst"*), der jedem orientalischen Hauswesen das Ansehen eines Hofes gibt.

Aus einer türkischen Gesellschaft sind indeß weder Lebhaftigkeit noch Lustigkeit verbannt, aber es mischt sich darin weder Vertraulichkeit noch Handfechten, noch Schreien. Vertraulichkeit ist durch die allmächtige Herrschaft früher Gewohnheit und Erziehung ausgeschlossen; Handschlagen und Schreien sind gleicherweise ausgeschlossen, aber sie werden auch überflüssig durch die Kraft und den Reichthum der Sprache.

Ich bin oft von der Leichtigkeit betroffen gewesen, die im Vergleiche mit anderen Europäern ein Engländer besitzt, mit den Türken fertig zu werden, und bin geneigt, sie der Art der Unterhaltung zuzuschreiben, die vielleicht aus gleichen Eigenschaften der englischen und türkischen Sprache entspringt, während ein Franzose, dessen geistige Beschaffenheit in den Augen eines Orientalen mit der des Engländers nahe verwandt seyn müßte, sofort als Einer bezeichnet scheint, mit dem man nun einmal nicht sympathisiren könne. Ich denke mir, die Kraftlosigkeit der französischen Sprache hat denen, die sie reden, einen lauten Ton und eine übertriebene Gesticulation gegeben, die für die empfänglichen Nerven und die feine Lebensart eines gebildeten Orientalen unerträglich sind.

Ich will versuchen, durch ein Beispiel meine Meinung in Betreff des Einflusses der Sprache auf das Benehmen deutlich zu machen. Ein Franzose (und ein Deutscher) sagt: „j'aime — ich liebe." Man antwortet ihm: „das thun Sie nicht." Da die französische (und die deutsche) Sprache keine Wortmittel hat, die Behauptung zu verstärken, so kann er nur wiederholen: j'aime — aber er thut das mit lauterem Tone, er ruft die Muskeln seiner Arme und seiner Kehle zu Hülfe, weil seine Sprache nicht ausreicht, die Innigkeit seiner Ueberzeugung auszudrücken. Eine so

---

*) Dieser Ausdruck in der Schrift bedeutet nicht das, wie wir es auslegen: „Vor Jemandes Augen anders handeln, als hinter seinem Rücken." Er enthält in zwei glücklich gewählten Worten die besondern morgenländischen Ursachen der allgemeinen Sünde des Menschen — Stolz.

einfache, durch Jahrhunderte fortwirkende Ursache muß eine Schärfe der Betonung vermehren, die Gewohnheit der Handbewegungen erzeugen und die Wichtigkeit des Ausdruckes auf Kosten des Urtheils vergrößern.

Der Engländer sagt: „I love." Man verneint das. Er sagt nun mit gemäßigtem Tone und mit vollständiger Ruhe: „I do love." Da seine Sprache ihm die Mittel gibt, seine Behauptung ohne Hülfe der Betonung oder der Gebärde zu verstärken, so kann er gerade durch das Weglassen des Aeußern am besten auf die Ueberzeugung des Andern wirken.

Diese Macht besitzt nun die türkische Sprache in einem noch höhern Grade als die englische. Auch der Türke kann sagen: „I do love, ich thue lieben," aber er kann es mit einem einzigen Worte sagen. Auch hat er gleiche Leichtigkeit der Verneinung und Bejahung und kann beide Begriffe mit jedem Modus und jeder Beugung des Zeitwortes verbinden. Man füge hinzu den außerordentlichen Wohlklang seiner Sprache, und man kann sich einigermaßen einen Begriff von der Rolle machen, den die Modulation in der Lehre vom gesellschaftlichen Umgange spielt.

Ich habe nun somit versucht dem Leser die Gesellschaft vorzustellen, in welche ich den abendländischen Fremden einführen will. Ich habe das Theater, die Maschinerie und die Erwartungen der Zuschauer beschrieben, jetzt kommt der Held.

Der Europäer kommt an, wahrscheinlich zu Fuß, von einem Dolmetscher begleitet; an sich hat er nichts von dem Staate und dem Style, der Achtung gebietet; er trifft Niemand, er erwartet Niemand; seine Ankunft bleibt völlig unbeachtet. Er besteigt die Haustreppe in seiner engen und magern Tracht — der Tracht der verachteten Classe des Landes. Als Antwort auf seine Fragen zeigen einige Diener auf die Thür des Selamlik. Die Anwesenden hören draußen ein Geräusch; der Franke zieht seine Stiefel aus und Pantoffeln an, oder er zieht sie über die Stiefel; er erhebt sich mit rothgewordenem Gesichte, wickelt sich aus dem Thürvorhange, der ihm auf Kopf und Schultern gefallen, trippelt in seiner ungewohnten Fußbekleidung in das Zimmer und stolpert ganz gewiß, wenn nicht früher, doch an der Stufe, die das Zimmer abtheilt.

Eingeführt auf diese Weise in die Gesellschaft, blickt er mit bestürzter Miene rings umher, um auszufinden, wer der Herr vom Hause sey; er weiß nicht wie, er weiß nicht, wo er grüßen soll; er weiß nicht, ob er den Gruß des Wirthes abwarten muß; und seine Verstörung wird vollendet durch die bewegungslose Haltung aller Umgebungen. Verlegen und erröthend, zieht er sich wieder zurück nach dem niedrigeren Theile des Zimmers, oder in bescheidener Unwissenheit, um nicht vorwärts zu gehen, nimmt er die Ecke ein, welche zwei Vornehme aus gegenseitiger Höflichkeit frei gelassen haben. Dort hält er sich entweder steif und gerade, wie eine ägyptische Bildsäule auf dem Rand des Sopha, oder er flegelt sich auch zurück, mit ausgespreizte Beinen — eine Stellung, die in der Türkei fast eben so unschicklich ist, als wollte man in England die Beine auf den Tisch legen. Das sind Zwischenfälle, die dem Fremden die Achtung entziehen können, wenn sie ihn auch nicht unangenehm oder verhaßt machen; unglücklicherweise aber verrathen unsere Landsleute nur zu oft eine Tölpelei und Anmaßung, die keineswegs geeignet ist, ihnen selbst den Weg zu bahnen oder künftigen Reisenden die Thür der Freundschaft offen zu lassen. Sehr gewöhnlich treten sie auf Pfeifenköpfe, werfen Kohlen und Asche auf einen gestickten Teppich, stoßen ein Narguilleh um, daß das Feuer umherfliegt und das Wasser auf den Fußboden strömt, und mancher Fremde hält sich entehrt durch die dargebotenen Pantoffeln und stolzirt einher mit anmaßender und hochfahrender Miene, die Stiefel an den Füßen, was jedem Gefühl von Sauberkeit und jedem Grundsatze von Anstand gleich empörend ist.*)

Kaum hat der Franke sich gesetzt, als der Hausherr und die Anwesenden sich nach seinem Wohlseyn erkundigen. Er bemerkt, der Herr spreche mit ihm und wendet einen fragenden Blick nach

---

*) Neuerdings haben wir in Indien eine Verordnung erlassen, daß die Eingebornen ihre Schuhe in den Gerichtssälen tragen sollen. Daß ein unermeßlich großes Land im Besitze einer Handvoll Fremden ist, die den Landesbrauch, ich will nicht sagen, aus Gewohnheit nicht achten, sondern zu verstehen unfähig sind, ist eine Erscheinung, die sich nur aus dem Glauben an Englands Macht erklären läßt, den es seiner früheren Stellung in Europa verdankt. Dennoch, was könnte nicht England in Asien seyn und folglich in Europa, besäße es nur die geringste Einsicht in die volksthümlichen Institutionen und den Charakter des Orients?

dem Dolmetscher, um zu erfahren, von welcher Beschaffenheit die ihm gemachte Mittheilung sey; während der Zeit ist aber der Dolmetscher bemühet, den Begrüßungen der Gäste im ganzen Zimmer rund umher seine Aufmerksamkeit zu bezeugen; das macht den Fremden ganz verwirrt, er schiebt und rückt und wendet sich vorwärts und rückwärts und spielt eine der lächerlichsten Figuren, die man sich nur denken kann. Meine eigene Ernsthaftigkeit ist wiederholt einer solchen Probe erlegen, aber ich habe niemals gesehen, daß ein Türke das leiseste Zeichen von Erstaunen oder Lustigkeit blicken ließ, das für eine Verletzung der Höflichkeit geachtet werden oder den Fremden verlegen machen konnte. Das ist nicht sobald vorüber, als der Franke (denn er kann nicht schweigend sitzen) anfängt, Fragen zu thun, die mehr oder weniger, aber in der Regel weniger, getreu übersetzt werden; und ist er sehr gesprächig oder neugierig, so nimmt sich der Dolmetscher die Freiheit, nach Gutdünken Sachen hineinzumischen oder wegzulassen, oder gibt dem Hausherrn einen bedeutsamen Wink.

Sind aber mehrere Europäer beisammen, dann wird die Wirkung wirklich kläglich. Die vielfachen Verstöße der Ungeschicklichkeit, die wiederholten Mißgriffe, sind in den Augen der orientalischen Beobachter noch gar nichts, im Vergleiche mit der Rohheit ihres gegenseitigen Umganges, dem herben Tone, der lauten Stimme, der kurzangebundenen Manier, der Anreden und der beständig entstehenden Verschiedenheit der Ansichten. Der von der Menge Fragen, welche die Europäer thun, überwältigte und zerstreute Dolmetscher kann nur die Achseln zucken und den Türken sagen: „Sie sind verrückt," während er die Rastlosigkeit seiner Fremden dadurch beschwichtigt, daß er ihnen sagt: „Sie wollen nicht antworten; sie sind närrisch; sie verstehen euch nicht." Die durch solche Auftritte hervorgebrachte Wirkung auf einen Orientalen ist äußerst demüthigend; aber sie kann nur von Jemand völlig gewürdigt werden, der als Zuschauer dabei saß und die Ansichten und Absichten beider Parteien verstand. Wäre das eine unvermeidliche Nothwendigkeit, so müßten wir uns ihr mit Geduld unterwerfen, aber das Erschwerende bei der Sache ist, daß jeder Reisende, der nur ein paar Tage lang auf die Gebräuche aufmerksam seyn will, seine ganze Lage völlig verändert finden wird.

Der Dragoman des Pascha's von Larissa, Mahmud Hambi, sprach

englisch und französisch. Ein englisches Kriegsschiff legte bei Volo an, und zwei Officiere, ich glaube ein Lieutenant und ein Midshipman, wurden mit einer Botschaft an den Pascha geschickt. Dieser befahl dem Dolmetscher, kein Englisch zu verstehen; glücklicherweise verstand aber der eine Officier ein paar Worte französisch, und auf diesem Umwege wurden ihre Bemerkungen dem Pascha überbracht. Für diese Schwierigkeit der Mittheilung entschädigten sie sich durch artige Bemerkungen in ihrer Muttersprache über Alles, was sie hörten und sahen. Besonders sehnlich wünschten sie des Pascha's Pfeifen anlangen zu sehen. Als der Pascha dieß erfuhr, ließ er zwei der reichsten und längsten bringen. Da kannte ihre Bewunderung keine Gränzen, die Pfeifen wurden nach der Länge gemessen und nach dem Werthe geschätzt, und sie sahen im Geiste schon den Neid der Cajüten und des Verdeckes, wenn sie die köstlichen Pfeifen mitnehmen könnten. Das wurde natürlich dem Pascha Alles getreulich überbracht, nebst anderen Reden in dem Schulknabenstyle, der unglücklicherweise sich nicht nur auf die Genossen der Matrosenkojen beschränkt, sondern die allgemeine Charakteristik der Engländer in fremden Landen geworden ist.

Der Pascha machte sich so dasselbe Vergnügen, das eine englische Nähjungfer gehabt hätte, wenn sie sich aus einer Leihbibliothek einen Band Reisen in die Türkei geholt; er zog gleich tief durchdachte und gründliche Schlüsse in Betreff des englischen Charakters, und durch dieselben Vernunftschlüsse, wodurch unsere Meinung über sein Land entstanden ist, gelangte Mahmud Pascha zu einer gleich richtigen Schlußfolge auf die Neigung der englischen Marine zur Seeräuberei. Diese Geschichte wurde mir vom Pascha selbst erzählt, der natürlich nur auf des Dragomans Bericht sich verlassen mußte, weßhalb ich denn auch keineswegs für die Genauigkeit einstehen will.

Ich wage mich nicht an die Beschreibung der Verkehrtheiten eines Mittagstisches. Das Berühren der Speisen mit der linken Hand; die verzweifelten und oft verunglückten Anstrengungen um Speise zu bekommen; der durch die Art zu essen erregte Widerwille; die auf den Tisch und die Kleider des unglücklichen Patienten geschütteten Gerichte; die Vernichtung gestickter Tafeltücher und

brokatener Fußdecken — das Alles mag für den Liebhaber des
Possenhaften manche lächerliche Scenen hervorbringen und gibt
sehr hinreichende Gründe an die Hand, Europäer aus türkischer
Gesellschaft auszuschließen.

Vier und zwanzigstes Capitel.

Streifereien auf dem Olymp und Ersteigen des Gipfels.

Ich begann nun die unbedingte Nothwendigkeit zu fühlen,
mich mit den, auf den Bergen im Norden von Thessalien zerstreu=
ten griechischen Armatolis bekannt zu machen und täglich schien
mich der Gipfel des Olymps einzuladen, seine Höhen zu ersteigen.
Eine hinreichend starke türkische Wache konnte ich nicht erhalten,
bloß weil ich neugierig war, die griechischen Gebirgsbewohner zu
sehen. Da die Behörden von Natur argwöhnisch auf England
waren, so hätte schon ein solcher Vorschlag an den Pascha mei=
nem Vorhaben einen unübersteiglichen Schlagbaum entgegensetzen
können. Um indeß keine nützlich scheinende Vorsicht zu vernach=
lässigen, vertraute ich meine Absicht einem verständigen jungen
Griechen, einem Eingebornen des Olympus. Nachdem er ver=
sucht, mir mein Unternehmen auszureden, entwarf er mir einen
Operationsplan. Ich sollte zuerst nach Alassona, dort versuchen
mit einigen der zerstreuten Armatolis bekannt zu werden und, je
nach den zu findenden Gefährten, entweder meine Schritte nach
den westlichen Bergen lenken oder mich nach Osten wenden und den
Berg Olymp selbst besteigen. So wie er sich für den Gegenstand
erwärmte, verschwanden allmählich seine Besorgnisse, und er fing
an sich zu schämen, vor dem Besuche seines Geburtslandes zu
schaudern, wohin ein Fremder sich allein wagen wollte. Er bot
sich daher als mein Führer und Reisegefährte an — ein Vorschlag,
den ich ablehnte. Ich war sehr vertraut damit geworden, allein
zu reisen, was, obgleich man dadurch oft der Unbequemlichkeit
und Langweile ausgesetzt wird, doch auch die Aussichten auf In=
teresse und Belohnung sehr vergrößert. Für dießmal beschloß ich,
mit einem hinten an den Sattel geschnallten Hangbette und ohne

Gepäck irgend einer Art, ohne Diener und selbst ohne eine Münze in der Tasche, auf meinem getreuen Maulthier fortzureiten. Dieses Thier bin ich verpflichtet, des Lesers Aufmerksamkeit förmlich vorzustellen. Es hatte einen gewissen Grad von Berühmtheit erlangt durch weite Reisen und Eigenschaften, die sich zuerst an den Ufern des Nils erprobten; dann hatte es das Königreich des Minos und den Berg Ida besucht (die Insel Candia oder Canta); war wieder über die Meere gegangen, in Morea gelandet und hatte Ibrahim Pascha bei manchen Fährlichkeiten in Griechenland getragen; von des ägyptischen Satrapen Dienst in den meinigen gekommen, hatte es drei Viertheile der Ruinen des hellenischen Stammes besucht, mit denen es so vertraut geworden war, daß es bei jedem gehauenen Steine stockstill stand, und endlich hatte es Kräuter gesammelt in viel größerer Anzahl und auf größeren Feldern, als Galenus und Dioskorides. In Gemäßheit dieser verschiedenen Heldenthaten und Eigenschaften wurde es unter verschiedenen Namen bekannt. Einige, der Archäologie ergebene Leute nannten es Pausanias; Botaniker gaben ihm den Namen Linné, während ich, mehr auf seine moralischen Anlagen achtend, es Aristoteles nannte, weil es, gleich jenem würdigen Alten, zuweilen seinen Herrn schlug. Mit solchen romantischen Entwürfen im Gehirn und auf einem so ausgezeichneten Renner sitzend, ritt ich mit entschuldbarem Geistesjubel und hochfliegendem Sinn, wenige Minuten vor Sonnenaufgang, am letzten Julius aus den Thoren von Larissa. Vor mir lag die Ebene und erhob der Olymp seinen von den Morgenstrahlen beleuchteten dreifachen Kamm gen Himmel. Ich bog ab vom Wege oder Pfade und spornte Aristoteles zur Eile und zügelte ihn erst dann, als ich hinlänglichen Raum zwischen mich und Larissa gelegt hatte, um es mir bewußt zu werden, daß ich entkommen und allein war, und bis ich einen Grabhügel erreicht hatte, wo ich mich umwendete und nach Larissa blickte und seinen in der Sonne funkelnden dreißig Minarets. Als ich auf dem einsamen Hügel hielt und die Aussicht ohne Gleichen bewunderte, bemerkte ich einen Reiter, der im vollen Galopp auf mich zukam. Freund oder Feind, dachte ich, es ist ja nur Einer, und es wird zugleich sicherer und anständiger seyn, ihm Auge in Auge entgegen zu treten und obendrein mit dem Vortheile des Platzes, auf dem ich hielt. Der Reiter kam in Sprüngen daher, da ich aber weder eingelegte Lanze, noch Pistole in der Hand, noch das malerische Schwenken des Säbels um das Handgelenk bemerkte, so erwartete ich ruhig seine Ankunft. Erst als er drei Yards von mir plötzlich sein Pferd auf das Hintertheil setzte, erkannte ich unter einem gewichtigen Turban und einem weiten, rauhen Mantel den Reisegefährten, dessen Dienste ich am Abend vorher zurückgewiesen hatte. „Ah, ha!" sagte er, „Sie wünschten mir zu entwischen, aber ich wußte, mein At (Pferd) würde Ihr Maulthier überholen, und ich dachte, wenn Sie mich in diesem Anzuge sähen, würden Sie sich meiner Gesellschaft nicht schämen." Der arme Kerl hatte sich eingebildet, ich hätte ihn nur wegen der Rajah=Tracht, worin er ging, zurückgewiesen. Ich versicherte ihn, daß ich weder gestern Abend an seinen Anzug gedacht hätte, noch heute Morgen daran, ihm zu entwischen, bedeutete ihm aber die Gefahr, die wir jetzt Beide in Folge seiner Tracht liefen; ich hätte mich wegen meiner Sicherheit auf die Entfernung aller anzüglichen Gegenstände und aller Vertheidigungsmittel verlassen, so wie auf den Einfluß, den ich auszuüben gewohnt worden und auf den ich Vertrauen gewonnen; in dieser Tracht aber und mit diesen Waffen würden wir todtgeschossen werden, ehe Jemand eine Frage thäte oder beantwortete. Ich war nur mit einem tüchtigen Stocke bewaffnet, der in diesen Gegenden den unschätzbaren Vortheil hat, nicht als Waffe angesehen zu werden.*) Ich sagte ihm daher, daß wenn ich früher seine Gesellschaft abgelehnt hätte, ich mich ihr jetzt

---

*) Ich verdanke bei verschiedenen Gelegenheiten die Erhaltung meines Lebens dem Entschlusse, niemals Pistolen zu führen. Gegen Räuber nützen sie nichts; kommt es zum Widerstande, müssen weite Schüsse entscheiden, unter andern Umständen geben die Schwierigkeit, den entscheidenden Augenblick mit Geistesgegenwart zu ergreifen, der Verlust der Stellung durch Ziehen einer Waffe, der Zeitverlust im Spannen des Hahnens, einem Stocke unvergleichliche Vorzüge gegen eine Pistole oder einen Dolch, besonders wenn man den Stock auch zum Stoße gebraucht. Die Schnelligkeit der Bewegung, die Wirkung der für unbedeutend geachteten Wehr, der Bereich der Stimme, während man die Stellung im Gleichgewicht behält, und die Fähigkeit, einen Gegner unschädlich zu machen, ohne ihm das Leben zu nehmen und ohne Blut zu vergießen, sind sehr wichtige Erwägungen für Jemand, der sich auf orientalische Abenteuer einläßt.

förmlich widersetzen müsse. Auf sein Andringen gab ich es indeß
zu, daß er mich bis Alassona begleite.

Wir erreichten den Fuß des Olymp, am Ursprung der Quelle,
vier oder fünf Meilen von Turnovo, deren reines und helles Was=
ser so viel zu der Schönheit der Färbereien in diesem Bezirke bei=
tragen soll. Wir setzten uns auf einen grünen Rasen, unter einige
schöne Platanen, dicht an dem überschwellenden Strome.

Der Marmorfelsen hinter uns, der über Turnovo hängt,
trifft nahe bei diesem Orte auf den Gneiß und Granit des Olym=
pus; gegen Norden, unterhalb dieses Zusammenstoßens und recht
im Mittelpunkte eines zurückliegenden Winkels der Bergkette,
liegt das Dorf Mati. Der beengte Theil der Ebene vor uns,
nach der Richtung von Tempe, wird von dieser Quelle bewässert
und ist von smaragdgrünen Rasen, mit dunkelgrünen Binsen, Ge=
sträuchen und Bäumen, im Abstich gegen die nackten, abgerunde=
ten Formen der Marmor=Formation und das angeworfene, ge=
brochene, aber weniger kahle Aussehen des schieferigen Olymps.
Dieses Wasser, in Verbindung mit der Quelle bei Turnovo, muß
der Titaresus des Homer seyn, oder sollte es doch seyn, denn der
Winterstrom, der diesen Namen trägt, zeigte jetzt nur ein breites,
weißes Bett, während hingegen dieses Krystallwasser seine grünen=
den Ufer ausfüllt, und noch jetzt so hell, daß es zum Sprüch=
wort dienen könnte, in einem vollen, klaren Strome hingleitet und
noch im schlammigen Peneus, in den es fließt, zu erkennen ist.
Nachdem wir kaum eine Stunde in einer steilen Schlucht, durch
die des Pompejus Legionen vor der Schlacht von Pharsalia her=
untergezogen, gestiegen und halb so weit wieder hinunter geritten
waren, eröffnete sich vor mir die schöne kleine Bergebene von
Alassona, etwa zehn Meilen im Umkreise. Gleich allen Hochebe=
nen in Thessalien ist ihr Ansehen, wie das eines plötzlich zum
Festlande erstarrten Sees, umgeben von einer unregelmäßigen
Küste, mehr als von einem Hügelkreise. Durch ihre Oeffnung,
nach Westen hin, zeigt sich die Kette, die sich vom Pindus bis
an den Olymp erstreckt. Dem Punkte gegenüber, wo wir hinein=
gekommen waren, glänzten die Minarets von Alassona und einige
weißliche Klippen, wovon es seinen Homerischen Beinamen hat,
und auf einem Felsen darüber das Kloster. Pappelbäume, Maul=
beerbäume und Reben grünten ringsum. Rechts liegt Tzeri=

dschines (von Tzerna, im Bulgarischen: ein Maulbeerbaum *) unter der Gruppe des Olymps, auf einer hübschen Erhöhung, unmittelbar von Felsen überhangen. Die breiten Dächer, die aussehen, als lägen sie eines über dem andern, mit Laubwerk untermischt, geben dem Orte ein hübsches Ansehen und einen Schein von Wohlstand. Wir kamen durch Weinreben, die von Unkraut fast erstickten, und durch Anpflanzungen üppiger Maulbeerbäume, die, wie ich kaum glauben wollte, aber überzeugt wurde, erst vor drei Wochen an den Zweigen beschnitten waren.

Als wir in Tzeridschines ankamen, schien der Ort der Verwüstung entgangen zu seyn, an die ich seit lange gewöhnt war, allein nirgends hat sich mir das Elend, dem dieß Land zur Beute geworden, auf eine so eindringliche Weise dargestellt. Mein Gefährte war hier in die Schule gegangen und seit zwölf Jahren nicht dort gewesen. Mit aller Kraft, welche die Einfachheit dem Gefühle verleiht, zeigte er bei jedem Schritte auf einen Contrast des jetzigen Zustandes mit dem frühern. Jetzt erkannte er den Diener eines alten Freundes, dessen ganzer Hausstand verschwunden war; jetzt einen Vater, dessen Kinder nicht mehr am Leben waren; jetzt stand er still auf dem Platze, wo ein glückliches Haus gestanden hatte, und nun wieder auf der Stätte eines zerstörten Hauses, wo er einst glücklich gewesen. Er bestand darauf, wir sollten zu seinem ehemaligen Schulmeister gehen. Wir fanden bald das Haus, aber — sonderbar! — die Thür war fort. Nachdem wir eine Zeitlang gerufen hatten, zeigte sich am Fenster ein alter Kopf, mit kleinem schwarzem Barte und Brille auf der Nase. Wir wurden durch eine etwas entfernte Thür gewiesen und fanden unsern Weg in die Wohnung des *Λογιότατος* (wörtlich: des Gelehrtesten) durch ein Loch in seiner Gartenmauer, eine classische Art der Holzsparkunst. Wir fanden den Schulmeister auf einem Teppich sitzend, an einem Ende eines weiten Raumes, der früher in verschiedene Zimmer abgetheilt gewesen. Die Scheidewände waren niedergeschlagen, das Dach wurde an einer Seite nur durch Pfähle gestützt, der Fußboden war zum Theil aufgebrochen. Während der letzten drei Jahre war es ein Quartier für Albanesen gewesen, seit er aber auf die Erfindung gerathen war, die Thür

---

*) Vom slavischen: tzorni, tschernii, schwarz.

zu vermauern und durch einen verborgenen Gang hineinzukommen, lebte er ungestört mitten unter seinen Ruinen. Er lachte herzlich, als er seine Geschichte erzählte und tippte weislich mit dem Finger an die Stirn, ungefähr in der Lieblings-Stellung Swifts, wodurch, wie man sagt, Gall zuerst darauf geführt wurde, das Organ des Witzes aufzufinden.

Nachher wurde ich mit zum Besuche genommen, zu einem der früher wohlhabendsten Einwohner des Ortes, wie der *Διδάσκαλος* (Schulmeister) mir sagte, einem Gelehrten und Philosophen. Wir traten in einen von beträchtlich ausgedehnten Gebäuden umgebenen geräumigen Hof; wir gingen durch verschiedene zertrümmerte Gänge und Corridors; wir löseten die Schnüre, womit einige Thüren zugemacht waren, konnten aber keine lebendige Seele finden. Endlich antwortete uns eine scharfe und knarrende Stimme, und der Ton führte uns zu einer kleinen Kammer, wo wir den gesuchten Philosophen fanden, der in einer Ecke auf einem alten Pelze saß und an einem Stuhle schrieb. Er war ganz verstört bei dem unerwarteten Erscheinen eines Europäers, nahm aber sofort eine Miene gezwungener Zufriedenheit an. Mit Vergnügen und zugleich mit Schmerz beobachtete ich diesen Charakter, der den unaufhörlichen und leeren Klageliedern und Seufzern der Griechen geradezu entgegengesetzt war. Er deutete niemals auf allgemeine Klagen oder die Leiden der Einzelnen, und wußte es künstlich einzurichten, daß ein Nachbar Kaffee machte und hereinbrachte, als würde er von seinen Leuten servirt. Er sagte mir, er habe Haus und Hof absichtlich in der verlornen Lage gelassen, worin ich es gefunden, damit es nicht die Albanesen anlocke. Das war das erste Mal, daß ich einen Griechen kennen lernte, der mir nicht seine Leiden und seine wirkliche oder geheuchelte Armuth auskramte und mich nicht in den ersten fünf Minuten fragte: *δὲν εἶναι καμμία καλλοσύνη, κανένα ἔλεος?* (Gibt es kein Mitleid, kein Erbarmen für uns?) Er sagte: „Schon seit manchen Jahren müs„sen in diesen Landen die Kinder der Hellenen erröthen, wenn „eines freien Mannes Auge auf sie schauet. Alles, was uns jetzt „noch bleibt, ist der Becher der Philosophie, das heißt, die Hefen; „der Rest ist fort. Seht ihr auf mich, meinen Anzug, meine Lage „und meine Höhle, so mögt ihr leicht denken, ihr besuchtet einen

„Diogenes, aber damit, ich muß es leider sagen, hört auch alle „Aehnlichkeit auf."

Obgleich Tzeridschines ein solches Bild der Zerstörung darbietet, ist es doch vielleicht der am wenigsten unglückliche Ort auf dem Olymp. Korn muß gesäet, Weinberge müssen bearbeitet werden, aber der Maulbeerbaum bringt seine Blätter von selbst. Einige Seidenwürmer kann man sich leicht verschaffen, und Seide ist leicht zu transportiren, leicht zu verstecken und immer zu verkaufen, mithin fast so gut wie baar Geld. Die Maulbeerbäume sind merkwürdig wegen ihres breiten, dunkelgrünen und glänzenden Laubes. Die Leute pflücken die Blätter nicht von den Bäumen, sondern schneiden die jährlichen Sprossen ab. Sie sagen, die Blätter würden so reichlicher und saftiger, und die Würmer kriechen lieber auf die Zweige, die dann leichter rein zu halten und gesünder sind und besser treiben. Nachdem die Sprossen abgeschnitten sind, schießen andere aus, mit überraschender Schnelle, so daß einen Monat darauf der Baum aussieht, als wäre er nie beschnitten. Die Schösse bleiben dann bis zum nächsten Jahre stehen.

Von Tzeridschines nach Alassona ist weniger als eine halbe Stunde, längs des Fußes der Hügel. Zersetzter Feldspath vom Gneiß, hellfarbiger Sand und Thon geben den Klippen das weiße Ansehen, die den nördlichen Gürtel der schönen kleinen Ebene bilden, obgleich jetzt diese Klippen fast von dunklerer Farbe scheinen als das verwelkte Gras. Ehe aber die Klippen so sehr verwittert waren, und als ihre Farbe gegen die Wälder droben und den Anbau drunten abstach, müssen sie ganz weiß ausgesehen haben. Das Kloster der heil. Jungfrau steht vermuthlich auf der Stelle der Akropolis von Oloasson. Zu den Pfosten der Kirchenthür ist ein Stück Marmor verwendet, das eine lange Inschrift in kleinen Buchstaben enthält, die aber unleserlich ist. Eine Säule drinnen ist ganz bedeckt mit kleinen, gutgeformten Buchstaben, aber so sehr abgeschabt, daß ich nicht vier Buchstaben zusammenbringen konnte. Eine andere Säule hatte eine ähnliche Inschrift getragen, die sorgfältig ausgegraben ist. Als ich diese Marmorstücke betrachtete, dachte ich an Johnson, der das Verzeichniß von Plutarchs verlornen Werken überlas und sich mit einem Schiffseigner verglich, der das Waarenverzeichniß einer

durch Schiffbruch verlornen Ladung überließt. Hier war aber
der Verlust nicht das Werk des Zufalls, sondern der Hände, die
zum Schutze und zur Erhaltung verpflichtet gewesen wären. Auf
dem Kirchenpflaster ist ein Basrelief, ein mit einem Stier käm=
pfender Löwe, in gutem Styl, aber sehr abgenutzt.

Das Kloster der Jungfrau Maria war eines der reichsten und
wichtigsten in Thessalien oder Griechenland. Eine Acte von Kan=
takuzeno, deren Original ich nicht sehen konnte, verlieh ihm sehr
ausgedehnte Besitzungen. Ein Theil derselben wurde durch einen
Firman bestätigt, mit Freiheit von Kopfgeld auf Schafe und
Abgabe von Weinen. Das Kloster ist Vakuf. Der Freibrief ist
aus Adrianopel datirt, im Jahre 825 der Hedschra, demselben
Jahre, wo Konstantinopel erobert wurde.*) Er ist sehr zerbrochen
und auf grüne Seide geklebt. Die Mönche sagten mir, er sey
von Orchan ausgestellt. Ich fand das so außerordentlich, daß
ich von dem Documente eine so genaue Abschrift nahm, als ich
konnte, obgleich ich damals nicht einen türkischen Buchstaben kannte.
Durch diese Abschrift bin ich überzeugt worden, daß der Firman,
wie oben bemerkt, von Mohammed II ertheilt ist.

Alle diese Freiheiten sind nun entzogen und Erpressungen und
Bedrückungen an ihre Stelle getreten. Lang und traurig ist die
Geschichte der Klagen, die ich hier und in andern Klöstern an=
hören mußte.

Sie erzählten mir, sie hielten ihre Heerden und bearbeiteten
ihre Felder und Weingärten, mit Verlust, mit Geld, das sie
hauptsächlich von Türken borgen, die täglich auf das Ende der
gegenwärtigen Unruhen hoffen und auf eine sichere und reichliche
Ernte rechnen. Ich erhielt eine Berechnung ihrer Verluste durch
Erpressungen in den letzten zehn Jahren, welche die im Ausschusse
versammelten Mönche aufgemacht hatten und mir mit dem ernst=
lichen Verlangen übergaben, sie an die verbündeten Mächte zu
schicken.

Fünfzehn Tage vorher war der Bruder des Arslan Bey von
den regulären Soldaten Mahmud Pascha's in das Kloster gesperrt
worden. Die Mönche zeigten mir die Punkte des Kampfes und
jubelten darüber, daß der Nizzam die Albanesen zusammen gedro=

---

*) 1453 nach Chr. Geb.   Der Ueb.

schen hatte, aber sie ertheilten jedem Anführer das gebührende Lob wegen der bewiesenen Anstrengungen zur Aufrechthaltung der Ordnung und zum Schutze und zur Erhaltung des Klosters und der Stadt. Ich hatte Gutes gehört von ihrer Büchersammlung, wurde aber verhindert sie zu sehen, weil sie in einer Kluft oder verborgenen Kammer war, zu der man durch ein Zimmer gehen mußte, worin ein Albanese seinen Konak hatte. Ein Tisch mit Stühlen rand umher, ein Tischtuch, Teller, Messer und Gabeln wurden im Mondschein zum Abendessen zurecht gestellt, und der alte Abt führte mich mit nicht geringer Selbstzufriedenheit hin. Ich will hier ein für alle Mal bemerken, daß ich es immer eben so unangenehm und jämmerlich gefunden habe, wenn ein Morgenländer europäischen Styl nachahmt, als wenn es umgekehrt geschieht.

Am nächsten Tage, dem Feste des heiligen Elias, sollte eine Panagiri oder Jahrmarkt gehalten werden, wozu die Kapitani im Westen des Olympus sich gewöhnlich versammeln und sich lustig machen. Da ich aber fand, daß das eine Tagereise entfernt war und viel lieber den Olymp besteigen wollte, so lehnte ich halb ungern das Anerbieten eines der Mönche ab, mich dahin zu begleiten, so lange ich wenigstens nicht über die Unmöglichkeit der Ersteigung gewiß wäre. In Tzcridschines hatte ich von einem Kapitano Pulio gehört, aber Niemand konnte mir mehr von ihm sagen, als daß die aufgehende und die untergehende Sonne ihn nie auf demselben Platze fände. Ein Palikar indeß, der von meinen Erkundigungen hörte, gab mir auf eine geheimnißvolle Weise einen Wink, daß wenn ich Geschäfte mit Kapitano Pulio hätte, er uns zusammen bringen könnte. Da ich aber das Achselzucken und die Zeichen meines Freundes, des Schulmeisters, sah, so lehnte ich das Anerbieten ab. Jetzt, da ich fand, ich könne nirgendswo irgend einige Auskunft über einen Kapitano in der Nähe erhalten und das Geheimnißvolle und die Schwierigkeit mich reizte, beschloß ich umzukehren und den Palikaren zu suchen. Als ich aber Alassona verließ, begegnete ich ihm. Er offenbarte mir das wichtige Geheimniß des Dorfes, wo Pulio zu finden wäre; aber es war vierzig Meilen weit. Da er mich zu solcher Reise wenig aufgelegt fand, tröstete er mich mit dem Zusatze, dort wäre der Kapitano gestern gewesen, „aber wer mag wissen, wo er jetzt ist?" Ich gab daher jede Idee davon auf, das Land zu durch=

reiten nach diesem olympischen Manfred und kehrte nach Tzeri=
dschines zurück, um mit meinem philosophischen Freunde und dem
gelehrten Didaskalos zu berathschlagen.

Der Rest des Tages wurde mit Versuchen mir abzurathen und
dann mit der Besprechung verschiedener Plane zugebracht; endlich
beschlossen wir, die Einrichtungen dem Stellvertreter des Diogenes
zu überlassen, der sich freiwillig erbot, am nächsten Morgen fer=
tig zu seyn, mich bis auf die Spitze des Olymps oder bis an der
Welt Ende zu begleiten. Wirklich stand auch am nächsten Morgen,
als ich mich mit Tagesanbruch am Thor des verlassenen Hauses
einstellte, der kleine Mann vor mir in der vollständigsten Verwand=
lung, die jemals ein menschliches Wesen erlitten, zur Reise in
einem Aufzuge gerüstet, der des Pinsels würdig gewesen wäre,
welcher die Mariage à la mode zeichnete. *) Der kleine Kalpak
(Mütze), die gelben Pantoffeln, der Dschubbi (Schlafrock), das Dol=
metscher=Ansehen waren verwandelt in ein Mittelding zwischen
Tatar und Vogelscheuche. Ich will von unten auf anfangen. Auf
der Thürschwelle stand ein paar unförmlicher türkischer Stiefel, in
denen ein Paar spindeldürrer und ausgeschweifter Waden ver=
schwand, die dicht eingepreßt waren in tatarische Hosen, welche
über das Knie gehend dort sich vereinten und aufquollen in Gestalt eines
Luftballons; verschiedene Jacken, mit Aermeln, die entweder über
die Hand herabhingen oder nur bis zum Vorderarm gingen, ver=
breiterten die Obertheile der Figur verhältnißmäßig; ein alter ge=
fütterter Pelz war auf einer Schulter zusammen genommen; der
Kalpak in einem Tuche hing auf der andern Seite und ein Tarbusch
(wattirte Nachtmütze), der vor Zeiten einmal roth gewesen war,
war übergezogen und umgab die Gränzlinien eines Gesichtchens, dessen
kleine Züge ein streitendes Gemisch von Schelmerei und Gutmü=
thigkeit darboten. Sein morgenfrohes, blankes Gesicht strahlte
von Freude, als er seine Zurüstungen ansah und zuckte von lautem
Lachen, wenn er seine eigene Figur betrachtete. Er hatte ein
wunderliches Anhängsel in Gestalt eines kleinen Bengels aufgesteckt,
der das Sprüchwort vom alten Kopfe auf jungen Schultern wahr
zu machen schien: — ein Gesicht von dreißig auf einem Körper
von anscheinend noch nicht neun Jahr. Lauter Knochen und Augen,

---

*) Hogarth. D. Ueb.

schien er, wie sein Herr bemerkte, Holz statt Pilaw gegessen zu haben. *) Aus diesem Grunde hatte der Philosoph diesen Leporello zahlreichen Candidaten vorgezogen, um ihm die Ehre, mehr als den Vortheil zu gönnen, sein Majordomus, sein Haushofmeister zu seyn, da sich sothanes Verfahren eben so gut für seine Börse, als für eine etwas eilige Abreise paßten. Der Bube wurde aufgerufen, seines Herrn letzte Instructionen zu empfangen. Er setzte sich in die Positur eines Palikaren, auf Einem Beine ruhend, eine Hand auf der Hüfte, die andere auf dem ungeheuern Schlüssel, der wie eine Pistole in seinem Gürtel steckte. Sein Kopf war zurückgebogen, und der seines Herrn vorwärts und über ihn gelehnt, natürlich also steckten beide Arme hintenaus, während der Alte von der Heftigkeit wankte, womit er seine Drohungen ausstieß: ξυλο, πολυ ξυλο — Holz, viel Holz' — wenn während Spiro's Verwaltung irgend etwas schief ginge — beide merkten nicht, wie laut alle Zuschauer lachten. Meines Gefährten Rosinante, nicht der am wenigsten seltsame Theil seiner Ausrüstung, wurde nun vorgeführt; eine Kolokythia oder ausgetrockneter Kürbis mit Wasser baumelte an der einen Seite, der Kalpak an der andern. Ich wagte einen Einwurf gegen dieses in den Gebirgen unnütze Anhängsel, aber er antwortete: „Ich kenne euch Engländer. Wir sind jetzt unterweges nach dem Olymp, aber wer kann in einer Stunde sagen, ob wir nicht auf dem Wege nach Salonica oder Larissa sind?"

So ausgerüstet und nach Beseitigung dieser Einrichtungen, brachen wir auf, der alte Mann übermäßig vergnügt, den Olymp wieder zu besuchen und mit dem Enthusiasmus eines Schulknaben und dem Eifer eines Juliushelden (es war im Julius 1830), Homer citirend und griechische Revolutionslieder singend. Ungeachtet seines grotesken Aussehens wurde er überall mit größter Achtung behandelt, und stillschweigend nahmen alle das Schelten hin, womit er unaufhörlich die Griechen überhäufte und die verschwenderisch angebrachten Beiwörter: „seelenlos, geistlos, dickköpfig, Bastarde ihrer Vorväter und unwürdig ihres Landes und Namens." Damals erstaunte ich hierüber, aber ich habe seitdem

---

*) Ξυλον εφαγε, er ist geschlagen worden, wörtlich „er hat Holz gegessen."

gefunden, daß man sich desto besser mit dem Volke steht, wenn man es schilt, nur nicht aus Böswilligkeit. Eine leise Abweichung von der Sitte oder der Etiquette wird einem Fremden mehr Schaden thun, als der wenn auch beleidigende Ausdruck von Meinungen oder die Verletzung einer wenn auch heiligen Pflicht.

Bevor wir Tzeridschines verlassen, darf ich zwei seltsame Begebenheiten nicht übergehen, die mir dort aufstießen. Die eine war ein Besuch einer Deputation aus zwei oder drei der durch das Protokoll vom griechischen Staate ausgeschlossenen Provinzen — Karpenizi und Agrapha glaube ich — die dem Großwessier ihre Unterwürfigkeit bezeugen sollte. Diese Distriete beruhigten sich also bei der Entscheidung, kamen ihr sogar zuvor, und ich war damals empört über ihren anscheinenden Mangel an Nationalsinn. Ich fragte die Deputirten, ob sie nicht beabsichtigten, aus den Umständen Vortheil zu ziehen, indem sie ihre Rechte und Privilegien sicher stellten. Das, sagten sie, sey gerade ihr Zweck, aber über die Art und Weise waren sie unter sich selbst nicht einig. Sie hatten deßhalb zwei Primaten und zwei Kapitani abgeschickt, die nach den Umständen handeln sollten, nachdem sie den Stand der Sachen in Monastir gesehen und einerseits die Absicht des Großwessiers erfahren hätten, andererseits die Meinungen der übrigen Griechen im höhern Theile von Rumili. So waren nun die Kapitani der einen Ansicht, die Primaten einer andern, und die Gemeinde griff zu dem Auswege, beide Ansichten in derselben Deputation vertreten zu lassen. Freilich ist es immer noch viel vernünftiger, die Vertreter der entgegengesetzten Meinungen zusammen zu schicken, als, wie große Nationen es thun, zuerst den Repräsentanten der einen und dann den Repräsentanten der andern zu senden. Ich konnte mich nicht enthalten, an die alte, vielleicht noch jetzt vorkommende Geschichte zu denken von dem englischen Courier, der in einer Tasche die Befehle trug und in der andern die Gegenbefehle. Die janusköpfige Deputation wendete sich an mich um ein Specificum, wodurch ihre beiden Gesichter nach Einer Seite gedrehet und ihre beiden Mundöffnungen in Eine verwandelt werden könnten. Gleich manchem andern Practicus wagte ich mich daran und verschrieb ihnen keck ein Recept, woran ich damals selbst keinen Glauben hatte, das aber wunderbarer Weise die gewünschte Wirkung hervorbrachte. Ich sagte ihnen nämlich: „Setzt eure Contributionen auf eine Summe fest und sichert euch das Privilegium dadurch, daß ihr einen der Primaten damit nach Konstantinopel schickt. Dann werden die Kapitani die bis jetzt besessene Autorität behalten, ohne sich in die Paras (das baare Geld) zu mischen." Der Großwessier ging später auf diese Idee ein, und als ich ihn anderthalb Jahre darauf in Skodra sah, gab er zu, daß so ein System, wenn überall eingeführt, die Gestalt der Türkei gänzlich verändern würde.

Die andere Begebenheit war eine Nachfrage des Didaskalos und meines Reisegefährten (den ich Diogenes nennen will, um Aristoteles Gesellschaft zu leisten) nach dem Obristen Leake, wie er in England angesehen würde, was ich selbst von ihm dächte. — Ich sagte ihnen, Obrist Leake sey nicht nur sehr bekannt, sondern werde auch als die vorzüglichste, wenn nicht einzige Autorität in Betreff ihres Landes betrachtet, und das einzige englische Werk über die griechische Revolution, das die gegenwärtige Zeit überleben werde, sey eine kleine Schrift von ihm. Ich hatte mich einer Anwandlung von Stolz überlassen, als ich den Namen eines Landsmannes erwähnen und so genaue Fragen nach ihm hörte in einem so abgelegenen Dörfchen. Ich fand aber bald, daß meine neuen Freunde und ich einigermaßen in unseren Meinungen von einander abwichen. So fragte ich dann, wie, wann und wo sie den Obristen Leake kennen gelernt, und da kam Folgendes zum Vorschein: — Obrist Leake kam, in welchem Jahre habe ich vergessen, in Tzeridschines an mit einem Bujurdi und einem Kavasch von Ali Pascha. Mein Freund Diogenes war damals Kodja Baschi oder Primat, und als er zu diesem Theile seiner Erzählung kam, hielt er inne, reckte seinen Turteltaubenhals in die Höhe, schüttelte den Kopf, sah mir gerade ins Gesicht und rief aus: „Was ging mich Ali Pascha an? Was kümmerte mich Ali Pascha's Bujurdi? Welche Autorität hatte ein tatarischer Kavasch innerhalb des heiligen Umkreises des Olymp?" Dann besann er sich und erzählte mir nun, wie er sich gefreuet habe, einen Engländer und Gelehrten herzlich willkommen zu heißen und freundlich aufzunehmen, Obrist Leake aber habe alle ihre Freundlichkeit und Aufmerksamkeit auf Rechnung der Befehle des Pascha's geschrieben, sich mit einigen an sie gerichteten Fragen begnügt, aber sich nach keines Menschen Gesundheit erkundigt. *) Da hatte Diogenes, höchlich empört, daß man sich nicht nach seiner Gesundheit erkundigt, sein Pferd (vermuthlich dieselbe Rosinante, auf der er mich jetzt begleitete, da die Geschichte nicht länger als fünfzehn Jahr her seyn konnte) gespornt nach dem Thal Tempe, wohin der Obrist wollte und im Musenthal die folgende zürnende Anrede des beleidigten Hellas an den hyperboreischen Eindringling aufgehängt.

Εἰς τον περιηγητην Ιωαννην Ληκ, ἐπιγραφη εἰς τα τεμπη ἀπο τινας γραικους της Τσαριτσανης, δυσαρεστηκοτας ἀπο την ὑπερφανειαν του.
    Ἡ Ἑλλας Ἡρωολος ει
Και πριν μεν Αναχαρσης ἐπιλθεν ἱρον εἰς ουδας
Ερχονται και νυν ἀνδρες ὑπερβορειοι
Ἀλλ' ὁ μεν ἱστορεει, τοιδε χραινουσι πρεθοντες
Ζιον**) *Ληκ, Λονδρες ανηρ, φωρ ἐμε, σον το δ' ἐπος.* ***)

---

*) Ohne diesen Vorfall hätte ich nicht den Werth der Instruction des russischen Zars an den ersten Gesandten verstanden, den er zu Soliman dem Großen schickte, „sich nicht eher nach der Gesundheit des Sultans zu erkundigen, als bis der Sultan nach der Gesundheit des Zars gefragt habe." Alle orientalische Diplomatik und Geschichte ist voll von Vorfällen, die sich um diesen Punkt drehen. Ich brauche mich nur auf die neuen und interessanten Erzählungen in Burnes' Reisen zu beziehen. Jedes Ding scheint lächerlich, woran die Leute nicht gewöhnt sind; einen Theil des Körpers zu entblößen, scheint den Orientalen eine sehr lächerliche Weise zu grüßen, und doch ist in Europa das Hutabnehmen, wenn man in ein Zimmer tritt, fast eben so wesentlich nothwendig, als es die Nachfragen und Begrüßungen im Oriente sind.

*) Das soll John heißen, die allgemeine Bezeichnung aller Engländer in fremden Ländern.

***) An den Reisenden John Leake, Inschrift in Tempe, von einigen über seinen Hochmuth empörten Einwohnern von Tzeridschines.
    Griechenlands Anrede.
Einstmals kam Anacharsis, den heiligen Boden zu schauen,
 Heut' noch kommen zu mir Hyperboreer ins Land,
Jener beschaute das Land; doch diese besudeln's und schnauben;
 John Leake, Londoner Mann, Dieb, dich meint das Gedicht.
          D. Ueb.

Ich theile diesen Erguß mit, als ein einzelnes Beispiel der Empfindlichkeit, die vielleicht Jemand nicht auffällt, wenn er auch Jahre lang im Morgenlande reiset, der dann aber auch eben so unwissend bleibt über die Ursachen dessen, was er sieht, als über die Dinge, die er sieht, den Eindruck, den er wirklich macht, und den Eindruck, den er machen könnte. Diesen Vorfall habe ich als eine unschätzbare Lehre gefühlt, wäre es auch nur wegen des Verkennens eines Mannes, der sich durch einen Charakter auszeichnet, welcher das gerade Gegentheil von dem ist, wofür die Leute ihn hielten.*)

Die Entfernung von Tzeridschines nach dem Kloster Spermos, wo wir die Nacht zubringen wollten, beträgt nur fünf Stunden auf dem geraden Wege, aber wir wählten einen Umweg, um einen Kapitano zu besuchen, den wir jedoch nicht das Vergnügen hatten zu sehen, obgleich wir die Stelle noch warm fanden. Dieß verursachte uns eine vierzehnstündige ermüdende Reise. So wie wir aus Tzeridschines heraus waren, fing das Bergsteigen augenblicklich an. Als wir den Gipfel der Hügelkette erreicht hatten, die Alassona umkreiset, wendeten wir uns um, und blickten auf den ausgebreiteten Fuß des Olymp, der von unten auf gesehen, aus rauhen und gebrochenen Bergen besteht, jetzt aber, von der Stelle, worauf wir standen, wie eine durch tiefe Wasserströme durchfurchte Sandebene aussieht, deren schroffe Seiten durch uralte Fichten und Eichenwälder verdunkelt werden. Der Effect war derselbe, wie der eines mit Dendriten bedeckten Kalkstückes.

Der Mittelberg, oder eigentlich die Mittelgruppe des Olymp steht allein, ganz abgetrennt von den Massen, die, von der Ebene aus betrachtet, zusammen hängende, ununterbrochene Erhöhungen scheinen. Ist man über die gebrochenen Schichten weggeklettert, die völlig bis zu zwei Drittheilen des Berges hinaufreichen, so kommt man plötzlich an eine tiefe Schlucht oder Thal, wo man

---

*) Ich fragte einst einen Mann, der tiefer als irgend ein anderer Europäer in die orientalischen Sitten und Gebräuche eingedrungen war, wie es zugehe, daß Burkhardt, bei all seiner Kenntniß der Thatsachen, den Geist des Volkes so wenig begriffen hätte. Die Antwort war: „Weil er sich beständig in eine falsche nnd ungemüthliche Stellung setzte — er hatte eine unselige Gewohnheit — er pfiff!"

hinunter muß, und jenseits deren sich die Mittelgruppe, frei und
allein stehend, gleich einer Festung aus ihren Gräben erhebt.

Die Sonne ging hinter uns unter, als wir den Punkt er‍-
reichten, wo der Berg sich uns in seiner großartigen Einsamkeit
zeigte. Der auf dem Gipfel liegende Schnee war durch die sin‍-
kende Sonne röthlich gefärbt, und in dieser Jahreszeit glichen die
sinkenden Sonnenstrahlen einem Regen von Ziegelstaub und Gold.*)
Der niedere Theil der Gruppe war mit dunkler Waldung bedeckt
und dazwischen, gerade wo der Berg sich aus der Ebene oder dem
Thale erhebt, schimmerten die weißen Mauern des Klosters
Spermos — ein nicht unwillkommener Anblick.

Da ich den Ort unseres Nachtlagers einmal im Auge hatte,
eilte ich nach meiner Gewohnheit allein vorwärts. Ich hielt mich
für sicherer allein, als in Gesellschaft einiger wilder Bekanntschaf‍-
ten, die der Philosoph unterwegs aufgefunden hatte, und es ge‍-
lang mir, das Kloster ein paar Stunden nach Sonnenuntergang
zu erreichen. Ich klopfte, aber es dauerte lange, bevor man
Notiz von mir nahm. Endlich legten sich die Mönche auf Kund‍-
schaft von einem zu diesem Zweck erbaueten kleinen Balcon, und
ich mußte mich einem sehr umständlichen Ausfragen unterwerfen.
Ich wendete mich an ihre Christenliebe und Menschlichkeit, nicht
nur als ein verirrter Reisender, sondern auch als Einer, der eben
den allerdrohendsten Gefahren entronnen sey, und erlangte endlich
Einlaß, da sie sahen, daß ich ganz allein war. Der schwere
Riegel wurde zurückgeschoben, und die rostigen Angeln kreischten,
und kaum hatten sie die Thür wieder verriegelt, als ich die erst
vor kurzem erhaltene Lehre in Ausübung brachte und mich höf‍-
lichst nach der Gesundheit jedes Einzelnen erkundigte.

Nicht sobald saß ich an einem lodernden Feuer, als die Mönche
mich nach Dienern, Gepäck, Wachen und dergleichen fragten, da
sie mich für einen Regierungs‍-Beamten hielten. Ich erwiederte,
daß vor zwei Stunden, als ich in Gesellschaft mit ihrem werth‍-
geschätzten Landsmann aus Tzeridschines gereiset, wir von eini‍-

---

*) Einst beobachtete ich dieselbe Wirkung in Italien, über der Ebene von
 Trasimene, als ich sie von der Geburtsstadt des Fra Bartolomeo aus
 betrachtete, der in mehr als einem Gemälde sich in demselben Effecte
 versucht hat.

gen wilden Klephten überfallen seyen; ich sey, da ich besser be=
ritten gewesen, davon gekommen, die Räuber hätten aber meinen
Reisegefährten mitgenommen und ich bezweifle nicht, daß sie sich
seiner bedienen würden, um Einlaß ins Kloster zu erhalten. Das
war wirklich ganz richtig, nur hatten die Banditen sich als Wache
angeboten. Diese Nachricht erregte große Gährung unter den
Mönchen. Vier alte Musketen wurden aus einem Keller geholt,
frisch Pulver aufgeschüttet und dicht an die Oeffnung des Bal=
cons gelegt. Als daher der Trupp ankam, standen wir Alle auf
dem Sprunge. Diogenes, der Lichter in den Gebäuden sah, und
ein halb Duzend lauernder Köpf, ritt an die Thür, in der Ein=
bildung, alle Bewohner erwarteten seine Ankunft, um ihn zu be=
grüßen und willkommen zu heißen. Da er die Thür verschlossen
fand, kam er unter den Balcon, wo wir Alle auf der Lauer
standen. „Ha!" schrie er, „Christen, Mönche, Priester, fürchtet
ihr euch vor Räubern?" — „Kalos orisete, Kalos orisete," er=
wiederte der Abt, „schön willkommen, schön willkommen! Aber
„wer sind die Leute, die dort im Schatten stehen?" — „O,"
sagte Diogenes, „das sind nur zwei oder drei Palikaren, die mit
uns von Mikuni gekommen." — „Wenn das der Fall," meinte
der Abt, „so müssen sie Freunde in der Nähe haben und du thä=
test besser, mit ihnen zu Abend zu essen." Diogenes, nun ganz
verwirrt, dachte nun nicht mehr an sich, sondern an mich und
fragte hastig, ob sie nicht einen Engländer gesehen und aufge=
nommen hätten. „Panagia" (allerheiligste Jungfrau), sagte ich,
„der arme Mann ist verrückt geworden." „Ein Engländer,"
schrien die Mönche, „wer hat jemals von so einem Ding ge=
„hört?" Der kleine Mann tanzte nun vor Wuth. „Oeffnet die
„Thür, ihr Capuzen=Esel! Schwarz=Fratzen, verdammte! „Ein
„Engländer ist verloren oder gemordet; euch, euch Allen zusam=
„men werden sie das Fell über die Ohren ziehen, ein Duzend
„Kavaschen kriegt ihr auf den Hals und einen Dreidecker vom
„König von England!" Nun begannen die Mönche zu zweifeln,
ob Diogenes seinen Verstand wirklich verloren habe, oder ob nicht
doch etwas Wahres an dem sey, was er sage. Da sie aber den
Vortheil der Stellung hatten und viel mehr an Sprechen, als
an Demuth gewöhnt waren, so wurden sie endlich von seiner
Sprachfülle angesteckt und brachen in ein wüthendes Schelten

aus, worauf von unten die lauten, scharfen, schnellen Jamben des Diogenes antworteten, unterstützt von dem tieferen Metrum der nicht weniger heftigen Palikaren. Als ich hinlängliche Ernsthaftigkeit zusammen bringen konnte, nahm ich den Abt bei Seite und erzählte ihm den wahren Zusammenhang der Sache, mit Ausnahme, daß ich der verlorne oder gemordete Engländer war — daß ich eine kleine Rache an Diogenes zu nehmen gehabt, nun aber genug daran hätte, und daß sie besser thäten, ihn ein zu lassen. Die Mönche waren wirklich besorgt geworden, so daß sie diese Nachricht mit Dank aufnahmen und hinliefen, den Philosophen einzulassen und zu beruhigen. Während ich ruhig am Feuer saß, hörte ich sogleich seine schrillenden Töne im Hofe, die, als er die knarrende Treppe heranstieg, immer heller und lauter wurden, aber nimmer aufhörten. Noch als er in das Zimmer trat, fuhr er fort zu schreien: „Ein Engländer ist verloren — ein „Engländer ist gemordet!" — bis er mitten ins Zimmer kam und seine Augen auf mich fielen. Er schwieg baumstill und stand stockstreif, Kinnbacken und Arme sanken nieder. Ich erkundigte mich höflich nach seiner Gesundheit und hieß ihn willkommen auf dem Olymp.

Nun brach das Erstaunen der Mönche los. „Ein Engländer, ein Franke!" und sie drängten sich um mich mit staunenden Augen. Keiner von ihnen hatte jemals einen Europäer*) gesehen, und sie schienen mich zu betrachten, als wäre ich eine Probe von dem Dreidecker des Königs von England, mit dem sie noch eben bedroht waren.

Von hier nach dem Gipfel sind noch etwa zwanzig Meilen. Ungeachtet der fast ununterbrochenen Anstrengung der beiden letzten Tage, entschloß ich mich, die Höhen im glänzenden Mondschein zu erklimmen, den Gipfel mit Tagesanbruch zu erreichen, dort den ganzen Tag zu bleiben und in der nächsten Nacht zurückzukehren, indem ich bezweckte, die Wirkung sowohl des Sonnenaufganges als des Unterganges zu sehen, ohne doch die Nacht auf dem Gipfel zuzubringen. Der Vorschlag brachte natürlich ei=

---

*) Es ist überflüssig zu bemerken, daß sie selbst alle Europäer waren. Das Wort wird indeß im ganzen Morgenlande mehr im gesellschaftlichen als im geographischen Sinne gebraucht.

nen allgemeinen Aufschrei hervor, aber ich war so gewöhnt daran, dieß oder jenes für unmöglich oder unthunlich erklären zu hören, daß ich in den verschiedenen Weisen, der Gegner Mund zu stopfen, einige Erfahrung erlangt hatte. Diogenes war äußerst beunruhigt, und ich glaube nicht wenig gereizt, denn er hatte seinen Kopf darauf gesetzt, wenn auch nicht den Berg zu ersteigen, doch den Versuch zur Ersteigung zu machen, und seine alten Knochen sahen nicht darnach aus, dieses Tages Anstrengung in einer ganzen Woche zu verwinden. Das Abendessen wurde eiligst beordert und ein paar Schäfer darnach ausgeschickt; mir wurde ein langer Stab mit eiserner Spitze gegeben; eine kleine, mit Rakki angefüllte, lederne Flasche mir über die Schulter gehängt und mein Fernrohr als Gegengewicht. So ausgerüstet setzte ich mich, um in aller Eile eine Mahlzeit hinunterzuschlucken. Frische Salzmilch, geröstetes Lammfleisch, Gemüse, wurden mir nach der Reihe mit einem Eifer eingenöthigt, dem ich, da er in diesen Gegenden ungewöhnlich ist, nicht ganz widerstehen konnte, aus Furcht, dadurch beleidigt zu erscheinen.*) Diogenes, der Abt und andere der Capuzen-Gemeinde tranken mir zu, und als der kleine runde Tisch schnell beseitigt war, konnte ich das nothwendige Finale, Kaffee und eine Pfeife, nicht ausschlagen. Der Wein schien mir indeß unbegreiflicher Weise zu Kopfe gestiegen zu seyn, der, wie es mir vorkam, einen ganz kleinen Augenblick nickte; meine Pfeife war ausgegangen, ich stand auf, um ein Licht zu holen und fand mich ganz allein auf dem Sopha ausgestreckt, während der graue Morgen durchs Fenster schien! Ich würde mich schämen, die Wuth zu beschreiben, in die ich gerieth und die sich bis ins Unendliche steigerte durch die Lustigkeit, welche ihre Aeußerung hervorbrachte. Erst später, recht oben auf dem Gipfel des Olymp, erinnerte ich mich an das Spitzbuben-Gesicht, womit Diogenes am Morgen eintrat und meine Erkundigungen vom Abend vorher

---

*) Ein Türke höchsten Ranges wird in die Küche gehen, um nach einer für einen Gast zubereiteten Schüssel zu sehen, aber er wird es nie sagen, daß er das gethan, und nie nöthigen, wenn die Schüssel auf dem Tische steht; wäre aber Nöthigen Mode, so würde daraus folgen, daß der Wirth auch den Gast von höherem Range nöthigen müßte, das würde aber nicht als Freundlichkeit, sondern als unerhörte Anmaßung angesehen werden.

wiederholte, und nun besann ich mich, daß während alle übrigen Gäste aus einer Silberschale in die Runde tranken, mir jedesmal ein eigener Becher geboten wurde. Die Sache war denn auch so, daß sie es für das einzige Mittel hielten, mich vor dem Halsbrechen zwischen den Felsen zu bewahren und zugleich von beiden Seiten mir ihre Rechnung wett zu machen, wenn sie gerade mia daktylitra (einen Fingerhut voll) Mohnsaft in den Boden meines Glases schütteten und sich im Uebrigen auf meine Ermüdung, auf ein gutes Abendessen und ein loderndes Feuer verließen, ein sehr nothwendiges Stück im Haushalte, selbst im Monat Julius, im Kloster Spermos.

Mein Gefährte gab nun jede Idee völlig auf, das Abenteuer ferner fortzusetzen. Ich ließ ihn daher in den Händen der gastfreundlichen Mönche, wo er mir versprach, sich warm und alle Anderen vergnügt zu halten, bis ich wieder kommen würde; dann brach ich mit meinen Führern bald nach Sonnenaufgang zu Fuß auf. Die Heerden des Klosters waren auf unserm Wege, zehn Meilen weit; dort sollten wir frühstücken und dort auch wieder die Nacht zubringen, nachdem wir den Gipfel bestiegen haben würden. Sie rechneten sieben Stunden vom Kloster nach dem Gipfel. Die Schafhürde war mittewegs, so daß, abgesehen vom Steigen, wir dreißig Meilen vor uns hatten. Es war lange her, daß ich solche Fußtour gemacht hatte, aber ich habe immer gefunden, daß es kein besseres Mittel zum guten Erfolge gibt, als sich selbst in die Nothwendigkeit des Handelns zu versetzen.

Als wir hinabstiegen, verschloß der Nebel, der entweder uns bedeckte oder auf dem Berge hing, gänzlich alle Aussicht, bis wir die Gränze des Waldes erreichten, wo wir Heerde, Schäfer und Frühstück zu finden erwarteten. Hier tauchten wir aus dem Nebel auf und schienen im ersten Stockwerke des Himmels zu seyn. Wolken bedeckten den untern Theil des Berges; einzelne Wolken waren nach Osten hin zerstreut; unter der Fläche, auf der wir standen und durch sie hindurch, von Jupiters Sitze, blickten wir nieder auf das

Mare velivolum, terrasque jacentes.*)

---

*) Segelbedeckte Meere und weit sich dehnende Länder.   D. Ueb.

Wir standen auf der starken Stirn des Berges, die nach dem Meere hin blickt und ich hätte an der Wirklichkeit des nebelbedeckten Wassers zweifeln können, hätten sich nicht die weißen Flecke längs der befahrenen Strecke zwischen Salonica und dem südlichen Vorgebirge Thessaliens deutlich abgezeichnet. Jenseits und weit hin nach Osten konnte man die Spitze des Berges Athos erkennen oder vermuthen und vorwärts die deutlicheren Linien der Halbinseln Palene und Sithonia. Dieser Blick auf den Berg Athos, in einer Entfernung von neunzig Meilen, brachte mich zu dem Entschlusse, ihn zu besuchen und seine Spitze zu ersteigen. Ich war erstaunt, weit oberhalb des Klosters Pflaumenbäume zu finden, die mit Früchten belastet waren, welche aussahen wie Wachs; sie waren von allen Farben, gelb, blau und vorherrschend roth. Ueberall zeigte sich sehr viel Buchsbaum, von riesiger Größe, höher als selbst die Fichten. Der herrliche Anblick aber, der sich vor meinen Augen ausbreitete, als wir aus der Wolke auftauchten, zeigte nirgends in der Nähe die Schäferei. Wir fanden den Platz, wo sie die Nacht vorher gewesen waren, an dem Rauche, der aus dem noch brennenden Feuer aufstieg. Meine Führer bestanden nun darauf, umzukehren, und nur mit großer Mühe gelang es mir, sie vorwärts zu bringen; einer von ihnen gab vor, er wolle nach einer andern Richtung hin nach der Hürde aussehen, kam aber nicht wieder. Eine halbe Stunde darauf bemerkten wir die Heerden, aber erst nach zweistündigem mühseligem Marsche erreichten wir die Hürde.

Die Schäfer hatten unsere Annäherung beobachtet, und da sie meine ungewohnte Tracht unterschieden, wo dunkle Kleider vermuthlich niemals seit ihren Gedanken erschienen waren, so bildeten sie sich ein, ich sey ein Regierungs-Beamter, der irgend einen Flüchtling verfolge, und machten sich demnach nach allen Seiten hin auf die Socken, ihre Schafe vor sich her treibend. Sobald wir aber nur erst Einen abrufen konnten, verständigten wir uns bald. Während ich nun die Hürde erreichte, die ein festes, kreisrundes Steingebäude war, etwa mannshoch, um den Wind abzuhalten, sahen wir sie mit ihren Schafen und Hunden zurückkehren. Die Hunde des Ersten, dem wir begegneten, zeigten einen hohen Grad von Feindseligkeit und waren sehr wildaussehende Thiere. Das Drohen mit einem Stock und einem paar Steinen genügte indeß, ihnen einigen Respect beizubringen, allein ihr Gebell brachte bald von nah und fern den ganzen hündischen Antheil der Schäferei zusammen. Da die Bestien nun ihre Anzahl verstärkt sahen, so dachten sie auf eine regelmäßige Kriegserklärung. Ich war mir meiner Gefahr unbewußt, aber die Schäfer brachten mich eilig in die Hürde, ließen mich niederlegen, warfen ihre Mäntel über mich und beeilten sich dann, die Mauer zu vertheidigen. Ein oder zwei ungeregelte Anläufe wurden abgeschlagen, als die Hunde mit vereinten Kräften, etwa zwanzig Rachen stark, einen wüthenden Sturm machten und zwei oder drei von ihnen über die Mauer kamen, wo ich gewiß schlimm weggekommen wäre, hätte ich nicht mit Mänteln bedeckt am Boden gelegen. Nun kamen aber andere Schäfer hinzu, und die Hunde wurden mit großem Verluste zurückgeschlagen; drei oder vier hinkten übel zugerichtet davon und wiederholten ihre Klagen der Echo des Olymps. Nach Aufhebung der Belagerung wurde Frieden geschlossen; die Hunde bekamen ihr Mittagsbrod, wir unser Frühstück. Wir erhielten Jeder ein Laib Schwarzbrod, eine Oka schwer; die Hunde bekamen außer ihrem Antheil noch ein Stück Schnee und wir eine Portion Milch. Jetzt fiel mir meine Flasche Rakki ein; ich goß ein paar Tropfen in eine Trinkschale, die Milch einer Ziege wurde schäumend hineingemolken, und ich kann dieß Getränk allen meinen Lesern dringend anempfehlen, die den Berg Olympus besteigen.

Wir hatten noch zwei Stunden bis zum Gipfel hinauf, der gegen Norden über uns hing, und brachen sehr erfrischt auf. Gras und Gesträuch verschwand nun gänzlich, und wir mußten uns über Bruchstücke von Schiefer und Marmor hinüberarbeiten, die, vom Froste sehr zerbröckelt, einen sehr guten macadamisirten Weg abgegeben hätten, falls nur Wagen und schwere Lastfuhren darüber gefahren wären, denn es sah einem Wege sehr ähnlich, auf den so eben erst die frischgebrochenen Steine gelegt sind. Auf einer Spitze bemerkten wir die Ueberreste von Ziegelwerk und auf dem Gipfel ein Stück von einem Steine, der einmal eine Inschrift enthalten. Diesen Gipfel nannten sie St. Stephano; als ich hier aber ganz erschöpft ankam, bemerkte ich zu meinem Verdruß eine andere Spitze, die, durch eine ungeheure Schlucht von mir getrennt, ersichtlich höher war, als die, worauf ich stand. Der Unterschied konnte freilich nicht groß seyn, denn jene Spitze schnitt nur ein kleines Stück von dem mächtigen, wolkenlosen Horizonte ab, der rings umher herrschte.

Entschlossen indeß, auf dem höchsten Punkte zu stehen, setzte ich meinen Kopf darauf, mich mit den Hunden zu befreunden und diese Nacht bei den Schäfern zu schlafen, morgen aber den andern Gipfel, den des heil. Elias, zu besteigen. Ich blieb nicht länger als eine Stunde auf dieser schwindelnden Höhe, wo meiner Augen Wunsch nicht unter einer Woche gestillt worden wäre. Es schien mir, als stände ich senkrecht über dem Meere, zehntausend Fuß hoch. Salonica war ganz deutlich zu sehen, im Nordosten; Larissa lag mir grade unter den Füßen. Der ganze Gesichtskreis von Norden nach Südwesten war mit Gebirgen besetzt, die am Olymp zu hängen schienen. Das ist die Kette, die nach Westen hin längs dem Norden Thessaliens läuft und mit dem Pindus endigt. Die Grundlinie dieser aufgethürmten Schichten scheint mit der des Pindus zu correspondiren, das heißt, nördlich und südlich auszulaufen, so daß die abschüssige Seite gegen den Olymp steht. Der Ossa, der gleich einem Hügel drunten lag, streckte sich rechtwinkelig nach Süden, und in dem Zwischenraume dehnten sich weit, weit hin in die rothe Ferne die Hochebenen Thessaliens, unter dem eigenthümlichen stäubigen Nebel, der die Natur aussehen läßt wie eine riesige Nachahmung eines auf einer Theaterscene vorgestellten unnatürlichen Effectes.

Als ich zuerst den Gipfel erreichte und über die warmen Gefilde Thessaliens hinblickte, war dieser Nebel blaßgelb. Allmählich wurde er dunkler und roth, dann braun, während sich ähnliche, aber viel lebhaftere Tinten höher in den Lüften zeigten. Als ich mich aber gen Osten wendete, wo die weiten Schatten der Nacht hinzogen, lag der kalte Ocean gleich einer bleiernen Fläche; zwanzig Meilen weit auf seiner Oberfläche erstreckte sich der Schatten der mächtigen Masse des Olymps, und ich stand am Saume des Schattens auf meinen Zehen. Welche Eindrücke überwältigen an solcher Stelle den Geist, verwirren die Sinne und erfüllen die Seele! Hier, wo der erste Grieche über der Erde geboren wurde und zunächst dem Himmel aufwuchs, hier raffte der hellenische Stamm die Fackel der Phantasie auf, hier wurde die Idee der Ewigkeit gefaßt und hier der Genius ins Leben gerufen durch den Gedanken, durch die Hoffnung auf Unsterblichkeit.

Die Kälte war unerträglich, und ich begann Gesicht und Schritte nach der Unterwelt zu lenken. Bald entdeckte ich den Unterschied zwischen Aufsteigen und Absteigen, und dachte, die beflügelten Füße des olympischen Götterboten seyen eine so passende Metapher, daß diese auf eben dem Wege entstanden seyn müsse, den ich machen mußte, und bei gleichen Heldenthaten, als ich jetzt eine übte. Als ich die Schafhürde erreichte, entstand eine neue Verlegenheit. Ich war nicht mit Kleidern versehen, und keiner der Schäfer konnte mir etwas abgeben, sie waren nur auf zwei Tage zu dieser Höhe gestiegen. Es ist ein hergebrachter Ehrenpunkt unter ihnen, einmal im Jahre diese Höhe zu erreichen, und es fanden sich weder Bäume, noch Gesträuche, noch Gras, um Feuer anzuzünden. Ich konnte also nichts weiter thun, als nach dem Kloster hinunter zu gehen.

Die Schäfer spielten mir etwas auf einem Instrumente vor, das für eine solche Lage besonders geeignet schien. Es war eine rohe Flöte aus dem Knochen eines Adlerflügels; sie heißt Floëra, und die Töne sind sanft und melodisch. Während ich in der Schäferei mich aufhielt, sah ich auf eine höchst außerordentliche Weise rasiren. Das Dickbein eines Schafes wurde gebrochen und mit dem Mark desselben des zu Rasirenden Kopf, Wangen und Kinn eingeseift. Die Schäfer tragen gewöhnlich ein Schaf-Dickbein zu dieser Operation in ihrem Kniebande, gerade so, wie ein schottischer Hochländer sein kleines Messer trägt, um wilden Thieren die Sehnen zu zerschneiden.

Zwischen dem Untergange der Sonne und dem Aufgange des Mondes war kaum eine finstere Pause, so glänzend funkelten die Sterne, und als Diana's Scheibe sich erhob, hätten ihre Strahlen selbst ihres Bruders Antlitz zum neidischen Erbleichen bringen können. Außer meinen Führern begleiteten mich noch ein paar Schäfer eine Strecke weit, um uns auf den rechten Weg zu bringen und überließen uns unserm Schicksale, als wir die frische Spur erreichten, wo die Heerden hinaufgestiegen waren. Ich hatte erfahren, was es heißt, hungrig, durstig und mit vor Ermüdung zerschlagenen Knochen zu seyn, an allen Nerven gelähmt aus langer Entbehrung des Schlafes; ich habe erfahren, was es heißt, lebensmüde mich auf kalter Erde, oder im Schnee, oder am Gestade hinzulegen, nachdem ich mühsam den Wellen entronnen war; aber die Leiden dieser Nacht überboten jedes Elend, das ich jemals kennen gelernt. Während des nächsten Tages erreichte ich indeß das Kloster allein, nachdem ich im Auf= und Absteigen vierzig Meilen gemacht; mein Führer hatte sich, bevor wir halbwegs hinunter waren, auf den Boden geworfen, wo ich, von der Kälte gezwungen, ihn liegen lassen mußte.

Der Bau des Olymps ist sehr sonderbar. Die Mittelgruppe ist Marmor, zuweilen in dünnen Schichten, die von sehr feinem bis zu sehr grobkörnigem Weiß, zuweilen Grau abwechseln, mit ein wenig durchhin zerstreutem Kalkstein. Sieht man den Berg an, so scheinen alle Seiten abgerundet; blickt man aber vom Mittelpunkt aus, so stellen sich die Abschüssigkeiten als Klippen dar. Gegen den Fuß des Hauptfelsens erscheint ein wenig Gneiß, den Marmor überlagernd. Das Wasser aus dem Berge windet sich rund um denselben in einem etwas unregelmäßigen Thale, das durch den Rücken des Marmors und den Vorgrund einer gemischten Formation von geschichtetem Granit, Gneiß und Glimmerschiefer gebildet wird; hierauf folgt ein weiteres Thal und höhere Angränzungen. Durch diese Aufschichtung läuft das Wasser nach Südwesten, durch ein entblößtes Thal und sucht dann nach Osten hin längs des Vorgrundes von Gneiß seinen Weg nach der See. In Skiathos bemerkte ich eine Abtheilung Felsenmarmor unten und Glimmerschiefer darüber, der conform auflagerte, ich vermuthete aber, er sey verschoben. In Naxia wechseln Marmor und Gneis schichtenweise ab, was mit der Schichtung des Olymp übereinzukommen scheint. Auch nach Tempe hin ist Glimmerschiefer im Ueberfluß, von verbrannter Bernsteinfarbe, was mit dem rauhen und gebrochenen Anblick der Hügel vereint der Gegend ein vulcanisches Ansehen gibt und vielleicht zu der Vermuthung geführt hat, dem Peneus sey der Durchweg durch ein Erdbeben geöffnet. Tempe ist ein bloß gelegtes Thal.

Es sind bedeutende Zweifel aufgeworfen, woher Verde=Antico und Giallo=Antico gekommen sey. Den letzteren, der lediglich weißer Marmor mit gelben Flecken ist, sah ich häufig in der Nähe des Olymp. Den erstern, welcher Serpentin ist, bemerkte ich an folgenden Plätzen in Lagen: in den schieferigen Bergen oberhalb

Poros; auf Naros, wo er eine Anzahl sehr sonderbarer Varietäten darbietet und in weiße Erde übergeht; auf den Gipfeln des Pindus; auch habe ich Bruchstücke davon auf dem Olymp gesehen; wiederum habe ich ihn in Lagen in den Bergen von Chalcidike gesehen und noch einmal in Bruchstücken auf der Insel Skiathos. Strabo erzählt uns, wo er von den Steinbrüchen auf Skiathos spricht, von dort käme der bunte Marmor, der den weißen italienischen Marmor in Rom außer Mode gebracht habe.*) Das Zusammentreffen dieses Zeugnisses mit dem gegenwärtigen Zustande der fraglichen Substanzen kann, wie ich denke, keinen Zweifel übrig lassen, daß der Verde=Antico und Giallo=Antico aus Thessalien und den großen Steinbrüchen von Skiathos bezogen wurden. Und sollte dieß, wie ich nicht glaube, noch Bestätigung bedürfen, so könnte ich die zahlreichen Werke des Alterthums in Verde=Antico anführen, die noch in der Nähe vorhanden sind, und die man in Larissa, Thessalonica und auf dem Berge Athos sieht.

Die Schichtung der Gebirge, welche Thessalien an drei Seiten umgeben, im Westen, Norden und Osten, ist dieselbe, so auch ist es die Linie der Senkung und Erhöhung: der Pindus läuft nach Norden und Süden, eben so Pelion und Ossa, und man findet die Kette gegen Süden noch verlängert auf den Inseln Eubda und Skiathos. Gen Norden erscheinen die pierischen Berge, welche den Pindus und Olymp verbinden, wie gesagt, wenn man sie vom Gipfel des letztgenannten Berges ansieht, als in einer Linie aufgeworfen, die rechtwinkelig mit ihrer Höhenlinie ausläuft, so daß die Thäler quer über die Kette laufen und nicht den Begriff einer starken Gränzlinie geben, und Thessaliens Geschichte seit fast zweitausend Jahren scheint den Eindruck hinsichtlich des geologischen Baues zu verstärken, den ein Blick auf das Land von der Höhe des Olymp auf mich machte.

Von ganz verschiedenem Wesen ist die Gebirgsreihe, welche die Südseite Thessaliens bildet.**) Sie ist Kalkstein, der sich

---

*) Τα μεταλλα της ποικιλης λιθου της Σκυριας, καθαπερ της Καρυστιας, κ. τ. λ. μονολιθους γαρ κιονας και πλακας μεγαλας οραν εστιν εν τη Ρωμη της ποικιλης λιθιας, ὑφ'ης ἡ πολις κοσμειται δημοσια τε και ιδια, πεποιηκε τε τα λευκολιθα οὐ πολλου αξια.

**) Ich rede vom Oeta und den Gebirgen südlich vom Sperchius. Der gebirgige Zug im Norden des Sperchius ist keineswegs so hoch, ist ge=

fast wie eine senkrechte Mauer aufthürmt und gleich einer zusammenhängenden fortstreckt; daher der Ruf von Thermopylä und Leonidas' Ruhm.

Ich habe gewöhnlich als peloponnesisch den besondern Kalkstein bezeichnet, der in der griechischen Halbinsel, von Thermopylä südwärts, vorherrscht. Und auf historischem Grunde allein muß dieser Name diesem Felsen zukommen. Es ist ein verwünschter Felsen für Geologen, Botaniker, Ackerbauer und Maler, weil er weder Abwechslung noch organische Reste oder Mineralien hat, wenig Pflanzen trägt, wenig Erdreich hat und zahm ohne Sanftheit, oder roh ohne Wildheit ist.*) Indeß macht er seine Fehler wieder gut durch die Erinnerungen für den Geschichtsforscher und die Heimath, die er dem Dichter gewährt. Der Erstere dankt ihm die Scenen von Thermopylä, Marathon und Chäronea; der Letztere schuldet ihm den Helikon, Jda, Olenos und Parnaß. Nur einen kleinen Beitrag an Kräutern und Gesträuchen liefernd, begabt er diese mit unübertrefflichem Wohlgeruch; daher die uralte Berühmtheit der arkadischen Heerden; daher die duftende Haide, Thymian und Rosmarin, die den Honig von Hymettus unsterblich gemacht haben.

Dieser peloponnesische Kalkstein ist gemischt grau und weiß, so daß das Grau sich gleich Flecken darstellt; die Masse scheint oft aus älteren Bruchstücken gemischt, die in eine neue Fusion übergegangen, doch sind beide Substanzen gleichartig. Der Abschnitt des Mitteltheils einer Reihe zeigt einen sehr zusammengedrehten und zuweilen körnigen Felsen, während weiter abwärts an jeder Seite er das Ansehen der Schichtung gewinnt, und gegen die Mitte sich lehnend wird sie immer mehr geschichtet, je weiter weg.

Vor Jupiters Throne und durch der Götter Stätten wandernd, suchte ich natürlich auf jeder Stelle, an jedem Felsen nach Erinnerungen früherer Glorie; in den Sagen oder dem Aberglauben der sterblichen Wesen, die in den heiligen Räumen ihre Heer-

---

brochen und unregelmäßig und ähnelt, im kleineren Maaßstabe, der Gebirgskette im Norden, die Pindus und Olymp verbindet.

*) Wenn dieser Kalkstein hoch geschichtet ist, wird er äußerst malerisch in seinen Brüchen, obgleich nackt und grau; aber ich habe ihn selten so gesehen, ausgenommen auf dem Festlande Griechenlands.

den weideten, forschte ich nach Spuren der Dichtungen, die ihren Namen mit unseren frühesten Ideenverbindungen verschwisterten und ihren Stempel und ihr Gedächtniß den Meisterstücken der Kunst und den Begeisterungen der Genies aufdrückten. Seltsam klingt es und doch nicht ohne Freude fand ich nicht, was ich suchte, weil ich statt dessen die ursprünglichen Eindrücke der Stelle fand, die Griechenlands Götterlehre erzeugten. Sie hatten keine Erinnerung an den „Donnerer," keine Sage vom Apoll oder Phaëton, aber sie erzählten mir, „daß die Sterne bei Nacht herniederkämen auf den Olymp," „daß Himmel und Erde einst auf seinem Gipfel sich begegnet, seit aber die Menschen böse geworden, sey Gott höher hinauf gegangen." Es schien beinahe, als habe Moore gemalt, den Lippen der Mönche von Spermos und den Schäfern von St. Elias lauschend.

„Als in der jungen Schöpfung Morgenlichte
Sich frohe Menschen mit den Engeln trafen
Auf hohem Hügel, auf bethauter Flur;
Eh' Kummer war und eh' die Sünde zog
Den Verhang zwischen Menschen und dem Himmel;
Als noch die Erde näher lag den Wolken,
Als jetzt, wo Laster herrschen und das Weh;
Als Sterbliche es noch nicht Wunder nahm,
Wann aus den Lüften Engel=Augen lachten
Und auf die Unterwelt hernieder schauten."

Am Abend des zweiten Tages nach meiner Rückkehr ins Kloster Spermos war ich erst wieder im Stande aufzusitzen. Diogenes schien abgeneigt, es mit so einem Reisegefährten weiter zu wagen, und da er einen Vorrath von Neuigkeiten gesammelt, die einen Monat lang alle Welt in Tzeridschines in Staunen und Verwunderung setzen mußten und für alle Folgezeiten noch eine gute Geschichte abgaben, so beschloß er, noch im Kloster zu bleiben, um am folgenden Tage heimzukehren. *)

---

*) Ich würde es als eine reine Handlung der Gerechtigkeit betrachtet haben, den Leser nicht des Genusses und Diogenes nicht der Freude zu berauben, hier eine jambische Ode einzurücken, die jetzt auf der, mehr als Erz dauerhaften, marmornen Tafel der Quelle von Spermos eingeschrieben ist. Unglücklicherweise aber sah und bewunderte ein Poet die Ode, als ich diese Papiere zum Drucke ordnete, und nahm sie mir weg, um sie zu übersetzen.

Fünf und zwanzigstes Capitel.

Gerichtsverwaltung und auswärtige Angelegenheiten eines Berg=Räuber=Königs. — Organische Ueberreste des trojanischen Krieges.

Ich entschloß mich nun, Kapitano Dimo zu besuchen, der den Larissa=Bezirk des Olympus inne hatte. Er residirte in einem Dorfe Namens Karia, zehn Meilen vom Kloster. Ein junger Aspirant auf die Ehren des Kalogerismus (Mönchsthumes) bot seine unentgeltlichen Dienste an, mich zu begleiten, denn, wie ich schon bemerkte, ich hatte kein Geld in der Tasche. Vor diesem Zustande meiner Finanzen erschrack Diogenes, wie ich ihm denselben als Grund meines Vertrauens aufstellte, solche Gegend in solcher Zeit zu besuchen. Er bemerkte: „Das mag sehr gut seyn bei Türken oder selbst bei Klephten, aber bei Priestern oder Klöstern hilft es zu gar nichts." Er lud mich ein, ihn vor meiner Abreise nach der Capelle zu begleiten, wo er etwas sehr Außerordentliches und Erstaunliches thun werde. Als wir eintraten und dem Armenblocke vorbei kamen, der für die Beiträge der Gläubigen eine sehr weite Spalte hatte, ließ er nichts in diese Spalte fallen, sondern legte ein blankes und scheinendes gelbes Stück von zwanzig Piastern daneben, damit die Mönche über den Urheber eines so großmüthigen Beitrages nicht im Zweifel bleiben möchten. Als ich aufbrach, empfahl ich noch besonders seiner Sorgfalt den Führer, den ich unterwegs verlassen hatte, und der noch nicht sich eingestellt hatte, der aber am Morgen darauf unterwegs gefunden und in einem schlimmen Zustande in eine Waldhütte gebracht war. Ich rechnete darauf, ihm den Betrag für seine Verpflegung auf dieser Tour zu schicken, aber obgleich ich Diogenes noch keinen Wink über meine Absichten gegeben hatte, versprach er in meiner Gegenwart dem Abt für den Schäfer einen dreimonatlichen Lohn, der sich zu der ungeheuern Summe von fünfzehn Schilling Sterling belief.

Bald nachdem wir das Kloster verlassen, kamen wir bei dem kleinen Dorfe Skamia vorbei, wovon etwa der dritte Theil der Häuser bewohnt schien; höher hinauf lag das ganz verlassene Pusliana uns zur Linken. Beide waren mit Baumgärten von Fruchtbäumen umgeben. Besonders auffallend waren die Pflaumen=

bäume, ihre Aeste waren gleich denen der Trauerweiden heruntergezogen und zuweilen gebrochen von der Last der auf den Zweigen sich häufenden Früchte; das Laub sah aus wie eine Garnitur aufgehäufter Dessertteller.

Nach den Erzählungen von der Allgegenwart des Kapitano Pulio urtheilend, hoffte ich wenig darauf, Kapitano Dimo in Karia zu finden, rechnete aber in jedem Falle darauf, in diesem Dorfe, seinem Zufluchtsorte und zugleich der Gränzfestung seiner legitimen Domänen, das schöne Ideal eines Räuberverstecks zu erblicken, an einem Abgrund klebend oder in eine Höhle genistet. Groß war daher mein Erstaunen, als ich plötzlich an den Saum eines Abgrundes kam und nun die Versicherung erhielt, ein friedliches und lachendes Dorf im Winkel einer offenen Ebene sey Karia, und eine Wohnung, die, stattlicher als die übrigen, mitten im Dorfe lag, mit hellem und luftigem Ansehen, weißgewaschen, aus zwei Stockwerken bestehend, mit einem Kiosk obendrauf, sey der Wohnsitz des gefürchteten Kapitano Dimo. Als ich indeß näher kam, sah ich Anzeichen von den Sitten und dem Berufe des Eigenthümers in zahlreichen Schießlöchern, die das Haus nach allen Richtungen hin durchlöcherten. Er erschien als ein häuslicher und verständiger Mann, aber nicht sehr geneigt, sich einer Sache oder eines Menschen wegen aus dem Geleise bringen zu lassen. Er empfing mich indeß herzlich genug, sagte mir, er hätte vor einiger Zeit von mir gehört, wußte, daß ich die Klephten liebe, und deßhalb wäre ihm mein Besuch nicht unerwartet. Ungeachtet meiner geschwollenen Füße und meiner müden Beine bestand er sofort darauf, mir einen englischen Garten zu zeigen, der alle seine Gedanken zu beschäftigen schien. Ich war über diesen Garten wirklich ausnehmend erstaunt; ich hätte es mir nie träumen lassen, auf dem Olymp und besonders in dieser Zeit dergleichen zu sehen, sowohl in Bezug auf Größe, Beschaffenheit der Pflanzen und Blumen, als auf Sorgfalt und Nettigkeit der Bebauung. Er bat mich sehr dringend, ihm aus Salonica Samen und Blumen zu schicken, vorzüglich Kartoffeln, und sprach von einem englischen Pfluge, als dem höchsten Ziele seines Ehrgeizes und dem Inbegriffe aller seiner Wünsche. Ich machte mich anheischig, seinem Wunsche so weit als möglich zu genügen, wogegen er mir versprach, für mich Pfeilspitzen zu sammeln, die sie oft in großer

Menge ausgraben und zuweilen in Pistolenläufe verwandelt haben. Diese Pfeilspitzen sind ohne Widerhaken und gleichen genau denen, welche die Tscherkessen heutiges Tages brauchen. Zwei Tage vorher hatte man bei Anlegung einer Garten=Cisterne ein römisches Grab von Mörtel und Ziegeln entdeckt, völlig zehn Fuß lang. Sie sagten mir, sie hätten darin die Gebeine eines Riesen gefunden. Ich war sehr neugierig, diese zu sehen, aber Alles, was wir finden konnten, war ein Theil des Schädels. Es schien allerdings ein Stück eines menschlichen Hirnschädels, aber gewaltig dick, was Kapitano Dimo als einen Beweis aufstellte, daß der Todte ein großer Mann gewesen seyn müsse.

Auf dem Felsen über Karia ist eine Ruine einer alten Festung, die, so viel ich durch das Fernrohr sehen konnte, mir venetianisch vorkam; doch verwarf ich die Vermuthung als unwahrscheinlich. Eine venetianische Festung in solcher Lage schien Alles zu übertreffen, was man von den Schifffahrts = und Handelsniederlagen Venedigs in der Lavante erwarten konnte. Bald nachher aber wurde mir eine große Silbermünze gebracht, die im Hautrelief den ruhenden Löwen des heiligen Marcus vorstellte. Auf der Rückseite war das Brustbild eines Kriegers in Helm und Harnisch, darunter ein St. Georgs=Schild mit dem Drachen darauf, und der Inschrift: „Da pacem Domine in diebus nostris 1642" Zwei Jahre nach dieser Zeit beschützte Venedig das seeräuberische Wegnehmen eines von den Malteser=Rittern aufgebrachten türkischen Schiffes, das einen Sohn des Sultans Ibrahim an Bord hatte, den sie zum Mönch machten (Padre Ottomano), was zu dem Kriege Veranlassung gab, der Venedig sein orientalisches Reich kostete.*) Auch wurden mir einige andere Münzen von römischen Kaisern gebracht. Das Merkwürdigste von allen

---

*) In der nouvelle rélation de Venise, Utrecht 1709 (von Freschot) wird S. 217 behauptet, es sey gar kein Sohn Ibrahims auf dem Schiffe gewesen; das haben die Malteser nur ausgebreitet, um ihrer Eroberung ein Ansehen zu geben; auch sey Venedig ganz unschuldig, wie der Sultan selbst erklärt, dennoch aber den Vorwand ergriffen habe, um Candia zu erobern. — Auch v. Hammer (Geschichte des osman. Reiches, 2te Ausgabe III. S. 258 sagt, der Gefangene sey ein Sohn der Amme Sultan Mohammeds IV gewesen, den die Malteser für einen Prinzen osmanischen Geblüts ausgegeben. D. Ueb.

aber, als auf solchem Platze gefunden, war eines der schö=
nen Silber-Ueberbleibsel von der frühesten Präge Griechenlands,
mit dem weidenden Rosse und dem Herculeskopfe der Oenier.

Man sagte mir, sechs Meilen nordwestlich, über die kleine
Ebene hinüber, befände sich eine Inschrift, die ich am folgenden
Morgen besah. An dem Platze hatte ersichtlich eine Stadt ge=
legen, und dort war ein großer Stein aufgerichtet, der eine In=
schrift trug, wovon noch einige Buchstaben leserlich waren. Sie
war römisch, aus der Kaiserszeit, und die einzigen Worte, die
ich herausfinden konnte, waren: inventio ipsorum, die ich für
höchst vortrefflich geeignet halte, Geographen zu leiten, um aus=
zumachen, daß hier irgend eine wichtige Stadt gelegen habe;
aber nach dieser Andeutung überlasse ich es Gelehrten, der Stadt
einen Namen zu geben.

Capitän Dimo und ich wurden bald gute Freunde, und er
erklärte, mich selbst nach Rapsana begleiten zu wollen, wo man
das Thal Tempe überblickt. Wir beschlossen, an dem zweiten
Abende meiner Ankunft abzureisen, und beabsichtigten, in einem
Dorfe auf dem halben Wege zu schlafen. Ein milchweißer Renner,
merkwürdiger durch seine Farbe als seine Behendigkeit, wurde auf
den Hofplatz gebracht und durfte nebst den andern Pferden, die
uns begleiten sollten, sich auf die Reise vorbereiten durch Ablecken
und Zerknirschen des Steinsalzes, das in diesem Lande für alle
Vierfüßler eine Labung ist.

Wir waren schon fortgeritten und hatten das Ende des
Dorfes erreicht, als wir durch lautes Geschrei verfolgt wur=
den und etwa fünfzig Leute hinter uns herrannten, Männer, Wei=
ber und Kinder. Es ergab sich, daß vor zehn Minuten die hei=
lige Laufbahn eines jungen vielversprechenden Mönches durch die
Rache eines beleidigten Ehegatten mit einem schleunigen und tra=
gischen Ende bedroht worden war. Die schnell versammelten Nach=
barn hatten sich ins Mittel gelegt; die Weiber fielen in Ohnmacht
und kreischten, die Männer fluchten, die Kinder schrien, und die
Schweine, Hunde und Hähne bezeugten alle ihr Mitgefühl, in
den verschiedenen Tönen, wodurch ihre Gefühle sich auszudrücken
pflegen. In demselben Augenblicke wurde der weiße Renner des
Volksrichters entdeckt, und nun fand der vereinte Anlauf statt,
der unsere Weiterreise hemmte. Der Räuber vom Olymp hielt

an, runzelte seine Stirn und schaute wild umher, wie Stiliko
auf seine Gothen blickte. Eine untröstliche Mutter warf sich vor
ihm auf die Kniee und flehte um Gerechtigkeit, ein Priester um
Rache, ein Mönch mit zerschlagenem Kopfe um Gnade, die unglückliche Schöne betete nur mit Blicken um Mitleid, während
die gewaltige Stimme des beleidigten Mannes alle anderen über-
tönte — er klagte natürlich auf Entschädigung. Ein halb Duzend
Kinder schluchzte und schrie, eine Schwester kreischte und zerraufte
ihr Haar, ein Bruder stand mit rollenden Augen und zusammengepreßten Lippen und schleuderte Blicke voll Haß und Rache bald
auf den Schwager, bald auf den Mönch. Kapitano Dimo hörte
eine Weile geduldig zu, aber welche Geduld konnte so wider-
sprechende Forderungen, so mißtönende Stimmen aushalten? Und
welcher Richter konnte seinen Gleichmuth da bewahren, wo er
von rechts und links, von vorn und hinten, von rund umher und
von unten auf angegriffen wurde, und wo er, in seiner Stellung
hoch zu Pferde, bei den Füßen, Beinen und Händen gepackt wurde
und seine Ohren mit allen möglichen Sprachwerkzeugen bestürmt?
Das Pferd gab zuerst Zeichen seiner Unzufriedenheit, indem es um-
hertanzte und in zierlichen Wogen den gestrengen und stirnrunzeln-
den Reiter auf und niederbewegte. Als nun aber der Klepht
zu stürmen begann, da war alles Vorhergegangene gar nichts.
Die Metaphern seiner Drohungen waren wahrhaft homerisch,
und wurden durch eine, von den Türken erborgte, schneidende Bewegung der Hand an den Hals erhöhet. Ich dachte, er werde
sich nicht eher zufrieden geben, als bis er der ganzen Compagnie
die Köpfe abgeschlagen hätte, und hätte er dazu Lust gehabt, so
wäre Niemand da gewesen, der ihm hätte sagen dürfen: du
sollst nicht.

Der Nachmittag ging hin mit Untersuchungen nach dem ersten Lärmen und mit Aufnahme von Zeugenaussagen vor dem Aus-
sprechen des Endurtheils, wobei der Priester nicht allein als
Gerichtsrath, sondern auch als Executor erschien; denn Bußen,
Almosen, Bekreuzigung und Kniebeugungen wurden allen Delin-
quenten freigebig auferlegt. Der strafbare Mönch bekam allein
von den letzteren siebentausend auf seinen Antheil, die halbe Summe
wurde dem Ehemann zugetheilt, weil er dem Mönch den Kopf
zerschlagen. Die schöne Sünderin sollte vor einem höhern Tribu-

nal erscheinen, indem ihre Sache dem Bischof von Larissa vorgelegt werden sollte.

Da auf diese Weise unsere Reise bis zum folgenden Tage verschoben wurde, so brachte ich noch eine Nacht in Karia zu, und kaum war das Abendessen beendigt — wobei der geringste Diener des Kapitano-Richter sich an denselben Tisch mit uns setzte, obgleich sie im nächsten Augenblicke vor ihrem Herrn standen mit Ehrfurcht in den Blicken und Achtung in der Stellung — kaum, sage ich, war das Abendessen beendigt, als plötzlich drei Reisende eintraten. Als sie sich gesetzt hatten, fragten Kapitano Dimo und ich nach ihrer Gesundheit. Sie erwiederten: „Gott sey Dank, wir befinden uns sehr wohl" — „aber," setzte Einer ein wenig hastig hinzu, „wir kommen, nach unsern Pferden zu fragen." Der Capitän nahm seine Pfeife aus dem Munde, derselbe wüthende Blick, den ich vor zwei Stunden gesehen, flammte wieder auf und blitzte auf den kecken Sucher. „Hältst du mich für deinen Pferdeknecht?" fragte er. — „Hielte ich dich nicht für den Kapitano des Olympus, erwiederte der Fremde, „so hättest du mich nicht unter deinem Dache erblickt. Ich bin gekommen, um mein Eigenthum und meine Pferde zu fordern, die mir geraubt sind." Kapitano Dimo's Augen wendeten sich plötzlich auf mich, wurden aber eben so schnell zurückgezogen. Er hatte mir freilich ein sehr lebhaftes Gemälde von dem Glück und der Ruhe entworfen, deren sich das Land durch den Schutz seines Armes und die unparteiische Strenge seiner Justiz erfreue. Jetzt fiel Schlag auf Schlag auf die von ihm aufgestellte Theorie. Ich erwartete einen zweiten Ausbruch, wurde aber getäuscht. Der Neuangekommene erwies sich als ein reicher Primat aus Monastir, von dem man wußte, daß er in großer Gunst bei dem Großwessier stand. Die neuerdings durch die Anwesenheit türkischer Truppen im Süden und Westen von Monastir hergestellte Ruhe hatte ihn verleitet, mit zwei Gefährten nach Larissa zu reisen, um Einkäufe zu machen; nebst sieben mit Gütern beladenen Pferden waren sie auf der Rückreise, als sie diesen Morgen von einer Partei Klephten umzingelt wurden, die ihnen Geld, Gepäck nd Pferde abnahmen, ohne sie indeß anderweitig zu mißhandeln.

Sofort waren sie nach Karia gegangen, um Hülfe zu suchen. Umstände, Ort und Zeit wurden ihnen genau abgefragt; Zahl und

Aussehen der Räuber, Zahl und Inhalt der Päcke, Farbe und Zeichen der Pferde wurde aufgeschrieben und dann ein allgemeiner Divan von allen Soldaten des Capitäns Dimo gehalten. Sie gelangten zur einstimmigen Ansicht, wer die Schuldigen seyn könnten, und in einer Stunde waren zwanzig Mann unterwegs zum Nachsetzen. Sie wurden in drei Corps getheilt, das eine rückte geradezu nach dem Dorfe, dem die Räuber vermuthlich angehörten. Diese, bei denen der Grammatikos (Schreiber) des Kapitano war, sollte eine oder zwei Personen aufgreifen und mitnehmen, die so lange als Geiseln dienen sollten, bis die Räuber angegeben wären. Die beiden andern Abtheilungen, jede von sieben Mann, sollten die Räuber auf verschiedenen Wegen verfolgen. Zeit und Ort der Sammelplätze wurden bestimmt und die Einzelnheiten des Feldzugs mit einer Umsicht angegeben, die nur durch die Hurtigkeit derer übertroffen wurde, denen die Ausführung oblag. Am nächsten Morgen sollten die Geplünderten ihre Reise bis nach einem dreißig Meilen entlegenen Dorfe fortsetzen, wo ihnen, wie Capitän Dimo versprach, am folgenden Abend alles, was sie besessen hätten, zurückgegeben werden sollte; es sollte ihnen nicht ein Riemen, nicht eine Schnalle fehlen; wenn sie wollten, möchten sie seinen Leuten ein Bakschisch (Trinkgeld) geben, und er bitte nur, dem Sadrazem zu erzählen, welch prompte Gerechtigkeit er auf dem Olymp ausübe. Ich erfuhr nachher, sein Versprechen sey pünktlich in Erfüllung gegangen.

Ebendieselben Leute, die nun zu diesem Zuge aufbrachen und von denen keiner um irgend einen Preis seinen Zweck versäumt haben würde, waren vielleicht eine Woche vorher selbst Klephten gewesen und konnten es die nächste Woche wieder seyn.

Nachstehend ein Verzeichniß der Dörfer — Städte sollte ich sagen, die im Larissa=Bezirke des Berges Olympus unter der Botmäßigkeit des Capitäns Dimo stehen, mit der Anzahl von Feuerstellen, die sie nach seiner Angabe vor zehn Jahren, d. h. vor der griechischen Revolution, besaßen, und die sie jetzt, 1830, enthalten. Ich gebe die Dörfer, wie er sie herzählte, obgleich die Rechtmäßigkeit seiner Ansprüche auf die drei letzten streitig ist, in indem Kapitano Pulio zwei derselben für sich fordert, und ein anderer Kapitano, dessen Namen ich vergessen habe, das letzte. Er behauptet, fünfhundert Mann aufstellen zu können, dann wird er aber wohl die Landwehr aufrufen müssen, denn das stehende Heer beläuft sich nur auf fünfzig Mann.

Rapsana hatte 1820:	1000 Feuerstellen. 1830:	10.
Krania	600	10.
Perietos	300	100.
Egani	40	8.
Avarnizza	150	50.
Porulies *)	50	50.
Nizeros	300	20.
Karia	150	40.
Skamia	250	50.
Puliana	150	keine.
Mikuni	30	3.
	3020	341.

Die Ebene, worin Karia liegt, ist ein Theil der tiefen Schlucht, die sich rund um die Mittelgruppe des Olymp herumzieht. Nachdem wir sie durchritten, erstiegen wir den Rand, der den äußern Kreis der Schlucht bildet, und von dort wieder hinab in das Thal, nach dem See und dem Dorfe Nizeros, sechs Meilen von Karia. Dicht am Wasserrande standen zwei majestätische Zitterespen, schlank wie die höchsten Pappeln, aber ausgebreitet gleich Eichen, deren grün und silbern Laub in der Sonne zitterte. Der See schien mit Myriaden von Wasservögeln bedeckt, die sich vor der Augusthitze aus den Ebenen Thessaliens nach den höher liegenden Gewässern geflüchtet hatten. Die Veränderung der Temperatur war ganz außerordentlich, ohne Zweifel durch den Sumpfboden ringsumher, der die Atmosphäre mit Feuchtigkeit erfüllte. Unser Weg hatte uns über die Ueberreste eines großen Waldes von Föhren und Buchen geführt, der vor zwei Jahren durch einen Brand verzehrt war, der fünfzehn Tage lang gewehrt hatte. Er wurde mir als prächtig und wirklich wunderbar beschrieben. Ein heftiger Nordwind hatte das Feuer aus der Ebene von Karia über die dick beholzte Anhöhe geführt, die gen Norden blickt; in die Schluchten, wo die Bäume am dicksten standen, eingefangene Windstöße, die an der andern Seite zurückgeworfen wurden, hatten diese Schluchten in Oefen verwandelt, bei einer heftigen Dürre;

---

*) Dieses auf einem Felsen belegene Dorf war das des Raubes verdächtige.

brennende Aeste und ganze Bäume waren aufgeflogen und wie vom Wirbelwinde fortgeschleudert.

In Nizeros sollten wir den größern Theil des Tages zubringen und am Abend zehn Meilen weiter reiten nach Rapsana, von wo man das Thal Tempe überblickt. Capitän Dimo hatte am Tage vorher große Vorbereitungen in Nizeros beordert, aber die gegen die Räuber ausgeschickte Expedition hatte seine Plane gestört. Als wir vor dem niedlichen kleinen Landhause auftritten, wo wir zu Mittag essen sollten, und wo wir das Mittagsmahl fertig zu finden erwarteten, sahen wir ein Schaf, das eben in den letzten Todeszuckungen lag, und das eilfertig abgeschlachtet war, als man uns ankommen sah. Kapitano Dimo, wüthend über diese Saumseligkeit, sprang mit einem Satz vom Pferde, stieß die Schlächter bei Seite, riß das Messer aus dem Gurt, zog dem todten Thiere das Fell ab, hing es bei den Hinterbeinen an einen Nagel, machte einen geschickten Schnitt, steckte das Messer zwischen die Zähne, krämpte die Aermel auf bis an die Schultern, tauchte die Arme in die rauchenden Eingeweide, spießte das Thier auf eine Stange und hatte es in wenigen Minuten vor dem Feuer. Noch war indeß die Arbeit nicht vollendet, als die Dorfeinwohner sich rund um ihn versammelt hatten; doch würdigte er keine der demüthigen und wiederholten Begrüßungen einer Antwort, bis er sah, daß das Schaf zuerst umgewendet wurde am Spieße, da drehte er sich um und wünschte der Bürgerschaft, noch manches Jahr zu leben. Einige Supplicanten kamen mit langen Geschichten zu Gange, und er setzte sich auf einen Stein, dicht bei dem Platze, wo das Schaf geschlachtet war. Ich dachte, er würde hier sein Lit de justice halten. Ich saß in einiger Entfernung auf einer Bank, als ich sah, daß er ein Frauenzimmer bei dem Arme faßte, so daß ich glaubte, er würde zur Vollziehung irgend einer summarischen Bestrafung schreiten. Dießmal aber war es eine Kranke, die er behandelte, und augenblicklich sah ich, wie ihr Blut aus dem Arm spritzte, über das Schafblut. Ich kann nicht beschreiben, wie höchlich ich erstaunt war, als ich diesen Mann den Galenus spielen sah, einen Patienten nach dem andern verhören, denn das ganze Dorf war unwohl, und als ich ihn mit allen alten Weibern des Ortes sehr gelehrt über Krankheitssymptome und Arzneien sich unterreden hörte. Darauf gingen wir in den Garten und suchten Aepfel, und mit derselben allseitigen Sorgfalt gab er mir einen Apfel hin, wenn er einen recht schön duftenden gekostet hatte.

Ich muß nun unser Homerisches Mahl beschreiben. Wir saßen im Schatten eines Apfelbaumes auf weißen Mänteln; ein Knabe brachte ein großes, blankes Messingbecken, das er kniend vorhielt; darüber hielt man die Hände, und ein Mädchen goß Wasser darüber aus einer Kanne von demselben Metall, mit einem langen und engen Gusse. Ein anderer Diener stand mit einem Handtuche bereit, das er in dem Augenblick auf die Hände fallen ließ, wo das Waschen beendigt war. Hierauf wurde ein kleiner, runder, hölzerner Tisch gebracht und auf die Erde gestellt, und die Gäste rutschten so dicht als möglich hinan. Ein Palikar kam von hinten mit einem langen schmalen Tuche von drei oder vier Yards in der Länge, das er mit geschicktem Schwunge so über die Köpfe warf, daß es im Kreise gerade auf die Kniee aller Gäste fiel. Teller mit Aepfeln, Birnen, Oliven und Pflaumen wurden auf den Tisch gesetzt, und ein kleiner Becher mit Rakki, so groß wie ein Liqueurglas, wurde bei jedem Gaste rund gereicht. Nun rannte ein Palikar mit einem Ladstocke herbei, um den die ausgewählten Eingeweide des Schafes gewickelt waren, heiß und zischend vom Feuer; und um den Tisch herum laufend, lud er etwa die Länge einer Patrone von der Garnitur des Ladestocks auf dem Brode vor jedem Gaste ab. Dieses erste Reizmittel war kaum verzehrt, als zwei andere Männer herbeiliefen, jeder mit einer Niere auf einem Stöckchen, deren heiße Stücke eben so vertheilt wurden, wie die Eingeweide. Darauf wurde das vom Schafe abgelösete rechte Schulterblatt gebracht. Es wurde feierlichst vor Capitän Dimo hingelegt, jeder Laut wurde unterdrückt, und jedes Auge blickte auf ihn. Er säuberte es sorgfältig, untersuchte es an beiden Seiten, hielt es hoch gegen die Sonne und prophezeyte dann alle guten Dinge, welche Wünsche gewähren könnten, wenn sie des Schicksals Schlüsse regierten. Der Weg *) der Griechen war hell ohne ein

---

*) Der Lauf zweier Blutgefäße nahe am Ende des Schulterblattes, die von beiden Seiten herkommen, bedeutet Wege, einen der Freunde und einen der Feinde. Flecken auf dem durchsichtigen Theile des Knochens bedeuten Gräber. Die Schicksale des Wirthes und der Wirthin zeigen sich auf einer Stelle nahe dem Beinknopfe. (Condyleu.)

Grab, der der Türken mit Nebel verdunkelt; die Felder des Wirthes sollten mit Heerden weiß gefärbt seyn, als seyen sie mit Schnee bedeckt, und die Wirthin war im Begriff, ihrem Herrn und Gemahl ein kleines blühendes Ebenbild seiner selbst zu überreichen. Die Anwesenden riefen: Amen! Die verschämte Dame, vielleicht dieses letzte Galanteriestückchen nicht erwartend, kam des Kapitano Hand zu küssen und watschelte fort, ihr Schulterblatt schwingend, ohne Zweifel in der Absicht, es in das Reliquienkästchen der Familie zu legen. Nun bekreuzten sich die Gäste und rüsteten sich im Ernste zu dem Geschäfte, das uns zusammen gerufen. Das Schaf, nach Abzug der rechten Schulter, machte seine Aufwartung auf einem Geflecht von Myrtenzweigen. Kapitano Dimo zog seinen Yataghan, löste den Nacken, legte den Kopf auf den Rumpf, schlitzte ihn mit scharfem Hiebe auf, drehete geschickt die Zunge heraus und legte sie mir vor. Dann trennte ein einziger Schlag den Rückgrat, und die Waffe drang zwischen die Rippen und trennte in einem Augenblicke das Thier in zwei Theile. Zwei Rippen mit den Wirbeln daran wurden dann abgelöset und mir ebenfalls vorgelegt. Das ist die Weise, einem Gaste Ehre zu erzeigen, und ohne Zweifel legte ganz in derselben Weise Achilles dem Ulysses den classisch berühmten Rückgrat vor.

Während des Mittagsessens verbreitete sich Kapitano Dimo über die Anmuth, die Schönheit, die Fruchtbarkeit seines $\psi\omega\mu\iota$, oder Brodes, womit er seinen Bezirk meinte; über die Zuneigung und die Achtung seiner Einwohner; über die Ergebenheit und Tapferkeit seiner Soldaten. Er unterhielt mich mit Berichten über seine verschiedenen diplomatischen Verbindungen mit den benachbarten Potentaten und die Schwierigkeiten, in die er in Betreff seiner Gränzen gegen Norden und Westen verwickelt war. Bevor er indeß sein väterliches Erbtheil antrat, hatte er, Gott sey Dank, einige Kenntniß in den Dingen dieser Welt und einen Ruf erlangt, der ihm Achtung und seinem Volke Ruhe sicherte. „Denn," sagte er „seit dreißig Jahren bin ich ein Räuber zu See und zu Lande gewesen, und der Name: „Dimo vom Olymp" ist mit trockenen Lippen genannt in den Gebirgen Macedoniens und an den Küsten Karamaniens."

Und das war auf dem Olymp, und bei einem Besuche des Heiligthumes der Götter Griechenlands erblickte ich nicht eine

Schaudarstellung, sondern einen wirklichen und leibhaftigen Auftritt aus dem trojanischen Kriege. Hier allein hat bis auf unsere Zeiten die ächte Nachkommenschaft Griechenlands sich erhalten. Die Bergkette, die Thessalien nach allen Seiten umgibt, Griechenlands erste Wiege, ist jetzt Griechenlands letzte Zufluchtsstätte geworden.

Seit zweitausend Jahren sind die niederen Theile Griechenlands, nebst dem Peloponnes, überfallen und verheert worden von Slavoniern, Saracenen, Gothen, Lateinern, Normannen, Türken und Skipetaren, und dennoch sind diese, durch fortgesetzte Vernichtung der Bevölkerung dieser engbegränzten Gegend, weniger erfolgreich gewesen, ihr altes Gepräge, ihren alten Charakter zu zerstören, als die Einführung europäischer Begriffe, Trachten und Sitten, seit dem Anfange der Revolution. Es ist sonderbar, daß man sich, um an das Griechenland der Alten erinnert zu werden, nach der Türkei wenden muß, und daß nur zwischen den Orten, die den Ursprung der Pelasger, der Denier und der Hellenen sahen, die Charaktere jetzt gefunden werden, die an einen Kalchas, an einen Diomedes erinnern, und diese Umstände, welche in ihren lebendigen Wirkungen den moralischen Proceß zeigen, durch den die Wissenschaften, der Pflug, die Heilkunst und des weissagenden Priesters Stab in Verfassungsurkunden und Königsscepter verwandelt sind. Aber, ach! Der Wirbelwind abendländischer Ansichten hat auch die Türkei ergriffen, nachdem er Griechenland verwüstet. Während ich diese Zeilen schreibe, ist das von mir geschilderte dreitausendjährige Geschlecht vertilgt! Ein türkischer Sergeant, in blauer Jacke und Pantalons, mit rothen Aufschlägen und Kragen, bewohnt den Kiosk, faullenzt im Garten des Kapitano vom Olympus!

Ende des ersten Bandes.